한국의 **노동**,
어떻게 할 것인가?

한국의 **노동**, 어떻게 할 것인가?

초판 발행 | 2007년 12월 20일
2쇄 발행 | 2008년 5월 16일

지은이 | 남성일 외 9인 공저
발행인 | 손병두
편집인 | 우찬제
발행처 | 서강대학교 출판부
등록번호 | 제10-50호(1978년 9월 28일)

주소 | 서울시 마포구 신수동 1번지(121-742)
전화 | (02)705-8212
팩스 | 705-8612
홈페이지 | www.sogang.ac.kr/~sgpress

ISBN 978-89-7273-120-7 93320

한국의 **노동**, 어떻게 할 것인가?

남성일, 김영문, 김재구, 김재훈, 박기성,
박덕제, 박호환, 배진한, 이정일, 정재훈

서강대학교출판부
2007

머리말 |

생각이 단단하면 길이 열리고 뜻한 바를 이룬다.

일 년여의 작업 끝에 한 권의 책을 만들게 되니 감회가 어찌 없다 할 수 있을까.

一

노동을 주제로 하는 전공을 가진 학자로서 나는 한국의 노동현실에 대하여 1990년대부터 정도를 벗어나고 있다는 생각을 가지고 있었다. 그렇지만 민주화라는 시대적 조류에 따라 노동운동이 다소 일탈하더라도 곧 제자리로 돌아오겠지 하는 심정으로 지켜보고 있었다. 그러나 외환위기를 거치면서 상황은 악화되어갔다. 노동조합은 독점의 폐해를 넘어 권력형 횡포를 서슴지 않게 되었고 이를 다스려야 할 법 · 제도와 국가기관은 오히려 눈치만 보는 형국으로 변해갔다. 그러면서 외국인 투자를 비롯한 기업 투자는 뒷걸음치고 성장 잠재력까지 약화되는 모습을 보이게 되었다. 그러니 젊은이들의 일자리가 생길 리가 없다. 청년실업이 사회 문제가 되는 상황이 전개되고 있다.

이래도 괜찮은가……. 명색이 학자로서 가만히 보고만 있어야 하는가……. 고민이 깊어갔다. 그런데 정작 각종 위원회나 로드맵 등을 통해 나타나는 전문가들의 목소리는 좋게 말해서 살살 달래는 정도이고 솔직히 말하면 잘못된 현실을 묵인 내지 방조하는 것들이었다. 주변을 돌아보았다. 나처럼 생각하는 사람은 없는가? 적지 않은 학자들은 세상을 정확히 보고 있었다. 다른 나라에서는 노동규제 완화를 통해 일자리 창출에 전력을 다하고 있다는 것, 노동규제 완화의 상당 부분은 노동조합의 독점적 위치 해제라는 것, 우리나라 노동운동은 근로자 보호라는 명분을 걸고 있으나 실은 정치권력 운동이라는 것, 소수 노동운동 지도자의 정치적 목적을 위해 근로자 일반은 오히려 일자리를 희생당하고 있다는 것 등을 알고 있었다. 그럼에도 불구하고 이들이 하나의 목소리로 묶이는 계기가 없었다.

—

이 시대의 노동 현실을 제대로 분석하고 바른 길을 제시하는 전문가들의 목소리를 담아내는 것이 필요했다. 생각이 깊어지면 길이 나타난다. 내 뜻에 공감하며 도움을 주는 고마운 분들이 나타났다. 의논 끝에 내가 몸담은 서강대학교 시장경제연구소에 연구 모임을 만들기로 하였고 그 연구 모임의 작업 결과를 공동 저작의 형태로 발간하기로 하였다. 모임의 구성은 노동을 전공하는 대표적인 세 학문의 중견 학자들로 하기로 하였다. 그래서 금년 정월에 노동경제학, 노동법, 노사관계에서 모두 열한 분이 모였다. 한국에서 서로 다른 분야의 학자들이 자발적으로 모인 것은 보기 드문 일이다. 모두들 모임의 취지에 공감하고 우리의 작업을 신노동 프로젝트(Neo Labor Project, NLP)라 부르기로 하였다. NLP에서는 9개의 세부 주제와 발표자를 정했고 2월부터 매달 세미나를 열어 돌아가며 발표와 토론을 거쳤다. 참여자들은 각자 자기 논문 발표 이후 열띤 토론 내용을 취합하여 논문을 수정하였다.

본 저서에 수록된 각 장들은 이렇게 발표, 토론, 수정을 거친 것들이다. 이와 별도로 6월부터 노동 관련 이슈를 모으고 각 이슈에 대한 해결책을 만드는 토론을 병행하였다. 그리고 그 결과들을 각자 자신의 논문에 반영하는 한편 내가 종합하여 제안하는 장을 쓰기로 하였다.

—

이 책은 몇 가지 점에서 다른 총서들과 구분된다. 우선 서로 다른 학문을 대표할 만한 학자들이 모여서 만든 책이라는 점이다. 노동이라는 민감한 주제를 놓고 자칫 대립적 입장을 보일 수도 있는 분야의 학자들이 하나의 목소리로 합칠 수 있다는 것 자체가 큰 의미가 있고 그만큼 우리나라 노동 문제의 심각성에 대해 공감대가 넓어졌음을 반영한다. 둘째, 이 책은 독립적이면서 연합적 성격을 갖는다. 각각의 장은 공저자들의 독립적 연구 결과물이다. 그러나 그 주제는 서로 연계되도록 사전에 조율된 것이며 발표 후 치열한 토론을 거쳐 수정된 내용을 싣고 있다. 즉 신노동연구회 전체의 시각이 녹아들어 있다. 그렇기 때문에 연합적이라 할 수 있다.

일 년에 걸친 세미나와 토론을 통해 연구자들이 공감대를 이루고 있는 것은 한국의 노동운동이 본질에서 일탈되어 가고 있다는 것이며, 세계적 조류와도 동떨어져 있다는 것이다. 그래서 개혁이 필요하다는 것이다. 신노동연구회는 이분법적 입장에 서서 노사 중 어느 한편을 편드는 것을 지양한다. 그보다는 공정한 질서 속에서 각자의 권리와 선택을 통한 조화를 중요시한다. 신노동연구회는 이런 입장에서 앞으로도 계속 대안을 제시하고자 한다.

—

거듭 밝히지만 이 책은 여러 사람이 노력한 공동 저작이다. 지난 일 년 동안 매달 꼬박꼬박 세미나에 참여하여 열심히 발표하고 토론해주신 신노동연구회 모두의 노고에 감사드린다. 그리고 무엇보다 이렇게 우리의 목소리가 활자로 나타날 수 있도록 자리와 여백을 만들어주신 장상수 상무님의 도움에 진심으로 감사드린다. 마지막 종합세미나에 참석하여 날카로운 조언을 해주신 『한국경제신문』 윤기설 기자와 『중앙일보』 김기찬 기자에게도 감사드린다. 그 동안 우리의 열띤 토론을 꼼꼼히 녹취하여 제공해준 서강대학교 대학원 이현진 군에게 고마움을 표하며 좋은 책이 나오도록 조언과 협력을 아끼지 않으신 서강대학교 출판부장 우찬제 교수께 감사를 드린다.

노고 언덕에서 저자들을 대표하여

2007년 11월에,

남성일

차례 |

서론

제1장_ 서론: 노동환경 변화와 도전

남성일

1. 문제의 제기

노동시장과 노사관계는 각각 생산물시장 및 생산주체인 기업을 전제하지 않고는 독립적으로 존재할 수 없다. 즉 노동수요는 생산물에 대한 수요가 있음으로써 발생하는 파생수요이다. 또한 노사관계는 생산주체인 기업이 존재하고 근로자를 고용함으로써 발생하는 관계이다. 이 같은 사실은 노동시장과 노사관계가 생산물시장을 둘러싼 환경이 변함에 따라 영향을 받지 않을 수 없다는 것을 말해준다.

실제로 지난 20세기 말 이래 일어나는 세계적 환경변화는 각국의 노사관계와 노동조합 등에 심대한 영향을 미치고 있다. 남성일(2006)은 이러한 변화들을 세계화의 진전, 산업구조의 탈 제조업화 및 정보기술 발달에 기반한 정보화로 압축하였다. 1980년대 후반 이후 불어닥친 자유무역지대 및 자유무역협정의 영향으로 각국은 자국 경제를 더욱 개방하게 되었고 이에 따라 시장의 세계화 및 요소이동의 세계화가 급진전되었다. 이는 자연히 경쟁을 심화시키고 기업으로 하여금 변화에 신속하게 대응할 수 있도록 최대로 유연한 조직과 인력시스템을 운영하도록 하였다.

20세기 후반 이후 제조업은 더 이상 성장하지 않고 종사자 수도 줄어들고 있다. 그 대신 서비스업과 서비스업 종사자 수가 늘어나고 있다. 생산과 고용이 가변적인 서비스산업의 특성은 제조업의 안정적 성격과 달리 근로자들이 서로를 동질적이라 느끼기 어렵도록 한다. 또한 작은 규모의 직장들이 많고 차별화 전략에 따라 근로환경 및 조건이 다른 경우가 많아 연대를 유지하기 어렵다.

그리고 IT에 기반한 정보화는 이메일, 인터넷 등을 통한 빠른 커뮤니케이션으로 세계화에 크게 기여하였다. 그리고 이제 지구 어디서라도 실시간으로 서로 연결되어 일할 수 있으며, 굳이 특정한 위치로 가지 않더라도 일할 수 있게 되었다. 즉 일하는 데 있어서 시간과 공간의 제약을 없애버리는 효과를 가져왔다.

이 같은 환경적 변화로 말미암아 가장 심각한 영향을 받은 것은 노동조합이다. 노동조합의 조직률 하락은 1997년 이미 ILO에 의해 밝혀진 바 있지만 2004년에 발행된 EIRO 보고서에 따르면 1993~2003년까지 자료입수가 가능한 유럽 20개국 중에서 말타(Malta) 한 나라를 제외하고는 모든 국가에서 조직율이 하락하였다. 그리고 세계화와 정보화는 단체교섭의 분권화 및 쇠퇴를 가져왔다. 임금 및 근로조건의 산업별 평준화보다는 개별 기업의 다양성을 존중하는 형태로 분권화되거나 일정 기간 동안 회사에 위임하는 경향이 강해졌다. 그리고 노동시장의 유연화 및 이동성이 증가하고 있다. 정규직 아닌 임시직이나 파트타임 등 새로운 고용형태가 증가하고 있다. OECD 전체적으로 임시직의 비중은 1985년의 10.5퍼센트에서 2000년에는 12퍼센트로 늘어났다(OECD, 2002).

이러한 노동시장 및 노사관계의 변화에 맞추어 각국의 법 제도도 변화하고 있다. 무엇보다 두드러진 것은 노동법이 전통적인 근로자 보호에서 벗어나 규제완화를 통해 일자리를 창출하는 쪽으로 방향을 전환하고 있다는 점이다. 이 같은 경향은 1990년대 이후 유럽을 중심으로 전개되기 시작하여 21세기 들어 더욱 활발해지고 있다. OECD(2005)에 따르면 1994~2004년까지 회원국들은 영구직 고용규제 완화뿐 아니라 계약직, 파견직에 대한 규제완화에 적극적인 것으로 나타났다. 그리고 많은 국가들의 노동법제가 집단주의에서 탈피하여 개인의 자유를 중요시하는 방향으로 전환하고 있다.

이러한 세계적 환경변화와 그에 맞춘 각국의 법 제도 변화와 달리 우리나라의 노동시장과 관련 법 제도는 후진성을 면하지 못하고 있다. 무엇보다 노동조합의 독점적 위치에 따른 폐해가 경제 전체의 발전을 저해하고 있다. 대기업을 중심으로 조직되어 있는 한국의 노동조합은 생산성을 뛰어넘는 높은 임금을 요구함으로써 대기업과 중소기업 간의 임금격차를 갈수록 벌려놓고 있다. 이러한 임금격차는 인력이 대기업으로만 몰리는 현상을 야기하여 우리나라 대기업에서는 청년들의 구직난이 심화되는 반면 중소제조업에서는 구인난이 더 심화되는 불균형의 병존을 가져오게 하였다. 또한 제3장에서 보여주는 것처럼 독점노조로 인한 경직성은 일자리 창출을 막고 투자를 위축시키며 성장잠재력을 약화시키고 있다. 그리고 불법 파업이 관행화 되어 있는 호전적인 우리나라의 노사관계는 세계 최저 수준의 노사관계 경쟁력으로 외국인 투자 유치에 발목을 잡고 있고, 파업으로 인한 근로손실일수 또한 세계 최고를 기록하고 있다.

이러한 상황에서 국내의 노동 관련 법 제도는 오히려 집단관계를 강화하고 규제를 강화함으로써 국제 추세와는 정반대로 가는 행태를 보이고 있다. 외환위기를 겪고도 우리나라에서 실질적인 규제완화나 유연성 제고는 거의 없었다는 평가(최경수, 2001)가 있고 최근 들어서는 노동시장 경직성을 높이는 법제의 변화가 대부분이라는 지적이 있다(제3장 참조). 최근의 기간제 근로를 제한하는 법과 근로자 파견법의 규제 위주 개정이 경직성 강화의 대표적 사례이다.

지금 한국의 노동문제는 단지 노동문제의 범주에 머무르지 않고 국가경제의 운명을 좌우할 만큼 심각하다. 이런 상황에서 무엇이 잘못되었는지 냉정하게 분석하고 어떤 해결책이 시급히 요청되는지 찾아내는 것이 매우 중요하다. 이를 위해서는 노동시장과 노사관계가 생산물시장 및 기업과 깊이 연관되어 있다는 기본적 사실과 세계적 환경변화의 추세에 바탕하여 분석하는 시각이 필요하다. 즉 무조건적 근로자 보호 일변도의 시각에서 벗어나 당사자 자율과 상생의 관계를 중요시하는 관점에서 문제를 접근하는 것이 필요하다. 신노동연구회는 이러한 입장에서 우리나라 노동시장, 노동법 및 노사관계의 제 문제점을 파악, 분석하고 개선 방안을 도출하고자 하였다.

2. 연구의 구성 및 내용

신노동연구회 연구진의 연구 결과는 2장부터 11장까지 담겨 있다. 2장부터 4장까지는 노동경제학의 관점에서 문제를 분석하고 개선안을 마련하였고 5장부터 7장까지는 노동법의 입장에서 대안을 제시하였다. 그리고 8장부터 10장까지는 노사관계학 관점에서 개선안과 선진 사례가 담겨 있다. 마지막으로 11장은 연구진의 연구 결과를 바탕으로 노동 관련 법 제도에 대한 신노동연구회 전체 입장에서의 개선안이 마련되었다.

2장에서 박덕제 교수는 우리나라 노동시장의 문제점을 수요와 공급의 틀에서 분석하고 대안을 제시한다. 박 교수에 따르면 우리나라 노동시장은 양적으로는 낮은 고용률, 질적으로는 낮은 노동의 질(노동생산성)이라는 문제점을 각각 가지고 있다. 그리고 양적인 문제점은 질적인 문제점과 서로 연결되어 있다 한다. 즉 정부의 잘못된 정책과 각종 규제로 인해 대학의 질이 떨어지고 노동조합의 경직성이 심화된 것이 낮은 고용율과 낮은 노동생산성의 원인이다. 교육에 대한 과도한 개입으로 인해 교육은 차별성도 없고 부실해져 대학생 배출은 세계 최고 수준에 도달했어도 졸업생의 질은 낮다. 그리고 정리해고 제한 및 노동조합에 대한 지나친 보호 등은 강경노선의 노조 활동을 부추겨 기업의 투자 확대를 막고 임금을 과도하게 인상함으로써 일자리 창출을 막고 있다.

박 교수는 인력의 질 향상을 위한 정책 대안으로서 3불정책의 폐기를 포함한 대학의 자율성 제고, 첨단산업과 대학, 연구소 간의 협력 강화를 통한 산업혁신클러스터의 발전 유도, 모병제 확대와 남녀 구분 없는 징병제도 실시를 통한 복무 기간의 대폭 단축과 단기복무 석사장교제도를 이용한 연구인력 공급의 원활화 등을 들고 있다. 그리고 고용 확대를 위해서는 노동관련 규제 가운데 경영상의 이유에 의한 해고 제한의 완화, 파견 및 기간제 근로자에 대한 규제 완화, 대체근로의 허용 등을 주장하고 있다.

3장에서 배진한 교수는 노동시장을 둘러싼 환경변화가 미치는 효과를 분석하고 정책 대안을 도출한다. 배 교수는 지식정보화 시대의 도래 및 생산물 시장의 글로벌화로 인해 제품시장의 수요탄력성이 증가하였고 이는 노동시장의 유연성을 필연적으로 요구하고 있다고 본다. 그러나 아시아의 여러 나라들과 비교하여 한국 노동시장은 상당히 경직적이라는 것이다. 배

교수는 노동시장의 경직성을 높이는 노동관계법의 변화를 열거하고, 노사 관련 법규의 무시와 초기업적 노동조합주의 강화 분위기 등이 한국 노동시장을 더욱 경직시키고 있다고 분석한다. 그리고 이러한 경직성은 투자 위축, 경제성장률 하락, 일자리 창출 둔화로 연결되고 있음을 최근 자료를 통하여 보여준다. 또 비정규직 보호 법규가 기업의 노동비용을 증가시키면 결국 일자리 창출이 어려워지며, 이는 정부의 사회적 일자리 창출 사업의 확대로 이어지므로 결국 한쪽에서는 일자리를 줄이고 다른 한쪽에서는 더 열악한 일자리를 증가시키는 모순만 발생한다고 본다.

배 교수는 노동시장의 유연성 강화의 장기적 비전을 제시하면서 유연성을 높이는 정책 대안으로 정리해고 요건 완화 등 정규직 보호의 완화, 비정규직 규제 완화, 근로자 인적 자원 개발 및 기능적 유연성 강화, 성과연동형 임금제도 및 임금피크제 도입과 최저임금제도 수정에 의한 임금유연성 강화 등을 제안한다. 또한 노사분쟁을 예방하고 줄이는 정책 대안으로는 첫째, 노사의 목표일치성을 확보하는 장치로서 기업별 교섭체제가 더 효과적이며 둘째, 개방과 경쟁의 환경을 받아들이는 것이 노사분쟁을 줄이는 데 기여할 것으로 본다. 그리고 경쟁체제나 개방이 어려운 분야에서는 대체근로를 허용하고 공공부문 불법 쟁의에 대해서는 무거운 손해배상 책임을 부과하여야 한다고 본다. 마지막으로 정부는 노사관계에 있어 엄격한 규칙이 준수되도록 해야 하며 경쟁에서 불리한 주체들에 대해서는 용의주도한 사회안전망의 구축으로 빈곤탈출율을 높이는 체제를 만들어야 한다고 주장한다.

현재 이슈가 되고 있는 이른바 비정규직 문제는 우리나라 노동시장과 노사관계의 모든 문제의 종합판이라 할 수 있다. 4장에서 박기성 교수는 우리나라 비정규 근로자에 대하여 증가 원인을 실증적으로 분석하고 바람직한 정책을 제시한다. 박 교수는 우선 노동조합이 비정규직 근로자를 위해서 노력한다는 통념이 실증적 근거가 없는 허구임을 입증한다. 실증 분석 결과 노동조합은 정규-비정규 근로자의 임금격차를 늘리는 것으로 나타났고 더욱이 대기업이면서 노조가 있는 사업체에서 정규-비정규 근로자 간 임금격차가 가장 크게 벌어졌다. 또 이 같은 격차는 오히려 참여정부 들어 더 벌어진 것으로 나타났다. 또 노조가 없는 중소기업보다 노조가 있는 대기업에서 비정규 근로자가 될 확률이 훨씬 높고 2003년에 비해 2005년에 더욱 증가했다. 박 교수는 이른바 '비정규직보호법'에 의하여 비정규직을 정규직으로 전환한다면 수십조의 인위적 비용 부담이 발생할 것이므로 결국 법은 취지와는 달리 기간제 근로자의 고용 감소 및 용역 등으로의 대체만 일으킬 것으로 전망한다.

박 교수는 이른바 비정규 근로자 문제를 해결하기 위해 근본적으로 필요한 것은 노동조합의 제자리 찾기라 주장한다. 구체적으로 생산물시장의 개방을 통해 경쟁을 촉진해야 하며, 노사정위원회로 대변되는 사회적 합의주의를 배격해야 한다고 한다. 그리고 근로자들에게 노조를 선택하거나 거부할 권리를 되돌려주어야 하며 파업 시 대체근로를 허용해야 한다고 본다. 박 교수는 노동조합의 제자리 찾기와 함께 정규 근로자에 대한 보호가 완화되는 것이 시급하다고 주장한다. 즉 정규 근로자의 비정규화가 필요하다는 것이다. 그리고 비정규 근로자에 대해서는 사회보험의 가입 범위를 확대하고 내실을 기하는 방향으로 사회안전망을 확충해야 하며, 정부의 노동시장에 대한 개입을 자제하고 마지막으로 21세기 성장산업인 인재산업을 육성하여 기업과 근로자가 다양한 취업 형태로 연계되도록 해야 한다고 주장한다.

5장에서 김영문 교수는 우리나라 노동법 체계가 19~20세기형 근로자

보호 체계로부터 21세기형 질서 체계로 패러다임 변화를 일으켜야 한다고 주장한다. 김 교수에 따르면 현재의 우리나라 노동법 체계는 근로자 보호에 지나치게 치우친 나머지 생산의 주체인 기업이 있어야 노사관계가 있다는 기본 원칙에서 일탈되어 있다는 것이다. 따라서 기본 원칙을 복원한다는 차원에서 수정이 필요하며 더욱이 세계화, 지식정보화, 고용 형태 다양화 등 변화하는 노동시장의 외부적, 내부적 환경에 대한 적응 차원에서도 근본적 변화가 필요하다고 본다. 이를 위해 총론으로서는 일방적 근로자 보호에서 벗어나 당사자 계약 자유를 존중하는 근로계약법제를 구축할 필요가 있다고 본다. 그리고 변화하는 개별 근로관계의 특수성을 반영하는 개별적 노사관계법의 각론을 구축해야 하며 근로기준법의 노동시장 기능 강화 및 규율을 통한 질서 기능을 보완해야 한다고 본다.

구체적으로 개별적 근로관계법에서는 근로시간 규정의 유연화, 해고 보호 규정의 완화, 파견근로에 대한 각종의 규제 완화, 고령 근로자에 대한 무제한적인 기간제 고용의 허용, 근로자 공급사업의 양성화 등이 이루어져야 한다고 본다. 그리고 현행법에 규정이 없는 기업 변동시의 고용관계의 입법과 기업 내 단체협약에 대한 근로자 다수의 공동협정에 우선적 효력을 부여하는 등의 입법이 필요하다고 본다. 집단적 노사관계법에서는 우선 단체협약의 유연화와 이를 통한 임금 부대비용의 감축이 필요하다고 본다. 단체행동 영역에서 위법한 쟁의행위에 대한 명문화를 통해 인식을 바꾸는 것이 필요하고, 대체근로를 허용해야 하며, 선제적 직장폐쇄와 소멸적 직장폐쇄도 일정한 요건하에 허용해야 한다고 본다. 파업도 근로계약의 집단적 해지권의 행사로 이해해야 하기 때문에 원칙적으로 사업장 밖에서 이루어져야 하며, 사업장 안에서 이루어지는 경우에도 최소한 사용자의 동의나 단체협약에 의해서 정해진 장소에서만 허용되어야 한다고 본다. 마지막으로 변화된 환경에 따라 사용자가 근로자에게 변경 해약을 고지할 수 있어야 한다고 본다.

김재훈 교수는 6장에서 전통적 노동권과 함께 경영권이 어떻게 합리적으로 조화를 이룰 수 있는가에 대해 논의한다. 김 교수는 헌법 질서에서 노동3권과 경영권이 독립된 권리로 인정되고 있지만 구체적인 행사의 장에서는 상호 충돌하는 모습을 보이기도 하는데 대표적으로 인사경영권이 단체교섭의 대상이 되는지를 둘러싸고 논란이 되므로 이에 대한 법학계의 학설을 소개한다. 최근의 판례는 원칙적 인정설을 취하는 모습을 보이는데 재산권의 보호는 정적 재산권 보호에 그치는 것이 아니라 기업을 조직하여 이윤을 창출하는 경영조직체에 대한 권리와 같이 동적 재산권도 재산권 보장에 의한 보호 대상이 된다는 것이다. 김 교수는 판례의 취지로부터 경영권의 내용을 경영조직권, 의사결정권, 경영집행권으로 나누어 설명하고 있다. 이처럼 흐름은 경영의사 결정을 사용자의 경영권으로 인정하고 있다는 것이다. 다만 노동권과의 조화 측면에서 결정 그 자체는 교섭 대상이 아닐 수 있으나 그것이 근로조건에 미치는 영향을 구분하여 교섭 가능 여부를 논할 수는 있다고 본다.

노동3권과 경영권이 교차하는 구체적 문제들로서 김 교수는 우선 대체근로를 들고 있다. 기존의 대체근로를 금지하는 법은 선진국에서 유사한 입법례를 찾기 어렵다 하였고, 대체로 경제적 파업의 경우 사용자의 대체근로를 통한 조업의 자유를 인정한다 하였다. 그리고 노동조합 활동의 경우 사용자의 시설관리권에 바탕한 합리적 규율이나 제약에 따라야 한다는 판례를 소개하고 있다. 마지막으로 경영상 해고 제도를 보완할 필요성에 대해 논하면서 도산 절차에 있어서의 정리해고는 경영상 해고 규정을 적용 배제하는 것을 고려할 필요가 있다고 본다. 그리고 경영권의 실체를 인정한다면 경영권의 본질적 내용을 이루는 사항은 단체교섭의 대상이 될 수 없다고 본다.

우리나라 노사관계의 문제점을 논하는 데 있어 가장 넓은 공감대가 형성되고 있는 것은 불법 쟁의가 만연하고 있으며 이로 인한 사회적 피해와 비용이 매우 크므로 해결의 방안 시급히 마련해야 한다는 것이다. 7장에서 이정일 박사는 사회적 비용 최소화를 위해 필요한 법 제도 개선 방안을 제시하고 있다. 이 박사에 따르면 우리나라 노사관계는 세계 최저 수준의 경쟁력 순위를 보이고 있고 많은 외국 투자가들에 의해 투자의 걸림돌로 지적받고 있는 만큼 사회적 비용을 최소화하고 성장 동력을 회복하기 위해서 법 제도 개선이 시급하다는 것이다.

개선 과제로서 이 박사는 우선 불법 파업에 대한 엄정한 법규 적용과 함께 무노동 무임금 원칙이 준수되어야 한다고 본다. 그리고 공공부문의 파업에 대해서는 '신속 피해구제 제도'를 도입함으로써 파업의 조기 종료를 유도하고 피해가 최소화되도록 해야 한다고 본다. 그리고 미국식 교섭대표제의 조기 도입, 단체협약 유효 기간의 확대를 통한 교섭 비용 절감, 대체근로 허용이 필요하다고 본다. 아울러 노동조합의 부당노동행위 제도를 신설하고 외부감사 제도가 강화되어야 하며 쟁의행위 장소를 사업장 밖으로 제한하는 것을 검토할 필요가 있다고 본다. 마지막으로 의식과 관행 개선을 위해 노사관계 개선 우수 사례 개발 확산 및 노사상생 운동이 전개되는 것이 바람직하다고 본다.

상생의 노사관계를 만들기 위해 노동조합은 어떻게 변해야 할 것인가. 8장에서 정재훈 교수는 먼저 세계화와 정보화라는 시대적 흐름으로 인해 기존의 노사관계는 고능률조직에 기초한 참여 협력적 노사관계로 바뀌어야 한다는 것을 전제로 구체적인 개선 방안을 토론한다. 정 교수는 특히 노동조합의 역할에 있어서 우리 노조가 새로운 환경변화에 대한 인식이 너무 안이하고 대응 방법 또한 구태의연하다고 지적하며, 노조는 이제 극심한 경쟁에 놓인 기업을 지원하는 기업경영의 지원자로서 자세를 정립할 필요가 있다고 주장한다. 그리고 노조는 여론의 지지를 받을 수 있는 가치와 실천적 프로그램을 만들어야 한다고 본다.

구체적으로 노사협의회의 근로자 대표는 노조와 상관없이 해당 사업장 종업원들이 선출하는 자로 하며 근로자 대표위원은 매월 일정 시간의 유급 전임시간을 보장받는 것이 필요하다고 본다. 또한 조합원의 지위를 넓혀 실직 혹은 해고된 자도 포함하도록 하되 해당 기업의 피용자가 아닌 조합원의 기업 내 활동은 사용자의 동의가 있어야 가능하도록 노동조합법을 개정할 필요가 있다는 것이다. 또한 유니온숍은 복수노조의 허용과 맞지 않으므로 재고되는 것이 바람직하고, 노사의 성실 교섭이 이루어지도록 노동위원회의 지도가 강화될 필요가 있으며 파업시 대체근로가 허용되는 것이 필요하다고 본다. 마지막으로 노동조합 스스로 재정 자립을 이루어야 하며 투명성을 확보하기 위하여 외부 감사제도를 도입할 필요가 있다고 본다.

노동조합만이 유일한 근로자의 대표 제도인가? 9장에서 박호환 교수는 이 물음에 대하여 답하고자 한다. 박 교수에 따르면 노동조합은 조합원의 기대를 충족시키기 위해 만들어진 조직이지만 조직체가 갖는 정치적 선택과 단체교섭의 한계 등으로 본래의 기능을 다하지 못하고 있으며, 근로자들은 자신들이 원하는 공정한 보상과 대우를 누릴 수 없다 한다. 따라서 노조가 아닌 다른 기구나 제도가 요구를 더 잘 충족시킬 수 있다면 그것을 선택하는 것이 정당하다고 보며, 고몰입 HRM 체계, 노사협의회, 그리고 종업원 참여제도를 대안으로 제시하고 있다.

고몰입 HRM은 종업원이 회사의 이익에 도움이 되는 행동을 하며 조직의 목표를 달성하기 위해 필요한 아이디어와 정보를 자발적으로 제공하고 스스로 알아서 일을 하는 것을 목표로 하고 있다. 그리고 고몰입 HRM은 고용 보장, 평등주의, 자율적 작업조직, 집단성과급, 정보 공개, 열린 커뮤니케이션 등을 특징으로 하고 있다. 고몰입 HRM은 대안적 제도이기는 하지만 모든 상황에서 효과적이라 할 수는 없으므로 각 기업의 사정에 따라 도입 범위와 정도를 결정해야 한다고 한다.

박 교수는 마지막으로 기존의 전통적 고용관계로 다루기 어려운 특수형태 취업 종사자(의존형 자영인)에 대한 적절한 질서 체계에 대하여 논한다. 즉 근로자성 혹은 사용자성이 모호한 중간 단계의 취업 형태 종사자들은 자영업의 테두리 내에서 임의계약 제도를 유지하되 공정거래법과 공정거래위원회에서 계약의 공정성 여부를 감독하도록 하는 것이 타당하다고 본다.

10장에서 김재구 교수는 선진 초우량기업의 노사관계 사례를 통해 협력적 노사관계를 위한 정책 과제를 제안한다. 김 교수는 사우스웨스트 항공, 클럽 메드 등 노동조합이 있거나 혹은 없는 기업을 망라하여 6개 사례를 소개하면서 이들이 참여와 협력에 기초한 관계를 형성함으로써 가치를 창조하는 기업으로 성장하였음을 보여준다. 김 교수는 또한 인적 자원 관리 모형으로서 위계적 모형, 시장중심 모형, 협력중심 모형을 소개하고 신뢰와 공동체에 기초한 인적 자원 관리 및 노사관계 모형이 중요함을 강조한다. 또 지식의 기업 특수성과 기업에 대한 가치의 결합 정도에 따라 고용 형태와 고용 관계가 달라질 수 있음을 보인다. 즉 기업 특수성이 높고 가치가 높은 직무일수록 내부 핵심 인력이 담당하고 반면 기업 특수성과 가치가 낮아질수록 외부에 아웃소싱하는 방향으로 인적 자원 관리가 이루어질 가능성이 높다는 것이다.

협력적 노사관계를 구축하기 위한 정책 과제로 김 교수는 우선 노사간 신뢰 구축이 선행되어야 한다고 본다. 즉 노사간 협력관계가 보다 심화되어 나타나는 '지식 및 동일감에 기초한 신뢰'가 필요하다. 그리고 기업은 인적 자본 개발에 대한 투자를 활성화하여 협력적 노사관계를 구축하고 일과 학습이 연계된 학습조직을 만드는 것이 바람직하다. 마지막으로 사업 환경과 적합성을 가진 전략적 인적 자원 관리가 강화되어야 한다고 본다.

11장은 이제까지의 논의를 바탕으로 신노동연구회의 입장을 담은 종합적인 법 제도 개선안을 제시한다. 제도 개선의 기본 원칙은 노동 관련 법 제도가 현행의 근로자 보호 일변도 체계에서 벗어나 노동시장의 질서 체계로 개편되어야 한다는 것이다. 그리고 법 제도 개선의 방향은, 첫째 과도하게 보장되고 있는 노동조합의 독점적 지위를 경쟁적 위치로 바꾸는 것이며, 둘째 근로관계에 있어서 집단적 규제 중심에서 벗어나 개별 근로자의 자율이 존중되는 체제로 바뀌어야 한다는 것이다. 셋째로 대안적 근로자 대표 제도를 활성화하여 근로자가 선택할 수 있도록 해야 한다는 것이다.

참고문헌

남성일(2006), 「21세기 노동조합의 기능변화와 한국노조의 전환과제 연구」, 한국노동경제학회, 『노동경제논집』 제29권 제3호.

최경수(2001), 「노동시장 유연화의 고용효과 분석 — 고용보호 규제완화를 중심으로」, 한국개발연구원.

OECD(2002), *Employment Outlook*, ch. 3.

OECD(2005), *Assessing The OECD Job Strategy: Past Developments and Reforms.*

제1부_

노동시장 이슈와 제도 개혁

제2장_ 인력의 원활한 수급과 생산성 향상

박덕제

1. 머리말

산업의 발달과 경제 성장이 인적 자본의 질을 높이고 양을 팽창시키는 요인이 되지만 인적 자본의 질 또한 경제성장의 한 요인으로 지적되어 왔다. 예컨대 데니슨(Denis on, 1962)은 미국의 경제성장 요인에 대한 연구에서 자본이나 노동과 같은 측정 가능한 요소의 투입 증가만으로 설명되지 않는 잔여 요인이 매우 크다는 것을 밝혔고, 이 잔여의 상당 부분은 교육에 의한 노동의 질적 향상에 돌릴 수 있다고 그 이후의 연구에서 밝힌 바 있다. 또한 일단의 미국 경제학자들은 개인의 인적 자본 투자가 소득 향상에 어떻게 기여하는가를 구명하는 인적자본이론을 확립하였다. 인적자본이론에서는 직업훈련이나 건강한 신체의 유지, 노동시장 정보의 수집 등과 함께 교육은 근로자의 생산성을 높이는 주요한 요인이라고 보고 있다(Becker, 1980: 14-44). 그 이후 많은 실증 연구를 통하여 사회발전에 대해서만이 아니라 개인의 능력 신장과 소득 증가에도 교육의 역할이 크다는 연구 결과를 제시함으로써 인적자본이론은 많은 사람들에 의하여 수용되고 있다(Johnes, 1993: 22-26).

최근에 와서는 기술의 발전 속도가 빨라지고 세계화와 정보화가 급속히 진전되면서 일반 근로자의 능력에 더하여 지식노동자의 중요성이 강조되고 있다. 정보통신기술의 발달은 1990년대 초의 베를린 장벽 붕괴와 소련 사회주의 체제의 몰락이라는 정치적 변혁을 초래하는 데 그치지 않고 세계화와 급속한 기술혁신과 소비의 확대 등을 통하여 경제적으로도 막중한 영향을 미치고 있다. 또한 정보사회의 경제 활동에서는 물질적인 것과 보이는 요소보다는 보이지 않는 것이나 아이디어의 활용이 더 중요하다는 점이 부각되고 있다.

미국의 경우 1986년에 처음으로 무형 자산(intangibles)에 대한 투자액이 유형 재산에 대한 투자액을 초과하였고, 미국 관리예산처(OMB)가 2005년에 추정한 바에 의하면 미국 내 민간 소유의 상업용 건물과 설비의 가치는 13조 달러이지만 인력의 기술에 체화된 인적자본의 가치는 그 3.7배인 48조 달러에 달한다(KDI경제정보센터, 2006). 이러한 경제에서는 전통적 제조업은 상대적으로 퇴조하는 대신에 금융서비스, 법률서비스, 보건서비스, 컨설팅, 정보통신 등 고도의 전문지식을 요하는 서비스업이 성장산업이 된다. 이는 유형 자산이 중심적 위치를 차지하였던 과거의 농업경제나 산업경제에서 오늘날의 특징인 무형경제(weightless economy)로 전환된 데서 오는 현상(Coyle, 1997)인데, 무형경제에서는 지적재산권과 근로자들에게 체화되어 있는 지식과 기술이 기업과 사회의 경쟁력의 원천이다.

한국은 현재 인력의 양과 질 양면에서 많은 개선 과제를 지니고 있어서 과거에 한국 경제의 강점의 하나로 평가되던 '양질의 저렴한 노동력'을 한국 노동시장에서 기대하기 어려운 상황이다. 이러한 상황이 장기화되면 여전히 앞서가는 선진국과 후발 개발도상국의 급속한 추월 위협 속에서 포지셔닝 트랩(positioning trap)에 빠져 있는(IBM, 2007: 54) 한국 경제가 현재의 정체에서 벗어나기 어려울 것이다.

이러한 시각에서 여기서는 인력 수급과 질 향상 측면의 문제점과 이를 해결할 정책을 고찰한다.

2. 인력 수급과 자질의 현황

1) 인력 수급

(1) 일반적 상황

최근에 와서 성장률 하락과 신규 고용의 정체로 고용 문제가 심각해지고 있다. 2004년에 4.7퍼센트 성장률에 일자리가 42만 개 증가하였으며, 2005년에는 4.0퍼센트 성장률에 일자리는 30만 개 정도 늘어나 증가 추세는 이어졌으나 그 전년에 비해 성장률과 일자리 증가 규모는 하락하였다. 2006년 경제성장률은 5퍼센트로 전년에 비해 높아졌으나 취업자 수는 전년도보다 4천 명이 적은 29만5천 명이 늘어났으며, 정부의 일자리 창출 목표인 30만 개에 미치지 못하였다. 최근의 연간 취업자는 시장의 안정에 필요한 40만 개는 물론 정부 목표치인 30만 개 미만으로 증가한다. 그 결과 2006년의 생산가능인구는 3876만2천명으로 전년보다 46만2천 명이 증가하였고, 경제활동참가율은 2005년보다 하락한 61.9퍼센트를 기록하였다.

2006년의 실업률은 전년보다 0.2퍼센트 하락한 3.5퍼센트, 20~24세 청년층은 9.9퍼센트로서 수치상으로 보면 다른 나라보다 나쁜 실적이라고 하

그림 2-1 주요 국가(경제권)의 고용률(2006)

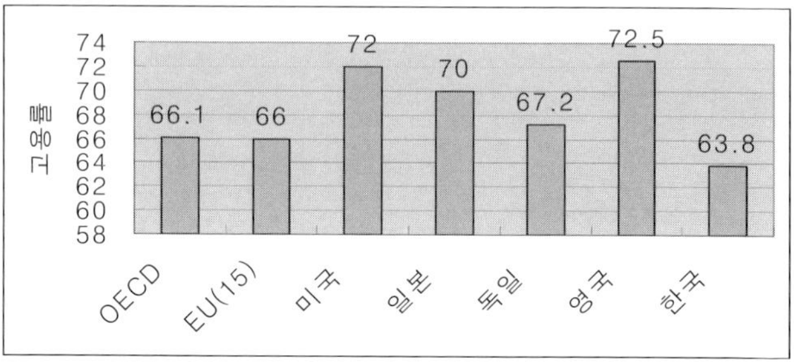

주: 영국은 16~64세, 그 외 국가는 15~64세 인구 대상 통계임
자료: OECD(2007a).

표 2-1 주요 연령계층별 국가의 고용률 비교

단위: %

	15-24세[1)]	25-54세	55-64세
미국	54.2	79.8	61.8
일본	41.4	79.6	64.7
독일	43.9	78.8	48.5
영국	57.3	81.2	57.4
한국	27.2	73.9	59.3

1) 영국은 16~24세임.
자료: OECD(2007a)

기 어렵다. 하지만 **그림 2-1**에서 보듯이 15~64세 고용률은 64퍼센트로서 66퍼센트를 초과하는 OECD 국가의 평균에 비하여 낮으며, 72퍼센트 이상인 미국과 영국에 비하여 현저히 낮다.

표 2-1에서 보듯이 한국의 고용률은 24세 이하 청소년층에서 유난히 낮아서 다른 나라보다 10퍼센트 내지 30퍼센트 정도 낮으며, 25~54세 계층

에서도 4~8퍼센트 정도 낮다. 55세 이상의 고령층에서는 일본보다 낮지만 영국 · 독일에 비해서는 약간 높다.

청년층(15~29세)의 고용률이 낮은 주된 이유는 통학 · 취업 준비 등을 위해 구직 활동을 하지 않는 청년층의 비율이 늘어났기 때문이다. **표 2-2**에서 보듯이 2007년 5월의 경제활동인구조사 부가조사 결과에 의하면 청년층 생산가능인구의 54퍼센트인 532만3천 명이 비경제활동인구였으며, 이들 중 79퍼센트가 통학, 10퍼센트가 취업시험을 준비하고 있었다. 취업준비생 중 취업 준비 분야가 일반직 공무원이라고 답한 사람이 37퍼센트로 가장 많았고, 일반 기업체 취업준비생은 그 절반도 안 되는 17퍼센트에 불과하다. 그 외 행정고시, 사법시험, 외무고시 등 각종 고시와 회계사, 변리사 등 전문직 시험 준비생은 12퍼센트, 교원 임용시험 준비생은 9퍼센트였으며, 언론사/공기업 준비생이 7퍼센트이다. 전문직 자격시험 준비생을 고려해도 청년층 취업준비생의 과반수인 30만 명 이상이 공무원과 교사 및 공기업 시험 준비생인 소위 '공시족'에 속한다.

표 2-2 청년층 비경제활동인구와 취업시험 준비생

단위: 천 명, %

비경제활동인구	통학	취업시험준비	일반기업체	언론사/공기업	교원임용	일반직공무원	고시 및 전문직	기능 분야 및 기타	육아,1) 쉬었음 등
5,323 (100.0)	4,189(78.7)	530 (9.9) (100.0)	88 (16.5)	38 (7.2)	48 (9.1)	196 (36.9)	62 (11.8)	98 (18.4)	606 (11.3)

1) '육아, 쉬었음 등'의 구성비는 육아(7.1%), 쉬었음(5.0%), 가사(3.6%), 기타(5.6%), 미상(0.1) 등임

자료: 통계청, 경제활동인구 부가조사(청년층,고령층) 결과, 2007

정부는 일자리 부족에 사회적 일자리 사업으로 대응해 왔다. 2003년 7월 노동부가 사회적 일자리 사업을 도입한 이후 예산 규모가 지속적으로 확대되어 2004년에는 교육부, 복지부, 여성부, 문화부, 환경부에서 사회적 일자리 사업이 시작되었고, 2005년에는 산림청의 숲가꾸기 사업, 2006년에는 국가청소년위원회의 청소년동반자 프로그램 사업 등이, 2007년에는 보건복지부의 독거노인 도우미 파견, 노인돌보미 등이 새로 포함되었다. 2007년에는 총 11개 부처에서 39개 사업을 수행하며 참여 인원은 연간 20만 명에 이른다.

정부가 역점을 두는 사회적 일자리의 창출 사업은 단기적인 복지정책의 의미는 있겠으나 결코 빈곤 문제나 실업 문제에 대한 근본적 해법이 될 수 없다는 것은 소득 양극화와 근로빈곤층이 현 정부에서 오히려 증가했다는 데서 잘 드러난다. 이러한 정책은 대기업 근로자의 임금프리미엄에 영향을 주지 못하여 기업의 고용 증대에 기여할 수 없다. 실업률 감축과 고용률 증대를 위해서는 생산물 시장의 개방과 경쟁체제의 확립으로 가격을 인하하여 생활비를 낮추고, 선진국으로부터 기술이전을 촉진하여 생산성을 높이고, 근로소득보전세제(EITC) 등을 통하여 저임금 근로자에게 고용보조금을 지급하는 것이 효과가 있다(훈현택, 2000). 사회적 일자리 사업에 대해서는 정부 내에서도 정부 재정에 지나치게 의존하는 저임금의 단기적 일자리라는 비판이 나오는 등 문제점이 지적되고 있는 실정이다.[1]

1 노동부 주도로 2007년 7월부터 '사회적기업지원법'을 도입하여 사회적 일자리를 수익성과 안정성이 겸비된 일자리가 되도록 하는 취지로 사회적 기업을 육성하는 사업이 추진되고 있다.

(2) 수급 불균형

청년층의 고용률이 낮고 실업률은 높지만 다수의 고학력을 가진 인력의 '3D직종' 기피로 중소기업은 인력난을 겪고 있다. 2006년의 전체 사업장의 인력부족률은 2.7퍼센트이지만 10~29인의 경우 3.2퍼센트로 소규모에서는 부족률이 높고, 직종별로 보면 운전 및 운송 관련직 7.2%, 문화 · 예술 · 디자인 · 방송 관련직 5.0퍼센트, 미용 · 숙박 · 여행 · 오락 · 스포츠 관련직 4.8퍼센트, 섬유 및 의복 관련직 4.7퍼센트, 화학 관련직 4.2퍼센트 등이 특히 높은 부족률을 보이고 있다.

인력 부족 분야의 상당 영역을 외국인 근로자가 메우고 있다. 법무부 자료에 의하면 2007년 4월 현재 외국인 근로자는 19만 명의 불법 체류자를 포함하여 41만 명에 달하여 전체 취업자의 1.8퍼센트 수준이다. 이 중 약 2만 명 정도는 교수, 연구, 기술자문을 위한 비자로 입국한 고급 인력이며, 그 외에는 한국 근로자가 기피하는 소위 '3D직종'이나 영세 사업장 취업자이다.

기능공만 부족한 것이 아니라 숙련 기능인력의 부족 현상도 나타나고 있다. 고학력자들의 제조업 기피로 숙련과 지식을 갖춘 인력의 충원이 안 되고 있고, 기존 인력은 고령화되고 있는 것이 큰 이유이다. 특히 용접공의 경우 조선업 호황으로 인력부족이 심하여 2007년 전반기에 임금이 급격히 상승하고 있다. 플랜트 건설 등 석유화학 업종이 활황세인 여수산업단지에서는 용접공 일당이 적게는 20만 원, 많게는 30만 원까지 올랐다. 이 고급 숙련공들은 특정 회사에 소속되지 않고 5~6명씩 팀을 이뤄 여러 회사의 일감을 동시에 수주해 작업하는데, 연봉은 7천만 원이 넘을 것이라고 한다. 연봉정보 제공업체 페이오픈의 조사에 따르면 2006년 30대 그룹의 대졸 평균 초임 연봉이 2747만 원이었으므로 이것은 그 2.5배에 해당한다(『한국경제신문』, 2007. 5. 1).

80퍼센트 이상이 대학에 진학할 정도로 대학 진학률이 높아져 원하는 일자리를 구하지 못하는 대졸자도 쏟아지게 되며, 이들의 상당수는 취업 재수와 삼수를 거쳐 결국 하향 취업도 감수하게 된다.[2] 지자체에서 모집하는 환경미화원 응모자 중 대졸자가 절반 가까운 비중을 차지하는 현실에서 알 수 있듯이, 구직기간이 장기화되면서 구직자의 기대가 낮아지고 있다.[3]

취업자의 업무가 대학에서 공부했던 분야와 일치하지 않는 현상도 커지고 있다. 고등교육기관 363개 졸업자에 대한 전수조사를 통하여 2003년 8월과 2004년 2월 졸업자의 전공일치도를 조사한 결과에 따르면 70퍼센트가 전공과 일치, 30퍼센트는 전공과 무관한 일자리에서 일하는 것으로 드러나고 있다(강성국 외, 2004). 또한 2004년도 노동패널 조사를 이용하여 분석하면 전문대졸 취업자의 63퍼센트, 4년제 대학 졸업자의 58퍼센트가 전공과 다른 일을 하고 있다(**표 2-3** 참조). 또한 같은 조사에서 정규직의 67퍼센트, 비정규직의 77퍼센트가 자신의 교육 수준과 기술(기능) 수준에 비춰서 하향 취업했다고 응답하였다(김기헌, 2006).

경제구조가 고도화되어도 취업 전 교육과 일자리의 수준 · 전공 불일치는 더욱 심화될 전망이다. **표 2-4**에서 보듯이 한국직업능력개발원은 2005년 이후 10년간 과학기술 분야에서 전문학사는 약 16만 명, 학사는 약 10만 명, 석사는 약 2만4천 명이 과잉 공급될 것으로 추정하고 있다. 다만 박사학위 이상의 핵심 전문 인력은 공급이 부족할 것으로 전망하고 있다.

---

2 한국의 취업자 직종 구성을 보면 2006년 현재 사무종사자 14.2퍼센트, 전문가 · 기술공 및 준전문가 19.1퍼센트, 고위임직원 및 관리자 2.5퍼센트로서 대졸자가 선호할만한 직무는 대략 36퍼센트에 불과하다. 64퍼센트의 고등교육기관 취학률을 달성하고 있으므로 고학력자가 기피하는 직종에서는 인력 부족이 심화된다.

3 2006년 12월에 광주광역시 북구의 환경미화원 채용에 응모한 지원자의 45퍼센트가 전문대 졸업 이상의 학력 소지자였다(『조선일보』, 2006. 12. 12).

표 2-3 학력별 전공 불일치 실태 단위: %, 명

	전공 일치	전공 불일치	계
전체	41.9(714)	58.1(991)	100.0(1,705)
전문대 졸	37.1(200)	62.9(339)	100.0(539)
대학 졸	42.0(419)	58.0(579)	100.0(998)
대학원 졸	56.5(95)	43.5(73)	100.0(168)

주: 2004년 당시 전문대 졸 이상의 학력을 가진 취업자를 기준으로 조사한 것임. 자료: 김기헌(2006: 96)

표 2-4 학력별 과학기술인력의 수요와 공급 전망(2005~2014) 단위: 천 명

	공급	수요	초과공급
전문학사	358.9	194.0	164.9
학사	658.9	556.6	101.4
석사	173.7	149.8	23.9
박사	50.9	55.5	-4.6

자료: 한국직업능력개발원(2005: 165-166)

대규모 사업장에서 급속한 인력 고령화가 진행되고 있는 점도 유의해야 할 점이다. 중앙일보가 2006년 12월에 매출액 상위 50대 기업 중 서비스 · 금융업종을 제외한 16개 제조업체를 대상으로 조사한 결과 생산직 근로자 평균 연령은 39.6세로 밝혀졌다. 10년 전의 34.8세보다 다섯 살 가까이 많아졌다. 여성인력 순환이 잘 되는 반도체 · 전자업종과 상대적으로 젊은 층이 많은 삼성중공업(35.4세)을 제외하면 평균 연령이 모두 38세 이상이며, 40세를 넘어선 작업장도 8곳이나 된다. 산업연구원(2007)에 의하면 2006년에 철강 A사는 전체 종업원 평균 연령 42세, 평균 근속연수 18년이며, 조선산업 B사와 기계산업 C사의 평균 연령과 근속연수는 각각 43세(전체), 45세(기능직) 및 17년, 21년에 이른다. 이들 대기업만이 아니라 **표 2-5**에서 보듯이 주요 제조업 근로

표 2-5 제조업 6개 산업 전체 근로자의 평균 연령과 근속연수(2005)

업종	연령(세)	근속연수(년)
1차금속(D21)	40.2	9.8
기계운송장비 제조업(D35)	39.3	11.0
기타기계 및 장비 제조업(D29)	36.9	5.9
자동차 및 트레일러 제조업(D34)	36.6	7.8
코크스, 석유정제품 및 핵연료 제조업(D23)	37.8	11.1
화합물 및 화학제품 제조업(D24)	36.4	7.5

주: 2005년 노동부 임금구조 기초통계조사를 이용하여 계산한 것임.
자료: 한국산업연구원(2007)

자의 평균연령이 30세 후반, 평균 근속연수가 약 8~9세에 이르며, 기능직의 연령과 근속연수는 전체 근로자보다 높다는 것을 고려하면 현장 인력의 고령화는 이 표보다 약 5세가 높은 40세 중반이며, 근속연수는 약 12 내지 13년에 이른다. 장기간 근속한 숙련 기능인이 대다수이므로 당장은 낮은 불량률에 생산성과 품질을 높이는 데 유리하다. 하지만 앞으로 퇴직자가 쏟아져 나올 몇 년 뒤부터는 뒤를 받쳐 줄 젊은 기능인 층이 얇아서 현재의 숙련공이 가진 기능이 순조롭게 전수될 수 있을까라는 문제가 제기된다.

2) 인력의 질과 생산성

노동력 수급 불균형 이상으로 심각한 문제는 낮은 노동생산성과 이로 인한 기업 경쟁력 저하이다. 특히 한국 서비스산업의 생산성은 주요 선진국의 3분의 1 수준에 불과할 정도로 낮고, 서비스산업의 생산성 증가율도 상대적으로 낮아서 많은 업종에서 증가율이 거의 0퍼센트 수준이다. 외환위기 이후에 금융 · 보험분야의 생산성은 향상되었다고 하지만 기업의 사업 및 자금 운용에 다양성을 제공할 수 있는 금융상품이나 서비스 제공도 충분하지 않다.

전 산업의 근로자 1인당 생산성을 비교하면 미국의 약 60퍼센트 수준으로 낮고, 아시아의 경쟁국인 홍콩, 대만, 싱가포르 등에 비해서도 낮은 수준을 보이고 있다. 제조업은 그나마 상대적으로 생산성 격차가 적지만 서비스업의 생산성 격차는 커서 미국에 비하여 수송 및 통신은 50퍼센트, 도 · 소매업 및 음식 · 숙박업은 25퍼센트 수준에 불과하다(ILO, 2007). OECD(2007b: 153)는 한국에서 서비스부문과 도 · 소매업 및 음식 · 숙박업의 근로자 1인당 평균 부가가치 생산액이 각각 제조업의 65퍼센트, 28퍼센트에 불과하여 OECD 평균인 97퍼센트, 71퍼센트에 훨씬 미달한다며 서비스업의 발달에 힘써야 한다는 점을 지적하고 있다.

IT산업이 발달되고 초고속 인터넷의 활용도가 높다고 하지만 폐쇄적인 기업문화와 각종 규제로 인해 이를 기업의 생산성 향상과 업무 효율 제고에 이용하지 못하고 있고, 재택근무의 확산이나 수준 높은 서비스 파트너를 구하기 위한 아웃소싱의 활성화 등을 통한 경영혁신에는 이르지 못하고 있다(*Business Week*, 2007. 3. 26). 이러한 서비스 부문의 비효율은 제조업의 경쟁력을 저하시키는 요인으로 작용하고 있는데, 예컨대 국내 기업의 물류비용은 매출액 대비 12.5퍼센트로 선진국의 5~7퍼센트에 비하여 두 배 가까이 높은 비율이다(IBM, 2007: 134-137).

3. 문제의 배경과 원인

1) 고용 능력의 저하

기업의 고용 능력 저하의 가장 큰 원인은 기업의 신규투자 부진에서 찾아야 한다. 투자가 부진한 이유는 올해 초 삼성의 이건희 회장이 한국 경제의 현실을 '신드위치 신세'로 비유한 데서 드러나는 비관적 전망과 연관된다. 이는 반도체, 휴대전화, 디스플레이 등 지금까지 한국을 대표하는 산업이 한 지역에서 성장했다가 결국에는 쇠퇴하는 순환 과정에 따라 결국 한국에서는 쇠퇴하고 가까운 장래에 중국이나 인도 혹은 동남아로 옮겨갈 것인데, 그 이후에 한국이 무엇을 생산하여 세계시장에서 경쟁해 갈 것인가에 대한 확신과 이를 뒷받침할 구체적 능력이 결여되었다는 우려에 기인한다.

정부의 정책과 규제도 이를 가중시킨 주요 원인이다. OECD 조사에 의하면, 정부가 기업의 경제활동을 규제하는 경제적 규제 면에서 평균을 상회하는 높은 규제를 실시하고 있다. 구체적으로 기업 설립에 따른 행정적 부담의 가볍기는 30개국 가운데 21위, 시장 내 경쟁자 수가 법적으로 제한되어 있는지를 나타내는 법적 진입장벽과 독과점, 합병금지법으로부터 공기업이 얼마나 면제받는지를 나타내는 공기업의 독점금지 예외사항으로 조사한 경쟁 장벽의 높이는 30개국 가운데 끝에서 24위에 속할 만큼 규제가 강한 것으로 평가된다(IBM, 2007: 189).

규제의 종류가 많을 뿐만 아니라 규제의 질이 나쁜 것도 문제이다. 외국의 경우 규제완화와 사후적 규제로 기업에게 신규 사업 진출, 신기술 상업화를 촉진하며 기업 활동을 지원하고 있다. 신기술과 새로운 사업이 적용되는 경우 일단 사업을 허가하고 나중에 사회 · 경제적 폐해가 발생하면 규제하는 것이다.

출자총액제한제도, 수도권 규제, 노동관련 규제 등 기업의 발목을 잡는 대부분의 규제는 사전 규제로서 한국의 규제는 기업의 활동을 처음부터 가로막는다. 정부는 현재 자산 규모 2조원 이상이면서 총수가 있는 43개 상호출자제한기업집단, 상호출자제한기업집단 중 자산총액 10조원 이상인 11개를 출자총액제한 적용 대상 기업집단으로 정하고 있는데, 사실상 투자 여력이 있는 회사가 대부분 이들이라는 점을 고려하면 이 규제는 기업 투자를 어렵게 한다.[4]

이는 기업에 대한 조사에서도 확인되는데, 국내기업 200개 사를 대상으로, '경기하락 방어를 위한 규제개선과제' 설문조사를 한 결과 경기 방어를 위해 가장 시급히 개선해야 할 규제로 대기업은 '출자총액제도 등 기업지배구조 개선'을, 중소기업은 '노동 관련 규제'를 꼽았다. 정부의 규제개혁이 이루어진다면 대기업의 67퍼센트, 중소기업의 54퍼센트가 '신규 사업에 진출할 것'이라고 밝혀 정부의 과도한 규제가 기업의 투자를 가로막는 주요 요인이 되고 있음을 알 수 있다(대한상공회의소, 2006).

노동 관련 규제, 특히 정규직 고용 보호를 위한 규제는 기업의 투자와 고용을 가로막는 주요 요인이다.[5] OECD는 회원국의 고용보호 수준과 고용

---

4 사전적 규제로 기업의 신규 사업이 억제되는 대표적 사례가 IP-TV이다. 전자통신연구원이 조사한 IP-TV 전망자료를 보면 2006년에 서비스가 출시할 경우 2010년에 약 370만 가입자와 9664억 원의 매출액을 달성할 것으로 예측할 만큼 시장성이 있다고 보고 있다. KT, 하나로통신 등이 2006년 상반기 상용서비스 제공을 목표로 기술개발을 완료하고 시범서비스 도입을 준비하였으나 이에 관한 관할권을 두고 정보통신부와 방송위원회가 대립하여 시범서비스 도입이 표류하고 있는 상태이다.

5 유럽에서 좋은 경제 실적을 내고 있는 덴마크의 경우 정부가 적극적인 실업 대책으로 사회안전망을 유지하는 대신에 사업주는 아무 조건 없이 직원을 해고할 수 있으며, 최저임금에 대한 규제도 없다.

률의 관련성을 분석하고 있는데, 양자 간에 -0.46의 상관관계가 있음을 밝히고 있다. 이 분석에 따르면 한국이 고용보호를 완화하여 캐나다 수준으로 낮춘다면 고용률은 약 5퍼센트 정도 상승할 수 있을 것으로 예측하고 있다(OECD, 2004: 81). 생산가능인구 3880만 명에서 고용률이 5퍼센트 상승할 경우 취업자는 약 190만 명 증가하게 될 것이다. 이처럼 정규직에 대한 과도한 보호는 고용을 줄일 뿐만 아니라 정규직과 비정규직 간의 임금과 복지 혜택에 대한 격차를 확대하는 핵심 요인이 되고 있다(Grubb et al., 2007).

구체적 예를 통해 이러한 정책의 부정적 영향을 보자. 2007년 7월부터 발효한 '비정규직 보호법'으로 일부 사정이 좋은 기업은 비정규직을 정규직으로 전환하여 별 문제가 없었지만, 대부분 기업은 막대한 인건비 추가 부담과 향후 업황이 악화됐을 경우의 고용 유연성 상실, 노무관리 비용 등을 들어 완전한 정규직 전환에 난색을 표한다. 이는 자회사인 홈에버와 뉴코아의 비정규직 처리 문제로 홍역을 치르고 있는 이랜드의 예에서 잘 알 수 있다. 대형마트인 홈에버는 직무급 제도라는 방식으로 기존 비정규직 3000여 명 가운데 2년 이상 근무자 중에서 일정한 조건을 충족시킨 경우만 정규직화하겠다고 발표하여 노조의 반발을 사고 있고, 뉴코아는 노무관리 비용 급증을 우려해 비정규직을 용역직으로 전환하는 안을 내놓고 있어서 마찰을 빚고 있다. 금융회사와 제조업체들도 같은 고민에 빠져 있는데, 예컨대 정규직(7285명)의 3분의 1에 가까운 2374명의 비정규직을 고용하고 있는 하나은행은 정규직 전환에 따른 막대한 비용 증가를 예측하고 있다(『한국경제신문』, 2007. 6. 21).

강경 노선의 노조 활동도 기업의 투자와 일자리 창출을 가로막는 주요 요인이다. 노조의 이러한 영향은 신제품 개발과 신기술 도입 및 외주 처리 등 기업의 경영 사항을 노조 동의하에 결정하도록 하고 있는 현대자동차 2007년 단체협약의 다음 조항이 잘 보여준다.

생산, 연구, 정비부문의 전부 또는 일부를 외주처리(모듈 포함) 및 하도급 또는 용역 전환 등 고용에 영향을 미치는 계획을 수립할 시 60일전 조합에 통보하고 노사공동위원회를 구성하여 심의, 의결한다. ……(40조)

활동신차종 개발(F/L 포함) 및 차종투입, 작업공정의 개선, 경영상 또는 기술상의 사정으로 인한 인력의 전환배치, 재훈련 및 제반사항은 계획수립 즉시 조합에 통보하고 노사공동위원회를 구성하여 심의, 의결한다. …… 단, 신프로젝트 개발의 경우 모델 승인 즉시 조합에 통보하고, 모델 고정 즉시 설명회(연간 생산물량 포함)실시 후, 신차종 투입 공장은 시장상황, 생산능력, 조합원의 고용안정 등을 고려하여 결정하되, 조합원 고용에 영향을 미치는 사항은 노사공동위원회에서 심의, 의결한다.(41조)

노조의 활동으로 투자가 부진한 것 외에 노조의 압력으로 임금 인상률이 높아져 고용이 감소한다. 예컨대 취업 사이트 사람인(www.saramin.co.kr)의 "대기업 생산직 연봉 서비스"에 따르면, L기업의 생산직 연봉은 3년 차의 경우, 기본급이 1450여만 원 수준에 상여금 800퍼센트, 휴일근무 등 각종 수당을 포함하여 4020만 원을 지급하는 것으로 조사되었다. 또한 A업체의 생산직 2년 차는 기본급과 상여금, 제 수당을 모두 합쳐 3150만 원의 연봉을 받고 있었다. 모두가 앞에서 말한 2006년도 30대 그룹의 대졸 평균 초임 연봉 2747만 원보다 훨씬 높다.

노조의 임금프리미엄은 조사 기간에 따라 진폭이 크기 때문에 서로 다른 시점의 분석 결과를 직접 비교하기는 어렵지만, 최근의 연구는 일관되게 이 영향을 보여준다. 류재우(2007)에 의하면 임금수준에 관해서는 노조가 있는 기업의 노동자가 누리는 임금프리미엄은 5~8퍼센트인 것으로 추정되었다. 또한 전병유 외(2005: 15)에 의하면 자기임금탄력성이 -0.253으로 추정된다는 점을 고려하면 노조의 공급독점에 의한 임금프리미엄이 없는 경우 1.27퍼센트 내지 2.04퍼센트의 고용증대가 이루어질 것으로 추정된다. 2005년 말의 조합원수 150만6천 명을 기준으로 계산할 때 노조의 임금프리미엄이 없어지면 1만9천 명 내지 3만1천 명의 고용 증대가 예측된다.

일자리 창출과 생산성 향상을 위해서는 한국 기업의 투자 못지않게 외국인 직접투자(FDI)의 증가가 요구된다. 그러나 한국의 외국인 직접투자는 근래에 들어서 대폭 낮아졌다. OECD에서 분석한 바에 의하면 2002년 현재 한국의 외국인 직접투자 잔액은 GDP의 11.5퍼센트로 29개국 중에서 6번째로 낮다. 그리고 2005년도 기준으로 GDP성장률, 1인당 GDP의 크기, 수출액, 교육 및 연구개발 투자 등의 지표로 평가한 외국인 직접투자 유치능력(potential)은 29개국 중 14위로 높지만 경제 규모를 고려한 실제 투자유치액은 끝에서 6위인 24위로 저조하다. 특히 외국인투자 중에서 서비스업 투자의 비율은 50퍼센트를 하회하여 캐나다, 멕시코, 헝가리 다음으로 낮다 (OECD, 2007b: 151-152).

세계은행은 2007년 하반기에 발표한 '2008 기업환경 보고서'에서 한국의 고용 환경을 세계 131위로 평가했다. 이처럼 낮은 고용 환경의 주된 원인은 경직된 노동시장 제도와 강성 노조의 영향인데, 노조는 임금인상에 의한 일자리 억제 외에도 강성 위주의 활동으로 외국인 직접투자를 위축시킴으로써 고용 창출을 막고 있다. 한국에서 외국인 투자가 부진한 가장 큰 요인은 노사관계의 불안이란 점을 미국의 국제경제연구소(IIE) 아시아 담당 선임연구원은 "노사문제가 가장 중요한 요인이다. 한국의 노동시장은 노조 가입자를 중심으로 한 특권화된 노동자들과 노조에 가입하지 않은 시간제 · 계약직 노동자들로 구성된 이중적 구조다. 이 같은 상황에서 기업들은 비즈니스 환경이 변해도 해고를 할 수 없기 때문에 고용을 꺼린다. 또한 한국의 임금이 노조원들을 중심으로 빠르게 상승해 왔기 때문에 해고 불가의 상황까지 고려한다면 기업들은 한국에 공장을 짓지 않으려 한다. 결국 한국 노동시장 구조와 관련 법률이 기업들로 하여금 한국 밖으로 눈을 돌리게 한다"고 지적한 바 있다(『조선일보』, 2004. 10. 1). 이러한 특성은 지금까지 지속되어 독일의 화학회사인 랑세스가 총 6억 유로 규모에 이르는 아시아 지역 직접투자에 나서면서 한국을 1차 후보국에 포함시켜 왔으나 최종 결정 단계에서는 제외한 것으로 밝혀졌다. 기술 수준이나 시장 여건에서는 문제가 없었으나 강성 노조가 한국을 외면하게 만들었다는 것이다(『한국경제신문』, 2007. 10. 3).

2) 낮은 인력의 질

낮은 인력의 질과 노동생산성은 정부의 규제로 인한 차별성 없고 부실한 교육의 영향과 기업의 현장 통제력 상실에 기인한다. 한국 교육의 문제점을 보면, PISA 순위로 나타나는 중등교육의 질은 높은 수준을 유지하고 있지만 대학은 세계적 기준에서 보면 실망스런 수준에 있다. 한국 대학 가운데서 세계의 100개 유명대학에 들어가는 대학이 없는 것으로 조사되어 있고, 2004년 현재 IMD의 국가경쟁력 평가에서 과학경쟁력 순위 19위, 기술경쟁력 순위 8위, SCI 논문 순위 14위, SCI 피인용 순위 29위에 머물러 있다(KDI 경제정보센터, 2006). 스위스 IMD에서 평가하는 한국의 교육경쟁력은 61개국 중 43위로 낮은 수준이며, 대학교육 경쟁력 50위, 수준급 엔지니어 공급 54위, 경제교육 46위, 기업과 대학 간 지식 이전의 정도 32위로 전반적으로 낮은 평가를 받고 있다.

한국에서 중학은 1980년대 초, 고등학교는 1990년대 중반에 거의 모든 대상자가 진학할 정도로 양적으로 팽창하였으며, 2006년 현재 고교 졸업생의 82퍼센트가 대학에 진학할 정도로 대학교육도 대중화되었다. 그 결과 한국은 2005년도 기준 25~64세 대졸자 비율은 35.5퍼센트로서 미국과 일본 다음으로 높은 세계 3위에 이르고 있고, 인구 1천 명당 이공계 대졸자 비율은 28.7명으로 세계에서 가장 높다. 하지만 질 향상에 필요한 투자는 부진하여 졸업생의 질이 저하되어 고급 연구개발 인력은 부족하다. OECD의 조사를 보면 연구개발에 필요한 인력 수는 다른 선진국에 비해 적으며, 과학기술 분야 연구원 중 박사급 인력의 비중도 2000년 이후 약 26명 선에서 늘어나지 않고 있다.

한국에서 배출되는 이공계 박사학위 소지자는 2002년에 2700여 명으로 미국의 6분의 1, 일본의 2분의 1로서 수가 적으며, 바이오, 나노, 컴퓨터과학 등 미래 유망산업 분야에서 활약할 것으로 기대되는 이학박사는 미국의 7퍼센트에 불과하다. 또한 역대 올림피아드 수상자의 31퍼센트(물리)와 22퍼센트(수학)가 외국 대학으로 진학하였으며, 이공계 박사 100명당 미국대학 박사 취득자는 27명으로 유럽연합의 9배에 이를 정도로 고급 인력 해외의존도가 높다. 해외 대학의 이공계 전공자들이 국내의 열악한 연구환경으로 현지 정착을 선호하고 있어서 이공계 미국 박사학위 취득자의 현지 정착율은 90년대 초반의 20퍼센트에서 2000년대 초반에는 46퍼센트로 높아졌다(삼성경제연구소, 2007). 그 결과 서울대 공대에서는 2007년 후반기 교수 공채에서 적합한 대상을 찾을 수 없어서 충원에 실패하는 일이 벌어지기도 했다.

산업 인력의 주된 공급원이던 실업계 고등학교의 운영 부실도 인력 공급 부족의 주요 요인이다. 실업계 고등학교 재학생은 1999년에 85만2천 명에서 2006년에 49만4천 명으로 감소했고, 전체 고등학생에서 점하는 비율도 각각 38퍼센트에서 28퍼센트로 하락하였다. 대학 진학 열기가 상승하면서 실업계에 진학하는 학생이 감소하는 것은 당연하겠으나 질적인 면에서도 문제점이 제기된다. 다수의 실업계 학생이 대학 진학의 한 방편으로 실업계 고등학교에 입학하여 진학 희망자는 졸업생의 71퍼센트, 진학자는 68퍼센트에 달할 정도로 일반 고등학교와 차별성이 없어졌다. 또한 실업계 고등학교 재학생 들은 수리능력, 정보능력, 기술능력만이 아니라 대인관계 능력, 의사소통능력, 조직이해능력 등도 떨어져 현대적 사업장에 필요한 기초적 지식과 능력을 구비하지 못한 상태이다(강경종 · 김종우, 2002). 이러한 학생들은 졸업 후에도 최신 장비와 신기술에 대한 이해를 필요로 하는 현대 사업장의 조직문화에 잘 적응하지 못하고, 고교 때의 교육과는 무관한 단순 서비스업에 취업하는 성향을 보인다. 그 결과 제조업체의 중소기업 생산직 인력난은 심화되고 기업에서도 신규 인력을 고용할 때 실업계고교 졸업자를 기피하게 된다.

그림 2-2 실업계고교 졸업생의 진학률과 진학희망자 비율

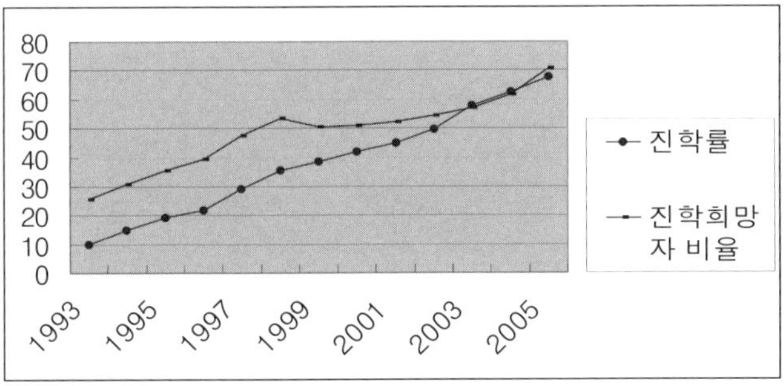

자료: 통계청, KOSIS

기업의 부실한 노무관리로 인한 느슨한 노동 강도도 노동생산성 저하의 한 요인이다. 이는 주로 강력한 노조의 존재와 정부의 고용보호 조치로 기업의 작업현장 통제와 관리가 불철저한 데에서 기인한다. 배진한(2000)은 KKM(Kochan, Katz, McKersie) 모형에 입각한 작업현장 수준의 의사결정[6]에 대한 노조의 참여를 알기 위하여 한국 4대 그룹 소속 기업의 작업현장 수준의 의사결정 사항들을 7개(작업규칙 변경, 근무시간 중 조합 활동 금지, 연장근로 실시절차, 작업중지권, 고충처리, 노사협의회 결정사항 효력) 선정하여 비교하였다. **표 2-6**을 보면 4대 재벌 소속 기업은 전체적으로 KKM 모형의 작업현장 수준의 의사결정 참여 정도에서는 전체 기업 평균보다 다소 높다고 평가된다. 이를 보면 4대 기업집단 소속 기업의 작업현장 수준의 의사결정의 주체는 노동조합으로서 '회사에 통보'하고 시행하는 기업이 11퍼센트에 달하며, '회사에 통보', '회사와 협의' 및 '회사와 합의'하는 비율을 합하면 노조가 있는 기업의 44퍼센트에 달한다.

표 2-6 작업현장 수준 의사결정에서의 노조참여 정도별 비율 단위: %

	4대 재벌 평균	현대	LG	대우	SK	전체 기업 평균
규정 없음	56.3	54.8	61.9	60.0	33.3	57.2
회사에 통보	11.1	11.9	16.7	3.3	8.3	6.6
회사와 협의	11.1	11.9	7.1	6.7	33.3	18.2
회사와 합의	21.4	21.4	14.3	30.0	25.0	18.0

주: 노조가 조직되어 있는 기업들 전체에 대한 구성비임.
자료: 배진한(2000)

6 ① 작업환경 개선에 관한 사항, ② 산업안전 · 보건에 관한 사항, ③ 조합 활동에 관한 사항, ④ 생산, 기계속도, 작업강도에 관한 사항, ⑤ 재해에 관한 사항, ⑥ 고충 처리에 관한 사항의 6가지 항목을 나타냄.

단체교섭에서 노조의 현장 통제 현상을 잘 보여주는 것이 1993년의 D중공업 10차 단체교섭(1993. 11. 11) 시의 잔업시간을 둘러싼 노사 간 충돌이다. 당시 회사측은 "일이 있으면 잔업을 하고 없으면 않는다"고 주장했다. 그러나 노조측은 "잔업 40시간 보장은 필요할 때에는 잔업하고 필요 없을 때에는 잔업하지 않는 일방적 진행에 의한 조합원 생활불안을 안정시키기 위한 최소한의 요구이다. ……생산현장의 활력을 되찾기 위해 잔업통제를 해제하고, 조합원의 생활안정과 그에 의한 자발적 참여의지를 고취시키기 위하여 잔업 40시간을 보장하지 않으면 안 된다"고 주장했다(白弼圭,1996:151). 또한 2007년 단체교섭 시에 현대자동차 노조는 '회사는 통상적인 근무 형태가 유지될 수 있도록 시급제(생산직 대부분 포함)의 경우 주야 각각 2시간의 잔업 근무를 기본 운영으로 한다'는 안을 제시하기도 하였다. 이러한 요구가 제기되고 있다는 사실은 한국 기업의 현장 장악력이 그만큼 취약함을 보여주는 증거가 된다.

노조측의 이러한 요구가 상당 부분 단체협약에 반영되고 있음을 보여주는 것이 아래의 2007년 현대자동차 단체협약 조항이다.

> 회사는 배치전환, 공장 이동 및 근무지 이동시 당사자의 의견을 들어 다음과 같이 시행한다. (1) 희망자, (2) 희망자가 소요인원보다 많을 시 입사순으로, (3) 희망자가 소요인원보다 적을 시 조합과 합의한다. ……(43조)
>
> 인사고과를 이유로 임금인상이나 상여금을 차등지급할 수 없다. 쟁의행위 중 조합원에 대한 임금은 합리적인 근거 없이 차등 지급할 수 없다. 단, 합리적인 근거에 대하여 조합 요구가 있을 경우 회사는 즉시 근거자료를 제출한다.(54조)

4. 원활한 인력 수급과 생산성 향상을 위한 정책 방안

지금까지 한국은 선진국에서 이미 검증을 거친 선진국의 원천기술을 도입하여 개량하고 재빨리 상업화하고, 시장의 존재가 확인된 제품을 낮은 가격으로 생산하여 수출하는 방식의 모방 전략(Fast Follower)하에서 산업화를 이루었다. 하지만 인건비와 토지비용 등 기업 운영 관련 비용의 상승으로 더 이상 이러한 모델을 진행하기 어려운 상황에 도달하였다. 거대한 시장과 저렴한 비용을 무기로 급속히 발전하는 중국과 선진 기술을 보유한 선진국의 틈새에서 한국이 대처하는 길은 무엇인가? 결론적으로 말하면 부가가치가 높은 제품 개발에 성공하여 경제사회적 발전을 지속하는 길 이외에는 없다. 이는 세계경제포럼의 분류상 현재의 '효율주도형에서 혁신주도형으로 발전하는 단계'에서 혁신주도형 경제(innovation-driven economy)로 발전시키는 것이 현 단계의 정책 내용이 되어야 함을 의미한다(IBM, 2007: 202).

이러한 정책 방향에 입각한 인력의 질 향상 방안으로 삼성경제연구소(2007)는 ① 글로벌 수준의 대학원 육성, ② 미래 유망산업과의 적합성 제고, ③ 글로벌 네트워킹 강화를 들고 있고, IBM(2007)은 ① 대학교육 체계의 변화, ② 혁신 인재 우대, ③ 혁신 주체간 네트워크 강화를 제시하고 있다. 여기서는 이들을 결합하여 정부가 시행해야 할 인력 관련 정책 방안을 제시한다.

1) 인력의 질 향상 정책

인력의 질 향상은 산업구조 고도화 등 장기 성장 산업을 발전시키기 위해서도 필요하지만 현 산업구조 아래에서 인력의 원활한 공급을 위해서도 필요하다.

(1) 단기적 대책

① 대학의 경쟁력 향상

고부가가치를 창출할 고급 인력을 양성하기 위해서는 이들을 양성할 대학과 대학원의 질적 향상이 급선무이지만, 대부분의 근로자가 대학을 졸업한 후 노동시장에 진입하므로 대학교육의 질적 향상이 인력 전반의 질 제고를 위한 핵심 방안이 된다.

대학의 자율성 제고가 대학교육 향상을 위한 지름길이다. 다양하고 특성을 가진 인재를 양성하기 위해서는 일차적으로 대학의 자율성을 강화하여 각자의 장기를 살리는 방향으로 특성화하고 다양화하도록 하는 것이 필요하다. 이를 효과적으로 달성하기 위해서 '3불정책'을 폐지하여 기여입학제와 대학별 본고사를 허용하고, 학생의 중등학교 선택권을 높이기 위한 바우처 제도의 도입도 필요하다.

특성화된 대학의 발전이 가능하려면 국립대학과 사립대학 간의 불공정 경쟁이 폐지되어야 하며, 현재의 대학 운영방식도 바뀌어야 한다. 일반적으로 대학에서 교원 집단이 강한 목소리를 내는 현상은 세계 공통이지만 한국처럼 교수들이 투표하여 총장을 사실상 결정하고, 교수회의에서 주요 사항을 결정하는 제도를 외국에서는 찾아보기 어렵다. 이런 제도하에서는 대부분의 대학이 연구중심대학을 지향할 가능성이 높고, 교원들은 자신의 기존 이익을 지키기 위해서 대학개혁에 강력히 저항할 것이다. 특성화된 대학으로의 발전이나 대학의 경쟁력 향상은 대학 경영자의 식견과 추진력에 의존하는 바가 큰데, 현재처럼 총학장의 선출과 대학 운영이 서비스 공급자인 교원에 좌우되어서는 이를 기대할 수 없다.

현대 사회가 필요로 하는 인력을 양성하기 위해서는 고답적인 이론의 탐구와 그 전파를 위주로 하던 종래의 '상아탑'과는 다른 역할을 하도록 대학이 변신해야 한다. 대학은 사회가 필요로 하는 지식과 기술을 생산 · 수집 · 전파하고, 나아가 이런 분야의 지식인이 결집하는 문화의 중심지가 되어야 하는 것이다. 대표적으로 영국 런던의 시티대학은 금융과 뮤지컬을 중심으로 한 공연예술의 중심지란 런던의 강점을 이용할 수 있도록 금융, 법률, 공연마케팅 등에 특화하는 교육을 시키고 있다. 이를 위해서는 대학과 기업이 연구, 학생 교육과 현장 실습, 졸업 후 취업 등에서 협력을 강화하는 방안을 구축해야 한다.

또한 대학생 인턴십을 활성화하여 학생들이 산업현장에서 노동할 기회가 많아지도록 해야 한다.[7] 이러한 경험은 학생의 현실 인식에 도움을 주며, 학생들의 호기심을 현실에 접목시켜 기업가 정신을 함양하고 연구개발에 대한 호기심을 자극할 수 있다. 물류회사 페덱스의 창립자이며 최고경영자인 스미스(F. Smith)는 대학 재학 때 학기말 과제물을 작성하면서 항공화물 운송에 관하여 새로운 발상을 하게 되었고, 몇 년 후 이것을 발전시켜 기업화에 성공했다. 또한 모건 스탠리(Morgan Stanley)의 최고경영자 겸 의사회 의장인 맥(J. Mack)처럼 미국 주요 기업의 최고경영자 중에는 학생 시절에 학비를 벌거나 경험을 쌓기 위해서 단순 업무의 아르바이트 경험을 거쳐서 그 분야의 유능한 경영자로 성장한 사람이 많다(*Business Week*, 2006. 7. 3).

7 한국의 대학에서는 인턴십 지원을 위한 정책을 시행하는 곳도 적고 이에 참여하는 학생도 매우 적다(박덕제 외, 2006).

이공계 연구개발 종사자와 금융, 법률 등의 미래의 성장에 필수적인 서비스산업 종사자들은 대부분이 대학원을 수료한 전문가들이다. 따라서 이들 분야에 종사할 전문가 양성을 위하여 이공계 분야의 대학원과 법률, 경영, 금융 등의 전문대학원이 발전할 수 있도록 정부가 유도하고 지원하는 것이 필요하다.

② 산업 · 혁신클러스터의 발전

인도공과대학(IIT)의 세계적 명문 공과대학으로의 부상과 인도 IT산업의 비약적 발전 사례나 명문대학인 하버드와 MIT의 존재와 미국 보스턴 지역 바이오산업단지의 성장 사례에서 알 수 있듯이, 대학과 그 대학이 위치하는 지역은 공생관계를 유지하며 발전하거나 침체하는 경우를 흔히 본다. 이처럼 첨단 산업의 순조로운 발달이 전문적 기능을 갖춘 인재에 대한 대우를 높이는 기초가 되어 이들의 공급을 증가시키는 힘으로 작용하고 있다.

선진국에서는 전후방 연관관계에 있는 업종의 기업이 집적되어 있는 산업클러스터와 여기에 관련 대학 및 연구소, 관련 협회 등 유관기관이 집적되고 전문가들의 네트워크가 형성되는 혁신클러스터(innovative cluster)를 구축함으로써 첨단산업과 대학, 연구소가 협력하며 발전하도록 유도하고 있다. 미국의 실리콘밸리와 독일의 바덴-뷔르템베르크 지역, 런던 시티 등이 대표적 예이다.[8]

한국에도 울산의 자동차 · 조선 및 관련 부품산업단지, 포항의 철강 및

8 서비스 업종에서 최근 부상하고 있는 클러스터로는 런던 시티(the City)를 들 수 있다. 런던이 영국의 경제 규모와 무관하게 세계적 금융 허브가 될 수 있는 이유는 다수의 전문가, 금융 조달의 편리함, 양호한 금융업 관련 기반시설, 금융에 대한 낮은 규제와 세율, 부패가 적다는 점, 영어 사용의 편리성과 지리적 이점 등을 들 수 있다(*Economist*, 2007. 9. 13).

연관산업단지, 기흥의 반도체 산업단지, 파주의 LCD산업단지, 마산 · 창원의 기계공업단지, 여수 · 순천의 화학공업단지, 대덕연구단지의 예처럼 상당한 정도로 산업클러스터와 혁신클러스터가 형성되어 있는데, 이를 더욱 발전시키고 본격적인 혁신클러스터가 되도록 가능성 있는 단지를 골라서 집중 지원해야 한다. 클러스터의 성공을 위해서는 지방정부가 특화된 업종의 경영여건을 개선하는 정책을 펴면서 기업을 유치하기 위하여 적극적으로 노력해야 하며, 대학과 연구소에서 연구개발에 종사할 전문 인력의 생활 여건 향상을 위하여 교통, 환경, 교육 등을 개선하기 위한 투자를 확대해야 한다.

혁신클러스터가 발전하기 위해서는 외국인 직접투자가 활성화되고 또한 외국의 전문 인력을 유치하여 이들이 가진 첨단 기술과 지식을 전파하도록 해야 한다. 한국에는 현재 약 2만 명 정도의 외국인이 교수, 연구, 기술자문을 위한 비자로 입국한 고급인력이 있는데, 이들이 전체 외국인 근로자의 10퍼센트 정도가 되도록 비자 발급을 확대하고 필요한 인력의 체류 기간을 연장하거나 영주권 부여 자격 요건을 완화한다. 외국인 전문가를 유치하려면 이러한 조건에 더하여 한국의 해당 산업 경쟁력을 높여서 여러 분야의 해외 전문가들이 한국에 와서 자유롭게 일하고 활동하여, 한국 근무가 경력 개발의 유리한 과정이 되도록 해야 한다. 이에 더하여 안전한 치안 유지, 저렴한 생활비, 2세 교육이 효과적으로 될 수 있도록 할 특수학교의 허용, 첨단 설비에 의한 질 높은 의료 서비스의 제공과 같은 생활 여건이 뒷받침되어야 한다.

(2) 장기적 대책

① 실업계 고교 교육 정비와 중소기업 근로자의 훈련을 위한 지원

현재처럼 졸업생의 약 70퍼센트가 진학을 하고 학생들의 기초적 능력도 부실한 실업계 고등학교는 이전과 같은 산업 인력 공급원으로 역할할 수 없다. 기능 인력의 원활한 공급과 질 향상 및 현재의 실업계 교육 정상화를 위해서는 실업계 교육에 대한 획기적 개선책이 마련되어 실업계 고등학교가 중소기업의 중견 기술인력 공급원이 되도록 한다.[9]

대기업에서는 여러 공정의 일을 할 수 있는 다능공이 필요한 반면, 기술집약적 중소기업에서는 이론과 기능을 겸비한 테크니션(technician)이 필요하다. 여기서 필요한 테크니션의 원활한 공급을 위해서는 첫째 우수 인력의 유입, 둘째 유입된 인력의 효율적 훈련, 셋째 훈련된 인력의 지속적 확보 방안이 강구되어야 한다.

테크니션은 이론과 기능을 겸비한 인력이기 때문에 경험에 입각한 감각적 기능만으로는 부족하며, 관련 기술의 원리를 이해하고 활용하는 능력이 필요하다. 따라서 이러한 인력의 확보를 위해서는 일정한 학습능력을 갖춘 학습자가 이 부문에 지원하도록 해야 한다. 문화자본 축적을 추구하는 단일문화의 전통이 강한 한국에서 공업계 고교나 전문대학에 진학하는 청소년은 추상적 이론 위주의 학습을 통한 문화자본의 습득에 불리한 위치에 있는 것이 현실이다. 따라서 우수 인력의 유입을 유도하기 위해서 2년 과정의 직업훈련 과정에는 전문대학과 동일한 학력을 인정하도록 한다. 또한 다수의 공업계 대졸자가 배출되고 있음을 감안하여 공과대학 졸업생을 일정 기간 현장 경험을 갖도록 하여 이론과 기능을 겸비한 테크니션으로 양성한다.[10]

9 실업계 고등학교의 문제는 교원의 전문성과 교육 성과를 높일 교원의 관리, 학교와 시설 투자, 시대에 뒤떨어지거나 수요가 적은 학과의 정비, 학생들의 열악한 가정환경 개선 등 복합적 정책이 필요하므로 다양한 분야의 전문가가 모여 해결 방안을 수립해야 할 것이다.

10 기술력이 우수한 일본 중소기업에서는 1970년 초부터 의도적으로 기술계 테크니션을 양성하기 위하여 공업대학 졸업생을 생산 현장에 배치하고 이들을 통하여 공정기술의 혁신에 대응하도록 하고 있다(小池和男, 1981: 61-64).

② 군복무제도와 징집제도 개선

정부는 현재 복무기간을 6개월 단축하는 대신 숙련병 확보와 첨단장비 도입에 대비해 전투 · 기술 숙련병, 첨단장비 운용 전문병에 대해서 유급 지원병제를 도입하려 한다. 그리고 전 · 의경, 경비 · 교도 등 전환복무자와 공익근무요원, 산업기능요원 등을 단계적으로 폐지하는 대신 현역 미복무자는 전원 사회서비스 분야에서 복무하는 사회복무제도의 도입을 추진하고 있다.

인력 공급의 원활화는 물론이고 질의 향상을 위하여 한층 강한 군복무제도의 개선이 있어야 한다. 군대제도를 처음 만들었을 때와는 전투력의 기초, 군대의 근무 여건이 확연히 달라졌고, 그 결과 이제는 여성도 사관학교에 입학하고 전투기 조종사가 되고 있다. 이러한 환경에 맞도록 남녀 구별 없이 현역으로 복무하게 하되, 의무복무 기간을 1년 이하로 줄이는 방안을 도입한다.

한국에서 현재와 같은 군대징집제도가 존재하는 한 과학 부문 노벨상 수상자가 배출되기 어렵다는 뼈아픈 지적이 있듯이 이공계 연구 인력은 창의력이 왕성한 청년기에 연구에 집중하는 것이 필요하다. 군복무 기간을 줄임으로써 남성 청년층의 조기 취업이 가능하도록 하고 나아가 남학생이 높은 비율을 차지하는 이공계 전공자의 군복무 공백으로 인한 능력 저하를 막는다. 나아가 과학기술 분야의 경우 단기복무 석사장교제도를 도입하여 연구 인력 공급의 원활화와 연구 능력의 지속적 향상이 가능하도록 한다. 또한 이공계 대학 졸업생의 적성을 살릴 수 있도록 군의 시설과 장비를 이용한 창업과 일정한 정도의 경영 활동을 허용하고, 그것이 성공적 벤처로 성장하도록 창업보육 활동까지 지원하여 군대에서 엔지니어의 지식과 기능을 향상시킬 경험을 쌓도록 지원한다.[11]

11 이스라엘의 경우, 18세 이상의 국민이 모두 일정 기간 징집되는데 이러한 지원을 통하여 많은 벤처 기술이

2) 규제 완화를 통한 고용 창출과 공급 확대

(1) 단기적 고용창출 정책

기업경영에 관한 정부 규제 가운데서 노동시장 유연성을 높일 조치만을 언급하면 다음과 같다.

① 해고 제한의 완화

정리해고 관련 법원 판례와의 정합성을 고려하여 경영상 이유에 의한 해고의 요건을 '경영상의 필요'로 완화하고, 근속 2년 미만 근로자에 대해서는 해고 제한을 적용하지 않도록 한다. 그리고 원활한 구조조정을 위해 한시적으로 경영상 이유에 의한 해고 때 노조에 대한 통보 기한을 노동부 신고기한과 동일한 '30일 전'으로 완화한다. 또한 노사관계제도선진화연구위원회에서 도입을 논의한 바 있는 변경해지제도를 도입한다. 이는 급박한 경영환경의 변화가 있을 경우 기업에게 근로조건을 변경할 수 있는 권한을 부여하고, 근로자가 이를 받아들이기를 거부하면 근로관계를 해지할 수 있도록 하는 제도로서 독일 · 프랑스 등에서는 변경된 근로조건이 사회적으로 부당하지 않으면 사용자에게 변경 권한을 인정하고 있다.

② 파견근로자와 기간제 근로자 정책 전환

현행 파견근로자 보호 등에 관한 법률에는 "근로자 파견사업은 제조업의 직접생산 공정업무를 제외하고 전문지식 · 기술 또는 경험 등을 필요로

개발되고 이를 활용하는 기업을 설립하는 데 군대가 지원한다(*Economist*, 2005. 11. 10).

하는 업무로서 대통령령이 정하는 업무를 대상으로 한다"고 하여 여전히 허용 업종을 열거하는(포지티브) 방식으로 파견업종을 규제하고 있고, "사용 사업주가 2년을 초과하여 계속적으로 파견근로자를 사용하는 경우에는 2년의 기간이 만료된 날의 다음날부터 파견근로자를 고용한 것으로 본다. 다만, 당해 파견근로자가 명시적인 반대의사를 표시하는 경우는 제외한다"고 하여 파견 기간을 2년 이내로 제한하고 있다. 이를 소수의 불허업종 열거 방식(네거티브)의 규제로 변경하여 원칙적으로 모든 업종에 대한 파견근로를 허용하고, 파견 기간에 대한 제한은 폐지한다.

또한 현행 기간제 및 단시간근로자 보호 등에 관한 법률은 "사용자는 2년을 초과하지 아니하는 범위 안에서(기간제 근로계약의 반복 갱신 등의 경우에는 그 계속 근로한 총기간이 2년을 초과하지 아니하는 범위 안에서) 기간제 근로자를 사용할 수 있다"고 규정하여 기간제근로자의 사용 기간을 2년 이내로 제한하고 있다. 이를 일본의 경우처럼 3년 계약까지 허용하고, 당사자 합의로 연장할 수 있도록 한다.

③ 대체근로의 허용

노동조합 및 노동관계조정법에 "① 사용자는 쟁의행위 기간 중 그 쟁의행위로 중단된 업무의 수행을 위하여 당해 사업과 관계없는 자를 채용 또는 대체할 수 없다. ② 사용자는 쟁의행위기간 중 그 쟁의행위로 중단된 업무를 도급 또는 하도급 줄 수 없다"고 규정하여 '당해 사업 내 근로자의 대체근로'만 허용함으로써 노동조합의 파업을 통한 전투적 교섭전략을 조장하고 기업의 경영권 행사에 제약을 가하고 있다. 이를 개정하여 쟁의행위 기간 중 대체근로자 채용을 허용한다.

(2) 공급확대 정책

인력난을 겪는 '3D 업종'과 중소기업 산업인력의 원활한 공급 및 전문직의 단기적 공급 확대를 위해서는 다음과 같은 정책이 필요하다.

① 외국인 고용의 확대

부족한 산업인력을 국내에서 단기간에 공급할 수는 없으므로 현재 시행 중인 고용허가제와 해외동포의 방문 취업제를 적극 활용하여 현재 전체 취업자의 1.8퍼센트 수준인 외국인 근로자를 취업자의 3퍼센트 수준에 이를 정도로 활성화한다.

② 공공부문 개혁

심각한 취업난의 여파로 대학생이 입학하자마자 휴학하고 공무원 시험을 준비하거나, 어렵게 취업한 중소기업의 종업원들이 공무원이 되려고 직장을 떠나서 고시원에서 시험을 준비하는 현상이 심화되고 있다. 그 결과 30만 명 이상이 소위 '공시족'이 됨으로써 대학교육의 부실과 중소기업 인력난을 심화시키고 있다. 공무원과 공기업 종업원이 결코 '철밥통'이나 '신이 내린 직장'이 될 수 없고, 민간부문 이상으로 성과를 올리지 않으면 생존할 수 없도록 공공부문 개혁을 강력히 추진하여 대부분의 구직자가 민간기업 일자리로 진입하게 한다.

5. 결론

인력 수급의 안정은 기업 투자와 생산성 증대를 활성화하여 시장에서 일차적으로 고용의 질과 양이 해소되도록 하면서 고용 불안정의 부담이 비정규직에게 집중되지 않도록 해야 한다. 나아가 노동생산성과 기업의 경영 성과를 높일 수 있도록 할 인력의 질 향상과 혁신적 기업 활동이 원활해지도록 교육부문의 혁신과 기업에 대한 획기적 규제 완화가 요구된다. 이를 위해서는 기업과 노동에 대한 인식의 전환이 요구된다.

임금노동은 원래부터 고용의 안정성이 높았던 제도는 아니었다. 미국에 대량생산이 처음 선보였을 때 누군가를 위해 장기적으로 일한다는 것은 상당히 불명예스러운 것으로 여겨졌다. 미국 남북전쟁 시기에 노예제도 지지자들은 남부의 노예가 북부의 노동자보다 안정된 생활을 한다고 주장했으며, 당시의 정치 팸플릿은 '임금노동은 노예를 거느리는 데에 따르는 비용이나 수고, 오명에서 벗어나서 노예제도의 모든 장점을 가져보겠다는 교묘한 악의 도구'라고 표현하기도 했다(라이시, 2000). 이는 유럽의 경우에도 다르지 않았는데, 역사학자 홉스봄은 이에 관해 "자유주의 세계에 있어서의 불안정이란 부는 물론이요, 진보와 자유에 대한 값으로 지불해야만 하는 희생이었다. 또 이 불안정성은 지속적인 경제의 성장에 의해 참아 나갈 만한 것으로 되었다. 안정은 적어도 어떤 때에는 값을 지불하고 사야만 하는 것으로 되었다. 그러나 그러한 안정성은 자유로운 남녀들이 누릴 수 있는 성질의 것이 아니며 하인(servant)이라는 영어의 표현이 명확하게 나타내주듯이 자유가 엄격히 제한되어 있는 근로자, 즉 집안 하인(domestic servants), 철도 종사원(railway servants), 심지어 시민의 하인(civil servants), 즉 공무원 따위만이 누릴 수 있는 것이었다"고 서술하고 있다(홉스봄, 1983: 361).

고도성장기가 끝나고, 인구의 고령화, 중국과 인도의 산업화 진전과 동구권의 시장경제 편입, 급속한 정보화와 자동화의 진전, 광공업 고용의 저하와 서비스업 고용의 확대로 인한 고용구조 변화 등의 요인이 더해져 앞으로 고용 유연성의 확대는 더욱 필요하게 될 것이다. 노동시장의 변화를 주시하고 있는 한 연구자는 21세기에 태어난 사람은 3분의 1 정도만이 회사의 정규직으로 일하며 나머지는 프리랜서, 계약직, 시간제 등의 소위 비정규직으로 일하게 될 것이라고 말한다(*Economist*, 2000. 12. 21). 이러한 상황 변화에 대응하여 선진국의 다국적 기업 중에는 조직과 노동 관행을 바꾸는 기업이 등장하고 있다. 장기 근속한 숙련공의 이직을 막기 위하여 이들에게 선택적 근로시간제, 주당 3일 근로제도, 퇴직자의 자유로운 복직 프로그램 등을 활용하려는 다우 케미컬의 정책이나, 직원들에게 다양한 웹 서비스를 제공하면서 웹에 기초한 가상적 작업팀을 구성하여 세계 도처에 흩어져 있는 전문가들이 필요한 프로젝트 단위로 즉시 함께 일할 수 있도록 하는 IBM의 글로벌 전문가팀 구축 시도 등이 그 예이다(*Business Week*, 2007. 8. 20).

이러한 변화를 수용하고 촉진하는 정부 정책을 추진해야만 인력 수급이 원활해지고 지식기반 경제에 필요한 우수 인재도 지속적으로 확보할 수 있을 것이다.

참고문헌

강경종 · 김종우(2002), 『생애능력 함양을 위한 실업교육 체계의 현황과 과제』, 한국교육개발원.

강성국 · 김창환 · 김한준 · 김중진 · 홍지영 · 박재민 · 권경희 · 이기준(2004), 『고등교육기관 졸업자의 진로동향 분석: 2004 고등교육기관 졸업자 취업통계조사를 중심으로』, 한국교육개발원.

김기헌(2006), 「직무내용과 대학(원)전공의 불일치」, 『노동리뷰』, 2006년 1월호, 한국노동연구원.

대한상공회의소(2006), 『경기하락 방어를 위한 규제개선과제 조사』.

대한상공회의소(2007), 『대학생 산학협동교육 프로그램 참가 실태조사』.

라이시, 로버트, 오성호 옮김(2000), 『부유한 노예』, 김영사.

류재우(2007), 「노동조합과 임금구조」, 한국노동경제학회, 『노동경제논집』, 제30권 제1호.

박덕제 · 강길훈 · 노병직 · 임석빈(2006), 『4년제 대학의 취업지도에 관한 연구』, 한국교육개발원.

배진한(2000), 「재벌그룹 기업들에서의 노동자 경영의사결정 참가 — 5대 재벌그룹 기업들의 단체협약 및 노사협의회 규정을 중심으로」, 미발간 논문.

삼성경제연구소(2007), 「두뇌강국으로 가는 길」, 『CEO Information』, 623호(2007. 10. 4).

전병유 · 남재량 · 신동균 · 최강식 · 이일영 · 조준모(2005), 『한국의 노동수요 구조에 관한 연구』, 한국노동연구원.

한국산업연구원(2007), 『e-KIET산업경제정보』 2007/09/20.

한국직업능력개발원(2005), 『중장기 인력수급 전망 및 인적자원정책 개선 지원』, 교육인적자원부.

홉스봄, 에릭, 정도영 옮김(1983), 『자본의 시대』, 한길사.

훈현택(2000), 「실업문제의 본질과 대책: 복지정책은 실업문제의 해결책 아니다」, 자유기업원, 『오피니언 다이제스트』, 85.

IBM(2007), 『IBM 한국보고서』, 한국경제신문.

KDI경제정보센터(2006), 『해밀턴 프로젝트: 기회와 번영, 성장을 위한 경제전략』.

小池和男(1981), 『中小企業の熟練』, 同文館.

白弼圭(1996), 『韓國勞使關係の新構造』, 日本經濟評論社.

Becker, G. S.(1980), “Investment in Human Capital,” in *Human Capital*, New York: NBER.

Coyle, D. (1997), *The Weightless World: Thriving in the Digital World*, Oxford: Capstone.

Denison, E. F.(1962), *The Sources of Economic Growth in the United States and the Alternatives Before Us*, New York: Committee for Economic Development.

Grubb, D., Jae-Kap Lee and P. Tergeist(2007), *Addressing Labor Market Duality in Korea*, OECD.

ILO(2007), *The Key Indicators of the Labor Market Programme.*

Johnes, G.(1993), *The Economics of Education,* London: Macmillan.

OECD(2004), "Employment Protection Regulation and Labor Market Performance," *OECD Employment Outlook.*

OECD(2007a), *OECD Employment Outlook.*

OECD(2007b), *OECD Economic Surveys: KOREA.*

제3장_ 노동시장 유연성 평가와 개선 방향

배진한

1. 문제의 제기

최근 한국 경제는 성장이 둔화되고 고용흡수력이 빠르게 하락하며 경제 주체들 간의 성과 격차가 심화되어 각 부문에서 경제 주체들 사이에 이해관계의 상충과 갈등이 점차 격화될 수 있는 환경이 조성되고 있다. 과거 성장과 수출의 증가가 고용의 증가로 긴밀하게 연결되던 내부 메커니즘은 최근 크게 약화되었으며, 따라서 좋은 일자리가 잘 증가하지 않고 청년층의 실업률도 매우 높은 수준을 유지하고 있다.

지식정보화 시대의 도래, 세계시장 경쟁의 격화는 한편으로는 급속한 과학 · 기술 개발과 비용 절감 및 생산성 향상 경쟁 등을 유발하면서 노동시장을 포함하여 경제의 각 부문에 강화된 유연성을 필요로 하면서 다른 한편에서는 경제 주체들 사이에 성과와 후생 면에서의 현저한 격차도 야기할 수 있다. 이러한 격차는 결국 나아가서 경제 주체들 사이에 심각한 견해 차이와 갈등을 불러올 수 있고 그 과정이 최근 우리 경제에서 중요한 화두

증의 하나로 지적되고 있는 양극화 논쟁이고 노사 분쟁이다.

이 글은 특히 우리나라 노동시장 유연성의 현실과 문제점들, 그리고 이를 둘러싸고 야기되는 노사 갈등의 모습들을 분석해보고 노동시장 유연성을 높이기 위해 필요한 정책 방향, 나아가서 노사갈등의 예방과 극복을 위한 생산적 시각을 확보하려는 시도이다.

2. 지식정보화, 개방화, 그리고 서비스화 경제의 유연성 강화 필요성과 노동시장 갈등 유발적 측면

지구촌경제(global economy)의 진전과 인공적 지력산업(man-made brain-power industries)의 발전(Thurow, 1996) 등은 우선 무엇보다도 우수 노동력에 대한 수요를 증가시킨다. 컴퓨터의 보급이나 정보화기술의 발달로 고학력 근로자 또는 숙련 근로자에 대한 수요가 더욱 확대되고 또한 그러한 고급 인력을 사용하는 산업들의 비중이 빠르게 커지기 때문이다. 이러한 현상은 당연히 숙련 근로자와 미숙련 근로자 사이의 소득 격차가 점차 확대될 수 있다(Berndt, Morrison, and Rosenblum, 1992; Krueger, 1993; Brauer and Hickok, 1995).

우리나라의 경우는 특히 후발 개발도상국들의 급속한 성장과 인근 중국 등으로부터의 저렴한 농수산물 및 공산품의 수입 때문에 국내 미숙련 노동력에 대한 수요가 크게 위축될 수 있으므로 이러한 국제교역 역시 미숙련 노동력의 대체를 촉진하여 노동시장에서의 양극화를 확대할 수 있다.

더욱이 정보화 매체(예컨대 초고속 인터넷망, 휴대폰 등)의 급속한 발달이 앞으로는 양극화 현상이 더욱 심화되기 쉬운 환경을 조성할 수 있다.

정보화시대에는 어떤 경제 주체가 생산해내는 재화 또는 서비스의 내용이나 품질에 대한 정보가 과거보다 훨씬 쉽고 빠르게 확산될 수 있다. 따라서 시장수요가 우수한 생산물에게로 보다 쉽게 집중될 수 있고 이 때문에 기업 경제활동의 성과 격차도 과거보다 훨씬 심화될 수 있다.

이와 같은 양극화 촉진 요인들을 살펴보면 어떤 의미에서 양극화의 심화는 격화된 국제경쟁 속에서 불가피한 측면을 가진다고 할 수 있다. 사실 격화된 국제경쟁 속에서 모든 경제 주체들의 경제 성과가 고르게 또 함께 향상되기를 기대하기는 불가능하다.

그림 3-1 국민경제의 개방과 수출의 가격탄력성 추이

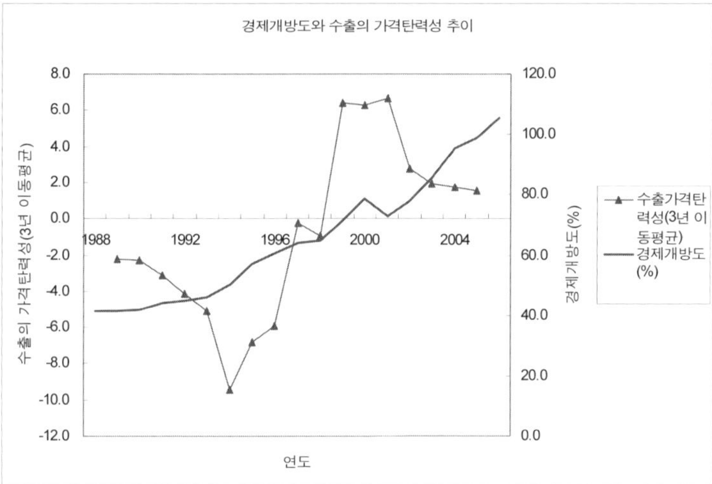

자료 : 한국은행, 『조사통계월보』, 각 호에서 계산하여 작성.

둘째 지구촌경제의 발전은 노동시장에서는 전체적으로 노동수요의 탄력성을 높이는 쪽으로 작용한다. **그림 3-1**에 따르면 우리 경제에서 1997년 외환위기 이후 경제의 개방도[1]와 생산물 수출의 가격탄력성[2]이 크게 높아졌음을 알 수 있다. 경제의 개방도가 비약적으로 높아지고 생산물 수출의 가격탄력성이 크게 높아졌다는 사실은 바로 그 파생 수요인 노동에 대한 수요의 임금탄력성이 동시에 크게 높아졌다는 의미를 가진다. 기업들은 노동비용을 포함하여 생산비용의 조정 가능성 면에서 전보다 훨씬 더 높은 유연성을 필요로 하고 있는 것이다. 노동 투입에 있어서도 기능적 유연성은 물론이고 수량적 유연성까지 절실하게 필요로 할 것이다.

당연히 작업조직과 노사관계에 있어서도 유연성의 강화를 필요로 할 것이다. 실제 최근까지 노사관계의 세계적 추세도 유연성 강화이다. Locke, Kochan and Piore(1995)는 노사관계의 분권화 추세가 작업이 조직되는 방식과 노동이 배치되는 방식에서의 유연성을 높이려는 노력을 동반했으며, 구미의 주요 선진국과 일본 등에서는 거의 모두 채용, 해고, 일시해고, 노동의 사용을 규율하는 여러 가지 정부 규제와 규범이 개별 사용자들에게 보다 큰 재량을 부여하기 위해 완화되거나 수정되었다는 점을 지적하고 있다. 그리하여 파트타임 고용, 그리고/또는 임시 고용계약이 이탈리아, 스페인, 노르웨이, 영국, 미국, 독일, 일본 등에서 폭발적으로 증가하고 북유럽의 대표국인 스웨덴 사용자들도 국가의 규제 장치들에서 유사한 변화들을 추진하고 있다는 것이다. 기업의 작업현장과 내부노동시장에서도 이와 유사

1 국민계정에서 국내총생산에 대한 수출과 수입의 합계의 퍼센트를 의미한다.

2 원화표시 수출가격의 변화율에 대한 원화표시 불변가격수출액 변화율의 비율로 측정하되 3개년 이동평균값으로 구하였다.

한 노력들이 진행되어 팀작업이나 여러 기능적 영역들 간의 협조 등을 촉진함으로써 근로자들의 자발적 노력과 창의적 잠재력을 끌어낸다는 것이다.

최근 확산되고 있는 고성과작업체제(high performance work system)의 발전 방향 중의 하나도 기능적 유연성의 강화이다. MacDuffie(1995)는 고성과생산체제에서는 인적 자원 관리와 작업조직 및 생산과정의 강화된 유연성이 핵심이라고 쓰고 있다. 세계 최고의 기술 수준을 자랑하는 일본 근로자 숙련의 방향도 바로 다기능 근로자의 육성이다.

셋째, 지구촌경제화 및 지식정보화 시대로의 진전과 더불어 최근 우리 경제에서 전개되는 또 한 가지 추세는 서비스경제로의 빠른 변화이다. 이는 앞으로 우리 경제의 지속적인 성장과 발전을 위해서는 서비스업 분야의 전반적인 발전과 생산성 향상이 필수적이라는 의미이기도 하다. 사실 서비스업 부문의 전반적인 생산성 향상은 서비스업 자체의 발전을 위해서뿐만 아니라 제조업 부문을 포함하여 국민경제 전체의 한 단계 도약을 위해서도 반드시 필요하다. 만약 서비스 부문의 생산성 향상이 둔화되거나 정체된다면 서비스 부문의 생산성 하락 → 서비스 물가의 상승 → 전체 근로자 및 제조업 근로자 임금상승 압력 가중 → 특히 제조업의 경쟁력 약화 및 제조업 공동화 현상의 심화 → 전체 경제성장률의 하락으로 이어지는 인과관계가 불가피해질 것이다. 왜냐하면 소비자 서비스 가격의 급격한 상승이 다음으로 소비자물가 및 근로자 생계비의 급격한 상승을 야기하고 이것이 공업부문 또는 제조업부문 기업들의 지불능력 상승률을 훨씬 상회하는 명목임금 상승률을 초래할 것이기 때문이다.

그림 3-2에 따르면 최근 20여 년간 우리나라에서는 근로자들의 생계비 상승에 가장 크게 기여하는 서비스 생산물에 대한 소비자물가가 약 3배로 상승하였지만 광공업부문 기업들의 지불능력을 결정하는 상품의 생산자물

그림 3-2 상품의 생산자물가와 서비스의 소비자물가, 경제성장률 추이 비교

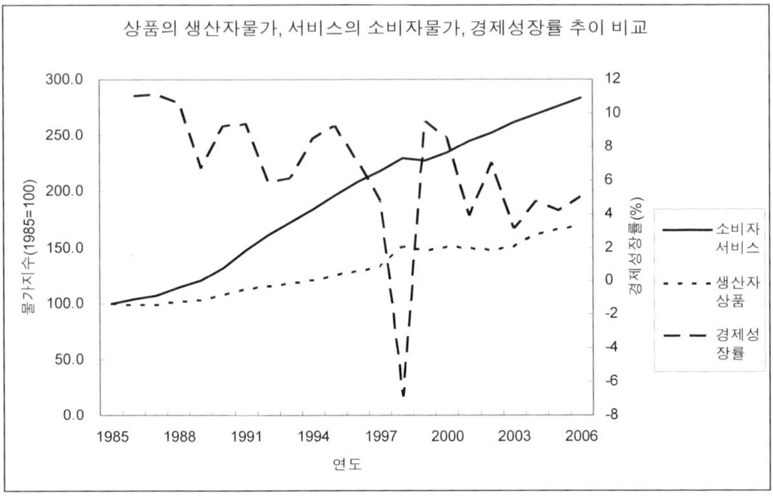

자료 : 한국은행, 『조사통계월보』, 각 호에서 계산하여 작성.

가는 1.7배 남짓 정도밖에 상승하지 못한 것으로 나타난다. 우리나라 가계 최종 소비지출에서 서비스 소비지출의 비중이 그 동안 계속 상승하여 2006년 현재 58.1퍼센트에 이른다는 사실을 염두에 둘 때 이는 모두 광공업부문에서 임금상승을 둘러싼 노사간 교섭에서 지금까지 큰 갈등 요인으로 작용하였을 가능성이 높다. 그러므로 서비스부문의 생산성 향상과 서비스 생산물 가격안정은 노사간 갈등을 줄이는 데 기여할 뿐 아니라 결국 근로자 가계의 생계비 상승 압력을 줄여 제조업부문의 공동화 억제나 일자리 창출에도 도움을 줄 수 있다.

넷째, **그림 3-2**는 또한 최근 우리 경제의 경제성장률이 지속적으로 하락하는 추세를 보여주고 있는데 이와 같이 점차 낮아지는 경제성장률은 과거부터 많은 학자들이 우려하였던 대로 생산물의 분배를 둘러싼 갈등 유발

가능성을 높인다. 과거 한국 경제의 고도성장은 특별한 재분배정책 없이도 빈곤층을 매우 빠르게 감소시켜왔다(유경준, 1999). 그런데 과거 많은 학자들의 우려와는 달리 자본주의 사회에서 분배 문제에 대한 관심이 크게 예민해지지 않았던 것은 불평등이 일부 학자들의 예상처럼 그렇게 심화되지 않았고 또한 자본주의 사회의 성장이나 풍요로움이 장기간 지속되었기 때문이라는 설명(Bronfenbrenner, 1971, 14-18)을 수용한다면, 이제 저성장의 시대를 상당 기간 경험하고 있는 우리 경제에서는 반대로 앞으로 분배 문제에 대한 관심과 논의가 점점 더 중요해질 것이라는 예상도 가능하다. 사실 저성장시대의 지속은 민주주의와 자본주의라는 두 가치가 서로 충돌할 가능성을 높일 수 있다.

민주주의는 완전히 균등한 정치적 지배력의 분배, "1인 1표(one man, one vote)"를 신봉하며, 자본주의의 효율성은 "최적자 생존(survival of the fittest)"과 구매력에서의 불평등성에서 나온다는 것이다(Thurow, 1996). 그러므로 저성장시대의 지속은 분명히 분배 문제를 둘러싸고 자본주의적 시장의 가치와 민주주의의 가치가 첨예하게 상충할 가능성을 안고 있다.

3. 우리나라 노동시장 유연성에 관한 몇 가지 논의

1) 노동시장 유연성에 대한 평가

그 동안 여러 논자들은 최근 우리나라 노동시장의 유연성에 대해서 상당히 유연하다는 평가(이인재 · 이연경, 2005)도 있고, 상당히 경직적이라는 평가(남성일, 1999; 전광명, 2004)[3]나 외환위기 이후에 유연성이 어느 정도 높아졌다고 하더라도 그것은 정규직 이외의 부문이나 중소기업 부문에서 주로 진행되었으며 노동시장에서의 실질적으로 유효한 규제완화는 거의 없었다는 평가(최경수, 2001)도 있어왔다.

해외에서 우리나라 노동시장을 평가하는 시각도 차이가 있다. IMD(International Institute for Management Development)는 우리나라 노동시장 운행에 많은 영향을 주는 노사관계의 생산적인 정도가 가장 낮다는 평가를 하고 있으며[4], 세계은행이나 OECD 등은 우리나라 노동시장을 OECD 국가들 중에서 중간 정도의 경직성을 가진 것으로 평가하고 있다. 그렇지만 이 기관들의 자료에 따르면 우리나라의 노동시장은 일본, 중국, 홍콩, 싱가포르, 인도네시아 등 주요 아시아 국가들에 비하여도 훨씬 경직적인 것으로 나타나고 있다(World Bank, 2006, 2007)).

우리나라 노동시장의 유연성을 상대적으로 높게 평가하는 세계은행의 평가 등을 정리한 **표 3-1**을 보면 2006년의 경우 우리나라는 29개 OECD국가들 사이에서 고용유연성 15위, 해고용이성 14위 정도이다. 그렇지만 1997년 자료로 평가된 Botero et al.(2004)의 집단적관계법지수로 보면 집단적 노사관계 관련 노동시장 유연성은 18위로 상당히 경직적인 수준이다.

그리고 표에서 알 수 있는 또 한 가지 사실은 외환위기를 경험한 이후에도 우리나라 노동시장의 유연성은 별다른 변화를 보이지 않았다는 점, 그리고 Botero et al.(2004)의 방법을 사용한 세계은행의 평가에 따르면 1997년

3 남성일(1999)은 우리나라 노동시장은 고용의 경직성에도 불구하고 근로시간이나 임금 등에서 비교적 유연성을 유지하여 왔기 때문에 전체적으로 어느 정도의 유연성을 유지할 수 있었다는 평가를 하고 있다.

4 IMD의 2007년 국가경쟁력 평가 결과에 따르면 우리나라 노사관계의 생산적인 정도가 2006년은 조사 대상 61개국 중 61위, 2007년은 조사 대상 55개국 중 55위로 최하위 수준이라고 평가하고 있다(정부 내부자료, 2007).

표 3-1 노동시장 유연성 관련 지표들의 국제 비교(종합)

(OECD 국가들 사이에서의 순위)

	1997		2003	2004	2005		2006	
	고용법지수	집단적관계법지수	고용보호법지수	노동시장유연성지수	고용경직성지수	해고곤란지수	고용경직성지수	해고곤란지수
	Botero et al.(2004)		OECD (2004)	Cuñat and Melitz (2007)	World Bank(2006, 2007)			
Australia	7	8	6	5	5	6	2	5
Austria	12	7	16	16	18	20	16	17
Belgium	13	11	19	8	9	8	7	9
Canada	4	2	2	2	3	12	3	2
Czech Republic	15	6	11	11	10	10	9	12
Denmark	16	10	9	6	8	9	6	8
Finland	24	5	14	20	20	21	22	22
France	26	28	23	25	27	24	27	25
Germany	22	23	20	22	23	22	21	21
Greece	14	16	24	26	28	25	28	26
Hungary	8	22	8	17	14	11	14	11
Iceland	n.a.	n.a.	n.a.	n.a.	11	2	11	4
Ireland	6	13	4	12	12	13	12	13
Italy	19	25	18	21	25	16	26	24
Japan	2	24	10	10	7	1	10	3
Korea	10	18	12	14	19	15	15	14
Mexico	17	20	26	28	22	28	17	18
Netherlands	23	14	17	18	21	27	19	29
New Zealand	1	3	5	3	2	4	4	6
Norway	21	26	21	13	15	14	25	23
Poland	18	19	15	15	13	17	13	16
Portugal	28	27	27	24	26	29	24	28
Slovak Republic	20	12	13	4	16	18	18	19
Spain	27	21	25	27	29	26	29	27
Sweden	25	17	22	19	17	19	20	20
Switzerland	11	9	7	7	6	7	8	10
Turkey	9	15	28	23	24	23	23	15
United Kingdom	5	1	3	9	4	5	5	7
United States	3	4	1	1	1	3	1	1

주: 1997년 순위는 Botero et al.(2004)에서 사용하고 있는 개별적 노동관계법의 고용보호 정도(고용법지수)가 약한 순위와 집단적 노동관계법의 보호 정도(집단적관계법지수)가 약한 순위이며, 2003년 순위는 OECD의 *OECD Employment Outlook*, 2004에서 사용하고 있는 고용보호법규(employment protection legislation, EPL)의 고용보호규제 정도가 약한(즉 고용유연성이 높은) 순위임. 2004년의 노동시장유연성지수 순위는 Cuñat and Melitz(2007)가 작성한 것으로 노동시장유연성이 높은 순위를 나타냄. 한편, 2005년과 2006년의 고용경직성지수와 해고곤란성지수는 Botero et al.(2004)의 방법론을 사용하여 매년 세계은행(The World Bank)이 발표하는 지수이며 표의 순위는 각각 고용유연성이 높은 순위와 해고곤란성이 약한 순위를 나타냄.

과 최근을 비교할 때 오히려 과거 10년 사이에 유연성 순위가 다소 하락하기도 하였다는 점이다.

이러한 노동시장 유연성에 대한 해외의 평가는 주로 문서화된 법규 등 과거의 자료와 평가들에 기초한 것들인데, 이는 여러 가지 한계를 지니고 있으므로 종합적인 평가를 위해서 최근의 노동시장 경직성 관련 요인들의 변화도 함께 살펴보아야 한다.

2) 최근의 노동시장 유연성 변화 요인들과 효과

(1) 법적 · 제도적 변화

우선 2006년과 2007년에 앞으로 우리나라 노동시장에서 그 유연성을 약화시킬 수 있는 몇 가지 법적 · 제도적 변화들이 있었다는 점을 지적하지 않을 수 없다. 최근 노동시장의 경직성을 높일 수 있는 잠재력을 가진 변화요인들로는 첫째, 분쟁 가능성 등과 노동시장 경직성을 높일 수 있는 노동관계법의 변화(① 필수 공익사업에 대하여 적용 범위 축소 및 직권중재제도 폐지(파업 참가자 50퍼센트까지 대체근로 허용), ② 단체교섭 및 노동쟁의에서의 제3자 지원 신고제도의 폐지, ③ 개별 기업 내 복수노조 설립 허용 및 전임자 급여 지급 제한 규정의 시행을 2010년 1월 1일부터로 3년 연기, ④ 정리해고의 경우 3년까지 우선 재고용 노력 의무화(동시에 사전 통보기간 60일에서 50일로 단축), ⑤ 정당한 이유 없는 해고 등에 대한 구제명령 불이행자 대상의 이행강제금제도 도입, ⑥ 기간제 및 단시간 근로자, 그리고 파견근로자 등 비정규직 근로자 보호 강화 및 차별시정제도의 도입, ⑦ 건설하도급의 경우 임금체불 억제를 위해 직상 수급인의 연대책임 규정 등), 둘째, 노사분쟁 사례에서 자주 발견되는 노사관계 관련 법규의 무시와 법률 위반 책임부여 관행의 미정착, 셋째 개별기업 내 노사간 목표일치성 추구를 어렵게 하는 초기업적 노동조합주의의 강화 분위기 등을 들 수 있다.

특히 최근 상대적으로 강력한 정규직 보호규정 등은 그대로 둔 채 유연성의 핵심요소 중 하나인 비정규직 근로자 고용을 이들 정규직 보호 수준으로 보호하려는 좀더 강한 보호제도가 입법화되어 시행되기에 이르고 이를 둘러싼 분쟁이 자주 발생하고 있어 앞으로는 노동시장의 경직성이 좀더 강화되는 추세에 있을 것으로 평가된다.

(2) 노사 분쟁 해결 과정을 둘러싼 경직성 강화 요인들

① 노사 분쟁 발생 분야들

노동시장의 유연성에 영향을 주는 중요한 측면들 중의 한 가지는 노동시장의 유연성과 관련하여 발생하는 노사분쟁의 해결 과정이다. 경제의 지식정보화, 개방화, 그리고 서비스화로 인하여 일어날 수 있는 양극화의 진행, 노동시장 유연성의 확보 필요성, 그리고 공공서비스부문에서의 도덕적 해이 우려 등이 현재 다양한 모습으로 각 경제부문에서 노사분쟁 또는 노사갈등을 야기하고 있다. 물론 여기에는 임금이나 근로조건 결정에 관한 단체교섭 관련 노동쟁의들처럼 전통적인 형태의 노사갈등도 포함된다. 대체로 다음과 같은 분야들에서 자주 노사분쟁이 빈발하고 있다.

첫째, 국제경쟁의 절박함 속에서 노동비용의 절감 요구, 그리고 고용의 유연성을 확보하려는 많은 기존 기업들이 비정규직의 고용을 확대하고 있다. 그리하여 비정규직 고용의 불안정성과 낮은 임금, 불리한 근로조건,

그리고 4대보험 혜택의 제약 등과 같은 노동비용 절감 노력을 둘러싼 논란과 분쟁이 계속되는 추세이다. 기업들은 인력활용에서의 수량적 유연성 확보와 노동비용 절감을 이유로 비정규직 고용을 늘리고, 근로자들은 반대로 그 때문에 높아진 고용의 불안정성과 낮고 열악해진 임금 · 근로 조건의 개선을 요구함으로써 갈등이 표출된다.

둘째, 고용 및 임금유연성을 추구하는 과정에서 다양한 아웃소싱이나 여러 형태의 특수고용이 출현하고 이 때문에 많은 분쟁들이 발생하고 있다. 최근까지 근로자성 여부에 관한 다툼으로 법정의 힘을 빌어야 했던 골프장 캐디, 학습지 교사, 화물차 차주 등의 고용 형태, 또한 불법 파견 여부의 다툼 대상이 되었던 각종의 파견근로 형태 등이 여기에 포함될 수 있다.

셋째, 최저임금 결정, 비정규직 근로자 보호, 해고규제, 여성근로자 보호, 차별 금지와 차별 판정 등 정부의 노동시장정책과 노사관계정책의 집행을 둘러싼 분쟁도 많이 발생하고 있다. 특히 2007년 7월부터 시행될 노동위원회의 비정규직 차별판정 업무는 지금까지 관련 경험이 전혀 없었기 때문에 합리적인 기준이 설정될 때까지 경우에 따라서는 많은 시행착오를 낳을 가능성도 있다.

넷째, 소득 수준이 향상한 탓으로 사회서비스 분야의 성장 등 공공부문의 확대에 따른 다양한 갈등 가능성도 존재한다. 국내적으로나 국제적으로 시장과 경쟁의 압력을 받을 가능성이 희박한 공공 · 사회서비스부문에서는 항상 한편에서는 효율화와 생산성 향상을 추구하도록 만드는 압력이 존재하고 다른 한편에서는 도덕적 해이의 상태로 후퇴하고자 하는 유혹도 존재하며 결국 이 상충적인 선택들이 갈등을 유발할 수 있는 것이다. 실제 최근 우리나라 노동조합들은 전기 · 가스 · 수도업, 운수 · 통신업, 금융 · 보험업 등 주로 서비스산업 중심으로 재편되고 있다(**표 3-2** 참조).

표 3-2 산업과 기업의 특성별 노조 가입 현황(2006년 기준) (천명, %)

		노조원 수	노조 조직 사업체 근로자비율	노조가입률
산업별	농림어업	2	4.6	1.4
	광업	1	17.2	12.5
	제조업	544	28.3	15.8
	전기·가스 및 수도사업	30	76.9	47.2
	건설업	58	9.8	4.3
	도소매업 및 숙박 · 음식점업	101	8.6	3.4
	운수업	244	56.2	38.6
	통신업	73	49.8	28.5
	금융 및 보험업	170	46.4	23.1
	부동산 및 임대업 · 사업서비스업	102	12.3	5.6
	공공행정, 국방 및 사회보장 행정	84	25.2	10.3
	교육서비스업	148	38.6	11.2
	보건 및 사회복지사업	88	28.2	13.9
	기타 산업	58	11.0	5.3
기업 규모별	1~4인	29	2.7	0.9
	5~9인	66	5.5	2.6
	10~29인	241	15.8	7.4
	30~99인	411	31.8	13.6
	100~299인	334	42.5	21.4
	300인 이상	654	62.9	35.5
전 체		1,734	23.0	11.3

주: 여기서 노조조직 사업체 근로자 비율은 노조원이든 아니든 일단 노조가 조직된 사업체(기업이 아님)에 근무하는 근로자의 비율을 의미하며, 노조가입률은 전체 근로자들 대비 노조원의 비율을 나타냄.

자료: 김정우(2006).

② 노사 분쟁의 해결 과정에서의 문제점

앞에서 살펴본 여러 분야에서 최근까지도 다양한 노사분쟁들이 발생하여왔다. 그런데 이러한 분쟁들이 어떤 방식으로 해결되느냐 하는 점도 노동시장의 유연성에 중요한 영향을 미칠 수 있다. **그림 3-9**에서는 그 월별 횟수와 연도별 추세를 살펴볼 수 있지만 그 동안 이러한 갈등들이 해결되는 과정에서 여러 가지 문제점도 발생하였다. 그로부터 우리는 앞으로 노사 갈등의 효과적인 해결과 노동시장 유연성 제고라는 시각에서 몇 가지 시사점도 정리해볼 수 있다.

첫째, 한 회사에서의 노사 교섭력 행사가 당해 업계 노사 전체의 대리전 또는 힘겨루기 양상으로 발전하는 경우 당해 기업의 구체적인 사정에 적합한 협조적이며 문제 해결 지향적인 의사결정이 특히 어려웠다는 점을 지적할 수 있다. 이는 개별 기업에서의 노사협상이나 교섭이 초기업적 성격을 띠는 경우에 특히 그러하므로 노사 양 주체의 목표일치성을 확보하고 구체적인 개별 기업의 사정에 적합하고 신속 · 유연한 의사결정을 위해서는 초기업적 교섭보다는 가능한 한 기업별 교섭을 추진하는 것이 필요하다는 시사를 얻을 수 있다.

둘째, 법과 규칙이 분명하게 준수되지 않는 분위기가 만연하여 분쟁 중에 발생한 엄연한 불법 행위들도 분쟁 타결 후에는 쉽게 용인되어 잘못이 확실하게 가려지지 않는 관행이 은연중에 형성되었으며, 이것이 계속 이후 다른 기업들의 노사분쟁에도 바람직하지 못한 방향으로 영향을 미칠 수 있었다는 점이 지적된다. 이러한 분위기는 노사 양측에 모두 규칙 준수의 자세를 확립시키는 데 도움이 되지 않을 것이다. 사실 분규를 해결하려는 노동위원회나 법원에서의 판정과 재판도 법규와 판례의 매우 엄격한 적용에 기초를 두고 있다. 예컨대 근로자의 명백한 잘못이 인정되는 경우에도 규칙 적용의 절차가 법규에 정확히 합당하지 않으면 징계하는 것조차 불가능한 경우가 현실에서는 자주 일어나기 때문이다. 규칙을 엄격하게 준수하지 않는 분위기와 관행은 분쟁의 예방과 신속한 해결과 유연성 강화에 장애요인으로 작용할 뿐이다.

셋째, 노사 분쟁에 대한 정부의 성급한 개입과 간섭이 유연한 노사자치주의의 정착에 도움이 되지 못한다는 시사도 얻을 수 있다. 노사분쟁이 해결되는 사례들에서도 대중적 인기를 중시하는 정치권과 정부의 무원칙한 개입이 사용자들의 양보를 강제하는 분위기를 조성하는 경우가 실제 발생하기도 하였다. 이 경우에는 당연히 정부의 간섭이 오히려 문제를 해결하기보다는 문제를 악화시키는 효과를 가질 것이다. 노사자치주의는 원래 영국의 노사관계의 중요한 특징으로 논의되어 온 임의주의(voluntarism)에 가까운 것으로 무엇보다도 단체교섭의 산물인 단체협약을 노사관계를 규율하는 중요한 규칙으로 간주하는 개념이다. 그런데 단체교섭에 의한 노사자치주의가 유효한 기구로 존재할 수 있는 전제조건들이 존재한다. 그것들은 ① 상당한 정도의 조직화 달성, ② 당사자들 사이에 서로 합의에 들어갈 용의 또는 상호 승인하는 자세의 존재, ③ 합의 사항들의 철저한 준수 등으로 정리될 수 있다(Flanders, 1965: 23-24). 그렇다면 우리나라의 경우에도 조직화가 상당히 달성된 대기업들에서는 이를 실천해갈 수 있는 형식적 환경이 일단 조성되어 있다고 볼 수 있으므로 여기에 앞에서 언급한 철저한 규칙 준수의 분위기와 상호 승인의 자세까지를 정착시킬 수 있다면 노사관계에 대한 정부의 직접적인 개입과 간섭은 조만간 불필요해질 수 있다. 정부로서는 오히려 합리적인 노사관계 공통 규칙들을 정비하고 이의 엄격한 적용과 감독에 전념하는 것이 필요하다.

(3) 일자리 창출 성과와의 관련성

이러한 노동시장 경직성 강화 요인들은 결국 투자 위축, 경제성장률 하락과 일자리 창출 둔화로 연결될 수 있다. 실제 우리나라 연평균 경제성장률(투자증가율)은 1994~1997년 사이 7.3퍼센트(7.7퍼센트), 1999~2002년 사이 7.2퍼센트(6.6퍼센트), 2003~2006년 사이 4.2퍼센트(2.9퍼센트)로

표 3-3 1990년 중반 이후 연평균 경제성장률 및 산업별 일자리 증감 상황

(연(기하)평균 %, 연평균 천 명)

	94~97	99~02	03~06	03	04	05	06	06. 10~07. 9
연평균 경제성장률(%)	7.3	7.2	4.2	3.1	4.7	4.2	5.0	-
연평균 투자증가율(%)	7.7	6.6	2.9	4.0	2.1	2.4	3.2	-
전산업 연평균 일자리 증감 합계	495	558	246	-30	418	299	295	292
농림어업	-77	-82	-71	-120	-125	-9	-30	-64
광공업	-52	81	-19	-37	84	-55	-66	-36
(제조업)	-46	81	-19	-36	85	-56	-67	-34
사회간접자본 및 기타서비스업	624	559	335	126	459	363	392	391
(건설업)	80	42	22	70	4	-5	21	-8
(도소매 · 음식숙박업)	247	161	-59	-146	10	-56	-44	-27
(사업·개인 · 공공서비스 및 기타)	222	317	328	199	419	366	328	365
(전기 · 운수 · 통신 · 금융)	75	39	44	3	26	59	88	59

자료 : 통계청, 『경제활동인구조사』 각 연도 자료에서 계산.

최근 크게 낮아졌으며 따라서 연평균 일자리 증가도 같은 기간에 각각 49만5천 개, 55만9천 개, 그리고 24만6천 개로 급격하게 감소하였다(**표 3-3** 참조).

표 3-3에 따르면 최근으로 오면서 우리나라의 일자리 창출은 주로 사업 · 개인 · 공공서비스업 및 기타, 전기 · 운수 · 통신 · 금융산업 등에서 이루어지고 있다.

특히 비정규직 보호제도의 시행과 관련하여서는 노동정책 목표들 사이에 상충관계도 심화될 가능성이 발생하고 있다. 예컨대 비정규직 보호법규가 기업들의 노동비용을 증가시켜서 장기적으로 비정규직 일자리 창출을 현저하게 위축시킨다면 이것은 다시 현재 노동부가 역점 사업으로 추진하고 있는 사회적 일자리 창출 사업의 정책 대상을 계속 증가시키는 결과를 초래할 수 있다. 한쪽에서는 일자리를 줄이는 정책이 시행되고 다른 쪽에서는 일자리를 증가시키려는 정책이 시행되는 모순이 발생하는 것이다. 그런

데 이 경우 우려되는 심각한 문제는 사회적 일자리 창출 사업들이 만들어내는 일자리들이 기업 연계성과 자립성 면에서 줄어드는 현재의 비정규직 일자리보다 훨씬 저급하고 불안정한 일자리일 가능성이 높다는 점이다.

4. 노동시장 유연성에 관하여 밝혀진 몇 가지 사실들

1) 과거의 노동시장의 발전과 소득 분배의 추세: 시장의 힘

한국 경제 전체의 노동소득 분배율의 변동 추세를 일관된 방식으로 추정한 결과 1953~1997년 외환위기까지의 노동소득 분배율 변동의 주요 특징들은 다음과 같이 요약할 수 있다. 첫째, 전체적인 흐름이 뚜렷이 U자형 곡선을 그린다고 할 수 있다. 그 곡선의 바닥점은 대체로 1966년경에 시작되어 1972년경에 그치고 있다. 노동소득 분배율의 상승 추세가 다소 급격하게 되는 시기는 1977년경부터이다. 노동소득 분배율의 하락 시기 및 바닥 시기는 전환점 이전 시기, 즉 무제한적인 노동력 공급 시기에 대응하며 그 상승 시기는 전환점 이후 시기에 대응하는 것으로 해석할 수 있다(**그림 3-3** 참조).

둘째의 특징은 노동소득 분배율과 경기변동의 관련성인데, 노동소득 분배율이 선진국에서 나타나는 움직임과는 달리 한국 경제에서는 대체로 경기순환의 정점 근처에서 상승할 뿐 아니라 GDP에서 수출이 차지하는 비중이 높을수록 상승한다. 이러한 현상은 특히 1960년대 후반 이후에 두드러지게 나타난다. 경제성장률이 높아질수록 노동소득 분배율이 상승한다는 수출주도형 고도성장 전략을 채택한 개발도상국의 경우 노동시장의 전환점

그림 3-3 노동소득분배율 추이(1953~2006)

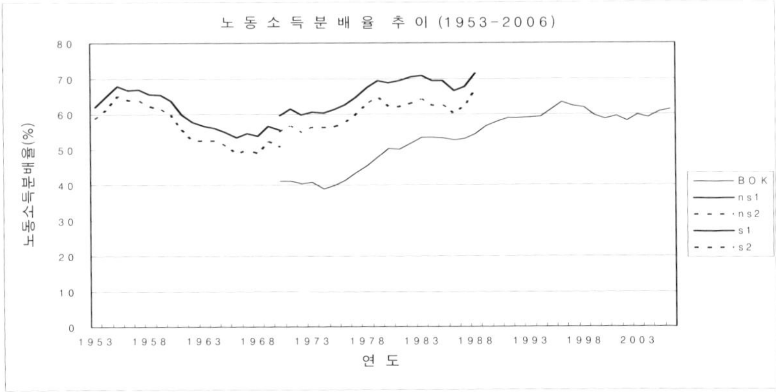

주:

s_1: 구국민계정 기준의 요소비용에 의한 국민순생산의 노동소득(자영업주의 추정 노동소득 포함)분배율(1953~1970)

s_2: 구국민계정 기준의 요소비용에 의한 국내순생산의 노동소득(자영업주의 추정 노동소득 포함)분배율(1953~1970)

ns_1: 신국민계정 기준의 요소비용에 의한 국민순생산의 노동소득(자영업주의 추정 노동소득 포함)분배율(1970~1988)

ns_2: 신국민계정 기준의 요소비용에 의한 국내순생산의 노동소득(자영업주의 추정 노동소득 포함)분배율(1970~1988)

BOK: 한국은행이 국민계정에서 편제 · 발표하는 노동분배율(자영업주의 추정노동소득 포함하지 않으며 국내순생산 기준)(1970~2006)

자료 : s_1, s_2, ns, ns_2는 배진한, 1992. BOK는 한국은행 국민계정 통계.

그림 3-4 최근 유럽 8개국(독일, 오스트리아, 벨기에, 스페인, 핀란드, 프랑스, 네덜란드, 이태리)의 노동소득분배율 추이

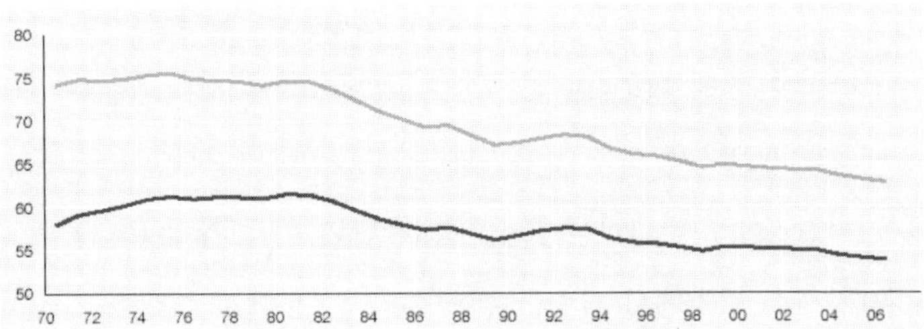

주: 그림에서 윗선(하늘색)은 자영업 부문의 귀속추정 노동소득을 포함하는 노동소득 분배율이며 아랫선(자주색)은 포함하지 않은 노동소득 분배율임. 모두 1980년 불변가격으로 계산한 노동소득 분배율이며 8개국의 GDP는 유럽 지역 전체 GDP의 90퍼센트를 상회함.

자료: Moral, E. and V. Genre(2007), p. 5.

(turning point) 이전에는 무제한적인 노동력 공급에 주로 기인하여 노동소득 분배율이 점진적으로 하락하고(이는 경제개발 초기에 소득분배의 불평등을 심화시키는 경향을 가진다), 그 이후에는 제한적인 노동력 공급과 그에 따른 상대적으로 빨라진 임금상승, 그리고 낮은 투입 요소간 대체탄력성(노동요소의 질이 빠르게 향상되는 경우에는 투입요소의 대체탄력성이 낮아질 수 있음) 때문에 노동소득 분배율이 계속 상승하는 추세를 보이는 경향을 가진다(이는 일정 기간 경과 후부터는 자연스럽게 소득분배의 불평등을 완화하는 효과를 발휘하였다). 그런데 그 전환점을 앞당기고 소득분배의 불평등을 완화해서 근로자들의 후생을 비약적으로 향상키는 데 결정적인 기여를 하는 요인은 근로자 또는 노동조합의 강력한 교섭력이나 노동시장의 경직성이 아니라 바로 미숙련 노동력에 대하여 가장 강력한 흡수력을 발휘하면서 당시 저임금 · 장시간노동으로 악명이 높았던 수출산업을 중심으로 한 제조업의 급속한 성장이었다. 그것은 바로 시장의 힘이었다. 이 과정은 **그림 3-3**에서 외환위기 이전까지의 U자형 노동소득 분배율 곡선으로 요약할 수 있다.

우리 경제에서 1997년경의 외환위기는 매우 중요한 의미를 가지고 있다. 외환위기 이후에는 경제의 개방도가 매우 급격하게 높아졌기 때문에 사실 경제의 구조나 운행 원리가 질적으로 크게 달라졌을 가능성이 높다. 그래서 **그림 3-3**에서 짐작할 수 있는 바와 같이 외환위기 이후에는 일정 수준 이상의 성장 속도가 유지된다면 장기적으로 다시 새로운 U자형 노동소득분배율 추세가 나타날 가능성도 예상할 수 있다. 노동소득 분배율이 추세적으로 상승하는 국면에서는 경제 전체의 소득분배 불평등도 함께 감소할 것이며 이것이 결국 우리에게는 앞으로 노동시장 유연성 강화가 왜 반드시 필요한지에 대한 과학적 비전을 제공해줄 것이다. 더욱이 유럽의 선진 8개국 집계 노동소득 분배율을 보여주는 **그림 3-4**와 함께 비교하여 보면 현재 우리나라의 노동소득 분배율 수준이 이제는 이 국가들에 비하여 상대적으로 높은 수준을 유지하고 있음도 짐작할 수 있다.

2) 정부 규제와 일자리 창출 사이의 상관관계: OECD와 EU의 사례

정부 규제 중에 고용 규제도 여러 가지 포함되어 있는데 이 고용 규제들과 일자리 창출 사이의 상관관계를 OECD 자료를 이용하여 분석하여 본 결과 몇 가지 흥미로운 결과를 발견할 수 있다. 현재 OECD 통계자료에 의하면 채용 및 해고 관련 규제 수준 면에서 우리나라는 OECD 회원국 28개국 중 13위 수준(법적 고용보호(employment protection legislation)의 강도를 나타내는 규제지수 2.0)에 있다.

우선 고용규제의 정도와 고용률의 관계는 음의 상관관계에 있으며 상관계수도 -0.459로 추정된다(**그림 3-5** 참조). 해고규제가 강력할수록 기업은 일자리 창출에 신중해지기 쉬울 것이므로, 이런 추정 결과는 합리적인 예상과 부합한다. 이때 고용률은 생산가능인구 중 취업자의 비율을 의미한다.

다음으로 유사한 맥락이지만 **그림 3-6**에서 보는 대로 고용규제의 정도와 청년(15세~24세) 실업률의 관계는 양의 상관관계에 있음도 나타난다. 규제의 정도가 높을수록 채용에 신중해질 것이므로 당연히 실업률은 높을 것이다. 그 정도는 전체 실업률에 비하여 양의 상관관계가 약간 더 강하다. 고용규제는 평균적으로 청년고용에 좀더 불리한 영향을 미치는 것이다.

또한 고용규제의 정도와 최근 3년(2001년에서 2004년 사이)간 실업률의 변화(퍼센트포인트) 사이의 관계도 양의 상관관계로 그 값은 0.439에 이른다. 고용규제가 심할수록 실업률이 더 크게 높아지고 있는 것이다. **그림**

그림 3-5 고용규제와 고용률 사이의 관계(OECD 회원국 국제 비교)

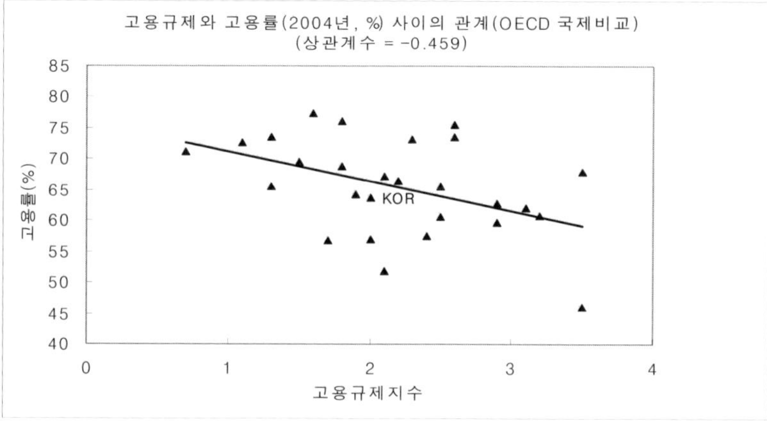

주: KOR는 우리나라를 나타냄.

자료: OECD, *OECD Employment Outlook*, 2004와 2005의 통계 부록(Statistical Annex) 자료를 연결하여 도표화함.

그림 3-6 고용규제와 청년실업률 사이의 관계(OECD 회원국 국제비교)

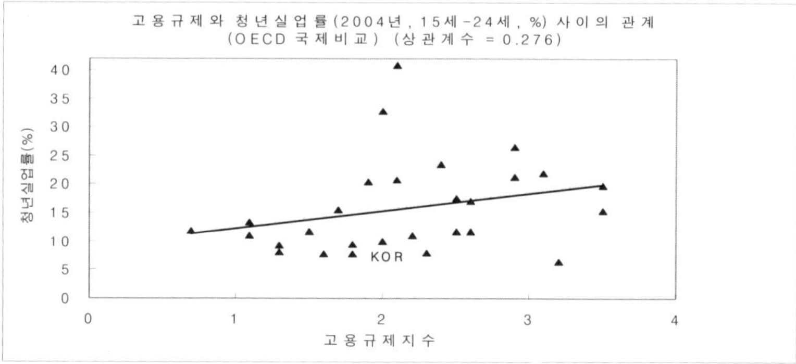

주와 자료: **그림 3-5**와 같음.

그림 3-7 고용규제와 청년실업률 변화 사이의 관계(OECD 회원국 국제 비교)

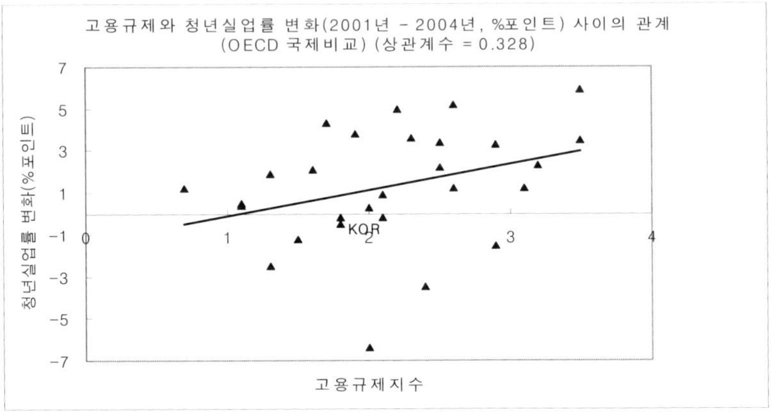

주와 자료 : [그림 3-5]와 같음.

그림 3-8 유럽연합(EU) 국가들의 전체적인 고용보호입법(EPL) 수준과 임시계약직(temporary contracts) 근로자 비율의 상관관계

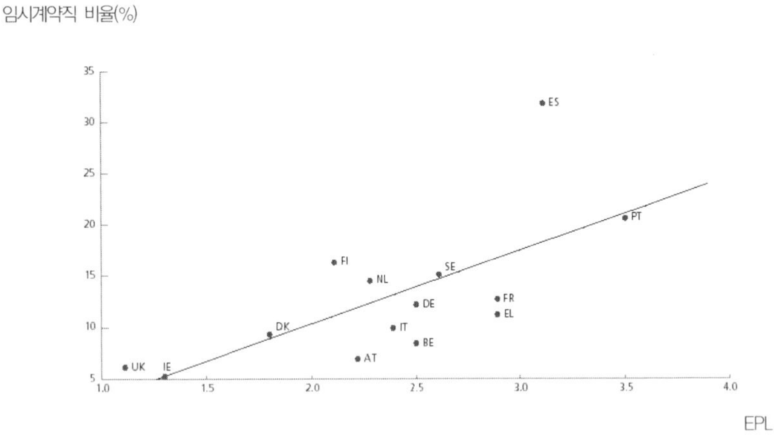

자료: European Commission, *Employment in Europe 2006*, European Union, Oct. 2006, p. 158.

3-7은 청년실업률 변화와의 관계를 보여주는데 양의 상관관계가 다소 약화되지만 여전히 그 값은 0.328이다.

이렇게 볼 때 정부의 기업활동 규제는 강하면 강할수록 일자리 창출에 매우 불리하다는 사실을 분명히 확인할 수 있다.

한편, 최근 EU의 European Commission(2006)은 **그림 3-8**에서 보는 바와 같이 고용보호 입법의 수준이 높을수록 임시계약직 근로자들의 비중도 따라서 높아진다는 분석 결과도 제시하고 있다. 이는 EU 소속 국가의 기업들도 고용보호 입법의 직접적인 충격 효과를 피하기 위하여 임시계약직과 같은 비정규직 근로자의 채용 비율을 높인다는 증거로 이해된다. 실제 Grubb, Lee, and Tergeist(2007)는 우리나라의 최근 노동시장 변화를 분석하면서 놀랍게도 기업들의 외부화전략(externalization strategy)이 고용보호 입법 메커니즘, (경직적인) 임금결정 관행들, 그리고 노사관계 등에 의해 더욱 강화되어왔다는 점을 지적하고 있다. 이 모든 것들이 1997~1998 금융위기 이후에 더욱 중요해졌으며 최근까지 노동시장 이중구조(labour market duality)를 계속 심화시켜 왔다는 것이다.

이러한 분석 결과를 좀더 확대 해석하면 최근 우리나라의 비정규직 근로자들의 비중이 빠르게 증가하여 온 이유도 결국은 바로 지금까지 정규직 근로자들에 대한 과도한 보호 규제, 임금제도의 경직성, 그리고 불안정한 노사관계 등에 기인한 노동시장 경직성에 있었다는 설명이 가능할 것이다.

5. 노동시장 유연성과 일자리 창출을 위한 정책 방향

1) 노동시장 유연성 강화의 장기적 비전

높은 수준의 원천기술, 고기술 및 생산성 확보가 기업들의 부가가치 창출능력을 향상시키며 이러한 능력은 제조업 등 주요 산업들의 공동화를 지연시키고 샌드위치국면을 벗어날 수 있게 해줄 것이다. 물론 여기에는 치열한 기술개발 및 인적자원개발 노력 역시 필요하며 노동시장 유연성의 강화와 함께 고성과생산체제의 정착노력도 절실히 필요하다. 이러한 요소들은 최근 일본의 사례에서 보는 바와 같이 살아남기 위해 해외로 나갔던 기업들까지 다시 국내로 돌아올 수 있게 해줄 것이고 수많은 고학력 구직자들에게 좋은 일자리(decent job) 획득 기회를 제공할 것이다.

그림 3-3에서 우리나라 노동소득 분배율 추세가 외환위기(1인당 국민소득 1만 달러 시대) 이전까지 커다란 U자형 곡선을 그리고 있었고, 외환위기 이후부터 다시 새로운 U자형 곡선이 형성되고 있음을 살펴보았다. 외환위기 이전 우리 경제가 경험한 U자형 국면이 우수하고 저렴한 노동력으로, 그리고 주로 양적인 요소투입 증가에 의해 이루어진 성과였다고 하면, 외환위기 이후의 U자형 국면은 환골탈태한 경제 체질에 기초한 우수한 질적 요소투입으로 승부할 수밖에 없는 국면이라 할 수 있다. 외환위기 이후 우리 경제가 새로운 개방경제 환경에 적응하기 위한 체질조정 기간을 경험하고 있다고 보면 앞으로 20~30년간 새로운 경제 체질 형성에 의한 제2의 U자형 쿠즈네츠 가설 국면들을 경험하게 될 가능성이 높다. 그렇지만 그렇게 되기 위해서는 전제조건으로 반드시 노동시장의 높은 효율성과 유연성에 기초한

순조로운 고도성장의 지속이 필요하다. 노동시장 유연성의 강화는 흔히 우려되는 양극화를 초래하는 것이 아니라 오히려 비정규직의 증가속도를 늦추고 정규직과 비정규직 사이의 여러 가지 격차도 줄이고 순조로운 고도성장의 지속을 용이하게 만들고 이것이 결국 노동력 수요를 계속 확대함으로써 결과적으로 새로운 U자형 국면을 조성하는 데 기여하게 될 것이기 때문이다. 말하자면 이것이 노동시장 유연성 강화의 궁극적 비전이다.

2) 노동시장 유연성을 높이기 위해서 필요한 조치들

현재 우리나라의 노동시장 유연성을 현재보다 좀더 강화하기 위해서는 첫째, 정규직에 대한 보호 수준을 지금보다 뚜렷하게 완화해야 한다. Grubb, Lee, and Tergeist(2007)이 지적한 대로 이 방법만이 비정규직 근로자 규모의 증가 속도를 늦추고 정규직과 비정규직 사이의 격차도 유의하게 줄일 수 있기 때문이다. 예컨대 해고구제 신청 자격을 근속연수가 일정 기간 경과한 경우에 한하여 가능하도록 하는 방안이나 노동시장이 훨씬 유연한 선진국들이 많이 활용하고 있는 시간제 근로자 활용 비율을 높이도록 유도하는 정책, 그리고 파견근로자 일자리를 규제하는 경우에도 포지티브 시스템에서 네거티브 시스템으로 전환하는 조치가 적극 추진되어야 할 것이다.

정리해고의 경우도 사업의 양도 · 인수 · 합병만 긴박한 경영상의 이유로 인정할 것이 아니라 현재 판례에서 인정되고 있는 수준을 명시화하여 '가시적인 기업 경영의 위기' 등도 정리해고 사유로 인정할 수 있도록 수정될 필요가 있다.

규제완화가 OECD국가들에서조차 실업을 줄이고 고용률을 높인다는 점은 앞에서 살펴보았다. 노동시장 규제로서 최근 최저임금의 빠른 인상 때문에 아파트 경비원이 대량 해고되고 경비자동화 시스템이 도입되는 사례, 그리고 골프장 캐디 정규직화 규제를 둘러싼 이해당사자들 사이의 논란 등은 규제가 경우에 따라서는 많은 일자리를 줄일 수 있다는 점을 보여주는 사례이다. 그리고 2007년 7월부터 발효되는 '기간제 및 단시간 근로자 보호 등에 관한 법률'도 비슷한 효과의 잠재력을 가진 규제로 볼 수 있다. 이러한 규제가 비정규직을 정규직으로 전환시키는 효과도 물론 가지고 있겠지만, 많은 경우에 비정규직 근로자들을 해고하는 효과도 분명히 가질 것이다. 경제 이론은 비정규직을 해고하거나 채용을 줄이는 이러한 조정과정이 장기에는 훨씬 더 강하게 진행될 수 있다는 것을 우리에게 보여준다. 더욱이 비정규직 근로자들에 대한 차별 여부 판정제도도 기업들에게 많은 부담을 줄 수 있다. 차별 판정을 쉽게 드러나는 지표들에만 의존하는 경우 근로자들의 장래 잠재 능력과 그 개발 · 육성에 대한 사용자들의 장기적 판단은 조금도 도입될 여지가 없다. 사실 기업의 인재는 그 장래를 보고 육성되는 경우가 대부분이라고 보면 이는 앞으로 많은 문제를 안고 있는 제도인 셈이다. 차별 판정의 개념에 근로자의 장기적인 미래의 생산성 평가 개념이 반드시 도입되어야 할 것으로 보인다.

둘째, 근로자들의 기능적 유연성도 강화해 나가야 한다. 근로자들의 참여와 몰입, 그리고 생산 활동의 유연성을 기본으로 하는 고성과 생산체제 역시 그 성공적인 실현은 종업원들의 효과적인 인적 자원 개발을 전제로 하는 것이므로 기업들의 종업원에 대한 다능공화 노력, 인적 자원 개발 노력들을 적극적으로 지원할 수 있어야 한다.

셋째, 임금유연성을 강화해야 한다. 연공임금 성격보다는 성과와 생산성을 좀더 많이 반영하고 노령 근로자들의 노동비용을 줄여주는 임금피크제를 도입하는 등 임금유연성을 높이는 노력이 매우 필요하다는 것이다. 퇴직금제도를 직장을 이동하는 경우에도 휴대 가능한 퇴직연금제도로 전환하도록 세제 혜택 등을 부여하는 유인정책을 추진해야 한다. 그리고 최저임금제도의 운용에 있어서도 최저임금 산입 범위를 국제 기준에 맞게 조정하거나 노령 근로자 등에 대한 적용 기준도 크게 완화하며(남성일, 2007), 인상률도 적용 근로자의 비중 변화와 생산성 수준을 충분히 감안하여 결정하는 노력이 필요하다.

3) 노사 분쟁을 예방하고 해결할 수 있는 유연한 노사관계 체제의 구축

산업 현장에서 생산된 생산물의 분배는 기본적으로 갈등적 요인을 내포하고 있고 이것이 지식정보화 · 개방화 · 서비스화의 추세에서 훨씬 심화될 수 있다는 점은 이미 살펴보았다. 그런데 최근까지 우리나라 공업부문에서의 임금교섭에서 근로자 요구 기준(전도시 소비자물가로 측정된 생계비 상승률과 물적 노동생산성 증가율의 합계)과 기업의 지불능력 상승률(생산자물가 상승률과 부가가치 생산성 상승률의 합계)의 추세를 비교해본 결과 1980년대 중반 이후 전 기간에 걸쳐서 전자가 후자를 앞지르고 있다. 이는 우리나라 근로자들의 생계비 상승 압력이 기업들의 임금지불 능력을 지속적으로 상회하여왔음을 왔다는 의미이고, 이것이 실제로 우리나 공업부문 기업들의 공동화를 촉진하여 왔을 것으로 유추된다. 이는 많은 부분 서비스의 소비자물가 상승률이 높았던 탓이기도 하였으므로 노사간 어느 쪽도 탓하기 어려운 갈등 요인이 되었을 것이고 나아가서 우리나라 노동시장의 유연성을 약화시키는 가장 중요한 요인들 중의 하나가 되고 있다.

그렇다면 이러한 노사 분쟁과 갈등을 예방하고 줄이자면 어떻게 해야 할 것인가? 물론 파업과 같은 대표적인 노동쟁의 수단을 완전히 사라지게 하는 것이 바람직하다거나 필요하다는 것은 아니다. 노사 분쟁의 최후 수단인 파업이 지닌 여러 가지 긍정적 기능도 중요하기 때문이다. 그러나 지식정보화 · 개방화시대에는 이러한 노사 분쟁의 비용은 과거보다 훨씬 높아졌으며 따라서 가능한 한 불필요한 분쟁과 갈등은 예방하고 줄이거나 쉽게 해결하는 것이 무엇보다 중요할 것이다. 그래서 우리는 이러한 노사 분쟁을 예방하고 해결할 수 있는 방안으로서 다음 몇 가지 가설들을 제시하고자 한다. 이들을 가설이라고 부르는 것은 아직 이들의 설명력이 풍부한 현실의 자료들로써 충분히 뒷받침되지 못하였다고 보기 때문이다.

가설 1: 기업에서 노사의 목표일치성 추구가 노사 분쟁을 줄이고 노동시장 유연성을 높이는 데 기여한다.

지식정보화 · 지구촌경제 시대에 무엇보다 중요한 것이 유연성이며 이를 합심하여 확보해가기 위해서는 노사의 목표일치성 추구가 무엇보다 긴요하다고 할 때 기업 내에서 노사의 목표일치성을 확보하는 데에는 기업별 노동조합 또는 기업별 단체교섭체제가 더 적합하다. Kato and Morishima(2002)는 기업별 노동조합주의와 노사협의회체제(최고 의사결정 수준에서의 노사협의회와 풀뿌리 수준에서의 현장협의회 및 소집단 활동)를 중심으로 하는 일본의 근로자 경영참가 방식이 기업과 종업원의 목표일치 과정에 매우 효과적이며, 이는 직접적인 근로자 경영참가 방식(재무적 참가)과 간접적인 참가 방식(노사협의회 등에 의한 의사결정 참가)이 함께 작용할 때 더욱 강력한 효과를 발휘한다는 주장을 펴고 있다. 그렇다면 노동조합체제가 산업별 노동조합체제로 되어 있는 경우에라도 교섭 구조는 기업별 교섭체제로 정착시킴으로써 개별 기업의 목표와 사정에 적합한 유연하고 협력적인 노사관계를 형성하여 가는 것이 기업 수준에서 고용 및 인력 활용의 유연성을 높이고 노사분 쟁을 예방하고 해결하는 데 훨씬 효과적일 것이다. 고성과 생산체제 역시 그 성공적인 실현은 비록 다양한 요인들에 의해 여러 가지 영향을 받는다고 하더라도 기업별 노동조합주의와 좀더 높은 정합성을 가지고 있다.

이동응(2006)에 따르면 산업별 중앙교섭의 문제는 이중 · 삼중교섭의 문제이다. 그는 대산별의 경우 지역, 지회 단위로 이중 · 삼중교섭이 고착화될 수 있고 소산별의 경우 이중 · 삼중의 내부 구조가 고착화되는 상황에서 사용자 단체의 구성이 단체교섭의 요구 조건으로 대두할 수 있다고 주장한다. 그리고 2004년까지 노사 분규의 60퍼센트가 산별노조에 의한 것이고 2005년 노사 분규의 40퍼센트가 산별노조에 의한 파업이었다는 자료를 제시해두고 있다. 물론 이들은 모두 노동시장의 경직성을 높이는 데 기여할 수 있다.

가설 2: 개방과 경쟁이 노동쟁의를 줄이고 노동시장의 유연성을 높인다. 따라서 개방과 경쟁의 도입이 어려운 부문에는 노동쟁의에 대한 엄격한 책임 부여가 필요하다.

지식정보화 · 개방화 추세는 협조적 노사관계 구축의 환경을 제공할 수 있다. 그것은 개방과 경쟁의 격화가 결국은 노동쟁의의 비용을 비약적으로 증가시킬 가능성이 높기 때문이다. **표 3-2**에서 보는 바와 같이 이미 상당한 정도 개방이 이루어진 산업부문들의 경우에는 노동조합의 조직률도 그렇게 높지 않은데 이는 노동조합 활동으로부터 기대할 수 있는 잠재적 이득이 그렇게 높지 않다는 판단에 기인하였을 가능성이 크다.

그러므로 개방과 경쟁의 도입이 어려운 부문에는 노동쟁의에 대한 엄격한 책임 부여와 합리적인 규칙 강제도 필요하다. 불법 쟁의로 인한 손실에 대해서는 반드시 그 유발 주체가 무거운 책임을 지도록 하는 체제가 필요할 것이다. 나아가서 장기적으로는 국민경제적으로 매우 중요한 공익사업이나 실제 경쟁체제의 도입이나 개방이 어려워서 도덕적 해이가 우려되는 부문들에 있어서는 노동쟁의에 효과적으로 대처할 수 있는 대체근로 허용이 발전 방향이라고 생각한다. 이는 개방과 경쟁의 시대에 장기간의 노사 분쟁으로 예상되는 당해 기업과 전후방 연관 기업들, 그리고 소비자들의 손실에 신속하게 대처하기 위해서 필요한 일이다.

한편, 보완적인 조치로 경쟁에서 불리한 주체들에 대해서는 용의주도한 사회안전망의 구축으로 신속하게 빈곤에서 탈출할 수 있도록 빈곤탈출률을 높이는 체제도 만들어야 할 것이다. 물론 그 범위와 수준에 대해서는 사회적 선택이 필요하다. 아울러 노동정책 목표들 사이에 발생할 수 있는 상충 관계도 적극적으로 해소해 나가야 할 것이다.

가설 3: 합리적인 규칙의 제정과 엄격한 규칙 준수가 노사 분쟁을 줄이고 유연성을 높인다.

이 경우 합리적인 제도란 도덕적 해이(moral hazard)의 비용 부담을 그 유발 주체에게 정확히 귀착시키는 제도이며, 따라서 이러한 제도는 도덕적 해이를 억제하는 데 유효하다. 그리고 정부(노동정책)는 노사 갈등 예방 및 해결을 위한 원칙 설정과 이를 위한 필요최소한의 합리적 제도를 마련하고 계속 수정 보완해 나가는 노력을 경주해야 한다. 특히 노사 자치를 강화하

그림 3-9 2000년대 월별 노사 분규 발생 건수 비교

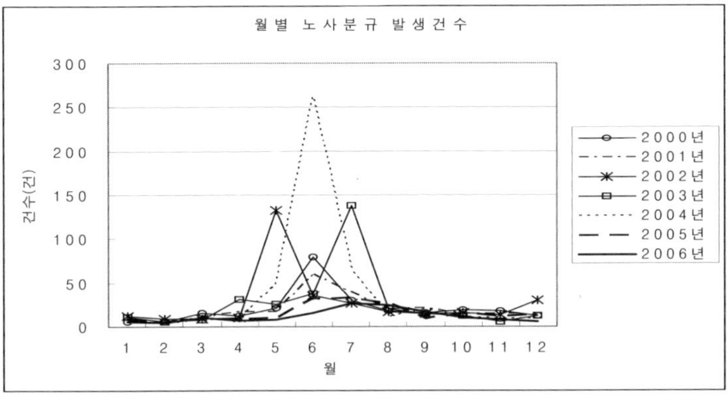

는 제도 마련에 계속 노력해야 할 것이다.

노사관계를 규율하는 규칙들은 지금도 많이 존재하고 있지만 현실의 노사 분쟁 중 많은 부분은 이를 지키지 않거나 지키지 않아도 별다른 책임을 지지 않는다는 예상 때문에 일어나는 경우가 허다하다. 그러므로 갈등의 예방을 위해서는 노사간의 신뢰 회복과 아울러 엄정한 규칙 준수가 반드시 필요하다.

불신 때문에 일어나는 노사 갈등의 내쉬 균형(Nash equilibrium)은 갈등의 학습효과로 벗어날 수 있고 신뢰를 회복할 수도 있다. 노사 분규의 연도별·월별 변화를 보여주는 **그림 3-9**에 따르면 참여정부 초기에는 노사 분규의 발생 빈도가 과거보다 훨씬 높아졌으나 최근으로 오면서 상당히 안정되고 있음을 발견할 수 있는데, 이는 노사관계 정책을 담당하여 오던 역대 노동부 장관들의 서로 매우 다른 "법과 원칙 준수"에 대한 철학 및 정책 방향의 성과가 일정한 시차를 두고 차별적으로 나타난 결과와 무관하지 않다는 생각이다. 참여정부 초기에는 최소한 노사 분쟁의 분야에서는 "법과

원칙의 준수"가 중요한 관심의 대상이 되지 못하여 법과 규칙이 함부로 무시되는 사례가 다수 발생하였던 반면, 그 이후 취임한 노동정책 수장의 "법과 원칙"의 고수 자세는 어느 정도의 시차를 두면서 노사 분쟁이 진정되는 데 상당한 기여를 하여온 것으로 해석된다는 것이다.

뿐만 아니라 오늘날 드물게 장기 호황을 누리고 있는 조선업계의 협력적 노사관계의 초석도 바로 무노동 무임금 원칙의 엄정한 준수였다는 보도도 있어 주목을 끈다(윤근일, 2007). 이는 Ury, Brett and Goldberg(1993)가 말하는 분쟁 해결의 바람직한 방법이 충족해야 하는 4가지 기준 중에서 분쟁 당사자들의 관계를 발전시킬 수 있거나 비슷한 분쟁의 발생을 억제해야 한다는 기준을 충족시키는 데 기여할 수 있다는 점에서 매우 중요한 방향이기도 하다.

공공부문 불법 파업에 대한 좀더 신속하고 강력한 제재 사례로는 공공부문 근로자들의 파업을 제한하며 이를 무시하는 불법적인 파업이 발생하는 경우 무거운 벌금을 매길 수 있도록 하고 있는 미국 뉴욕 주의 테일러법(장효욱, 2006)이 참고될 수 있다.

6. 결론

개방경제에서는 인간의 이타심과 기업의 사회적 책임을 너무 강조할 수 없다. 오히려 기업이 이윤추구 조직이라는 점을 솔직하게 이해하는 자세가 노동시장의 유연성을 높이고 노사관계 갈등 해결의 단초를 제공할 수 있을 것이다. 따라서 정부와 노동단체도 기업에게 무리하게 사회를 위한 공헌과 희생을 강제하는 분위기를 조성하는 것도 장기적으로는 기업 활동과 일자리 창출을 억제하는 효과를 가질 가능성이 높다. 왜냐하면 좋은 일자리는 어디까지나 빠르게 성장하면서 활발하고 건강한 기업들이 많이 있어야 존재할 수 있는 파생수요의 산물이기 때문이다.

노사 분쟁을 해소하고 예방하며 노동시장의 유연성을 높이기 위해서는 노사간 문제 해결을 위한 대화와 협력, 그리고 엄정한 규칙 준수 분위기를 정착시켜 나가야 하며, 정부는 이를 지원하기 위한 공정한 법규의 제정과 노사 자치를 중시하는 정책 집행을 실천해나가야 할 것이다. 특히 정부의 무원칙한 노사관계 개입은 노사 갈등을 부추겨서 나아가서 노동시장의 유연성을 해치는 효과를 초래할 수 있었다는 점도 간과해서는 안 될 것이다.

1885년 마샬은 43세로 영국 캠브리지 대학의 정치경제학 교수로 취임하면서 취임강의의 마지막에 "차가운 머리와 따뜻한 마음(cool head but warm heart)을 가지고 주위의 사회적 고난과 싸워 나가기 위해 모든 힘을 기울이고자 하며……그러한 인재의 수가 늘어날 수 있도록 최선을 다하겠다"는 유명한 말을 남긴 바 있다. 그런데 이 '차가운 머리와 따뜻한 마음'이라는 말은 현대 경제학의 시각에서 보면 경제적으로 불리한 상황에 처한 주체들에 대한 따뜻한 이해를 바탕에 깔고 있으면서도 결국 경제주체들의 도덕적 해이에 대한 냉철한 경각심을 환기하려는 것으로 이해할 수 있다. 오늘날 우리나라의 노동시장과 노사관계에 대해서는 이러한 명제는 그대로 타당하다는 생각이다. 사실 경제운행에서 진보주의자들이 흔히 강조하는 '따뜻한 머리와 따뜻한 가슴(warm head and warm heart)'만이 강조된다면, 이는 결국 장기적으로는 도덕적 해이의 만연과 국민경제 전체의 성장잠재력 소진을 불러오지 않겠는가.

참고문헌

김정우(2006), 「노동조합의 조직현황과 조직률 추세」, 『월간 노동리뷰』, 제24호, 한국노동연구원.

남성일(1999), 「노동시장 유연성의 국제비교: 고용유연성 분석」, 노동부 용역보고서.

______(2007), 「최저임금제도의 개선방향」, 미발표 논문.

배진한(1992), 「한국의 노동소득분배율 변동」, 『경제학연구』, 제40집 2호, 한국경제학회.

유경준(1999), 「임금소득불평등도의 분해 및 원인분석」, 배무기 · 조우현 편저, 『한국의 노동경제 — 쟁점과 전망』, 경문사.

윤근일(2007), 「특별기획 — 현대차 노조, 어디로 가고 있나(2)」, 『한국재경신문』, 2007/02/08.

이동응(2006), 「이중교섭 · 이중쟁의 없어져야」, 『월간노동리뷰』, 제21호, 한국노동연구원.

이인재 · 이연정(2005), 「한국의 노동시장은 경직적인가?」, 『월간노동리뷰』, 제3호, 한국노동연구원.

장효욱(2006), 「공공부문 연금을 둘러싼 변화와 갈등: 뉴욕시 대중교통노조의 파업」, 『국제노동브리프』, 한국노동연구원, 2006.

전광명(2004), 「우리나라 노동시장의 경직성과 향후과제」, 『조사통계월보』, 8월호, 한국은행.

청와대(2007), 「'07년도 IMD 국가경쟁력 평가결과 보고」, 정부 내부자료.

최경수(2001), 『노동시장 유연화의 고용효과 분석 — 고용보호 규제완화를 중심으로』, 한국개발연구원.

통계청, 『경제활동인구조사』, 각 연도 자료.

한국은행, 『통계조사월보』, 각 월호.

Berndt, E.R., C.J. Morrison, and L.S. Rosenblum(1992), "High-Tech Capital Formation and Labor Composition in U.S. Manufacturing Industries: An Exploratory Analysis," *NBER Working Paper*, no. 4010.

Botero, J.C., S. Djankov, R.L. Porta., F. Lopez-de-Silanes, and A. Shleifer(2004), "The Regulation of Labor," *The Quarterly Journal Economics*, Nov.

Brauer, D.A. and S. Hickok(1995), "Explaining the Growing Inequality in Wages across Skill Levels," *Federal Reserve Bank of New York Economic Policy Review*, no.1, Jan.

Bronfenbrenner, M.(1971), *Income Distribution Theory*, Macmillan.

Cuñat, A. and M.J. Melitz(2007), "Volatility, Labor Market Flexibility, and the Pattern of Comparative Advantage," *NBER Working Papers* 13062, NBER.

European Commission(2006), *Employment in Europe 2006*, European Union, Oct.

Flanders, A.(1965), *Industrial Relations*, Faber & Faber.

Grubb, D., Jae-Kap Lee and Peter Tergeist(2007), "Addressing Labour MarketDuality in Korea," *OECD Social, Employment and Migration Working Papers*, no. 61.

Kato, T. and M. Morishima(2002), "The Productivity Effects of Participatory Employment Practices: Evidence from New Japanese Panel Data," *Industrial Relations* 41(October): 487-520.

Krueger, A.B.(1993), "How Computer Have Changed the Wage Structure: Evidence from Microdata, 1984-89," *Quarterly Journal of Economics*, vol. 108, Feb.

Locke, R., Kochan, T.A. and Piore, M.(eds.)(1995). *Employment Relations in a Changing World Economy.* The MIT Press.

MacDuffie, J. P.(1995), "Human Resource Bundles and Manufacturing Performance: Organi- zational Logic and Flexible Production Systems in the World Auto Industry," *Industrial and Labor Relations Review*, vol. 48, no. 2, Jan.

Moral, E. and V. Genre(2007), "Labour Share Developments in the Euro Area," *Economic Bulletin*, Banco de España, July.

OECD, *OECD Employment Outlook*, 2004와 2005.

Thurow, L.C.(1996), *The Future of Capitalism*, Penguin Books.

Ury, W.L., J.M. Brett, and S.B. Goldberg(1993), *Getting Disputes Resolved*, Cambridge.

The World Bank Group(2007), *Doing Business in 2006*, 2006과 *Doing Business in 2007*, http://www.doingbusiness.org.

제4장_ 비정규 근로자의 증가와 정책 제언[1]

박기성

1. 비정규 근로자의 증가

김용민 · 박기성(2006)에 의하면 비정규 근로자가 사회의 주목을 받기 시작한 것은 1997년 경제위기 이후 피용자 중에서 임시 및 일용 근로자가 차지하는 비중이 50퍼센트 안팎으로 상승한 시기이다. 상용 근로자에 비해 임금 및 부가급여가 낮은 임시 및 일용 근로자의 비율이 증가하면서 근로자의 전반적인 근로 생활이 어려워진다고 해석되어 사회의 큰 반향을 일으켰다. 그러나 비정규 근로자를 임시 및 일용 근로자로 간주하는 것은 많은 문제점이 있어 한국노동경제학회(배진한 외, 2000)를 필두로 학계에서 그 정의에 대해 활발한 논의가 있었고, 2002년 7월 노사정위원회에서 합의에 이르게 되었다. 이 합의에 의하면 비정규 근로자는 고용의 지속성이 보장되지 않는 한시적 근로자(contingent workers)와 대안적 고용관계(alternative employ-

1 본 장은 참고문헌에 있는 저자의 글들을 토대로 재구성한 것이다.

ment arrangements)를 맺은 비전형 근로자(atypical workers), 그리고 시간제 근로자이다. 비전형 근로자에는 파견, 용역, 독립 도급, 일용, 호출, 재택 근로자 등이 포함된다. 정규 근로자는 근로 지속이 가능한 무기계약 근로자이다.

이 정의에 따라 2007년 8월 「경제활동인구 부가조사」 자료를 사용하여 추정하면 임금 근로자 1588만2천 명의 35.9퍼센트인 570만3천 명이 비정규 근로자이다. 부가조사가 처음 실시된 2000년부터 이 비율을 살펴보면 2000년 29.9퍼센트, 2001년 27.3퍼센트로 감소했다가 2002년 27.8퍼센트로 약간 증가했고 2003년 32.6퍼센트, 2004년 37.0퍼센트로 크게 증가했다. 특히 2002년부터 2004년까지 무려 9.2퍼센트포인트나 증가했다. 이 기간 동안 정규 근로자는 64만6천 명 감소했으나 비정규 근로자는 160만 명 증가했다. 2005년과 2006년에는 이 비율이 각각 36.6퍼센트와 35.5퍼센트로 약간 감소했지만 2007년 35.9퍼센트로 다시 증가세로 돌아섰다. 비정규 근로자수의 증가세는 2005년 여전히 유지되었고 2006년에는 2만6천 명 감소했지만 2007년에는 28만5천 명이나 증가했다. **그림 4-1**은 임금근로자 중 임시 및 일용 근로자 비율과 비정규 근로자 비율을 비교하고 있는데, 두 비율의 절대적 수준은 말할 것도 없고 추세도 일치하지 않는다. 특히 2002년부터 2004년까지 임시 및 일용 근로자 비율은 51.6퍼센트에서 48.8퍼센트로 감소했으나, 비정규 근로자 비율은 같은 기간 27.8퍼센트에서 37.0퍼센트로 크게 증가했다.

이 장은 최근에 비정규 근로자가 크게 증가한 원인에 대해 추정해 보고 그것에 근거하여 비정규 근로자에 대한 바람직한 정책을 제시한다. 이를 위해 먼저 다음 절에서는 정규-비정규 근로자간 임금격차에 대한 추정을 살펴보면서 노동조합이 어떠한 역할을 하는지를 알아본다. 제3절에서는 비정규 근로자가 될 확률을 추정하여 노동조합이 이 확률에 어떠한 영향을

그림 4-1 임금 근로자 중 임시·일용 근로자 및 비정규 근로자 비율(%)

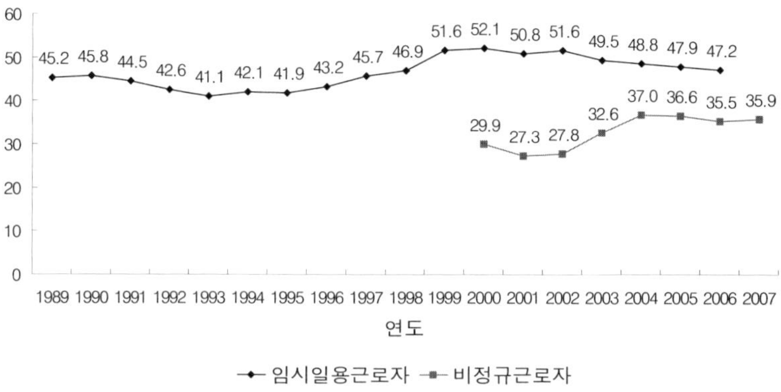

자료 : 「경제활동인구조사」, 본조사, 부가조사, 각년도.

주는지를 알아본다. 이 두 분석으로부터 최근에 비정규 근로자 급증에 대한 한 설명을 시도한다. 제4절에서는 '기간제 및 단시간 근로자 보호 등에 관한 법률'(이하 '비정규직보호법')의 효과와 그 시행에 따라 기업이 부담해야 하는 추가적인 비용에 대한 추정을 보고한다. 제5절에서는 비정규 근로자의 활용이 노동시장, 법과 제도, 노사관계가 어우러져 나온 결과임을 강조하면서 바람직한 정책을 제시한다.

2. 정규-비정규 근로자 임금격차

김용민 · 박기성(2006)과 박기성 · 김용민(2007)은 정규-비정규 근로자 임금격차[1]에 대한 기존의 중요한 연구들을 요약하고 있다. 안주엽(2004, 표

7의 (1))은 2003년 8월 「경제활동인구 부가조사」 자료를 사용하여 정규 근로자와 비정규 근로자의 시간당 평균임금은 각각 8255원(100.0%)과 5346원(64.8%)이고, 이 차이 2909원(35.2%) 중에서 2354원(28.5%)은 정규-비정규 근로자 생산성 차이에 기인하고 555원(6.7%)은 차별(discrimination)에 기인한다고 추정하였다. 어수봉 외(2005, 표 II-8)는 2005년 8월 경제활동인구 부가조사 자료를 사용하여 비정규 근로자의 시간당 임금은 정규 근로자의 시간당 임금보다 31.0퍼센트 낮지만 연령, 근속, 교육 등 근로자의 인적 속성을 통제하면 이 임금격차는 2퍼센트 수준으로 하락하고, 더욱이 산업, 직종, 노조, 규모 등 사업체의 특성을 통제하면 임금격차가 거의 나타나지 않는다고 추정하였다. 이 추정에 따르면 정규-비정규 근로자의 임금격차는 근로자 및 직장의 특성의 차이, 즉 생산성 차이에 기인하며 차별에 의한 임금격차는 거의 존재하지 않는다.

전병유 외(2006, 표 VI-5)는 2005년 「사업체 근로실태조사」 자료를 사용하여 연령, 학력, 혼인 상태, 근속, 직종, 산업, 사업체의 규모, 서울 소재 여부, 노조 유무를 통제한 후 남성의 경우 비정규 근로자는 정규 근로자보다 5.4퍼센트 낮은 임금을 받고 여성의 경우는 8.9퍼센트 낮은 임금을 받고 있다고 보고하였다. 안주엽 외(2007, 11장)는 「한국노동패널(KLIPS)」 7차년도(2004년) 자료를 사용하여 정규 근로자의 비정규 근로자에 대한 임금 프리미엄을 추정하였다. 보통최소자승(OLS) 추정에 의하면 정규 근로자의 임금 프리미엄은 10.2퍼센트이지만, 정규 근로자 여부의 결정을 고려한 내생적 전환회귀모형(switching regression model with endogenity)을 추정하면 이 임금

1 본 장에서 임금격차 또는 임금프리미엄은 관찰되는 근로자 및 사업체의 특성들을 통제한 후의 임금 차이를 의미하고, 조임금격차(粗賃金隔差)는 이것들을 통제하기 전의 임금 차이를 의미한다.

프리미엄이 1.0퍼센트로 줄어든다. 그러므로 임금프리미엄의 거의 전부는 관찰되지 않는 근로자의 생산성의 차이에 의해 설명될 수 있다. 안주엽 외(2007, 10장)는 「경제활동인구 부가조사」 자료를 사용하여 직종과 근속년수로 직무의 대리변수(126개)를 만들어 직무를 통제하면 비정규 근로자는 정규 근로자보다 2004년 3.4퍼센트, 2005년 2.2퍼센트 낮은 시간당 임금을 받았다고 추정하였다. 그리고 2001~2002년과 2003~2004년 개인패널 자료를 구축하여 관찰되지 않는 개인들의 생산성을 통제하기 위해 고정효과 모형(fixed effects model)을 추정하였다. 이 추정 결과에 따르면 다른 연구들과 달리 비정규 근로자가 정규 근로자보다 2001~2002년의 경우 통계적으로 유의하게 2.7퍼센트 오히려 높은 시간당 임금을 받았으며, 2003~2004년의 경우는 0.6퍼센트 높았으나 통계적으로 유의하지 않았다. 이것은 관찰되지 않는 개인들의 생산성까지 통제하면 비정규 근로자의 임금이 정규 근로자의 임금보다 더 높음을 보여준다. 안주엽 외(2007, 10장)는 비정규 근로자의 임금프리미엄을 정규 근로자에 비해 비정규 근로자들의 고용이 더 불안한 것에 대한 보상적 임금격차(compensating wage differentials)로 설명한다.

정규-비정규 근로자 임금격차가 이 연구들처럼 작거나 없다면 '비정규직보호법'의 시행에 대해 사용자들이 큰 부담을 가지지 않을 것이다. 김용민 · 박기성(2006)과 박기성 · 김용민(2007)을 제외하고 이와 관련된 기존의 모든 연구는 각 사업체의 고유한 이질성(heterogeneity)을 통제하지 않았다. 대부분의 연구들은 가구 조사인 「경제활동인구 부가조사」나 「한국노동패널」 자료를 사용하기 때문에 근로자의 사업체를 식별할 수 없고, 대신 그 근로자가 속한 사업체의 산업, 규모, 지역 또는 노조 유무 등의 변수로서 사업체의 특성을 통제하는 데 그쳤다. 김용민 · 박기성(2006)은 이 연구들의 추정치가 모든 사업체에 걸쳐 평균적인 비정규 근로자가 평균적인 정규 근로자에 대비해서 구해진 것임을 지적하였다. 비정규 근로자가 차별적 대우를 받는다고 느낀다면 그것은 전체 정규 근로자 대비가 아니라 바로 자기가 근무하는 직장의 정규 근로자에 비해서일 것이다. 같은 직장 내에서의 정규-비정규 근로자 임금격차의 추정을 위해서는 근로자가 근무하고 있는 사업체를 식별해야 한다.

박기성 · 김용민(2007)은 2003년과 2005년 「사업체 근로실태조사」 자료를 사용하여 고정효과 모형으로 임금함수를 추정하였다. 남자의 경우 정규 근로자에 비해 비정규 근로자의 임금은 11.1~12.6퍼센트 낮으며, 여자의 경우는 15.7~17.9퍼센트 낮다. 사업체의 고유한 특성을 통제하기 위해 고정효과 모형으로 임금함수를 추정하면 정규-비정규 근로자 임금격차가 기존의 연구들보다 큰 것을 확인할 수 있다. 사업체의 고유한 특성에는 사업체가 속한 산업 및 규모, 한국노총 또는 민주노총 소속 여부 등 노조의 특성, 사용자의 노조 및 근로자에 대한 태도 등 사용자의 특성 등이 포함된다. 노조가 있거나 또는 대규모 사업체(either organized or large establishment)에서는 이 임금격차가 20퍼센트를 훨씬 상회하며 특히 300인 이상이면서 노조가 있는 사업체의 경우는 이 임금격차가 30퍼센트 안팎이나 될 정도로 매우 크다.

노동조합이 비정규 근로자에 대한 차별을 해소하기 위해 노력한다는 주장(예: 정이환, 2003; 은수미, 2007)은 이 분석 결과에 의하면 큰 설득력이 없는 것으로 보인다. 노동조합은 오히려 정규-비정규 근로자의 임금격차를 늘리는 것으로 나타났으며, 더욱이 대규모(300인 이상)이고 노조가 있는 사업체에서 정규 근로자와 비정규 근로자 간의 임금격차가 가장 크게 벌어졌다. 그러므로 노동조합이 있는 사업체가 비정규 근로자의 임금을 낮추어 비용절감을 시도할 때 노동조합도 이것을 용인하고 있는 것으로 보인다. 노동조합이 있는 사업체가 노동조합이 없는 사업체보다 비정규 근로자의 임금을 더 낮추어 비용 절감을 시도할 것이라는 가설이 지지된다.

'참여정부'는 출범 초부터 '비정규 근로자 보호'를 정권 차원의 슬로건으로 주장해 왔다. 박기성 · 김용민(2007)에 의하면, 299인 이하이고 노조가 있는 사업체의 남자 근로자를 제외하고 2003년에 비해 2005년에 임금격차가 확대되었다. 그러므로 이 슬로건이 단순히 구호에 그쳤음을 알 수 있다.

3. 비정규 근로자일 확률

표 4-1은 2003년과 2005년 「사업체 근로실태조사」 자료를 사용하여 비정규 근로자가 될 확률을 로짓추정한 것이다.[2] 학력이 낮을수록 비정규 근로자일 확률이 높다. 여자는 미혼보다 기혼이 비정규 근로자일 확률이 높다. 비서울 소재 사업체보다 서울 소재 사업체의 근로자가 비정규 근로자일 확률이 높다. 그리고 근속의 추정계수가 음인 것은 정규 근로자에 비해 비정규 근로자의 근속연수가 짧은 것을 반영한다.

299인 이하 중소 규모 사업체의 근로자보다 300인 이상 대규모 사업체의 근로자가 비정규 근로자일 확률이 2.5~14.6퍼센트포인트 높다. 노조가 있는 사업체의 근로자가 노조가 없는 사업체의 근로자보다 비정규 근로자일 확률이 1.9~11.2퍼센트포인트 높다. 노조더미와 대규모 사업체더미와의 교차항의 추정계수가 음이지만 그 한계효과가 작다. 이 세 변수의 추정계수

2 8개의 직종더미와 18개의 산업더미가 사용되었다.

를 합하면 노조가 없는 중소 규모 사업체의 근로자보다 노조가 있는 대규모 사업체의 근로자가 비정규 근로자일 확률이 3.57~21.3퍼센트포인트 높다.

지금까지의 분석으로부터 노동조합의 역할과 이에 대한 사용자의 대응이 확인된다. 정규 근로자 위주의 노동조합은 정규 근로자를 보호하고 임금을 높이지만 이에 대한 대응으로 사용자는 가급적 비정규 근로자를 고용하고(제3절) 그들의 임금을 낮추어(제2절) 고용유연성을 제고하고 비용 절감을 시도하고 있고, 노동조합은 사용자의 이러한 대응을 용인하고 있는 것으로 보인다.

김용민 · 박기성(2006)은 노동조합의 역할과 사용자의 대응에 대한 위의 가설에 근거해서 최근의 비정규 근로자의 급증에 대한 한 설명을 시도하였다. 2003년 초에 출범한 '참여정부'는 '국민의 정부'보다 더 친노동적인 정권으로 인식되었다. 집권을 전후하여 발생한 두산중공업 노조, 화물연대, 조흥은행 노조, 지하철 노조, 자동차(버스) 노조, 철도 노조, LG정유 노조 등의 파업에 대한 정부의 대응, 노사정위원회의 위상 제고 및 권한 확대, 비정규 근로자의 보호와 기업의 투명성 제고를 목적으로 하는 일련의 정책들과 대통령 발언들은 이러한 인식을 뒷받침한다.[3] 친노동적인 정부라 하더라도 실제로 구체적인 정책이 모든 근로자를 위하는 정책일 가능성은 매우

[3] '참여정부'는 출범 초기인 2003년에 줄곧 노동조합이 사회적 약자라는 인식을 바탕으로 노동정책을 입안하고 집행해 왔다. 당시 노동부 장관은 노동조합이 불법 행동을 해도 "불법 행동이라도 정당한 주장은 들어주어야 한다"고 하면서 경제 원리나 법과 상치하더라도 노동조합의 주장을 수용하도록 기업을 압박하였고, 그 결과 두산중공업 분규 때에는 노동부 장관이 '무노동 무임금' 원칙을 무시하는 중재를 기업에 강요했다. 노무현 대통령은 1998년 현대자동차에서 정리해고를 쟁점으로 한 분규가 발생했을 때 이를 중재하는 여당의 대표로 활동했고, 이러한 행동을 변호하며 "현대자동차처럼 전국적으로 영향을 미치는 사태가 다시 발생할 경우 정치권이 역시 개입해야 한다(『중앙일보』 1998/08/26)"고 말했다(박덕제 · 박기성, 2005). 이 같은 개입이 '참여정부'의 노사관계관을 대변한다고 할 수 있다.

낮으며, 조직과 대표를 갖추고 정부에 압력을 행사하는 노동조합원들을 위한 정책일 가능성이 높고, 노동조합원들은 거의 모두 정규 근로자들이다. 이에 대한 기업의 대응은 정규 근로자의 고용을 억제하고 가급적 비정규 근로자를 고용하는 것으로 나타날 수 있다. 지난 정부보다 더 친노동적인 정책으로 인해 정규 근로자의 채용 및 해고에 더 많은 비용과 노력이 소요될 것이고 노동조합은 더욱 강경해질 것으로 예상되기 때문이다.

노조가 없는 사업체에 비해 노조가 있는 사업체의 근로자가 비정규 근로자일 확률이 높은데, 2003년과 2005년을 비교하면 2년 동안 이 확률의 차이가 증가했다. 남자는 1.9퍼센트포인트에서 2.4퍼센트포인트로 증가했고, 여자는 8.0퍼센트포인트에서 11.2퍼센트포인트로 증가했다. 노조가 없는 중소 규모 사업체의 근로자보다 노조가 있는 대규모 사업체의 근로자가 비정규 근로자일 확률이 높은데, 2003년과 2005년을 비교하면 2년 동안 이 확률의 차이도 크게 증가했다. 남자는 3.57퍼센트포인트에서 6.15퍼센트포인트로 증가했고 여자는 17.1퍼센트포인트에서 21.3퍼센트포인트로 증가했다. '참여정부'의 '비정규 근로자 보호'라는 정권적 슬로건이 노동조합에 의해 거부되고 있음을 확인할 수 있다.

4. '비정규직보호법'의 효과

2007년 7월 1일부터 시행된 '비정규직보호법'의 주된 내용은 2년을 초과하여 기간제 근로자로 사용하는 경우에 그 기간제 근로자는 기간의 정함이 없는 근로계약을 체결한 근로자로 보는 것(제4조2항)과 비정규 근로자에 대한 차별적 처우의 금지(제8조)이다. 이 법이 시행됨에 따라 일부 대기업은 일부 기간제 근로자를 무기계약 근로자로 전환하고 있지만, 대부분의 기업은 기간제 근로자를 정리하거나 용역 근로자로 전환하고 있다. 이랜드의 경우도 이러한 과정에서 기간제 근로자들이 반발하여 불법으로 매장을 점거하여 농성하면서 전원 정규 근로자로 전환해줄 것을 요구하고 있다. 그러나 현실적으로 기업들이 모든 비정규 근로자를 정규 근로자로 전환해 줄 수는 없기 때문에 이 법은 도입 취지와 달리 비정규직의 해고를 촉진하는 '비정규직해고법'이 되고 있다(박기성 · 김용민, 2007).

기업들이 이렇게 대응하는 것은 상대적으로 낮은 임금을 지급하고 있는 비정규 근로자에게 하루아침에 정규 근로자가 받는 임금을 지급할 수 없고 정규 근로자와 같은 정도로 고용 보장을 해줄 수 없기 때문이다. 이 법이 적용되어 비정규 근로자가 정규 근로자와 같은 임금을 받게 된다면 비정규 근로자의 임금이 얼마나 상승할 것인가? 비정규 근로자의 임금 상승은 기업에게 그대로 부담이 될 것이다(박기성 · 김용민, 2007).

박기성 · 김용민(2007)은 위의 추정에 근거하여 '비정규직보호법'에 의거하여 사업체들에게 정규 근로자에 준하는 임금을 비정규 근로자에게 주어 이 임금격차를 해소하라고 하면[4] 사업체들이 떠안게 될 재정 부담을 추정하였다. 이 임금격차가 해소되기 위해서는 2005년 남자 비정규 근로자의 시간당 임금이 평균 2165원(1만7179원×0.126) 인상되어 1만570원(8405원+2165원)이 되어야 하고, 여자 비정규 근로자의 경우는 평균 1947원(1

4 '비정규직보호법' 제8조에 의하면 사용자는 기간제 근로자 또는 단시간 근로자임을 이유로 동종 또는 유사한 업무에 종사하는 기간의 정함이 없는 근로계약을 체결한 근로자 또는 통상 근로자 각각에 비하여 차별적 처우를 하여서는 아니 된다.

만876원×0.179) 인상되어 7887원(5940원+1947원)이 되어야 한다. 2005년 8월 「경제활동인구조사 부가조사」에서 남자와 여자 비정규 근로자(특수 형태 근로 종사자 제외)는 각각 249만6천 명과 235만3천 명이고(사람입국 · 일자리위원회, 2006: 6), 2005년 「사업체 근로실태조사」에서 각각의 주당 총근로 시간은 44.30시간과 38.91시간이다(전병유 외, 2006: 20). 사용자들이 이 비정규 근로자들에게 임금격차를 해소해 주기 위해서는 남자와 여자 각각 연 12조 4482억 원(2165원×249만6천 명×44.30시간×52주)과 9조2694억 원(1947원×235만3천 명×38.91시간×52주), 총 21조7176억 원의 재원이 필요하다.[5] 이러한 재정 부담의 증가는 임금만을 고려한 것이고 고용보험, 건강보험, 국민연금, 산재보험, 주택 및 학자금 지원 등 각종 부가급여에서의 격차를 해소하기 위해서는 또 다른 추가적인 재원이 필요하다.

만약 이 임금격차가 경쟁적 노동시장(competitive labor market)의 결과로서 사용자와 근로자 이외에게는 관찰되지 않는 생산성의 차이(unobserved heterogeneity)를 반영한다면, 이 임금격차의 인위적 해소는 생산성을 초과하는 임금을 초래한다. Park(2007)의 분석에 의하면 생산성을 초과하는 임금은 자원 배분을 왜곡하여 경제의 저성장을 야기한다.

'비정규직보호법'의 시행으로 이랜드의 경우처럼 기간제 근로자의 해고와 고용 축소가 예상된다. 이 법을 피해 나가기 위해 사용자는 상당수의 비정규 근로자를 직접적으로 고용하는 대신에 파견, 용역, 사내하청 등을 통해 간접적으로 고용할 것이고, 이에 따라 비정규 근로자가 실제로 받는 임금 및 근로 조건은 저하할 것으로 예상된다. 실제적으로 '비정규직보호법'이 시행된 후 처음으로 조사된 2007년 8월 「경제활동인구 부가조사」에 의하

5 이것은 2005년 국민총소득(GNI) 675조 6587억 원의 3.2퍼센트이다.

면 직접적으로 고용되는 비정규 근로자인 기간제 근로자는 전년도에 비해 19만 명이 줄고 반면에 간접적으로 고용되는 파견 용역 등 비전형 근로자는 27만5천 명 늘었다. 비정규 근로자 중에서 기간제 근로자는 고용안정성이 상대적으로 높고 파견, 용역 등 비전형 근로자는 낮으므로 이 통계는 '법' 시행으로 고용의 질이 악화되었음을 보여준다.

종합적으로 이 법은 비정규 근로자를 보호하는 효과는 별로 없고 오히려 기계화, 자동화 등을 통해 비정규 근로자의 일자리를 축소하고 임금 및 근로 조건을 저하시킬 것으로 예상된다. 더욱이 이 법은 다른 보호법들과 달리 보호하려는 대상에게도 불리하다. 예를 들어 '남녀고용평등법' 및 '장애인고용촉진법'은 기존의 여성 및 장애인 근로자(insiders)에게 유리하고 미래의 잠재 여성 및 장애인 근로자(outsiders)에게는 불리했으나, '비정규직보호법'은 기존의 기간제 근로자의 해고 등을 야기하여 보호하려는 대상인 기존의 기간제 근로자에게도 오히려 해를 입힌다.

5. 정책 제언

1) 노동조합의 제자리 찾기

앞의 분석에서 노동조합이 없는 사업체에 비해 노동조합이 있는 사업체의 근로자가 비정규 근로자일 확률이 높고, 노동조합이 없는 사업체에 비해 노동조합이 있는 사업체의 비정규 근로자의 임금이 낮은 것을 확인했다. 노동조합은 정규 근로자를 보호하고 임금을 높이지만 이에 대한 대응으로 사용자는 가급적 비정규 근로자를 고용하고 그들의 임금을 낮추어 고용 유연성을 제고하고 비용 절감을 시도하고 있고 노동조합은 사용자의 이러한 대응을 용인하고 있는 것으로 보인다. 최근에 비정규 근로자가 급증한 것도 '참여정부'에서 노동조합의 힘이 더 커질 것으로 예상되어 사용자들이 이에 대응한 것으로 이해할 수 있다. 그러므로 비정규 근로자를 줄이고 정규-비정규 근로자의 임금 및 근로 조건 격차를 줄이기 위해서는 박기성(2004)에서 지적된 정책들에 의해 노동조합이 제자리를 찾아가야 한다. 이 정책들은 다음과 같다.

첫째, 경쟁을 촉진하는 정책을 시행해야 한다. 지난 여름에도 현대자동차 노동조합은 한 달여 파업을 했다. 1987년 설립된 이 노동조합은 1994년을 제외하고 올해까지 19년째 파업을 하여 총 327일을 파업으로 지샜다. 우리의 뇌리 속에 남아 있는 장기 파업들은 현대자동차 노조의 파업 이외에도 현대중공업 노조의 골리앗 투쟁, KBS 노조의 파업, 대우조선 노조의 약 1년에 걸친 파업, 거의 매년 되풀이되는 지하철 노조 파업, 참여정부 출범 초기의 두산중공업 노조의 파업, LG정유의 파업 등이다. 이 노동조합들의 공통점은 무엇인가? 독점적 지대가 있는 대기업 노동조합이거나 공공부문이라는 것이다.

현대자동차의 경우 아반떼와 소나타를 사겠다는 사람이 각각 1만4천명과 8500명 대기하고 있고, 파업 기간에 대해서 타결 성과급과 일시금으로 임금 지급이 확실히 예상되고, 파업을 통해 상당한 정도의 임금이 인상되는 상황에서 파업을 안 하는 바보는 없을 것이다. 이 상황에서 파업은 근로자들에게는 임금인상의 가장 효과적인 수단일 뿐만 아니라 유급 휴가이다. 한 달여 파업 후에도 미출고 계약분이 충분하게 있어 일감 걱정을 할 필요가 없고 회사는 밀린 계약분을 출고하기 위해 더더욱 바삐 돌아가게 된다. 만약 파업 후에 일감이 없어진다면 이렇게 파업할 수 있을까? 매우 열악한 임금 및 근로 조건에서 근무하는 봉제공장의 근로자가 함부로 파업할 수 있을까? 파업을 했다가는 기업주가 문을 닫고 어디로 가버릴 것 같은데 파업을 할 수 있을까? 이 두 기업의 차이는 무엇인가? 현대자동차는 엄청난 독점적 지대(monopoly rent)를 누리고 있으나 봉제공장은 치열한 경쟁시장에 있다는 것이다. 현대자동차의 파업은 노사가 독점적 지대를 나눠먹는 게임이다. KBS, 지하철공사 같은 공공부문의 파업도 국민 세금으로 적자가 메워지는 가운데 노조는 독점적 지대를 더 먹고 사용자는 이를 방어하는 게임으로 이해할 수 있다(박기성, 2006b).

한 기업의 반복되는 파업은 그 기업이 직면한 시장의 성격에서 그 주된 원인을 찾아야 한다. 김태기 · 윤봉준(1991)의 연구에 의하면 기업 규모가 클수록, 생산물 시장의 집중도가 높을수록 파업의 빈도가 높다. 경쟁의 정도가 낮을수록 독점적 지대가 커서 파업의 빈도가 높다. 그러므로 노사관계의 발전을 위해서는 경쟁을 촉진하는 정책을 시행하여 독점적 지대를 줄여야 한다. 그 동안 정부는 경쟁을 촉진하고자 하는 산업 및 금융정책을 시행해 오지 않은 것이 아니지만 별 실효를 거두지 못했다. 경쟁을 촉진하는 가장 효과적인 방법은 모든 부문에 걸쳐서 철저한 개방을 하는 것이다.

둘째, 노사정위원회 같은 사회적 합의주의를 배격해야 한다(박기성, 1998). 고용안정과 노사관계의 발전, 경제위기의 극복 등을 위해 노 · 사 · 정이 한자리에 모여서 협의한다고 하는 것은 이 시대에 매우 필요한 것처럼 보인다. 특히 국민적 컨센서스를 강조하는 일부 정치가들에게 노사정위원회(tripartite commission)는 강력하게 선전하는 메뉴 중 하나일 것이다. 그러나 노사정위원회는 시장 대신에 노사간의 협상을 통해 몫을 나누는 장(venue)을 제공한다. 법 개정에 관한 논의도 노사간의 밀고 당기는 협상을 통해 시장경제에 반하는 합의를 도출할 가능성이 매우 높다. 2003년 말 노사관계 로드맵이 발표되자마자 노사가 모두 강력 반발한 것[6]은 향후 노사정위원회 안이나 그 밖에서 이루어질 협상에서 노사 각자가 자기에게 유리한 쪽으로 협상을 유도하기 위한 것이었다. 이러한 상황에서 시장경제에 정합하는 합의를 도출하기는 매우 어려울 것이다.[7] 그리고 노사 대타협 등의 사회적 합의가 이루어지더라도 그 합의에서 피해를 보는 측에 보상을 해주어야 하는 문제가 발생하여 국가가 등장하지 않을 수 없다. 이것은 국가의 또 다른 간섭을 의미하며 노동시장의 새로운 경직성을 야기한다(민경국, 2004). 박덕제(1998)가 지적하듯이 노사정위원회는 시장경제화라는 세계적 추세와 맞지 않을 뿐만 아니라 노사관계의 정치화를 야기하여 노사관계의 불확실성을 증대시킨다.

1998년 현대자동차의 정리해고를 둘러싼 노사간의 갈등은 국민회의, 노사정위원회의 합동중재단의 노력으로 경찰 투입 없이 타결되었지만, 일주일 뒤 유사한 사안에 대한 만도기계의 파업은 경찰이 투입되어 해산되었다. 이 두 사태를 지켜본 사람들은 혼란스럽지 않을 수 없다. 그러나 노동부 담당자들의 말을 들어보면 어느 정도 이해가 간다. "노사 자율이 가장 바람직하지만 현대자동차가 규모가 매우 큰 핵심 사업장이어서 방관만 할 수 없었다. 다른 회사는 그 정도의 중요성은 없을 것이기 때문에 앞으로 원칙대로 하겠다"(이기호 노동부 장관).[8] "사안에 따라서는 협상을 지원하고 중재

---

6 『조선일보』 2003/12/08.

7 2006년 9월 노사정 대표들이 노조전임자 급여지원 금지와 복수노조 허용을 또 앞으로 3년간 유예하기로 합의한 것(노동부, "노사정 대타협 추진현황," 2006. 9.)이 대표적인 예일 것이다.

8 『중앙일보』 1998/08/29.

도 하겠지만, 타결 가능성이 희박한 불법 파업 사업장에는 신속히 경찰을 투입할 수밖에 없을 것이다"(김원배 노정국장).[9]

이 발언들이 의미하는 바는 사안에 따라서 자유 재량(discretion)을 행사해 왔고 하겠다는 것이다. 노사정위원회 역시 그 구성원들의 성격상, 그리고 무엇인가 하고 있다는 것을 보이기 위해 노사 분쟁에 나름대로 개입하여 자유 재량을 보일 것이다. 이와 같은 자유 재량을 행사하는 한 노사정위원회나 노동부 모두 상황에 따라 최선을 다해 열심히 일한다 하더라도 비효율적인 결과를 초래할 수밖에 없다.[10]

정부는 불법 노동운동에 대해서 엄중하게 대처한다는 정책을 천명해 왔다.[11] 이것을 경제 주체들이 믿었을까? 1998년 현대자동차 사태에 직면한 정부와 정치권은 국민 경제에 미치는 파장을 고려하여 경찰 투입 없이 사태를 마무리지었다. 이것이 현대자동차 사태가 일어난 시점에서 봤을 때 최선을 다한 선택이었다. 정부나 정치권의 자유 재량이란 파업이 일어난 후 다시 최적화를 하여 정책을 수정할 수 있다는 것이다. 정부나 정치권이 파업 후 이러한 선택을 할 것을 알고 있는 경제 주체들은 정부의 "엄포"를 믿지 않고 전략을 결정했을 것이다. 예를 들어 현대자동차 노동조합은 파업을 강행했으며 아이들을 파업 장소에 들여보내거나 고압 가스통을 저지선에 배치했다. 현대자동차 노조가 불법 파업에 대해 엄중하게 대처한다는 정책을 정부가 그대로 집행한다고 믿었다면 이와 같은 선택을 하지 않았을 것이다.

9 『중앙일보』 1998/09/04.

10 자유 재량에 의해 정책을 펴게 되면 최적의(optimal) 결과를 얻을 수 없다는 것은 매우 잘 알려져 있다(Kydland and Prescott, 1977).

11 『중앙일보』 1998/05/03.

현대자동차 노조의 파업 후 정부나 정치권은 이 시점에서 다시 최적화를 했다. 파업 전에 천명한 정책을 강행하여 경찰 투입에 따라 인명 피해가 발생되거나 생산설비에 큰 피해가 발생되면 국민 경제적으로나 정치적으로 큰 부담이 될 것이라고 판단되어, 파업 전에 발표한 불법 파업에 엄중 대처하겠다는 정책을 수정하여 경찰 투입 없이 사태를 마무리지었다. 이것은 정부나 정치권이 파업 후에 파업 전과 다른 정책을 선택할 수 있는 자유 재량이 있기 때문에 일어난 것이고, 파업 후의 시점에서 봤을 때는 정부나 정치권이 최선을 다한 정책적 선택이었다. 그러나 이 선택은 파업 전과 후를 모두 고려한 최적화(global optimization)의 결과가 아니고 파업 후만을 고려한 부분적인 최적화(local optimization)의 결과였으므로 비효율적 자원 배분(inefficient resource allocation)을 야기했다.

이러한 문제를 해결하기 위해서는 정부나 정치권의 자유 재량을 박탈하고 원칙에 따르는 것이다. 그러나 노동부나 노사정위원회는 사태에 따라 노사관계에 대한 정책을 열심히 최선을 다해 선택할 것이다. 그렇지 않으면 청와대와 언론의 질책을 받을 것이다. 이 조직들의 존재 이유가 노동정책에 대한 자유 재량이므로 자유 재량이 발휘되는 것을 막기 위해서는 노동부의 노정 부서와 정치권이 개입할 소지가 많은 노사정위원회를 폐지하는 것이다.[12] 정치권은 항상 노사관계에 개입하여 파국을 막는 데 일조했다는 평가를 받기 원한다.[13] 이 개입의 원활한 통로가 되기 위해 발족된 것이 바로

12 미국의 노동부에는 노정 부서가 없으며, 일본의 후생노동성에는 노정과가 있지만 지방자치단체로 많은 업무가 이관되어 있다. 미국의 노사 분쟁의 해결은 연방알선조정청(FMCS)과 전국노동관계위원회(NLRB)를 중심으로 이루어지며, 일본의 경우는 노동위원회를 중심으로 이루어진다. 그리고 이 기관들은 노동부나 노동성으로부터 독립되어 있다(김태기 · 이영희, 1989).

13 "현대자동차처럼 전국적으로 영향을 미치는 사태가 다시 발생할 경우 정치권이 역시 개입해야 한다"(노무현

노사정위원회이므로 이것을 폐지해야 자유 재량적 노동정책이 방지되고, 경제 주체들도 자유 재량적 노동정책이 없을 것이라는 믿음을 가지게 된다. 이렇게 되면 노사관계는 노사 자율에 맡겨지며 노사 분쟁은 노동위원회의 조정과 법원의 법률적 심판에 맡겨질 것이다.

노사관계 정치화의 폐해는 시장과 정치체제를 비교하는 Becker(1958)의 일반론[14]을 거론하지 않더라도 자명하다. 그리고 노사정위원회가 지향하는 사회적 합의주의(corporatism)와 다원주의(pluralism) 및 자유시장경제(free market economy)와의 불일치 가능성, 노사정위원회 구성의 대표성 등 폐지의 여러 가지 이유가 있으나, 본 장에서는 노동부나 노사정위원회의 구성원들이 아무리 열심히 최선을 다해 일하더라도 노사관계에 대한 정책적 선택은 비효율적인 자원 배분을 야기한다는 것을 보여준다. 각 사태에 직면해서는 (매 시기마다는) 최선의 정책이지만 전 기간적으로는 비효율적이고 일반적으로 갈팡질팡하는 노동정책으로 나타난다. 이것은 이들의 정책적 선택이 잘못되었기 때문이 아니라 이들이 정책을 선택할 수 있는 자유 재량을 가지고 있기 때문이다. 바로 이것이 이 조직들의 존재 이유이므로 이 자유 재량적 정책을 방지하고 원칙에 따르기 위해서 노동부의 노정 부서와 노사정위원회를 폐지하고 노동위원회의 조정과 법원의 법률적 심판에 의존하는 것이 바람직하다.

셋째, 근로자들이 가장 적합한 노동조합(무노조 포함)을 선택하도록 근로자들에게 조직 선택권을 보장해야 한다(박기성, 2004). 2006년 9월 노사정

국회의원, 『중앙일보』 1998/08/26).

14 Becker(1958)는 시장에서는 생산성에 비례해서 투표권을 가지고 있어 사람들이 현명하게 행동하고, 각 경우마다 효율적인 선택을 할 수 있기 때문에 시장에 의한 자원 배분이 정치체제에 의한 자원 배분보다 효율적이라고 주장한다(Becker, 1958).

대표들은 기업 단위에서의 복수노조 허용을 또 앞으로 3년간 유예하기로 합의하였다. 3년이 지난 뒤에도 복수노조가 반드시 허용된다는 보장은 없다. 그러나 근로자들에게 조직 선택권을 보장해야 노동조합간 경쟁을 통해 장기적으로 근로자들에게 최상의 서비스를 제공하는 노동조합이 선택될 것이다. 예를 들어, 과도한 임금인상으로 고용을 위협받는 노조보다 기업의 생산성 향상과 근로자의 복지에 기여하는 노조가 선택될 것이다. 따라서 노동조합이 협상을 통해 한계노동생산보다 높은 임금을 얻어내는 것을 완화할 수 있다.

넷째, 임금을 생산성 수준으로 유지하기 위해서, 필수 공익사업장 뿐만 아니라 모든 사업장의 사용자는 쟁의행위 기간 중 그 쟁의행위로 중단된 업무의 수행을 위하여 당해 사업과 관계없는 자를 채용 또는 대체할 수 있어야 하고 그 업무를 도급 또는 하도급을 줄 수 있어야 한다(박기성, 2004). 이것은 노사관계에 시장을 도입하는 것이다(전성철, 2003). 이를 위해 현행 노동조합 및 노동관계조정법 43조를 개정해야 한다. 그리고 쟁의행위 기간 중 대체근로가 가능하려면 파업 등 쟁의행위는 사업장 밖에서 이루어지도록 해야 한다. 1997년 노동법 개정 이전에는 쟁의행위를 사업장 내에서만 하게 되어 있었다. 그러나 외국에서는 파업을 'walk out'이라고 하는데, 이는 파업을 하면 사업장 밖으로 나가는 것이 원칙이기 때문이다. 파업 중인 근로자는 인원과 장소의 제한을 받으면서 피켓을 들고 사업장 앞에서 시위한다. 파업에 참여하지 않는 근로자나 대체 근로자는 이 피켓선을 가로질러 사업장 안으로 들어간다(cross a picket line). 쟁의행위가 사업장 밖에서 이루어져야 하는 것은 쟁의행위에 참여하지 않는 근로자나 대체 근로자의 일할 권리를 보장해 주기 위해서도 필요하지만 사유재산권 보호 차원에서도 정부가 강력하게 지도해 나아가야 한다(박기성, 2006b).

2) 정규 근로자에 대한 보호 완화

정규 근로자에 비해 비정규 근로자는 고용지속성이 떨어지고 임금 및 부가급여가 낮다. 비정규 근로자는 쉽게 해고하고 채용할 수 있으며 낮은 임금과 부가급여를 지불할 수 있다. 즉 비정규 근로자는 정규 근로자에 비해 해고 및 채용 비용을 포함한 총노동비용이 낮다.

각 기업에 있어서 갑자기 수요가 증대되었다가 사라지는 일자리나 단순 반복 작업을 하는 일자리 등은 노동비용이 낮은 비정규 근로자를 사용하는 것이 유리하다. 기업이 핵심이 되는 일자리를 비정규 근로자로 채우지는 않는다. 일자리에 따라 비정규 근로자가 적합한 것이 있고 정규 근로자가 적합한 것이 있다. 이 적합성은 고정된 것이 아니라 제품 수요의 불확실성의 변화, 정보화, 전산화 등에 의한 작업조직의 변화, 여성 등 부가근로자(additional workers)의 노동 공급의 변화 등 다양한 요인들에 의해 변한다.

과거에는 정규 근로자가 적합한 일자리가 지금은 비정규 근로자에게 적합할 수 있다. 이 일자리를 정규 근로자가 차지하고 있다면 그를 해고하고 비정규 근로자로 채우는 것은 현행 노동법상 거의 불가능하다. 그러나 1997년 경제위기 이후 수많은 기업이 도산하거나 구조조정되면서 상당수의 정규 근로자의 일자리가 비정규 근로자로 대체되었다. 반면에 기업에게 핵심이 되는 일자리라면 노동법에 상관없이 대우를 잘 해줄 것이다.

정규 근로자에 대한 지나친 보호가 비정규 근로자의 양산을 가져온다는 것은 유럽 여러 나라와 미국을 비교해 보면 명확해진다. 유럽의 기업들은 노동비용의 50퍼센트를 사회보장료, 의료보험료, 실업보험료 등의 세금으로 지출하나 미국의 이 비율은 25퍼센트 미만이다. 또 유럽에서는 정리해고를 제한하는 규제, 많은 법정 휴가일수, 법정 유급휴직 등이 노동비용을 미국에 비해 높게 한다(Becker, 1996). 노동비용을 줄이기 위해 유럽의 기업은 해고가 쉽고 부가급여와 세금을 지불하지 않아도 되는 일시적 근로자(temporary workers)를 많이 고용한다. 정규 근로자의 해고가 거의 불가능한 스페인에서는 피용자의 33.7퍼센트가 일시적 근로자이고 프랑스, 독일, 스웨덴, 이탈리아에서도 각각 11.0퍼센트, 10.3퍼센트, 13.5퍼센트, 7.3퍼센트가 일시적 근로자이나, 미국에서는 취업자의 2.2퍼센트만이 일시적 근로자이다(OECD, 1994). 유럽에 지하경제가 활성화되어 있는 이유 중의 하나는 정부가 부과하는 노동비용을 피하기 위해서이다. 이탈리아와 스페인 근로자의 25퍼센트 정도가 적어도 부분적으로 지하경제에서 일하고 있으며 벨기에, 프랑스, 독일, 스웨덴에서도 이 비율이 10퍼센트 정도이다(Becker, 1997). 노동비용이 높고 해고하기 힘들기 때문에 유럽의 기업들은 경기가 회복되어도 고용을 늘리지 않는다. 그리고 장기 실업자, 청년 실업자, 일시적 근로자, 지하경제 근로자 등은 직업교육 · 훈련을 받을 기회가 거의 없어 영구적 일자리(permanent jobs)를 얻기가 더욱 힘들어진다.

그러므로 정규 근로자에 대한 노동법 상의 보호를 완화하여 정규-비정규 근로자 사이의 임금 및 근로 조건의 격차를 축소할 필요가 있다. 예를 들면, 기본적으로 5인 이상 사업장에 적용되는 근로기준법의 해고 관련 조항들(30~33조)을 완화하고 퇴직금 관련 조항(34조)을 완화 내지 폐지하는 것 등이다. 나아가서 1인 이상 사업장 전체에 적용되는 최소한의 근로기준법을 마련하고 다른 사항들에 대해서는 자유계약의 원칙에 입각하여 근로계약을 체결할 수 있게 하는 근로계약법을 마련하는 것도 고려해 볼 만하다.

3) 사회안전망의 확충

비정규 근로자에 대한 사회안전망(social safety net)을 확대하고 내실화할 필요가 있다. 박기성(2006)에 의하면 비정규 근로자는 정규 근로자에 비해 고용보험, 건강보험, 국민연금, 산재보험 가입률이 현저하게 낮다. 가입 범위를 확대하는 것과 더불어 가입 자격이 있으나 실제로 가입하지 않고 있는 근로자들이 가입하도록 내실화할 필요가 있다. 비정규 근로자에 대한 사회안전망의 확대 및 내실화는 기업의 부담을 가중시켜 효율(efficiency)의 감소를 가져오는 측면이 있으나 형평(equity) 또는 정치적인 이유에서 필요하다.

4) 정부의 노동시장에 대한 개입 자제

최근의 비정규 근로자 증가는 노동법을 비롯한 제도와 노동시장이 어우러져 나온 결과이다. 비정규근로자 증가를 문제시하고 이의 시정을 위해 정부가 직접적으로 비정규근로자를 정규화하는 정책은 제도와 시장의 힘을 무시한 정책이며 실효를 거둘 수 없다. '비정규직보호법'이 대표적인 예로 앞에서 지적되었듯이 정부의 노동시장에 대한 과도한 개입으로 바람직하지 않다. 사용자는 '비정규직보호법'의 제정과 시행과 같은 법적 환경에서도 이윤 극대화를 위해 최대한 비용 절감을 시도할 것이다. 본 장의 분석은 노동시장에 대한 정부의 직접적인 개입으로는 비정규근로자가 보호되고 지위가 향상되지 않음을 시사한다. '비정규직보호법'이 시행된 후 처음으로 조사된 2007년 8월 '경제활동인구 부가조사'에 의하면 비정규근로자가 증가했을 뿐만 아니라 파견, 용역 등 비전형 근로자는 크게 늘고 기간제 근로자는 크게 줄었다. 이에 대한 대응으로 최근 정부가 외주(outsourcing)나 사내하청을 제한 또는 불법화하는 법을 마련하는 중이라고 알려지고 있으나, 이것 또한 정부의 과도한 개입이며 '법만능주의'의 극치로 고용의 질을 악화시킬 것이다.

'비정규직보호법'에서 기간제 근로를 2년으로 제한하는 것은 기업으로 하여금 기간제 고용조차 회피하게 하여 일자리 창출을 저해하는 결과를 낳고 있다. 반면에 기간제 근로에 대한 규제완화는 일자리를 창출하고 경제 주체의 자율성을 높일 것이다. 따라서 기간제 근로에 대한 기간 제한을 철폐하고 당사자간 합의에 따라 갱신 가능하도록 하는 것이 바람직하다. 그리고 고령자(예컨대 55세 이상)는 기간제 근로의 기간 제한 규정의 적용에서 제외하는 것이 바람직하다. 고령자에 대한 규제완화는 고령자 고용을 촉진하는 효과를 거둘 수 있기 때문이다.

만약 정규-비정규 근로자간 임금격차가 경쟁적 노동시장(competitive labor market)의 결과로서 사용자와 근로자 이외에게는 관찰되지 않는 생산성의 차이(unobserved heterogeneity)를 반영한다면, 이 임금격차의 인위적 해소는 생산성을 초과하는 임금을 초래한다. 노동위원회에서 차별적 처우를 판별할 때 이 점을 고려해야 한다. 이를 위해 노동위원회의 차별시정위원회를 보완하고 미국의 고용평등위원회(EEOC)를 참조할 필요가 있다.

근로자의 고용 형태에 상관없이 동일한 노동에 동일한 보상을 해주는 것이 바람직하다. 특정한 일들이 직장 내에서 동일한 노동인지 또는 동일한 보상을 해주어야 하는지를 판단하는 것은 매우 정교한 기준을 요구한다. 현재 동일한 노동을 하더라도 고용의 지속성 정도 등에 따라 보상은 달라질 수 있다. 즉 현재의 보상은 현재의 노동뿐만 아니라 과거의 노동에 대한 대가를 포함할 수 있으며, 나아가서 미래의 노동을 확보하기 위한 유인(誘引

[incentive])을 포함하기도 한다. 그러므로 차별 여부를 판정할 때는 현재의 일의 성격뿐만 아니라 그 일을 하는 근로자의 과거 기여 및 잠재적 미래 가치까지 고려하는 기준을 사용해야 한다.

5) 파견근로제 활성화를 위한 규제완화

'파견근로자보호 등에 관한 법률'(이하 '파견법')은 법이 정하는 특정한 직무에 대해서만 파견을 허용하는 포지티브 리스팅 체계(positive listing system)로 되어 있다. 즉 '파견법'에서 허용하는 일부 직무 외에는 불법으로 간주한다. 이는 세계에서 오직 한국만이 택하고 있는 규제로서 노동시장의 유연성을 극도로 제한하고 있다.

1990년대 이래로 세계의 모든 국가에서 파견근로에 대한 규제를 완화하여 기업은 유연하게 인력을 사용할 수 있고 근로자에게는 다양한 취업기회를 제공하고 있으므로 파견근로는 일자리 창출 및 실업 감소에 기여하는 것으로 평가받고 있다. 반면에 우리나라에서는 업무 제한에 더하여 기간 제한까지 두는 과도한 규제로 인해 1998년 파견근로를 합법화한 이후 10년 동안 별로 성장하지 못하고 있다. 우리나라도 노동시장 유연화의 세계적 추세에 맞게 파견근로에 대한 규제를 완화하여야 한다.

현재의 포지티브 리스팅 체계를 폐기하고 파견이 바람직하지 않은 소수 업무만을 금지하고 나머지는 자유화하는 네거티브 리스팅 체계(negative listing system)로 전환해야 한다. 그리고 파견 기간도 3년을 기한으로 하되 당사자의 합의에 따라 갱신이 가능하도록 하여 불필요하게 일자리를 제약하는 일이 없도록 해야 할 것이다.

6) 비정규 근로자의 직업능력 향상

비정규 근로자들 중에는 정규 근로자에 비해 교육 수준이 낮은 등 직업능력이 낮아 정규 근로자가 되지 못하는 근로자들이 많다. 또한 비정규 근로자는 정규 근로자에 비해 직장에서의 교육훈련 기회도 적다. 생산에 있어서 정규 근로자의 기여에 비해 비정규 근로자가 기여하는 만큼 비정규 근로자에게도 정부 및 공공부문의 교육훈련 예산이 사용되어야 한다. 교육훈련을 통해 직업능력이 향상되면 비정규 근로자가 정규화할 가능성이 높아진다. 정규-비정규 근로자의 조임금격차가 인적 자본을 통제하면 상당 부분 해소되는 것에서 알 수 있듯이 비정규 근로자의 생산성을 향상시키기 위한 인적자본 투자가 가장 효과적인 '비정규직 보호책'이 될 것이다(박기성 · 김용민 2007).

7) 노융(勞融)산업(인적자원산업)의 발전 및 인력종합회사의 육성

비정규 근로자는 정규 근로자에 비해 필요한 노동시장 정보를 얻기가 어렵다. 사용자도 정규 근로자에 비해 비정규 근로자에 대한 정보를 얻기 위해 비용을 지불하려고 하지 않는다. 비정규 근로의 공급자 및 수요자의 부족한 정보를 메워주는 역할을 담당하는 것이 고용안정기관이다. 그러므로 고용안정기관은 비정규 근로자의 고용에 큰 기여를 할 수 있다.

정규, 비정규를 불문하고 각 근로자에게 본인의 인적 자본의 가치를 정확히 알려주는 것이 필요하다. 이에 따라 각 근로자의 요구임금(asking wage)이 결정되기 때문이다. 이를 위해 고용안정기관이 노동시장의 각종 정보를 취합 · 분석하여 제공해야 한다. 각 근로자와 사용자에게 정확한 정보가 신속하게 제공되면 일자리-근로자 일치(job-worker match)가 잘 이루어지며, 불일치가 발생하더라도 원활한 노동 이동(labor mobility)으로 곧 일치가 이루어진다. 고용안정기관은 나아가서 기업이 원하는 인적 자본을 갖추도록 근로자의 교육훈련을 지도해 주는 역할도 하는 것이 바람직하다. 고용안정기관은 취업 알선, 상담뿐만 아니라 교육훈련 등 노동의 수요자와 공급자 사이에서 서로를 연결해 주는 매개기관(labor market intermediary)이어야 한다. 이 기관의 이러한 기능들은 특히 비정규 근로자의 고용에 큰 기여를 할 수 있다.

교육훈련에는 외부효과와 규모의 경제가 있기 때문에 시장실패가 발생할 수 있으나 공공 직업훈련의 성과 등에서 알 수 있듯이 지금까지의 정부 개입이 효과적이었다고는 할 수 없다. 이것은 근본적으로 노동을 투입요소의 하나로만 보는 시각에 머무르고 있고 노동시장 또는 산업으로 바라보는 시각이 결여되어 있기 때문이다.

노동, 즉 인적 자본과 실물자본은 2대 생산요소이다. 실물자본은 금융시장에서 수급되고 있고 금융산업이 잘 발달되어 있다. 실물자본의 수요자와 공급자 사이에서 금융기관들이 금융산업을 지탱하고 있다. 그러나 인적 자본에 대해서는 시장이 존재하고 발달되어야 한다는 인식조차 확산되어 있지 않다. 인적 자본은 실물자본보다 정보 비대칭(asymmetric information)의 문제가 더 심각하나 수요자인 기업과 공급자인 근로자 사이에서 매개 역할을 해주는 노동매개기관(labor market intermediary)이 거의 없다. 공공 고용안정기관(public job placement service)이 이 역할을 한다고 볼 수 있으나 매우 비효율적이다. 그러므로 노동을 실물자본과 유사하게 취급하여 노융(勞融) 산업(인적자원산업)으로 발전시키는 것이 매우 필요하다.[15]

교육훈련을 제공하는 기관이나 기업은 교육훈련 서비스의 공급자이며 교육훈련을 받는 사람은 교육훈련 서비스의 수요자이다. 교육훈련에 대한 수요와 공급을 일치시키는 가격이 교육훈련의 시장가격이다. 이 가격은 각 기능 · 기술 등 다양한 인적 자본에 대한 임금과 연계된다. 교육훈련 공급자와 수요자는 다양한 인적 자본의 임금에 대한 앞으로의 전망(expectations)에 근거하여 교육훈련의 공급량과 수요량을 결정한다. 미래의 임금에 대한 전망은 인력 수급에 대한 전망을 반영한다. 교육훈련시장이 효율적으로 작동하기 위해서는 인력 수급에 대한 전망이 가능한 한 정확해야 한다. 미래의 노동시장에 영향을 줄 수 있는 정보는 각종 생산물시장 정보, 학교교육 정보, 각 업종별 · 직종별 정보 등 엄청난 양에 달해 한두 기관이나 정부가 취합하여 분석할 수 없다. 또한 정부를 포함한 공공부문은 이러한 정보를 취합하여 정확한 전망을 하고 그에 따라 적절한 교육훈련 서비스를 제공할 유인(incentives)도 적다. 그러므로 민간부문을 교육훈련 사업에 적극적으로 참여시킴으로써 인적자원산업을 육성하는 것이 바람직하다. 각 민간 교육훈련 공급자는 이윤을 극대화하기 위해 나름대로 정확한 전망을 하려고 할 것이고 적절한 서비스를 공급하려고 노력할 것이다. 이렇게 교육훈련 공급량과 수요량이 일치하여 형성된 균형은 교육훈련시장에 관련된 모든 정보를 반

15 노융산업은 금융산업을 본떠 만든 신조어이다. 실물자본시장에는 은행, 증권회사 등 금융매개기관(financial market intermediary)이 잘 발달되어 실물자본의 공급자와 수요자를 연결시켜주듯이, 노동시장에도 노동의 수요자와 공급자를 연결시켜주는 노동매개기관(labor market intermediary)이 필요하다. 금융매개기관을 중심으로 한 실물자본의 공급자와 수요자를 총칭하여 금융산업이라고 하듯이, 이 책에서는 노동매개기관을 중심으로 한 노동의 공급자와 수요자를 총칭하여 노융(勞融)산업이라고 명명한다. 이 산업에는 전통적인 직업소개, 헤드헌팅, 인력파견, 고용리스, 전직 서비스(outplacement), 직업정보사업, 각종 취업준비 서비스, 직업교육 · 훈련 등이 포함된다. 금융산업이 20세기 자본주의의 발전을 주도했다면 21세기에는 노융산업이 노동시장의 발전을 주도하여 경제성장을 견인할 것이다.

영하게 될 것이다(박기성, 1994).

지금까지 정부는 민간부문의 노용산업(인적자원산업) 참여를 장려하기보다 각종 규제를 통해 어렵게 만들었다. 그러나 노용산업(인적자원산업)의 발전을 위해서는 민간부문의 활발한 참여가 필수적이다. 금융기관과 유사하게 인적 자본의 축적, 보전, 배치(job placement), 활용 등의 인적 자원 전반에 걸친 서비스를 제공하는 인력종합회사의 육성이 매우 필요하다. 노동의 수요자와 공급자 사이에서 적절한 교육훈련, 정보, 상담, 취업알선, 취업 후 노사의 고충처리뿐만 아니라 직접 파견, 용역 근로자를 제공하는 등 인력에 관련된 일체의 서비스를 제공하는 종합적인 민간 인력회사의 육성이 반드시 필요하다. 공공부문은 위에서 지적한 유인의 결여로 이런 서비스를 제공할 수 없다. 민간 노동매개기관(private labor market intermediary)의 설립과 운영이 가능하도록 법적 · 제도적 정비를 하고 육성을 위한 정책적 지원을 해야 한다. 예를 들어 근로기준법 제9조(중간 착취의 배제)에는 "누구든지 법률에 따르지 아니하고는 영리로 다른 사람의 취업에 개입하거나 중간인으로서 이익을 취득하지 못한다"라는 규정도 전향적으로 검토할 필요가 있다. 그리고 노용산업(인적자원산업)의 발전 및 인력종합회사의 육성을 위하여 고용보험의 민영화도 검토할 필요가 있다(박기성 · 김태기 · 이종훈, 1994).

참고문헌

노동부(2002),「비정규직 실태분석」, 노사정위원회 비정규특위 보고자료.

______(2006),「기간제 및 단시간근로자 보호 등에 관한 법률」.

김용민 · 박기성(2006).「정규-비정규근로자 임금격차」,『노동경제논집』29권 3호(2006년 12월), 25-48.

김태기 · 윤봉준(1991).『노사분규연구』, 한국노동연구원.

김태기 · 이영희(1989),『노동쟁의조정제도 연구』, 한국노동연구원.

민경국(2004),「독일의 노동조합과 노동시장의 과격성」, 한국하이에크소사이어티 엮음,『기업과 정부』, 평민사, 53-81.

박기성(1994),『숙련인력의 형성과 활용』, 한국노동연구원.

______(2004),「경제성장을 위한 노사관계」,『한국경제의 분석』, 10권 1호, 1-33.

______(2006a),「비정규근로의 실태와 정책 제언」, 나라발전연구원.

______(2006b).「발전 없는 한국 노사관계의 원인과 대책」,『시대정신』33호, 184-193.

박기성 · 김용민(2004).「정규 및 비정규직간 근로조건 실태분석」, 성신여자대학교 경제연구소.

____________(2007).「정규-비정규근로자의 임금격차 비교: 2003년과 2005년」,『노동정책연구』7권 3호, 35-61.

박기성 · 김태기 · 이종훈(1994),「고용보험제도에의 민간참여의 타당성에 관한 연구」,『노동경제논집』17호, 255-268.

박덕제(1998),「노사정위원회의 문제점과 개선방향」,『노동경제논집』21호, 202-210.

박덕제 · 박기성(2005),「노사관계와 노동정책」, 원고.

배진한 · 류기철 · 박기성 · 최경수 · 성제환(2000),「비정형 고용의 실태와 정책개선 방향」, 노동부 연구용역보고서, 한국노동경제학회.

어수봉 · 윤석천 · 김주일(2005),「고용정책적 측면에서의 비정규직 고용개선방안 연구」, 한국기술교육대학교.

안주엽(2003),「기업의 비정규근로 활용: 생산성과 만족도」, 제1회 사업체패널 학술대회.

______(2004).「비정규근로에 대한 차별적 처우는 어느 정도인가?」,『매월노동동향』, 6월호, 78-93.

안주엽 · 남재량 · 이인재 · 성지미 · 최강식(2007),『노동과 차별(II): 인식과 실제』, 한국노동연구원.

사람입국 · 일자리위원회(2006),「비정규직 실태 및 정책과제」, 제73회 국정과제회의 본 보고서.

은수미(2007), 「비용과 효과의 측면에서 본 산별교섭: 보건의료 및 금속산업을 중심으로」, 『경제와사회』, 게재 예정.

전병유 · 이기재 · 김복순 · 김수진 · 김기민(2006), 「사업체근로실태조사 분석」, 노동부 연구용역보고서, 한국노동연구원.

전성철(2003), 「'대체 고용권'이 노사평화의 핵심」, 『매일경제신문』, 2003/08/11.

정이환(2003), 「분단노동시장과 연대: 정규 · 비정규 노동자간 연대의 연구」, 『경제와사회』 제59호, 161-192.

Becker, Gary S.(1958), "Competition and Democracy." *Journal of Law and Economics* 1, 105-109.

Becker, Gary S.(1997), "Down and Out All over Europe: A Lesson for America," *The Economics of Life*, by Gary S. Becker and Guity Nashat Becker, New york: McGraw-Hill, pp. 39-40.

Becker, Gary S(1996), "Why Europe is Drowning in Joblessness," *Business Week*, April 8.

Kydland, Finn E., and Prescott, Edward C.(1977), "Rules Rather than Discretion: The Inconsistency of Optimal Plans," *Journal of Political Economy* 85 (June 1977), pp. 473-493.

OECD(1994), *The OECD Jobs Study: Facts Analysis Strategies*. Paris: OECD.

Park, Ki Seong(2007), "Industrial Relations and Economic Growth in Korea," *Pacific Economic Review* (December 2007), pp. 711-723.

표 4-1 비정규근로자의 로짓추정

변수	2003년				2005년			
	남자		여자		남자		여자	
	추정계수	한계효과	추정계수	한계효과	추정계수	한계효과	추정계수	한계효과
절편	5.044* (0.197)	0.077* (0.0034)	2.540* (0.260)	0.219* (0.023)	3.609* (0.141)	0.154* (0.0061)	1.836* (0.180)	0.280* (0.028)
연령	-0.171* (0.0058)	-0.0026* (0.00010)	-0.051* (0.0058)	-0.0044* (0.00050)	-0.092* (0.0037)	-0.0039* (0.00016)	-0.010 (0.0041)	-0.0015 (0.00062)
연령×연령	0.0021* (0.64D-4)	0.32D-4* (0.12D-5)	0.00072* (0.69D-4)	0.62D-4* (0.60D-5)	0.0013* (0.41D-4)	0.57D-4* (0.18D-5)	0.00031* (0.50D-4)	0.47D-4* (0.77D-5)
근속	-0.418* (0.0090)	-0.0064* (0.00017)	-0.343* (0.010)	-0.030* (0.00085)	-0.404* (0.0046)	-0.017* (0.00020)	-0.213* (0.0068)	-0.032* (0.0010)
근속×근속	0.0077* (0.00050)	0.00012* (0.84D-5)	0.0066* (0.00068)	0.00057* (0.59D-4)	0.0090* (0.00019)	0.00038* (0.87D-5)	0.0018* (0.00047)	0.00028* (0.72D-4)
경력더미 (1≤ 〈3년)	-0.685* (0.027)	-0.0087* (0.00035)	-0.675* (0.023)	-0.052* (0.0017)	-0.476* (0.017)	-0.018* (0.00060)	-0.579* (0.017)	-0.082* (0.0022)
경력더미 (3≤ 〈4년)	-0.210* (0.038)	-0.0030* (0.00051)	-0.637* (0.038)	-0.045* (0.0022)	-0.487* (0.026)	-0.017* (0.00079)	-0.808* (0.026)	-0.100* (0.0026)
경력더미 (4≤ 〈5년)	-0.530* (0.050)	-0.0066* (0.0052)	-0.739* (0.048)	-0.049* (0.0025)	-0.416* (0.028)	-0.015* (0.00088)	-0.870* (0.030)	-0.104* (0.0028)
경력더미 (5≤ 〈10년)	-0.604* (0.043)	-0.0078* (0.00050)	-0.899* (0.044)	-0.061* (0.0024)	-0.210* (0.024)	-0.0084* (0.00091)	-0.813* (0.029)	-0.104* (0.0031)
경력더미 (≥10년)	-0.328* (0.038)	-0.0048* (0.00053)	-0.748* (0.048)	-0.052* (0.0026)	-0.490* (0.024)	-0.020* (0.00093)	-1.083* (0.032)	-0.128* (0.0029)
고졸더미	-0.478* (0.033)	-0.0073* (0.00051)	-0.013 (0.031)	-0.0011 (0.0027)	-0.421* (0.021)	-0.018* (0.00088)	-0.124* (0.023)	-0.019* (0.0035)
전문대졸 더미	-0.961* (0.044)	-0.011* (0.00043)	-0.166* (0.041)	-0.014* (0.0033)	-0.911* (0.028)	-0.030* (0.00073)	-0.465* (0.029)	-0.065* (0.0038)
대졸더미	-1.137* (0.045)	-0.015* (0.00059)	-0.242* (0.043)	-0.020* (0.0033)	-1.145* (0.028)	-0.043* (0.0010)	-0.545* (0.030)	-0.075* (0.0038)
기혼더미	0.018 (0.030)	0.00027 (0.00045)	0.213* (0.030)	0.018* (0.0025)	-0.034 (0.018)	-0.0015 (0.00076)	0.291* (0.019)	0.044* (0.0029)
노조더미	1.003* (0.028)	0.019* (0.00071)	0.770* (0.026)	0.080* (0.0032)	0.511* (0.018)	0.024* (0.00094)	0.663* (0.019)	0.112* (0.0036)
대규모사업체더미(300인 이상)	1.099* (0.057)	0.025* (0.0019)	0.642* (0.050)	0.068* (0.0064)	0.843* (0.039)	0.047* (0.0027)	0.808* (0.036)	0.146* (0.0075)
노조더미×대규모사업체더미	-0.683* (0.072)	-0.0083* (0.00071)	0.242* (0.064)	0.023* (0.0065)	-0.241* (0.046)	-0.0095* (0.0017)	-0.317* (0.045)	-0.045* (0.0058)
서울소재더미	0.312* (0.023)	0.0052* (0.00042)	0.158* (0.020)	0.014* (0.0018)	0.146* (0.014)	0.0064* (0.00064)	0.093* (0.014)	0.014* (0.0022)
직종더미	+	+	+	+	+	+	+	+
산업더미	+	+	+	+	+	+	+	+
N	216,269		113,974		352,349		179,256	
Log Likelihood	-35,898.92		-39,738.17		-89,653.39		-78,974.31	
x^2	39,449.21*		23,720.38*		87,526.89*		47,417.88*	
Pseudo R^2	0.3546		0.2299		0.3280		0.2309	

주: 괄호 안은 표준오차이고, *는 유의수준 0.01 미만임.
자료: 노동부, 「사업체 근로실태조사」, 2003년, 2005년.

제2부_ 노동법 체계의 선진화

제5장_ 노동법 체계의 선진화 방안 — 매크로 노동법의 구축 방안

김영문

1. 노동법 체계의 선진화 필요성

노동법은 경제의 세계화, 경쟁압력의 강화, 지식의 정보화, 한국 경제의 부침 등 변화하는 노동 환경에 대한 적응이 필요하다. 외부적 하부구조의 변화에 상부구조로서 법과 제도가 변화해야 한다는 것과 "산별체제 진전 · 고용 형태 다양화 등 노동 관련 환경 변화"에 탄력적으로 대응해야 한다는 점에서 노동시장 내부의 하부구조의 변화에 상부구조로서 법과 제도가 변화해야 한다.

다른 한편 산업입지 조건으로서의 한국을 매력적으로 만들기 위해서 노동법이 기여할 수 있는 방안도 강구해야 할 것이다. 정부의 선진화 방안이 추구하는 목표를 위한 관점 목록은 1) 국제 기준에의 부합성, 2) 변화하는 노동 환경에 대한 적응, 3) 자율과 책임, 4) 고용의 유연화와 안정, 5) 질서 형성, 6) 한국적 현실의 고려 등으로 압축할 수 있을 것이다.[1] 현행 노동법은 근로자 보호법 체계이다. 그러나 위와 같은 관점 목록들이 현실화되어야 한다면 노동시장 질서법 체계로 재구성되어야 한다. 노사관계의 전개는 한국적 현실에서 상당히 굴절되어 있다. 과격한 노사 분규와 불합리한 관행으로 인하여 파업시 폭력, 파괴 행위, 직장 점거, 조업 방해, 출입문 봉쇄 등 불법 행위가 잦으며 파업 종료 후 임금의 보전이나 책임으로부터 면책을 주장하는 사례가 빈발하고, 사용자측에서는 노동조합의 존재를 인정하지 않거나 부당노동행위나 단체교섭을 거부 또는 해태하는 사례가 여전하다. 현행법이 단체행동권에 대해 규제적이기 때문에 불법 파업이 양산되는 한편, 법제도 틀을 벗어난 무리한 요구로 사용자의 권리가 침해되는 사례도 많다. 그러한 점에서 노사 갈등에 따른 사회적 비용을 최소화하기 위하여 노사관계 제도를 혁신해야 한다. 무엇보다 파업을 인위적으로 규제하기보다는 노동 기본권과 사용자의 기본권을 조화롭게 신장시키는 적절한 제도를 찾아 나가는 것도 중요하다. 그런 점에서 노사가 문제를 자율적으로 해결할 수 있는 틀을 만들고, 이러한 틀을 벗어나는 행동에 대해서는 책임을 물어야 한다는 점에서 한국적 현실을 고려하여 자율과 책임 아래 노사관계를 전개해 나갈 수 있게 하는 질서를 형성하는 것을 선진화의 목표로 삼아야 할 것이다. 이상은 집단적 노사관계법의 개정이 지향해야 할 목표라고 할 것이다.

개별적인 근로관계 부분에서는 오히려 변화하는 노동 환경에 대응하여 노동시장을 유연화하고 이를 뒷받침하기 위한 틀로서 노동법도 유연화하여야 할 것이다. 노동시장과 노동법의 경직성은 기업의 고정비용을 증대시키고, 이는 경쟁력을 약화시켜 기업의 생존 능력을 저하시키고 동시에 도산을 가져와 근로자에게도 불리하게 작용하는 부메랑 효과를 가져오게 된다. 그런 점에서 근로기준제도의 유연성을 제고하는 것도 선진화 방안이

---

1 이는 노동부 노사관계 로드맵의 목표이기도 하다.

추구해야 할 목표가 되어야 할 것이다. 그러나 노동법의 유연화는 동시에 고용안정을 저해하고 노동시장의 안정성을 떨어뜨리며, 비정규직의 양산을 초래하여 정규직과 비정규직의 격차를 심화시키는 측면도 있다. 따라서 선진화 방안은 고용안정도 도모해야 한다. 그런데 노동법의 유연화는 동시에 고용안정을 저해한다는 점에서 상호 모순되는 목표들이다. 그렇기 때문에 충돌하는 여러 가치들 사이의 우선 순위를 매기고 조절할 필요가 있다.

그러나 현재 우리 사회의 현안이 되고 있는 일자리의 창출과 관련해서 기업이 생존해야 일자리도 창출되고 근로자의 고용도 안정된다는 점에서 노동법의 경제적 함의와 재구성 가능성을 선진화의 목표로 삼지 않으면 안 된다. 생산과 수출, 투자와 이윤이 증대되어도 고용이 늘어나지 않는다는 점은 이미 실업문제가 경기순환론적인 것이 아니라 구조적이라는 것을 나타내는 것이다. 경제의 세계화에 따른 국제경쟁의 강화는 필연적으로 기업이 생존하기 위해 노동의 유연화를 가져오며, 이에 더하여 과학기술이 발달함으로써 고용총량이 수축되고 있다. 이는 역설적으로 고용총량이 수축되므로 일자리 공급을 늘려야 하지만, 그러한 일자리 공급은 이미 한계에 봉착해 있기 때문에 수축된 일자리 안에서 일자리를 적정하게 분배해야 한다는 것을 의미하고 이는 노동의 유연화를 요청한다는 것이기도 하다. 이와 같이 고용총량의 축소로 실업이 구조적으로 발생하기 때문에 실업문제에 직면하고 있는 각 선진국에서는 여러 노동시장 정책 중에서 노동법이 실업 방지에 어떻게 기여할 수 있는가, 노동법이 고용 창출에 어떻게 기여할 수 있는가를 두고 고심하고 있다. 노동법이 이러한 가치를 반영해야 하다면 노동법은 미시적으로는 근로자 보호를 위한 법체계로부터 거시적으로는 노동시장 질서법으로 재편되어야 한다.

노동법, 특히 근로기준법이 정규직 근로자의 보호를 모델로 하기 때문에 노동시장 아웃사이더의 시장진입 장벽이 되는 경우가 발생한다는 것은 주지의 사실이다. 여성 근로자에 대한 근로기준법상의 보호가 강하면 강할수록 사용자는 여성 근로자의 채용을 꺼리게 되고 이는 신규로 노동시장으로 진입하고자 하는 여성 취업자의 고용에 장애가 되는 결과로 나타난다. 또한 기업별 노동조합 중심으로 되어 있는 우리나라의 현실에서 개별적 노사관계법은 실업자와 신규 노동시장 진입자 등 취업희망 근로자와 비정규직 근로자의 이해관계를 배려할 수 있는 시스템이 취약하여 취업 희망자의 시장 진입에 장벽이 되는 경우가 빈발하고 있다. 그리고 해고 보호와 관련하여 단체협약이 일정 연령의 근로자를 해고할 수 없도록 한다면 이는 아웃사이더들의 직업의 자유에 의해서 보장된 노동시장 참여 기회를 제한하는 결과로 나타나므로, 개별적 노사관계법은 고용 안정이나 고용 창출 등의 실업문제와 연계되어 재검토되지 않으면 안 된다. 여기서 개별적 노사관계법이 갖는 노동시장 기능의 강화 필요성이 요청된다. 말하자면 개별적 노사관계법의 선진화를 위해서는 이와 연계된 효과로서 고용 안정과 고용 창출 및 실업 방지의 요소를 고려하지 않으면 안 되며, 개별적 노사관계법이 취업 희망자의 노동시장 진입에 너무나 높은 장벽이 되어서는 안 된다. 그런 의미에서 근로기준법의 노동시장 기능을 강화할 필요가 있다.

2. 노동법 선진화 목표의 충돌과 순위 결정

그러나 국제 기준과 한국의 현실, 노동의 유연화와 고용안정 사이 등 설정된 목표 사이에 충돌이 일어나게 된다. 예를 들어 고용안정을 위해서는 해고 규제를 강화해야 하지만, 해고 규제의 완화가 경우에 따라서는 노동시장으로 진입을 희망하는 자에게 고용을 창출해 주는 경우도 있다.[2] 정규직 보호의 강화는 비정규직이나 노동시장 밖에 있는 아웃사이더에게 노동시장 진입에 장벽이 되지만, 정규직 보호의 완화는 노동법의 이념인 근로자 보호 원리에 상충하기도 한다. 또한 파업의 경우에도 집단적 노사관계의 원리상 자율과 책임을 강조한다면, 노동기본권 보호의 강화 차원에서는 단체행동권에 대한 지나친 규제를 완화하여야 할 것이다. 그러나 파업이 빈발하게 된다면 사회적 비용은 그만큼 늘어나게 된다. 특히 불법 파업의 원인이 현행법의 지나친 규제 때문이라면 이를 완화하여 파업을 정당화하여야 하지만, 빈발하는 파업은 기업의 경쟁력을 저하시키게 된다. 근로자 1000명당 파업으로 인한 근로손실일수는 선진국에 비하여 지나치게 높다((일본 1.4일, 독일 1.1일, 영국 14.1일, 미국 70.4일, 한국 124일)는 한국적 현실을 고려한다면 파업에 대해서는 규제적일 수밖에 없다. 또한 법리적으로 볼 때 선진화를 위한 자율이 무규제를 의미하는 것은 아니다. 오히려 국가는 (노동)기본권의 보호 의무를 부담하기 때문에 노사관계에서 자율 시스템이 기능하도록 입법을 해야 한다는 헌법적 위임을 받는다.

이러한 목표의 충돌 저변에는 노사관계 당사자의 기본권의 충돌이 도사리고 있다. 예를 들어 고용안정을 위해서 부당해고에 대해서 형사 처벌을 한다면 다른 한편에서는 사업주의 영업의 자유 내지 직업의 자유를 해치게 되는 문제가 일어난다. 그렇기 때문에 입법자가 결단을 내릴 때 당사자의 충돌하는 기본권을 실제적으로 조화시켜야 하는 것이다. 이러한 실질적

2 해고보호 규정의 완화가 어느 정도 고용 창출에 기여하는가에 대해서는 논란의 여지가 있다. 다만 노동유연화 정책이 고용 촉진에 도움이 된다는 실증적 분석도 상당수 존재한다.

인 조화에 있어서는 일방의 이해관계를 일방적으로 관철시킬 수도 없다. 만일 입법이 그러한 방향으로 간다면 이것은 위헌의 소지가 있다. 그런 점에서 선진화를 위한 입법에 있어서는 목표 상호간의 의미관계를 설정하고 그에 상응하는 우선 순위를 정해야 한다.

그러나 이러한 우선 순위를 정하는 것은 쉬운 일은 아니다. 해고 규제와 관련하여 일자리 창출을 위해서 규제를 완화할 것인지, 고용안정을 위해서 규제를 유지하거나 강화할 것인지, 파업에 대해서 사회적 비용의 최소화를 위해 규제적일 것인지, 자율시스템을 위해서 탈규제를 해야 할 것인지에 대해서 어느 것에 입법정책의 우선 순위를 둘 것인지 순위를 결정하는 것은 쉬운 일이 아니다. 그런 한도에서 입법자는 형성 재량권을 갖고 있는 것이다.

그러나 입법자에게 형성 재량권이 있다고 하여도 제도 개선을 위해서는 당면한 현실에서 무엇이 시급한 것인가, 제도 설계시 파급 효과는 무엇인가, 그것이 법 시스템을 일탈하는 것은 아닌가, 노사의 이해관계를 최적화하는 것인가 등 여러 가지 사정을 객관적으로 종합하여 판단할 수밖에 없을 것이다. 따라서 원칙적으로 선진화 방안을 위해서는 설정된 목표들의 의미관련성을 파악하여 우선 순위를 결정하는 것이 바람직스러운 것이지만, 다른 한편으로는 제반 목표들의 합동작용(Zusammenspiel)에 의해서 제도 개선을 해나가야 할 것이다.

3. 노동시장 질서로서 개별적 노사관계법의 재구성

노동법이 근로자 보호체계로부터 노동시장 질서체계로 가기 위해서는 노동법의 유연화가 특히 요구되는 개별적 노사관계법에서 크게 법률적 규제의 완화와 근로조건 결정 시스템을 변경해야 할 것이다.

1) 개편의 기본 방향과 관점 목록

(1) 총론으로서 근로계약법제와 각론의 구축 필요성

근로기준법이 설정한 노동자상은 종속 노동자를 상정하고 있으며, 정규직 근로관계를 기반으로 하고 있다. 그러나 현재의 근로자상은 노동보호법제가 마련되기 시작한 19세기의 근로자상과는 사회적, 경제적, 정치적 위상을 달리한다. 산업구조 · 생산구조의 변화 및 노동력 구성의 변화에 따라 취업 · 고용 형태가 다양해졌고, 소득 수준의 향상과 고학력화에 따른 근로자 의식구조의 변화, 노동운동 활성화에 따른 의식구조의 변화와 노사 간의 실질적 대등관계 달성으로 집약되는 노동시장과 노사관계 성격의 변화는 근로계약의 형태나 내용의 변화를 가져오고 있다. 따라서 근로기준법은 과거처럼 단순히 근로자의 일방적 보호 · 규제 차원에서 벗어나 당사자 사이의 의사를 존중하는 계약자유의 원칙에 충실하게 재구성될 필요가 있다. 이러한 문제의식에서 총론으로서 근로계약법제를 구축할 필요가 있다.

다른 한편으로 근로기준법은 정규직 근로자를 모델로 하고 있어서 고용 형태의 다양화에 대해 탄력적으로 대응하고 있지 못하며, 고용 형태의 다양화를 반영한 특별법도 불충분한 실정이다. 여기서 개개 근로관계의 특수성을 반영하는 개별적 노사관계법의 각론을 구축할 필요가 있다.

(2) 개별적 노사관계법의 노동시장 기능 강화 필요성

개별적 노사관계법의 개편 시에는 이와 연계된 효과로서 고용안정과 고용 창출 및 실업 방지의 요소를 고려하지 않으면 안 되며, 개별적 노사관계법이 취업 희망자의 노동시장 진입에 너무나 높은 장벽이 되어서는 안 된다. 그런 의미에서 근로기준법의 노동시장 기능을 강화할 필요가 있다.

(3) 개별적 노사관계법 규율을 통한 질서 기능의 보완 필요성

현행의 근로기준법을 포함한 개별적 노사관계법은 근로자의 자기결정권, 정보요구권, 기업 변동시의 고용 승계, 근로자의 직무발명권, 근로자의 책임 제한 문제 등에 대해서는 규정이 없어 개별적 노사관계를 규율하는 질서 기능을 다하지 못하고 있다. 이 분야에 대한 근로자의 권리를 명확히 하여 법적 불안정성을 제거하고 질서를 마련해야 한다는 의미에서 개별적 노사관계법의 개편 시에는 규율을 통한 질서 기능을 보완할 필요성이 있다.

2) 개편 시 고려되어야 할 관점 목록

이와 같이 변화에 대응하되 조화로운 조절을 위해서는 다음과 같은 관점을 고려해야 할 것이다.

(1) 노동시장과의 연계성 고려

개별적 노사관계법이 고용창출과 고용안정을 통해 실업극복에 기여할 수 있기 위해서, 그리고 이와 연계하여 기업의 경쟁력확보와 위기에 처해있는 기업의 생존확보를 위하여는 노동시장과의 연계성이 적극 고려되어야 할 필요가 있다.

(2) 시장경제의 변화에 탄력적으로 대응

종래 전통적 노동법의 이데올로기는 "종속 노동" 도그마를 바탕으로 한 노동자 보호적 관점이 지배적이었다. 그러나 오늘날의 개방된 시장경제 체제하에서는 더 이상 산업화 시대 초기의 노동법 패러다임을 유지하기 어려워졌다. 경제와 시장을 도외시한 편협한 개별적 노사관계법은 이제 새로운 시각을 도입할 시점에 와 있다. 경제헌법(Wirtschaftsverfassung)의 한 분야가 노동헌법(Arbeitsverfassung)이며, 시장경제는 재화시장과 노동시장으로 구성되어 있으므로 경제와 무관한 노동은 있을 수 없으며, 따라서 시장경제의 변화에 개별적 노사관계법도 탄력적으로 적응해 나갈 수 있어야 한다.

(3) 취업 희망자들의 이익을 고려

현재의 개별적 노사관계법은 경제의 위기 상황 때 단체협약과 근로기준법에 의해 일단 확보된 임금 · 해고 등의 근로 조건에 대해서는 강행적 효력을 고수하여 하향할 수 없도록 되어 있다. 따라서 일단 확보된 고임금은 기업이 위기 상황에 처해 있든 관계없이 지켜져야 한다는 주장 때문에 기업의 경쟁력 약화와 기업의 도산을 야기하는 한 요인으로 작용한다. 이러한 결과는 결국 기업의 도산으로 근로자 전원의 실직을 가져오게 되고 국민경제에 미치는 영향도 지대하다. 여기서 개별적 노사관계법이 경제 상황의 변동에 무관하게 종래의 규범적 보호 틀을 유지해야 하는가 하는 근원적 물음이 제기된다.

그러나 현재의 개별적 노사관계법은 노동시장과의 관계에서 시장 상황의 변화와는 전혀 관계없이 구축되어 있다. 말하자면 현재의 개별적 노사관계법은 현재 일자리를 갖고 있는 자(인사이더)만을 보호하는 법이다. 따라서 노동시장 진입을 도모하는 취업 희망자(아웃사이더)들에 대해서는 오히려 개별적 노사관계법이 장해 요인이 되고 있다. 그러므로 개별적 노사관계법이 노동시장의 법이 되려면 노동자 보호를 전제로 하여 인사이더와 아웃사이더의 보호를 위하여 노동시장에서의 일자리 분배 원칙에 상응하도록 재구성되어야 할 것이다.

개별적 노사관계법 재구성의 필요성은 노동시장에서 아웃사이더와 인사이더의 이해관계가 첨예하게 대립되는 경우에 두드러지게 나타난다. 근로기준법상의 여러 여성보호 규정들은 노동비용을 증대시키기 때문에 사용자는 여성 노동자의 고용을 꺼리게 되고, 따라서 취업을 희망하는 여성 근로자의 노동시장 참여 기회를 줄이게 된다. 즉 한편에서 국가의 노동보호 법규가 노동시장에서 인사이더와 아웃사이더의 경쟁을 제한하고 인사이더의 지위를 공고히 하는 결과를 가져오며, 다른 한편에서 특별보호 법규는 좀더 많은 여성 근로자를 고용하고 있는 사용자를 그렇지 않은 기업에 비하여 경쟁에 있어서 제한을 한다는 문제가 발생한다.

(4) 경직적 해고보호 규정의 완화

해고보호가 변화된 경제 상황, 특히 경제위기 상황에 대해 적응하려는 사용자의 조치를 방해하거나 저지하는 경우, 또는 근로자의 유책한 행위에도 불구하고 해고보호를 함으로써(해고가 중대한 사유로 제한되어 있는 점을 참조) 기업의 생산성을 저해하거나, 생산성이 없는 근로자의 근로관계를 존속시킴으로써 기업의 이윤이 저하되는 경우에는 해고보호 규정은 부정적으로 작용하게 된다. 이와 같은 문제점 때문에 해고보호 규정의 완화가 필요할 것이다. 물론 판례는 '정당한 이유'라는 일반 조항을 탄력적으로 운용하며, 정리해고에서도 근로기준법의 엄격한 요건보다는 합리성 기준에 의해 탄력적으로 활용하여 노동시장 환경의 변화에 대응한다는 측면이 있다. 그러나 판례는 법적으로 불안정하여 기업에 예측 가능성을 주지 못한다. 그런 점에서 입법에 의해 해고보호 규정을 완화할 필요가 있다.

(5) 일자리 보장과 근로 조건 인하의 연계

기업이 생존해야 근로자들의 일자리와 근로 조건이 유지되므로, 기업의 경쟁력 강화와 입지 조건을 강화하기 위해서 개별적 노사관계법이 기여할 수 있는 방법이 무엇인지를 검토해야 할 것이다. 선진국의 노사관계 경험을 통해 보면 기업의 존속과 성장을 전제로 노사관계가 합리적으로 전개되어야 한다는 것을 알 수 있다. 그러나 종종 앞의 전제를 망각한 채 후자의 논의로 몰입한다. 특히 근로조건이 지나치게 상향 조정되어 기업의 경쟁력 약화나 위기 상황을 초래하는 경우에 단체협약 당사자가 단체협약의 규범적 효력을 갖는 부분을 완화할 수 있는지, 그 내용이 현행법과 어떻게 조화를 이룰 수 있는지, 협약 당사자나 근로자 개인의 동의를 필요로 하는 절차적 정당성을 확보해야 하는지, 당사자가 동의하지 않는 경우에도 근로 조건을 하향 조정할 수 있는지, 이때 사용자의 권한 남용을 어떻게 통제해야 하는지,

근로 조건의 감축을 조건으로 일자리를 유지하는 것이 근로자에게 유리한 것은 아닌지 등의 문제에 있어서는 앞의 기업 모델의 관점을 무시해서는 안 된다. 무엇보다 강행보호 법규의 완화와 단체협약의 변경, 근로조건 변경 법리, 유리한 조건 우선 원칙, 근로계약 자유의 활용 문제로 집중되면서 종래의 근로자 보호 시스템을 크게 저해하지 않는 상태에서 개별적 노사관계법의 전통적 이론들을 재구성하여 경제 상황과 어떻게 조화시킬 것인지 검토되어야 한다.

(6) 법경제학적 요소의 고려

개별적 노사관계법의 역할 전환을 위한 탈규제와 유연화의 논의 차원에서 노동시장론의 관점에서 본 개별적 노사관계법, 계약자유의 제한으로서의 개별적 노사관계법, 근로관계의 특수성과 규율 필요성, 근로관계와 계약상의 교섭력의 불균형의 문제를 법경제학적인 입장에서 기간제 근로관계와 같은 구체적 사례를 들어 검토할 필요가 있다.

이러한 토대 위에서 개별적 노사관계법과 경제모델을 중심으로 노동시장과 개별적 노사관계법이 어떠한 관계에 있는지, 개별적 노사관계법의 어떠한 규정이 근로자 사이의 경쟁, 기업 사이의 경쟁을 제한하는지를 검토해야 한다. 무엇보다도 개별적 노사관계법상의 강행적 보호 규정이 인사이더 · 아웃사이더 모델의 이론에 따라 노동시장 진입을 희망하는 자에게 장벽이 되기 때문에 어느 한계에서 노동보호 규정의 골격을 유지하면서 이와 같은 진입 장벽을 없앨 수 있는지를 임금, 해고보호, 여성의 특별보호 규정 등의 구체적 법률 규정과 사례를 중심으로 검토해야 할 것이다.

(7) 노동비용의 반영

위와 같은 총론적인 규명하에 우선 근로시간 단축을 통한 일자리의 재분배 가능성과 이에 상응하는 개별적 노사관계법 규정의 재구성, 고임금 때문에 기업이 투자를 꺼리고, 경우에 따라서 저임금정책을 활용하는 경쟁기업에 뒤져 도산에 이르러 실업자가 양산될 수 있다는 점을 고려하여 노동비용과 임금정책을 어떻게 개별적 노사관계법에 반영할 수 있는지, 그 한계는 어디에 있는지, 특히 단체협약에 의해 일률적으로 확보된 임금 수준도 위기 상황에 있는 기업에 대해서는 입법이나 협약 당사자의 자유로운 결정에 의해 협약에서 정한 기준과 다른 내용을 정할 수 있는지, 경제위기와 실업 극복을 위한 근로계약 자유의 활용 가능성, 근로 조건의 변경이 당사자의 자유의사에 의하여 가능한지, 당사자의 동의나 취업 규칙의 불이익변경과 같이 집단적 동의가 없는 경우에도 일방적 급부약정 이론, 사정 변경의 원칙, 행위기초탈락이론의 적용이 가능하다는 것을 전제로 노동자 보호가 소홀히 되는 경우 근로계약이나 근로조건의 내용 통제에 의해 이해관계의 조정을 도모할 수 있는 방안을 모색해야 할 것이다.

이러한 노동비용의 반영은 동시에 노동법의 적용과 입법에 있어서 경제적 함의의 고려를 의미한다. 따라서 개별적 노사관계법의 개편에 있어서는 경제적 함의를 고려할 필요가 있다. 그리하여 노동비용을 반영하여 개별적 노사관계법을 형성할 필요가 있다. 근로시간 단축을 통한 일자리 분배에 있어서는 광범위한 유연성을 고려하여야 하며, 강행 법규의 대단체협약 임의성을 신중히 고려해야 할 것이다. 노동비용을 반영한 임금 결정에 있어서는 근로계약의 자유와 유리한 조건 우선의 원칙을 폭넓게 활용하여 노동비용이 경감되는 방향으로 개별적 노사관계법이 재구성되어야 할 것이다. 그리고 변화하는 시장에 적응하기 위해서는 법적 적응 장치로서 근로조건 변경 법리를 확대 적용해야 하며, 해고 규정도 기업의 부담 경감과 노동시장에 진입을 희망하는 아웃사이더를 위하여 더욱 완화하는 방향으로 나가야 할 것이다. 그리고 단체협약의 유연화를 통해 탄력적으로 경기변동 상황에 대처할 필요가 있으며, 협약 변경에 당사자의 동의가 없더라도 특히 행위기초탈락이론과 같은 계약법 이론의 적용가능성을 인정하지 않으면 안 될 것이다. 유리한 조건 우선의 원칙과 관련해서는 근로자의 선택권의 유보하에 근로조건의 하향과 고용을 비교대상으로 삼아야 할 것이다. 이는 노동시장의 원리와도 정합하는 것이다.

(8) 유리한 조건 우선의 원칙 적용

천편일률적으로 강행적 효력을 갖는 규정을 만들기보다는 협약 당사자나 개개 근로자의 자유로운 의사를 전제로 법률의 규정보다 하회할 수 있는 근로 조건을 설정할 수 있는 가능성을 열어 두는 이론과 방안을 검토해야 할 것이다. 그리고 경제 현실을 고려하여 협약의 내용과는 달리 사용자가 근로자 대표 또는 개개 근로자와 임금은 삭감하면서 근로시간은 단축하는 약정을 하는 경우, 임금과 근로 시간 자체를 하향 조정하면서 종업원 전체의 고용안정을 그 대가로 약정한 경우 등에서는 단체협약을 우선적으로 적용할 것인가, 유리한 공동 협정이나 개별 약정을 우선적으로 적용할 것인가를 검토해야 할 것이다.[3]

3 유럽식의 산별 · 직종별 단체협약은 최저 기준이어서 사업장별 개별 합의로 유리한 조건을 체결할 수는 있지만, 기업별 노조가 대다수인 우리나라에서 이러한 이론 구성이 가능한지에 대해서 의문이 있을 수 있다. 그러나

단체협약은 임금가격 등에 카르텔로서 작용하므로 경쟁을 제한하는 역기능이 있다. 기업이 도산에 빠질 위기 속에서 법률이나 단체협약에서 정한 근로 조건의 기준을 지키기 어려운 경우, 기업의 생존과 고용 유지를 위해서 특정 근로 조건에 대한 하향 기준을 선택할 수 있도록 하는 방안이 무엇인지를 검토해야 할 것이다. 여기서는 특히 '유리한 조건 우선의 원칙' 규정의 신설과 이에 대한 탄력적인 해석을 통해 개별적인 노사관계법의 경직성을 완화하는 방안과 근로자가 해고될 수밖에 없는 경우는 노사정의 부담에 의해 고용을 일시적으로 유지하고, 경제위기 극복 때까지 또는 근로자의 재취업 때까지, 또는 직업교육이나 자격증 취득 때까지 일정하게 고용을 유지할 수 있는 회사의 설립 및 활동이 가능하도록 하는 법제의 정비 방안도 검토되어야 할 것이다.

(9) 실업극복과의 연계

변화에 대응하여 개별적 노사관계법이 변모해야 한다면 이는 주로 기업의 경쟁력을 확보하고 고용을 창출하거나 안정시키는 법제도로 논의가 집중될 것이다. 그러한 제도로서는 근로 시간의 규제, 임금보호 규정, 해고보호 규정, 영업 양도나 합병 등 기업의 구조조정에 관련된 법률의 규정, 근로조건 변경을 위한 단체협약 당사자의 협약 자율의 한계, 근로계약 자유의 적극적 활용, 유리한 조건 우선의 원칙으로 논의를 집중해야 할 필요성이 있다.

오히려 우리나라에서는 개별 사업장 내에서 협약과 노사의 공동협정, 취업규칙, 근로계약이 공존하는 경우가 많다. 이 경우에도 협약의 우위를 제한하면서 무엇이 근로자에게 유리한지를 판단해야 하는 경우가 많이 발생한다.

(10) 종속 노동의 재검토와 노동시장 기능 고려

노동시장을 전제로 하지 않았던 기존 개별적 노사관계법에 새로운 도전과 패러다임의 변화가 요청되고 있는바, 그 변화의 본질을 정확히 규명·반영하기 위해서는 전통적으로 노동법의 이념적 기초로 여겨져 왔던 "노동의 종속성" 개념에 대한 재검토 작업부터 시작해서 노동시장의 질서를 규율하는 "노동시장법"으로서의 개별적 노사관계법의 새로운 가능성에 대해 검토해야 할 것이다.

오늘날은 과거처럼 '종속 노동'이라는 단순한 현상 파악만으로는 노동의 본질을 파악할 수 없는 복합성을 띠고 있으므로, 시대 변화에 따라 달라진 '근로자상'을 파악하고 이를 개별적 노사관계법에 반영하는 노력이 요구된다. 즉 '경쟁'과 '노동시장'의 개념을 새로이 개별적 노사관계법 원리에 도입하고, 종전과 같은 통일적인 '노동' 개념보다는 노동의 질과 능력에 따라 개별적 노사관계법의 보호 범위를 달리하고, 단순노동 이외에 '전문성과 정보'라는 교섭력을 가진 '근로자군'에 대하여는 계약 자유의 범위를 확대하며, 대신 개별 노사관계법의 기능을 직장을 갖지 못한 실업 근로자(근로의 의사와 능력을 갖고 있으면서도 취업하지 못하고 있는 자)의 보호와 전문성과 정보를 갖지 못한 '주변 근로자'(가령, 비정규 근로자)의 교섭력을 확대하는 데 집중할 필요가 있다. 노동법이 근로자 보호라는 특수 목적을 달성해야 한다면 그 기능은 이러한 2차 노동시장에서 강조될 필요가 있다. 그리하여 지식정보화 시대에 지식과 정보를 가진 근로자(소위 '핵심 근로자')는 더 이상 약자가 아니라는 점에서 계약 자유의 확대가 필요하고, 대신 그로 인해 더욱 소외될 수밖에 없는 '주변 근로자'와 '실업자'에 대해서는 이들을 위한 사회법으로서의 개별적 노사관계법의 역할과 기능이 요청된다.

3) 개선 과제

개별적 노사관계법의 개편을 위한 기본 방향과 개편시 고려해야 할 앞의 관점 목록 등을 고려한다면 다음과 같은 개선 과제를 들 수 있다.

(1) 총론으로서 근로계약법제의 구축 필요성[4]

근로기준법은 보호 일변도에서 탈피하여 근로계약의 내용을 체계화하는 방향으로 정비되어야 하고, 그 내용에는 근로자의 모집, 채용의 근로계약의 체결부터 근로관계의 종료 시까지 근로계약상의 기준의 적정화와 계약의 명확화를 위하여 근로자의 자율을 전제로 한 근로자와 사용자의 권리·의무를 체계적·포괄적으로 규율할 필요가 있다.

① 근로자의 자기결정권과 해고 규정의 완화, 임금과 임금 부대비용 등 근로

4 근로계약법제가 독일과 일본에서 화두는 되었지만 정치적으로 수용성이 떨어졌다는 비판이 있다. 그러나 근로계약법제가 입법적 논의에서 의미가 반감된 것은 근로계약과 관련한 수많은 제도를 동시에 하나의 입법으로 관철시키기가 어렵다는 점, 따라서 개개의 제도를 논의하면서 점차적으로 근로계약법제를 형성하여야 한다는 입법 기술상의 문제 때문이었다. 근로기준법이 근로자 보호 일변도에서 근로자와 사용자와 계약법 질서체계로 재구성되어야 한다는 취지는 여전히 설득력을 가지고 있다. 당사자의 의사를 존중하는 계약자유의 원칙에 따라 노동법체계를 재구성하는 것이 시기상조라는 비판도 같은 의미로 재반론할 수 있다. 또한 경업피지의무 등 부수적 의무는 해석상 내지 판례상 인정되는 것으로 일부 규정은 명문화할 수 있다고 보는 견해도 있다. 그러나 근로관계를 계약자유에 따라 형성한다면 법률의 규정은 구태여 필요치 않다. 당사자의 의사만 있으면 되기 때문이다. 그러나 근로계약법제는 법률로 당사자간의 법률관계를 규율하는 것이다. 이때에는 근로자와 사용자의 계약법상의 대등성을 밑바탕으로 하면서 근로관계의 성립, 내용, 소멸 과정에서 쌍방의 권리와 의무관계를 포괄적으로 규정한다는 것을 의미한다. 이 법제에는 현행 근로기준법의 일부를 그대로 수용하는 경우도 있고 변경하거나 삭제하는 경우도 있다. 또한 책임 문제나 위험 부담의 문제와 정보의 균형성의 복원 등 수많은 경우가 포함될 수 있다. 따라서 근로계약법제는 최소 입법이나 부분 입법으로 제한되는 것이 아니다.

계약법제가 갖는 경제적 함의 반영.

② 근로계약의 서면화.

③ 성과급제와 연봉제의 개선 방안 포함.

④ 근로자의 자발적 동의를 전제로 한 근로 조건을 선택할 수 있는 가능성 포함(유럽형 카페테리아 모델 고려).

⑤ 계약법의 강화와 근로계약법제를 준수하는 기업에만 공법상의 용역 제공.

(2) 개별적 노사관계법의 각론 구축 필요성

① 근로시간규제법 제정: 실업 문제와 연계해 근로시간을 규제하고 탈규제 및 재규제를 추진, 초과 근로의 고용 유지 가능성, 단시간 근로자의 보호 방안과 고용 창출 가능성, 총량근로시간제, 평생고용시간제 등을 포괄.[5]

② 프랜차이즈, 유사 근로자, 텔레워커 등 고용 형태의 다양화에 따른 비정형적 근로관계를 규율하는 법제 구축.

③ 벤처산업을 위한 특별노동법제의 신설.

(3) 개별적 노사관계법의 노동시장 기능 강화 필요성

① 파견 근로자 보호 등에 관한 법제의 개선: 파견 근로자를 보호하기 위해서는 동일노동 동일임금의 원칙을 규정할 필요가 있지만, 파견근로가 실업 해

5 고용 창출은 노동시장 수요와 공급의 견실성, 활성화 등의 기초(fundamental)가 중요하다는 것은 누구나 공감한다. 그러나 근로 시간을 통해 고용을 창출한다는 발상이 경제학자들에게는 수용하기 어렵다는 비판도 있다. 일자리의 공유를 고용 창출이라고 본다면 실제 일부 회사에서는 근로시간 규제를 통해 일자리 공유를 달성한 사례도 보고된다(뉴패러다임 운동, 독일의 폴크스바겐 사업장 등 참조).

소에 기여할 수 있으며, 동일노동 동일임금 원칙의 규정으로부터 오는 기업의 부담을 완화하는, 이해관계 상충의 조절을 위해서는 각종의 규제(특히 파견 기간, 파견 직종의 제한 등)을 완화하는 법제의 정비가 필요.[6] 노사정 합의보다는 과학적 분석을 토대로 입법자에 의한 입법으로 개선.

② 대단체협약 임의 규정의 가능성 이용과 확장.

③ 노령 근로자에게 무제한적으로 유기 근로관계로 들어갈 수 있는 권리 보장: 근로자의 정년이 45세로 낮추어지고, 고령자의 재취업이 어려운 실정이므로 노령 근로자를 위해서는 무제한적으로 유기 근로계약 제도를 활용.

④ 자유롭게 교섭하여 법률에 규정된 해고 보호로부터 벗어날 기회 제공.

⑤ 고용을 위한 해고보호 완화: 포괄적인 해고 보호로 인하여 중소기업이 신규 고용을 꺼려하므로 중소기업에 독자적인 해고보호 규정 마련.

⑥ 국제적으로 활동하는 대기업은 산지에서 저임금과 유연한 노동시장에서 생산을 완성시킬 수 있지만 결과적으로 중소기업은 그렇지 못하므로 인력조정에 탄력성과 유연성을 부여할 것.

⑦ 법정 해고보호는 고임금을 요구하도록 자극하여 임금이 노동생산성을 앞지르게 하고, 법정 해고보호에 근거하여 노동조합은 기업이 높은 임금을 주어야 하는 경우 현재 인력을 줄이려 하는 것을 두려워하지 않으므로 조정할 것.

⑧ 해고보상제도의 확대: 근로자 신청만으로 제한한 현행 법제도를 사용자에게 확대, 근로계약 체결시에 보상금 약정 범위에서 해고보호법 적용을 포

6 파견시장을 자유화하는 경우 몇 개의 대형파견회사와 군소파견회사들 간에 불완전경쟁이 문제될 것이므로 파견인증제도는 여전히 필요하다는 입장도 있다. 파견시장의 자유화가 파견임금덤핑과 같이 파견근로자들의 하방경쟁으로 이어지는가가 문제이지, 파견회사 간의 불공정한 경쟁은 경제법의 규제영역으로 처리해야 할 것이다.

기하기 위해서 명료한 보상 규정을 약정할 가능성이 존재할 것.[7] 사전적으로 활용 가능하도록 해야 함(영국의 퇴직 급여(severance payment) 방식).

⑨ 임금결정의 유연화.

(4) 근로자 공급사업의 재검토

노동력을 이용하는 자, 노동력을 공급하는 자, 노동력을 제공하는 자 사이가 분화되면서 나타나는 간접 고용 내지 고용관계의 3각화 현상은 예외적인 현상이 아니라 점차 일반화되는 추세에 있다. 용역 도급, 사내 하도급, 아웃소싱 등이 그 예이다. 현행 직업안정법은 근로자 공급사업을 노동조합에게만 일임하고 있고, 그것도 항운노동조합으로 국한되어 있는 실정이다. 기업이 근로자의 채용을 좀더 유연하게 할 수 있도록 노동력 공급사업을 극도로 제한하고 있는 직업안정법의 조항을 위시하여 노동력의 공급과 관련된 각종 규제 조항들을 삭제해야 한다. 위장 도급이나 불법 파견은 강행 법규 위반으로 강력히 단속해야 하지만, 정상적인 간접 고용은 직접 고용으로 규제보다는 노동력 공급자의 중간 착취를 통제한다는 전제 아래 노동력 활용의 장점을 살려 3각관계 구도를 현행법으로 수용하면서 도급인이나 원청기업 근로자와의 차별금지 원칙으로 해결해야 할 것이다. 근로자 공급사업 확대를 통해 노동시장에서 활발하게 인력을 활용한다는 것은 그 자체가 실업 극복의 노동시장적 수단이다. 이를 토대로 인력을 자유롭게 활용하는 인재시장 내지 노용산업으로 나아갈 길을 열어두어야 할 것이다.

---

7 현행법은 근로자만이 해고보상을 신청할 수 있도록 규정하고 있다. 그러나 사용자가 해고보상을 신청하는 것도 근로자에게 불리한 것은 아니므로 사용자의 신청을 막을 필요는 없을 것이다.

(5) 규율을 통한 질서기능의 보완 필요성 – 규정이 미비한 분야의 규율

① 기업 변동시 고용관계의 입법.

② 근로자의 직무발명권의 보호 입법.

③ 근로자의 책임제한 규정의 신설.

④ 근로자의 자기결정권의 인정과 회사 정보에 접근할 수 있는 권리의 보장.

⑤ 사업장 내에서 음해 행위 등에 의한 인권 침해의 차단 규정 신설.

⑥ 경영자치 보장을 위한 취업규칙 법제 정비: 취업규칙 제도는 근로 조건 형성 기능이 지대하면서도 사용자가 일방적으로 작성하여 근로자의 집단적 의사가 제대로 반영되지 않음. 기업별 노동조합 조직 아래에서 단체협약과 노사협의회 제도가 기능적으로 중복되고 있으므로 근로자들이 참여할 수 있는 실질적인 경영자치 제도로의 전환이 필요. 기업 내 단체협약과 노사의 공동 협정이 공존하는 경우, 조합원보다는 전체 근로자의 의사를 존중하여 일정 수준 이상의 근로자들이 동의하면 협약상의 기준보다는 공동 협정의 우선적 효력을 인정.

⑦ 일방적으로 작성되는 취업규칙에 대한 내용 통제 강화(약관규제법의 적용 필요성).

4. 집단적 노사관계법의 개선

집단적 노사관계법은 노사의 힘의 균형을 전제로 사용자와 노동조합 및 조합원의 기본권의 조화로운 틀 안에서 작동해야 한다. 집단적 노사관계법도 일방의 보호체계로부터 틀 안에서 노사관계가 교섭 등의 거래를 할 수 있는 질서체계로 재편되어야 할 것이다. 이 분야에서도 어느 일방을 위한 이해관계의 고려는 비례성의 원칙과 기본권의 본질적 내용을 침해할 수 있다. 따라서 집단적 노사관계법도 노사 쌍방의 이익조정으로 가야 하는 것이고, 이것이 헌법 합치적이다. 단체협약과 협약 자율의 근간을 흔들지 않으면서 단체협약의 유연화를 이룩해야 할 것이다.

1) 단체협약을 통한 임금부대비용의 감소

임금체계가 기본급은 낮고, 각종 수당으로 이루어져 있는 우리나라에서는 퇴직금이 연금의 형태로 구성된 선진국과는 달리 근로자에 대한 사용자의 직접적인 책임의 형태로 구성된 상황에서 상대적으로 임금부대비용의 비율이 높을 수밖에 없다.[8] 근로자의 노동력 제공에 대한 대가로서의 임금 100원을 위하여 사용자는 88.46원을 임금부대비용으로 지불하여야 하는데, 이것은 선진국에 비하여 지나치게 높은 것으로 나타나 있다.[9] 정액급여 중 기타 수당을 임금으로 보는 경우에도 임금부대비용은 선진국에 비하여 높게 나타나, 100원당 70.52원에 해당한다. 말하자면 기타 수당을 임금에 포함시키는 경우에도 근로자의 노동력에 대한 대가로서의 임금 100원을 위하여 사용자는 70.52원을 임금부대비용으로, 결국은 100원의 임금을 위하여

8 퇴직연금제도가 법제화되어 있기는 하지만, 아직 보편화되어 있지 않아서 직접적인 임금으로서의 퇴직금 부담을 사회적으로 분산시키기에는 미흡한 실정이다.

9 이에 관해서는 김영문, 『산업입지 조건 개선을 위한 노동관계법의 기여 방안』, 산업연구원, 2005 참조.

170.52원을 지급하여야 한다. EU 국가 대부분의 50퍼센트에서 70퍼센트, 그리고 독일의 79퍼센트의 임금부대비용 부담률과 비교해 보면 적지 않은 부담이다. 이와 같은 임금부대비용의 증가는 이미 기업의 투자를 저하시키고 따라서 신규 고용에도 걸림돌이 되므로 임금부대비용을 줄이는 방안을 모색해야 할 것이다. 물론 임금부대비용의 증가는 근로자의 상품 구매력을 증대시키고, 내수를 증대시킴으로써 고용 창출의 효과를 가져 올 수도 있다는 주장을 할 수 있다. 그러나 임금정책이 모든 노동시장 문제에 대해서 유일하게 책임이 있는 것도 아니고, 전체적으로 임금정책으로 모든 문제를 해결할 수 있는 것도 아니다. 다만, 임금정책은 좀더 많은 고용을 위해서 무엇인가 기여를 해야 한다. 그러나 임금정책이 기업의 부담을 줄이고, 생산을 증대시켜 고용을 창출하는 방향으로 가야 하는지, 아니면 반대로 임금부대비용을 증가시켜 구매력을 증가시킴으로써 고용을 창출하는 방향으로 가야하는지에 대해서는 무엇보다도 임금을 결정하는 단체협약 당사자의 역할이 중요하다. 즉 생산을 증대시켜 전체적으로는 고용을 확대하기 위해서는 단체협약 당사자에게 일정한 주도적 역할이 주어져야 한다. 기업의 생존과 경쟁력을 위해서, 그리고 그 결과로부터 근로자들의 확실한 고용안정을 위해서 임금부대비용을 감소하거나, 임금인상을 동결하거나 또는 임금인상 없는 근로시간을 연장하는 것은 법리적으로나 현실적으로 협약 당사자, 특히 노동조합의 동의 없이는 상당히 어려운 일이다.

2) 단체협약의 유연화

원칙적으로 단체협약의 목적과 기능을 고려할 때 협약의 의미가 훼손

되어서는 안 되지만, 기업이 비상 상황일 때에는 엄격한 요건하에 노동조합의 동의 없이도 단체협약의 즉시 해지권이 인정되어야 하며, 단체협약의 불이익변경을 통한 단체협약의 변화된 비상 상황에 대한 적응이 인정되어야 한다.

노사관계에서 단체협약을 체결하는 사용자와 노동조합은 민법상의 계약에서처럼 두 대립된 당사자들이라기보다는, 사회적 파트너로서 기업의 존속을 전제로 하여 공동의 질서와 근로 조건을 집단적으로 그리고 통일적으로 형성하는 당사자들이다. 따라서 인적 협동과 인적 신뢰를 바탕으로 하는 사업장에서 사정 변경에 따른 단체협약의 해소나 적응을 인정하지 않음으로써 기업의 존립이 위협을 받는다는 것은 협약 당사자인 사용자, 노동조합은 물론 근로자 개개인의 추단적 의사에도 반하는 것이다. 노사관계가 인적 신뢰관계를 모델로 하는 한 신의칙에서 파생된 사정 변경의 원칙은 그 적용 여지가 대립되는 당사자를 전제로 하는 일반 계약법보다 더 넓다고 할 수 있다. 그리고 기업의 존속은 노사 공동의 이익에 부합하는 것이므로 사정 변경에 의하여 현실화된 위험이 기업의 존속을 위하여 분배되는 한 노사 공존적 차원에서 정당화될 수 있다. 단체협약은 일종의 규범계약의 성질을 갖고 있는바, 일반 법률이 변화된 사정에 의해서 개정되어 일반 법수규자의 이익에 봉사하는 바와 같이 노사의 합의를 전제로 하여 만들어진 규범계약도 변화된 사정에 적응 · 변경되면 협약 당사자의 공동 이익에 봉사할 수 있는 것이다. 이와 같은 이유에서 판례에서도 기업의 위기 시 단체협약상의 상여금청구권 포기를 통해 기업이 회생할 수 있도록 협약 불이익변경을 허용하고 있는 것이다.[10] 다만 노동조합과 사용자 사이의 계

10 이에 관해서는 김영문, 「단체협약의 (불이익)변경」, 『안암법학』 제16호, 2003 참조.

속적 법률 관계를 근거지우는 단체협약은 노사관계의 안정화 기능을 담당하기 때문에 일단 형성된 근로 조건 규율질서 체계는 가능한 한 변경 없이 유지되는 것이 바람직할 것이다. 그리하여 단체협약의 해지도 기업의 존립 자체가 흔들리는 경우나 불가항력적 사유가 있는 경우에 한하여 인정하는 것이 바람직스럽다. 사정변경 원칙의 적용은 협약의 구속력을 극히 약화시킬 것이기 때문이다. 그러나 근로관계 당사자 사이에 맺은 근로계약이 근로자의 구조적 종속 상태에서 체결된 경우에는 — 근로기준법상의 최저 기준을 상회하는 것이라 하여도 — 근로자를 위하여 근로계약을 수정 · 변경할 수 있는 바와 같이 기업별 노동조합 조직이 주류인 우리나라에서는 기업의 존립 위협이나 불가항력의 경우뿐만 아니라, 단체협약의 체결시 등가성이 현저하게 파괴되어 근로자에게 불리하게 작용하는 경우에는 등가성의 복원을 위하여 협약의 변경이나 수정을 허용하여야 할 것이며, 기업의 존립 위협이나 불가항력 이외에 기대 불가능한 경우나 부득이한 경우에 대해서도 협약 변경 내지 수정을 인정하는 것이 협약 당사자의 이익에도 정합하게 될 것이다. 협약이 유효하게 존속하는 동안 사용자의 경제위기라는 비상 상황에서 노사의 합의에 의해서 협약상의 근로 조건을 불이익하게 변경하는, 협약의 불이익변경도 노사의 합의를 전제로 허용되어야 할 것이다. 기업의 존립 위협이나 불가항력적 사유의 범위를 부도, 화의, 워크아웃 등으로 광범위하게 인정할 것인지, 매우 엄격하게 기업의 도산만을 인정할 것인지가 문제되지만, 불가항력 이외에 '기대 가능성' 기준과 '부득이한 사유'라는 추상적 기준을 법원이 탄력적으로 해석하여 유연하게 대처할 수 있도록 해야 할 것이다.

3) 노동쟁의의 재구성

노사관계는 한국에 투자한 외국기업들이 가장 큰 문제점으로 지적하는 부분이다. 한국국제노동재단이 주한 외국인 투자가 130명을 대상으로 벌인 설문에서도 '노사관계 불안'이 38.4퍼센트로 투자 유치의 가장 큰 걸림돌로 지적되었다. 또한 'Invest KOREA'의 조사에 따르면 외국인 투자기업의 48.8퍼센트가 노조 활동 관련 제도와 관행이 애로사항이라고 꼽았다.

한국의 노사관계는 대내외적으로 '빨간 머리띠'로 대변되는 강경 이미지로 굳어졌다. 아직은 불완전하지만 한국의 노사관계는 상생의 문화를 위한 노력을 통해 나아지는 실정이며, 강경한 방식의 노사 대립은 점점 지지층을 잃어가고 있다.

쟁의행위를 힘의 대결로 파악하는 사회학적 입장에서 탈피하여, 계약법상의 노무공급 의무를 집단적으로 해지하는, 이른바 쟁의행위의 계약법적 구성을 취하여야 한다. 노사관계가 힘의 대등성을 전제로 하는 한, 대체근로도 허용해야 할 것이다. 노동쟁의, 특히 파업은 발생사적으로 보면 단체협약에 우선하여, 투쟁이라는 사회적 역학관계가 법적으로 승인된 것이다. 노동법학의 전통적 입장은 이러한 집단적 투쟁에 의한 요구 관철 가능성이야말로 노동법을 다른 법률로부터 구별짓는 가장 중요한 요소라고 이해한다. 그러나 달리 생각하면 노동쟁의는 상대방에 대한 생존 투쟁으로서 전쟁 등의 기본 관념과 일치하지 않는다. 노동쟁의의 목표는 상대방과 맞서 승리를 하는 것, 상대방에게 최대한 위해를 가하는 것, 상대방을 항복시키는 것이 아니다. 그런 의미에서 노동쟁의법은 비이성적인 노동쟁의 당사자들이 상대방을 무력화시키는 투쟁 행위를 금지시키지 않으면 안 된다. 그리고 노동쟁의에 있어서는 권력 투쟁(Machtkampf)이 강조되어선 안 되고, (노동)

시장에 합당한 자기 규율을 목표로 하는 경쟁적인 대결로 이해하여야 한다. 단체협약을 시장에 합당한 계약적인 규율로 이해할 수 있는 바와 같이 단체협약을 위해 주도된 쟁의행위는 자율적인 계약을 위한 시장 합치적 규율장치로 파악하여야 한다. 그런 의미에서 파업과 직장폐쇄는 투쟁 수단이 아니라, 노동력의 집단적인 불공급 혹은 불수령을 선언하는 것으로서, 각각의 계약체계에 고유한 것처럼 집단적인 공급 거부와 수요 거부이며, 따라서 시장 수단이다. 노동쟁의를 이와 같이 파악한다면 쟁의행위의 정당성 법리도 힘의 대결이라는 비법률적인 사회학적인 논거에 의존할 것이 아니라, 투쟁 원칙으로부터 계약 원칙으로 인식을 전환하지 않으면 안 된다.[11] 종래에는 이와 같은 노동쟁의의 계약법적 측면을 무시하고 노동쟁의를 모든 개별법적인 기준, 특히 계약법에서 유리시켜 집단적 사건으로서 오로지 집단법적으로 고찰되어야 한다고 생각하였다. 그러나 노동쟁의의 집단적 측면만을 강조하는 것은 근로자 개개인의 인격을 말살하는 결과를 가져온다. 기본권을 갖는 그 어떤 자연인도 집단적 단체 속에 등장하여 집단적 사건의 주체에서 객체로 퇴화할 법적 권리를 갖지 못한다. 단체협약 체결권이 국가에 의해서 부여되지 않은 것처럼 노동쟁의권은 국가에 의해서 수여된 것이 아니라, 구성원들의 결집된 사적 자치의 표현이다. 노동쟁의는 폭력이 아니라 단지 집결된 시장에서의 힘에 지나지 않으며, 단결의 자유도 근로자와 사용자의 집단적으로 활용된 개인적 계약권의 또 다른 형태라는 점에는 변함이 없다. 이에 상응하여 노동쟁의 개념은 상대방으로 하여금 특정 행동을 하도록 움직이게 하는 전체로서 집단적으로 주장된 계약권으로 이해될

11 이렇게 쟁의행위를 계약법적으로 구성하려는 시도는 Picker, *Die Regelung der "Arbeits- und Wirtschaftsbedingungen" — Vertragsprinzip oder Kampfprinzip*, 1988 참조.

수 있다. 근로자들은 특정 사용자와는 어떤 근로계약도 체결하지 말 것을 서로 의사소통할 수 있으며, 또는 집단적인 종료 해지에 대해서 합의할 수 있고, 부담 의무가 없는 초과 근로를 집단적으로 거부할 수 있으며, 유치권을 주장할 수 있다.

이와 같이 쟁의행위를 집단적으로 결집된 시장권과 계약권으로 이해한다면 이와는 다른 쟁의 수단은 인정할 수 없다. 법적으로 제한할 수 있는 행동의 자유로서 파업과 직장폐쇄에서 절대권, 특히 파업권과 직장폐쇄권을 도출할 수는 없으며, 쌍방 단결체에게 선험적으로 모든 것을 허용하는 쟁의수단 자유의 원칙은 존재할 수 없다. 그리고 쟁의 행위를 계약법적으로 이해하는 한 폭력적인 압력 행사는 금지되며, 사업장 점거, 사업장 봉쇄, 태업은 형벌 행위로서 그리고 사용자의 점유권과 소유권에 대한 불법행위법상의 침해로서 위법하다. 그런 점에서 쟁의행위에 대한 보호와 규제를 합리적으로 조정하고자 하는 것은 입법과다 행위로 보일 수 있다.[12] 이러한 투쟁 수단은 스트라이크에 가담하지 않은 근로자의 자유를 침해하는 것이다. 쟁의행위에 있어서 폭력의 사용을 정당화하는 것은 구조적으로 종속된 소비자가 적당한 신용 조건을 얻기 위해서 총 들고 은행으로 가는 것과 다르지 않고, 사회적 약자로 평가되는 임차인이나 주택을 찾는 자가 가옥점거권을 주장하는 것과 다르지 않다.

비계약적 목적의 투쟁(정치적 그리고 시위적 노동쟁의)이 위법하다는 것은 파업과 직장폐쇄의 계약 기능에서 보면 당연하다. 협약 능력의 전제조건으로 제시된 시장에서의 단결체의 힘과 정치적 활동을 분리하는 것은 국가의 개입에 대해 단결체를 보호할 뿐만 아니라, 국가가 단체의 심부름꾼

12 이러한 방향으로 입법을 추진하는 것으로서 노동부 노사관계선진화 방안 참조.

이 되는 것에서 국가를 보호한다. 국가의 민주적 의사 형성의 보호는 투쟁 조치로써 의도적으로 정치적 의사 형성에 개입해 들어오는 그러한 투쟁 조치를 금지한다.

노동쟁의를 계약법적으로 재구성하여 사적 자치에 의거한 개개 근로자의 해지권의 집단 행사로 이해한다면, 현재 논란이 되고 있는 여러 가지 규정들 중 무노동 무임금의 원칙은 법률에 규정이 없어도 자명한 것이다. 노동쟁의권의 행사가 개개 근로자의 자율적 해지권의 집단 행사에 의한 노무급부 거절을 의미하는 것이므로 임금의 반대급부 청구권이 인정될 수 없기 때문이다. 노동쟁의를 노동력 제공의 집단적 불공급이나 불수령으로 이해하는 한 급부교환 관계에서 노동력을 제공하지 않는 노조 전임자에 대한 임금지급 금지 원칙도 법률에 규정할 필요도 없이 계약법적으로 당연한 것이다. 파업 때 외부 대체인력의 허용도 마찬가지이다. 물론 파업 때 외부 대체인력을 무제한적으로 허용하는 것, 특히 외부 대체인력을 장기적 고용 형태로 활용하는 것은 노동3권을 형해화할 우려가 있기 때문에 대체인력의 허용이 무제한적일 수는 없다. 그러나 집단적 노무급부의 거절로 계약 장애나 계약 불이행 상태에 있는 상대방이 그러한 계약 불기능 상태를 해소하는 것은 그의 자유에 속한다. 그런 의미에서 외부 대체인력을 절대적으로 금지하는 것은 비시장적이며 비계약적이다.

4) 대체근로의 허용

무기대등성의 관점에서 근로자의 파업권을 보장한다면 그에 대한 사용자의 대체인력 투입권도 보장되어야 한다. 이때 현행법처럼 사업장 내의 대체인력 사용으로 제한되어서도 안 되고, 하도급을 금지하는 형태로 되어서도 안 된다. 왜냐하면 근로자들의 대다수가 파업에 참가하거나 핵심 인력이 파업에 참가하는 경우 사용자는 직장폐쇄 이외에는 대항 수단이 없어 사업장 내의 대체인력 사용은 무용지물이 된다. 따라서 대체인력 사용을 사업장 내로 국한하는 것은 영업의 자유나 직업 행사의 자유 같은 사용자의 기본권 침해의 여지가 있다. 또한 근로자의 파업권의 형해화를 우려하여 대체인력 사용을 제한하는 것은 너무 일방적인 생각이다. 왜냐하면 근로자의 단체행동권은 절대적인 것이 아니라 사용자의 기본권과 조화되어야 하기 때문이다. 사업장 내의 인력만으로는 조업이 불가능한 경우에 대체인력 사용의 금지는 이미 사용자의 기본권의 본질적 내용을 침해하는 것이다. 따라서 사용자의 대체인력을 사업장과 사업장 밖을 구별하지 말고 원칙적으로 허용하되 노동조합에게는 피켓팅의 활용에 의해서 대체인력의 투입을 저지하게 하는 것이 무기대등성의 원칙에 합당한 것이다. 그러나 무엇보다도 대체근로의 원칙적 허용이 한국 노사관계 현실이 갖는 무분별한 파업권의 남발에 대한 제동장치로서 기능할 수 있다는 것도 고려해야 할 것이다.[13]

다만, 사용자의 기본권과 근로자의 단체행동권이 조화를 이루어야 한다는 점에서는 파업 사업장에 대한 근로자의 파견은 여전히 금지될 필요가 있다. 파업이 종료되면 파업에 참가한 근로자의 근로관계는 부활하게 되어 동일한 업무에 불필요하게 이중의 노동력을 사용할 필요가 없으므로 대개의 사용자는 파업기간 동안만 파견 근로자를 사용하게 될 것이다. 이러한 사용자의 행위는 오로지 파업을 무용지물로 만들려는 의도에서 행해지는

13 이에 관해서는 김영문, 「노사관계법과 제도 선진화 방안에 대한 비판적 고찰」, 『노사포럼』 제23호, 경총 노동경제연구원, 2004, 1ff. 참조.

것으로서 근로자의 단체행동권의 본질적 내용을 침해할 수 있다. 그러나 여기서도 사용자의 파견 근로자 사용 금지를 인정할 것인지, 파견 근로자의 대체노동 금지를 인정해야 하는지의 문제는 남아 있다. 그런데 본인의 의사에 반하여 파업을 방해하는 자로서 파견 근로자가 파업에 직접 연관된 사업장으로 투입되는 것에 대해서 보호할 필요가 있다. 입법자가 파견 근로자의 보호를 위하여 특별 규정을 만들 필요가 있다고 보는 이유는 파견 근로자에게 요구된 (직접) 작업이 그가 부담하는 계약상의 작업 범위 내에 있는 한, 쟁의행위로 끌려들어가는 데 대해 항거할 가능성이 없다는 데 있다. 특히 파견 근로자는 직접적으로 파업이 일어난 사업장의 근로자와는 달리 파업에 자신을 연계시킬 수 없고, 파견 근로자는 사용 사업주의 사업장에서 사용 사업주를 상대로 쟁의행위를 할 수도 없다. 노동조합은 사용자들이 파견 근로자들의 투입에 의하여 쟁의행위를 무력화하는 것을 우려할 것이다. 그리하여 쟁의행위에 관련된 사업장에 파견 근로자들을 투입하는 것을 총체적으로 금지할 것을 요구하게 될 것이다. 이에 대해서 사용자는 대체근로를 위한 파견 근로자 투입을 총체적으로 금지시키는 것은 너무 광범위하다고 생각한다. 이렇게 본다면 파업에 직접적으로 관련된 사업장으로 근로자를 투입하기 위해서는 파견 근로자의 동의를 요하는 것이 노사의 극단적 입장 사이에 쌍방의 이해관계를 동등하게 조정하는 규정이라고 할 수 있다.[14] 말하자면 사회적 파트너의 대등성을 위협하는 것으로 보이는 특별 상황을 고려하기 위해서 규정이 만들어져야 하는 것이다. 그런 의미에서 "파견 근로자는 사용 사업주의 사업장에 파업이 발생하여 사용 사업주가 쟁의행위에

14 이러한 방향으로 입법을 하는 것으로는 독일 근로자파견법(Arbeitnehmerüberlassungsgesetz) 제11조 5항이 있다. 이에 관해서는 우선 Thüsing, *Arbeitnehmerüberlassungsgesetz*, § 11 Rn. 47ff.

직접적으로 관련된 경우에 사용 사업주를 위하여 활동할 의무가 없다. 전항에 따른 쟁의행위의 경우에 파견 사업주는 파견 근로자에게 노무급부를 거절할 수 있는 권리에 대해서 주지시켜야 할 의무가 있다"고 규정하여 파업이 발생한 사용 사업주의 사업장에 파견 근로자의 노동력 제공 의무를 면제함으로써, 파견 근로자들이 파업이 발생한 사용 사업주의 대체인력으로 활용되는 것을 막는 방향으로 입법이 추진되어야 할 것이다.[15]

5) 유리한 조건 우선의 원칙과 경쟁

노동시장에서는 개개인들이 경쟁을 하기 때문에 유리한 조건 우선 원칙을 적용할 것인가 하는 문제는 — 협약의 우위를 정하는 법률 규정이 있든 없든 관계없이 — 개별적 사적 자치와 집단 자치의 경쟁의 문제이다. 유리한 조건 우선의 원칙은 노동시장에서 근로자에게 근로조건 형성을 위한 여지를 부여하는, 말하자면 노동시장에서의 경쟁 원리와 근로계약 자유의 보장을 의미한다. 노동시장에서 경쟁의 원칙이 적용되어야 한다면, 즉 협약상의 근로 조건의 하향을 대가로 고용안정을 얻을 수 있다면 근로자의 자발적 의사가 전제되어 있는 한 근로자의 선택 사항으로서 근로자에게 유리한 것으로 보지 않으면 안 된다. 이는 노동시장 원리와의 정합성을 의미하기도 한다. 말하자면 유리한 조건 우선의 원칙에 따라 고용 보장과 협약을

15 파견에 의한 대체근로 허용이 쟁의 조합원의 복직 시비를 줄일 수 있고, 파견을 허용하여도 실제로는 대체 가능한 인력이 제한적이라는 점에서 대체근로로서 파견을 금지할 필요가 없다는 입장도 있다. 이 입장에서는 오히려 쟁의 현장에 투입된 파견 근로자 보호 규정을 만들 필요가 있다고 본다. 그러나 쟁의행위 방해 목적의 파견 근로자 투입의 문제는 기본권 침해의 문제이기 때문에 위와 같은 사실 기준으로 판단해서는 안 된다.

하회하는 근로 조건을 노동시장에서 교환하는 것이 가능하다.

유리한 조건 우선의 원칙이 개별 계약과 단체협약의 체제 경쟁이라고 한다면 비교 대상은 고용안정과 근로조건의 저하로 국한할 필요는 없다. 노동시장에서의 체제 경쟁은 동등하기 때문이다. 따라서 다른 근로조건 사이에도 유리한 조건 우선의 원칙이 적용되어야 할 것이다. 따라서 근로자에게 경영상의 기업연금을 받을 수 있는 기회가 유리한 경우에는 협약상의 임금 포기를 금지시켜야 할 이유는 없다.

6) 파업에 대한 원칙 설정

2005년도 파업으로 인한 노동손실일수는 35만248일로 2004년도 노동손실일수 100만4398일의 34.9퍼센트에 지나지 않아 파업이 많이 줄어들었다. 또한 노동손실일수를 분규발생 건수로 나눈 파업 강도도 예년에 비하여 점차 낮아지고 있는 상황이다. 1989년 피용자 1천 명당 노동손실일수 611.3일, 1997년도 33.2일, 2003년도 90.2일에 비하면 점차 수치가 낮아지고 있는 것이 사실이다. 그러나 이러한 통계를 가지고 노사관계가 안정되어 가고 있다고는 볼 수 없다. 노동조합 조직률의 저하[16]와 파업으로 인한 손실일수의 감소에도 불구하고, 노동조합에 대한 부정적 여론과 비정규직 법안을 둘러싼 입법 논의와 노사관계 선진화 방안 등에 대한 기대감 등으로 갈등이 잠복하고 있을 뿐, 파업의 잠재적 폭발력은 여전히 존재하고 있다. 또한

16 노동조합 조직률은 1989년 19.8퍼센트를 정점으로 하락세로 반전하여 1997~2001년 12퍼센트대, 2002-2003년 11퍼센트대, 2004년 10.6퍼센트로 지속적으로 하락하고 있다.

파업으로 인한 노동손실일수가 감소 추세에 있지만, 국제비교를 하면 OECD 국가들에 비하여 여전히 높은 수준이다. 1994년부터 2003년까지 우리나라의 파업성향(임금 근로자 1천 명당 파업으로 인한 근로손실일수)는 90일로 OECD 평균 51일, EU 평균 63일보다 여전히 높다.

위와 같은 이유에서 한국의 파업에 대해서는 사회적 합리성과 경제적 효율성, 법적 정당성의 측면에서 지속적으로 이의가 제기되고 있다. 특히 경제적 효율성의 측면에서 해외 자본의 유치와 국내 자본의 유지를 위해서 노사관계의 제도적 환경을 시장 친화적으로 바꾸어야 할 필요성이 있는데, 법적 정당성이 없는 파업은 노동시장이 이러한 방향으로 진행하는 데 걸림돌이 된다. 결과적으로 파업은 기업의 경쟁력을 떨어뜨려 근로자들에게도 불이익이 주어지는 악순환 구조로 이어지게 된다. 특히 파업 때문에 사용자의 경영이 피해를 입게 되면, 이 사용자들에게 제품을 공급하거나 제품을 구매하는 기업의 근로자 중 일부는 해고될 것이다. 파업이 성공하면 임금인상으로 이어지고, 이는 결국 비용 절감을 위한 해고를 가져오고, 더욱이 실업자들이 일자리를 찾는 것은 더욱 어려워질 것이다. 또한 파업은 원하는 제품이나 서비스를 획득할 수 없는 소비자에게도 피해를 주고, 종국적으로는 생산성을 감소시킴으로써 전체 경제에도 피해를 줄 것이다. 따라서 파업을 통해 나타나는 상호 불신과 대립적 노사관계를 지양하고, 노사 당사자들이 자기 책임 아래 타협하고 협력할 수 있는 기반을 조성함과 동시에 파업이라는 갈등으로부터 발생하는 노동비용을 감소시켜 기업의 경쟁력을 향상시킴으로써 근로자의 이익과 생존 기반을 튼실하게 하기 위해서는 파업을 합리적이고 기능 정합적으로 정비할 필요가 있다.

사용자가 기업주의 산업입지 결정에 의해서 다른 곳으로 생산 시설을 이전하고 지금까지의 근로관계를 종료해도 좋은 경우에도 현행 해고제한법에 따라 마치 근로관계가 정당방위의 대상이 되는 법익인 것처럼 주장한다. 이러한 의외의 입장이 법적으로 포장되어 노동쟁의가 지배자에 대한 정당한 항거라고 주장되기도 한다. 그리하여 경우에 따라 사업장 점거, 봉쇄, 전산 사보타주 — 모두 형법상의 범죄 행위이고 사용자의 소유권과 점유에 대한 불법한 침해로서 적법하지 않은 — 등과 같은 행동들이 정당화되기도 한다. 특히 국가의 무관심에 의해서 이러한 행동들이 묵인되기도 한다.

쟁의행위는 쟁의 상대방뿐만 아니라, 쟁의행위에 관여하지 않은 제3자와 일반 국민의 권리도 침해하게 되는데, 이것은 헌법 제33조에 의해서 용인되는 것이다. 그리하여 입법자가 기본권으로서 보호된 단체행동권에 대해 간섭 내지 개입하고자 하는 경우에는 헌법상의 과잉침해 금지 원칙을 존중해야 한다. 그리고 입법자가 사적인 권리 주체(노사단체)에게 간섭이나 개입을 허용해 주는 경우에도 과잉침해 금지의 원칙이 적용된다. 따라서 법률에 근거하여 단체행동권을 제한하고자 할 때에는 그것이 법률상의 목적에 적합하고 필요한 것이어야 하며, 좁은 의미에서 비례성을 벗어나서는 안 된다. 그러나 단체행동권의 상대방도 자신의 이익을 방어하기 위한 기본권을 향유하는 자들이기 때문에 과잉침해 금지의 원칙은 이 자들에게도 적용되어야 한다. 따라서 입법자와 법관은 쟁의행위 또는 기타의 투쟁 조치가 적합하지 못하고 필요성을 상실하거나 과도한 경우에는 쟁의 당사자에게 이러한 권리를 부여해서는 안 된다. 무엇보다도 쟁의행위 당사자 사이의 권리 침해가 문제되는 것이기 때문에 헌법상의 과잉침해 금지뿐만 아니라 사법상의 과잉침해 금지도 문제된다. 따라서 개인이나 단체에 의한 권리 침해로서 쟁의행위가 개별적인 경우에 어떤 적법한 투쟁 수단을 어느 범위에서 행사할 수 있는가 하는 문제의 해답은 과잉침해 금지의 원칙에 달려 있다.

(1) 쟁의행위 원칙 규정

쟁의행위에 대해 이와 같은 인식을 제도화한다면 다음과 같은 규정을 고려할 수 있을 것이다.

> ① 쟁의행위는 단체협약상의 근로 조건에 대한 대등한 규율을 보장하는 것이어야 한다. 이러한 목적에 적합하지 않거나 불필요한 쟁의행위와 투쟁 조치는 위법이다.
>
> ② 쟁의행위 상대방이나 공중에게 과도한 부담17을 주는 쟁의행위와 투쟁 조치는 위법하다. 쟁의행위와 투쟁 조치는 쟁의행위 상대방의 경제적 파멸을 목적으로 해서는 안 된다

(2) 선제적 직장폐쇄의 허용과 그 제한

현행 노동조합및노동관계조정법 제46조 1항은 "사용자는 노동조합이 쟁의행위를 개시한 이후에만 직장폐쇄를 할 수 있다"고 규정한다. 따라서 사용자는 노동조합의 쟁의행위 개시에 대항해서 직장폐쇄를 단행할 수 있는, 이른바 대항적 직장폐쇄만을 할 수 있고, 노동조합이 아직 업무의 정상적인 운영을 저해하는 행위로서의 쟁의행위를 하지 않고 있는데 사용자가 먼저 행하는 이른바 선제적 직장폐쇄는 현행법상 금지된다.

17 쟁의행위는 업무의 정상적인 운영을 저해하는 것이기 때문에 상대방에게 부담을 주는 것이 정당화된다. 그런 의미에서 정당한 쟁의행위는 민 · 형사상 면책되는 것이다. 그러나 여기서 말하는 '상대방에 대한 과도한 부담'은 기업의 존립과 존속을 위태롭게 할 정도의 '중대성', '명백성', '현존성'의 요건을 갖춘 경우를 말한다.

그러나 헌법 제33조 1항이 사용자에 대하여 단체행동권을 보장하고 있지 않더라도 노사간의 분쟁 관계에서 사용자의 실력행사를 인정하지 않는 것은 투쟁 수단의 형평이나 대등성의 관점에서 타당하지 않다. 말하자면 헌법 제33조의 명문 규정에도 불구하고 헌법 제33조의 구조상, 그리고 동조의 목적론적 해석상 협약 자율의 보장은 쟁의행위에 있어서 투쟁 수단의 형평성이나 대등성의 관점에서 사용자의 직장폐쇄를 허용한다. 이와 같이 직장폐쇄 허용의 정당성의 근거를 헌법 제33조의 협약 자율로부터 도출되는 대등성의 원칙에서 찾는다면, 노동조합은 쟁의행위의 개시 시간과 장소를 마음대로 결정할 수 있으면서도 사용자는 단순히 방어적인, 참고 견디는 역할이나 하라고 한다면 이것은 대등성의 원칙에 반하는 것이다.

그러나 선제적 직장폐쇄를 무제한적으로 허용하게 되면 쟁의권이 형해화되는 위험이 뒤따른다. 따라서 일정한 제한이 필요하다. 무엇보다도 단체협약이 기간의 만료로 효력을 상실하는 경우는 평화 의무도 소멸하는데, 노동조합이 교섭이나 투쟁의 의도도 없으면 사용자에게 교섭청구권을 인정하지 않기 때문에 노동조합이 단체교섭에 응하도록 사용자의 선제적 직장폐쇄가 허용되어야 한다. 노동조합이 전략적인 관점에서 형식적으로 교섭에 응하면서도 특정의 유리한 시점에 가서야 투쟁을 개시하려고 당장에 어떤 투쟁 조치도 단행하지 않고 있다면, 대항적 · 방어적 직장폐쇄만이 허용되는 법제도 아래에서는 사용자는 여기에 대항할 방법이 없다. 따라서 협약 자율의 관점에서 사용자에게는 즉시 단체협약의 체결을 강제할 수 있는 투쟁 가능성이 보장되지 않으면 안 된다.

또한 장기적으로 기업과 직장의 존속을 유지할 필요가 있다면 일반적인 법정책적 · 경제정책적 이유에서 협약상의 근로 조건을 근로자에게 불리하게 변경하는 것을 목표로 하는 사용자의 쟁의행위 가능성을 배제해서는 안 된다. 이것은 단체협약법상의 협약 유연화에 부응하여 선제적 직장폐쇄의 허용을 통한 협약 유연화를 도모하는 장치이다. 물론 기업과 직장의 유지·개선은 근로자와 노동조합에게는 장기적인 것으로서 불확실하다. 따라서 기업과 직장의 유지·개선을 위해서 이들에게 협약상의 근로 조건의 저하를 기대하기는 어렵다. 따라서 사용자측에게도 그러한 한도에서 쟁의 행위의 개시를 포함한 주도권을 행사할 가능성이 인정되어야 한다.

그러나 변화된 기술적 또는 경제적 상황에 대처하여 협약상의 근로 조건을 근로자에게 불리하게 변경하려는 목적의 선제적 직장폐쇄가 무제한적으로 허용되어서는 안 된다. 이 제도를 사용자의 통상적인 협약정책 수단으로 삼는다면 협약을 통한 근로조건의 안정화 기능이 깨지며, 협약이 자주 변경되어 법적 불안정성이 야기되는 것은 물론 단체협약 제도 자체의 존립이 위태롭게 된다. 따라서 단체협약의 저하를 위한 선제적 직장폐쇄는 엄격한 요건 아래에서만 인정되어야 한다. 즉 첫째는 목적하는 근로 조건의 저하가 경제적 위기 또는 경제적·기술적 구조 변화와 인과관계에 있을 것과 둘째는 협약상의 근로 조건의 저하가 기업과 직장을 유지하고 촉진하는 것이어야 한다.[18]

이러한 엄격한 요건이 충족되는 경우에만 단체협약의 저하를 위한 사용자의 선제적 직장폐쇄가 허용되어야 하지만, 각 요건의 해석에 있어서는 그 범위를 지나치게 좁게 설정할 필요는 없다. 선제적 직장폐쇄는 위기에 처한 기업 또는 경제 분야의 회생이나 경제의 균형을 유지하기 위한 수단임과 동시에 기업이 변화된 상황에 적응할 수 있도록 하는 데도 필요하다. 따라서 변화된 상황에 기업이 적응을 하지 못하면 기업이 도산하거나 직장

[18] Birk/Konzen/Löwisch/Raiser/Seiter, *Gesetz zur Regelung kollektiver Arbeitskonflikte*, 1988, S. 81.

이 없어지는 경우에 한해서 선제적 직장폐쇄를 제한적으로 허용할 필요는 없다. 오히려 변화된 조건 아래에서 장래 경쟁에 대처할 수 있도록 기업을 안정시키고 대항력을 충분히 갖게 하기 위한 기업의 내부 강화나 구조 변화의 경우에도 선제적 직장폐쇄를 할 수 있도록 하여야 한다. 물론 단순한 기업의 수지 상황을 개선하려 하거나 특정의 시장 전략적 목적에서 단행하는 선제적 직장폐쇄는 위법하다고 해야 할 것이다.

마지막으로 경제적 위기 내지 구조 변화는 명백하게 현존하여야 한다. 따라서 충분한 전문적 지식을 갖춘 제3자라면 누구나 '명백성'과 '현존성'을 인식할 수 있을 정도가 되어야만 선제적 직장폐쇄를 할 수 있는 것으로 보아야 한다.

노동조합이 자신의 요구 사항을 계속 주장하면서도 파업 종료를 선언하였으나 사용자가 파업 기간 동안 단행한 방어적 직장폐쇄를 협약 체결을 목적으로 계속하는 경우 직장폐쇄의 정당성을 부인하는 견해는, 파업 종료 선언 후에는 직장폐쇄의 방어적 성질이 없어지므로 직장폐쇄를 계속할 수 없다고 본다. 그러나 노동조합이 자신의 주장을 수정 내지 변경하여 사용자의 주장에 접근하려 하지 않고, 단순히 임금 상실이라는 직장폐쇄에 따른 경제적 압력을 모면하기 위하여 파업의 종료를 선언하는 경우에도 직장폐쇄를 중지해야 한다면 쟁의행위는 노사 분쟁의 해결 내지 단체교섭의 활성화를 위한 투쟁 조치로서 기능하지 못한다. 따라서 파업 종료 선언 후에도 계속되는 직장폐쇄의 정당성은 파업종료 선언을 하면서 노동조합이 평화적 교섭에 의한 분쟁의 타결 가능성을 구체적으로 제시하였거나 직장폐쇄의 유지가 무의미한 경우에만 부정되어야 할 것이다.

이상과 같은 인식을 토대로 하면 다음과 같은 규정을 고려할 수 있을 것이다.

· 선제적 직장폐쇄와 그 제한: 선제적 직장폐쇄는 다음과 같은 경우에 허용된다.

① 노동조합이 사용자의 단체협약상의 요구에 대하여 교섭을 거절하거나 또는 노동조합이 단체교섭의 결렬을 선언한 후에 일방 당사자가 신청한 조정이 성립되지 않은 후에도 노동조합이 그들의 요구를 관철하기 위한 투쟁조치를 시작하지 않은 경우.

② 사용자가 명백한 경제적 위기 상황에서 또는 명백한 경제적 · 기술적 구조변화 상황에서 기업과 직장을 유지 · 촉진하는 데 이바지할 목적으로 단체협약의 근로 조건을 저하하고자 하는 경우.

③ 노동조합이 자신의 요구 사항을 계속 주장하면서도 파업 종료를 선언한하였으나, 사용자가 파업 기간 동안 단행한 방어적 직장폐쇄를 협약 체결을 목적으로 계속하는 경우.

(3) 소멸적 직장폐쇄의 허용

직장폐쇄가 정당하면 직장폐쇄된 근로자와 이를 행한 사용자의 근로계약상의 권리와 의무는 정지되고, 파업이나 직장폐쇄가 종료하면 다시 활성화된다. 그 이외의 긴급 내지 보안 작업과 근로관계의 존속 및 재취업에 관한 제반 원칙이 파업의 경우와 같이 그대로 적용된다.

근로관계를 소멸시키는 효력을 갖는 직장폐쇄는 그 본질상 쟁의 종료 후에 직장폐쇄의 정지적 효력으로 인하여 근로관계가 다시 부활하는, 말하자면 재고용 의무가 존재하는 근로자 전체에 해당하는 것으로 인식할 수도 있지만, 그렇게 강력한 직장폐쇄를 허용하는 것은 일종의 (위장)폐업과 같은 것으로서, 파업을 당한 사용자가 근로자 전체의 근로관계를 종료시키고 새로운 근로자를 고용한다는 점에서 전형적인 단체행동권의 무력화 조치로서 허용되어서는 안 된다. 이는 일시적으로 근로를 희망하는 자의 임금지급 의무로부터 벗어나려는 본래의 직장폐쇄의 의미와는 거리가 먼 것이다.

그러나 이러한 통일적이고 전체적으로 근로관계를 종료시키는 집단적 직장폐쇄와는 달리 일정한 요건을 충족한 근로자들만의 근로관계를 소멸시키는 개별적 직장폐쇄를 상정할 수 있다(근로관계의 개별적 소멸권). 물론 어느 면에서는 개별법상 사용자의 해고권이 있기 때문에 집단법상 근로관계의 개별적 소멸권을 인정할 필요가 있는가 하는 점이 다투어질 수 있다. 그러나 소멸적 효력을 갖는 쟁의권이 협약 및 쟁의행위 체계라는 집단법적인 총체적 구도에 더욱 부합한다는 점에서는 개별법상의 해고권과는 달리 집단법상의 개별적 소멸권 내지 소멸적 효력을 갖는 직장폐쇄를 별도로 인정할 만하다. 원래 일자리가 없어졌기 때문에 또는 근로자가 위법하고 유책한 행동을 했기 때문에 누가 직장을 상실하게 되는가 하는 문제는 쟁의가 종료된 후에 재고용의 범위에서 비로소 결정된다. 그러나 이 집단법상의 개별적 소멸권은 재고용될 필요가 없는 근로자들에 대해서만 처음부터 원천적으로 계약 소멸이라는 수단을 허용한다는 의미이다. 따라서 쟁의행위 종료 후가 아니라 처음부터 원천적으로 근로관계를 소멸시키는 것이기 때문에 사용자의 소멸적 직장폐쇄를 엄격하게 적용하기 위해서는 소멸적 직장폐쇄의 사유도 해고 사유와 같이 엄격한 요건을 충족해야 할 것이다. 쟁의행위 도중에 근로자가 평상시보다 쉽게 직장을 상실한다면 이는 파업의 헌법적 보장을 형해화하는 것이다.

소멸적 직장폐쇄는 기업별 단체협약의 체결에 대해서 적용된다. 무엇보다 소멸적 직장폐쇄는 사용자의 쟁의행위 방어 조치로 인하여 그의 일자리가 다른 근로자에 의해 대체되거나 없어진 파업 참가 근로자에 대해서 적용되는데, 산별 단체협약 체결을 위한 쟁의행위에서 일자리가 다른 근로자에 의해서 대체되었거나 또는 없어졌다는 것을 이유로 근로관계를 소멸시키는 것은 대체근로의 원칙상 허용되지 않는다. 따라서 소멸적 직장폐쇄는 기업별 단체협약에 대해서만 적용된다. 무엇보다도 기업 단위에서는 노동조합이 사용자에 비하여 우위를 점하고 있어서 개별 기업주가 정지적 효력을 갖는 방어적 직장폐쇄로는 노동조합에 대하여 중요한 압력을 가할 수 없다. 따라서 파업을 당한 개별 사용자는 근로를 희망하는 근로자들의 도움으로 사업장을 계속 유지하면서 버티는 전략을 쓸 수밖에 없는데, 대등성의 관점에서 이러한 수단이 유효하기 위해서는 개별 기업에게는 새로운 근로자를 고용하거나 경영 합리화 조치로 고용 규모를 축소할 수 있도록 해야 한다. 만일 이러한 경우 해고권만으로 만족해야 한다면 파업에 대응하여 대체 인력을 사용하거나 경영 합리화 조치로 인하여 고용을 축소한 경우에 즉시 해고를 위한 중대한 해고 사유로 인정될 수 있을지는 불투명하기 때문에, 쟁의행위 중에 있는 사용자에게는 하나 밖에 없는 일자리에 대해서 쟁의 종료 후에 두 명의 근로자를 모두 취업시켜야 할 필요는 없다. 쟁의행위 중에 새로운 일자리를 찾으려는 근로자의 권리는 파업으로 인한 노동 상실을 신규 채용에 의해서 조절하려는 사용자의 권리와 상응한다. 근로를 희망하는 자를 모집하려는 사용자의 행위는 쟁의행위를 주도하는 사용자 단체와는 독립하여 행사할 수 있는, 사용자 개인의 시장에서의 권리라고 할 수 있다. 그런데 직장을 이탈하는 근로자와는 달리 파업이나 대체 근로와 관련해서는 사용자에게는 근로를 희망하는 자의 취업이라는 후속 문제가 발생한다. 파업이나 직장폐쇄 모두 다 투쟁에 참가한 근로자의 근로관계를 일시적으로 정지시킬 뿐이고, 쟁의행위 종료 후에는 일자리로 돌아와야 하기 때문에 파업으로 인한 대체 수단으로서의 신규 채용은 인력 과잉을 가져오게 된다. 쟁의행위가 종료한 후에는 사용자는 오로지 정리해고에 의해서만 이러한 인력 과잉에 대처할 수 있다. 물론 신규 채용된 자는 해고보호 규정이 제한적으로 적용될 수 있다. 근로관계가 단기간이기 때문이다. 그리하여 정리해고 대상자는 신규 채용자가 될 것이다. 이러한 조건 아래에서 사용자는 처음부터 쟁의행위 기간 동안만 단기간 취업하려고 하는 근로자를 찾기란 쉽지 않다. 따라서 사용자는 신규 채용에 의해서 대체한, 파업에 참가한 근로자의 근로관계를 종료시킬 수 있어야만 한다. 이러한 소멸적 직장폐쇄는 정리해고의 특수한 경우이다. 즉 허용된 신규 채용과의 관계에서 파업은 사용자에게는 인력 구조조정을 위한 긴박한 경영상의 필요성이다. 왜냐하면 해고된 근로자의 노동력이 더 이상 필요하지 않기 때문이다. 그러나 소멸적 직장폐쇄에 의해서 근로관계가 종료되는 근로자를 위한 배려로서 쟁의행위 종료 후 재고용이 있는 경우 근로자를 보호하기 위해서 우선 고용이 규정되어야 할 것이다.

다른 한편으로 위법한 파업에 대한 방어수단으로서 집단법에서는 소멸적 직장폐쇄와 개별법에서는 즉시 해고가 인정되어야 할 것이다. 집단법에서의 소멸적 직장폐쇄는 사용자의 경고와 함께 근로자가 자신의 행위에 대해 인식하였거나 또는 중대한 과실로 인해 이를 인식하지 못하였을 것을 전제조건으로 하여, 근로자가 경과실인 경우에는 소멸적 직장폐쇄권은 발생하지 않는 것으로 해야 할 것이다. 또한 이는 위법한 비노조 파업에 대한 사용자의 대응 조치로서 허용되어야 할 것이다.[19]

이러한 점을 고려할 때 집단법 영역에서 근로관계를 소멸시킬 수 있는 개별적 소멸권으로서 소멸적 직장폐쇄는 다음과 같은 규정을 둘 수 있다.[20]

---

19 Birk/Konzen/Löwisch/Raiser/Seiter, *Gesetz zur Regelung kollektiver Arbeitskonflikte*, 1988, S. 85.

· 소멸적 직장폐쇄: 사용자는 다음의 근로자에 대해서는 쟁의행위 기간 중 근로관계를 소멸시킬 권리를 갖는다.

① 기업별 단체협약의 체결과 관련한 쟁의행위에 있어서 사용자의 쟁의행위 방어 조치로 인하여 그의 일자리가 다른 근로자에 의하여 대체되거나 없어진 파업 참가 근로자.

② 사용자의 경고에도 불구하고 중대한 과실로 위법한 쟁의행위에 참가한 근로자.

· 위의 1의 경우 소멸적으로 직장폐쇄된 근로자가 쟁의행위 종료 후 일정 기간 내에 종래 일자리에 재취업이 가능한 경우에는 재고용되어야 한다.

(4) 파업의 장소와 직장점거

노동조합이 파업을 어디서 행하여야 하는가에 대해서, 특히 사용자의 전단적인 지배권이 인정되는 사업장 안에서 직장점거를 하면서 파업을 할 수 있는지에 대해서는 논란이 많다. 현행법은 "생산 기타 주요업무에 관련되는 시설 및 이에 준하는 시설로서 대통령령이 정하는 시설을 점거하는 형태로 행해져서는 안 된다"고 규정한다(노동조합및노동관계조정법 제42조 1호). 따라서 이 규정에서 정하지 않는 경우, 특히 직장점거의 범위가 일부분에 그치고, 사용자측의 출입이나 관리 지배를 배제하지 않는 한은 정당한 쟁의행위로 볼 수 있다는 것이다.[21] 아마도 이것은 노동조합이 기업 내에 사무소를 가지고 기업 내에서 조합 활동이 행하여지는 한국적 현실을 고려

20 Birk/Konzen/Löwisch/Raiser/Seiter, *Gesetz zur Regelung kollektiver Arbeitskonflikte*, 1988, S. 82.

21 대판 1990.5.15, 90도357; 대판 1990.10.12, 90도1431; 대판 1991.6.11, 91도383.

하여 직장점거가 언제나, 당장에 사용자의 기업 시설에 대한 권리가 침해된다거나 또는 주거침입죄가 성립되지 않는다고 보는 것 같다. 따라서 사용자의 점유를 배제하지 않고 조업을 방해하지 않는 부분적 직장 체류는 위법하지 않다고 보는 것 같다. ILO 전문가위원회도 평화롭게 진행되는 한, 직장점거나 연좌농성은 적법한 것으로 본다.[22]

그러나 이 글에서는 쟁의행위를 근로계약의 집단적 해지권 행사로 보기 때문에 파업은 소극적으로 노동력을 제공하지 않는 것으로서 직장에 출근하지 않는 것을 말한다. 그런 점에서 파업은 원칙적으로 사업장 밖에서 행해져야 한다. 직장점거는 이유를 불문하고 형법상의 주거침입죄나 점유권 및 소유권 침해의 불법 행위를 구성한다. 그런 점에서는 사실상 법률 규정도 불필요한 것이며, 이러한 형태의 쟁의행위의 유형은 법적으로 용인될 수도 없다.[23] 우리나라의 경우 산별노조가 조직된 부분에서는 이와 같은 원칙은 더욱 지켜져야 하며, 산별 노동조합 조직에 버금가는 대기업 노동조합의 파업은 사업장 밖에서 행해져야 한다. 노동조합 조직이 기업별 중심으로 되어 있는 점에서 우리와 비슷한 일본의 경우 대기업 본부노조는 사업장 밖에 독자적으로 운영하는 것이 보통이며,[24] 사업장별로 노동조합의 지부가 있거나 중소기업의 경우 사업장 내에 노조 사무실이 위치하면서도 파업 — 파업은 거의 없지만 — 시에는 노사협의에 의해 사전에 명시된 장소(식당, 주차장 등)에서만 실시하도록 당사자들이 자치적으로 정하고 있다. 이와

22 ILO 결사의자유위원회 Nr. 367; ILO 전문가위원회 CE Nr. 218.

23 Zöllner/Loritz, *Arbeitsrecht*, S. 457; Gamillscheg, *Kollektives Arbeitsrecht*, Bd. I, S. 1057; Birk외, a.a.O., S. 52; *Münchner Handbuch zum Arbeitsrecht*/Otto, Bd. III, § 286 Rn. 63.

24 소니, 도요타, 마츠시타, 샤프 등 대기업 노동조합은 사업장 밖에 독자적인 노동조합 빌딩을 소유하고 있다. 호야는 본부노조 및 지부노조 모두 사무실을 회사 내에서 운영하고 있다.

같은 점을 고려할 때 파업은 원칙적으로 사업장 밖에서 행해져야 하며, 사업장 내에서 행하는 경우에도 사전에 단체협약이나 노사 협의에 의해 엄격히 제한된 장소에서만 행해져야 한다. 대기업 노동조합의 경우는 대기업 전체가 파업을 하는 경우에는 그것이 산별노조의 파업에 버금가는 것이므로 사업장 밖에서 행해져야 하며, 각 지회나 지부 단위에서 행하는 경우에도 사전에 정하여진 절차에 따라 엄격히 제한된 장소에서만 실시되어야 한다. 만일 그러한 규정이 없는 경우에는 사용자가 승인하지 않는 한 파업은 현행 노동조합및노동관계조정법 제42조 1호에도 불구하고 사업장 밖에서 행해져야 할 것이다.

(5) 불법 파업과 손해배상

불법 파업에 대해서는 파업 초기에 신속하게 의법 조치하고 파업으로 인한 피해에 대해서는 신속한 절차를 통해 민사상 책임을 묻게 하는 것이 불법 파업을 줄이는 효과가 있다. 불법 파업에 따른 피해 보상을 어느 범위로 확장할 것인가, 특히 불법 파업으로 직접적인 손해를 입은 협력업체나 그 직원, 또는 납품업체나 발주자, 그리고 넓게는 관련 소비자들의 손해배상을 인정할 수 있는지에 대해서는 여전히 논란이 있다. 그러나 도덕적 해이의 비용 부담을 그 유발 주체에게 귀속시키는 제도는 불법 파업을 억제하고 노사 분쟁을 줄이는 효과가 있다. 다만, 불법 파업시 손해배상의 주체를 직접적 피해를 입은 사업주 이외에 제3자에게 확장하는 문제는 엄격한 요건하에 판단할 필요가 있다. 간접적 피해자로 손해배상 책임을 확장하는 것은 불법 파업을 제어하는 효과보다는 가해자의 책임을 무한정 확대할 위험이 있기 때문이다. 따라서 제3자에게 불법 파업에 따른 손해배상을 확장하기 위해서는 제3자의 파업 결과 수인한도가 어디인지, 인과관계의 존재의 여부와 함께 간접 손해와 직접 손해의 구별 및 영업권 침해의 법리 등을 고려하여 책임 법리에 따라 결정하여야 할 것이다.

7) 근로 조건의 유연한 변경 — 변화된 시장 상황에 대한 적응 수단으로서 변경해약고지

유연하게 형성된 근로 조건이란 근로 조건의 유연한 규율을 의미한다. 따라서 단체협약, 취업규칙, 근로계약 중 유연화 목적에 상응하는 규율장치가 무엇인가 하는 문제가 제기된다. 물론 이 중 근로계약은 3가지 규율장치 중 가장 약한 장치이다. 왜냐하면 법질서는 사용자의 권한 남용 가능성 때문에 근로계약의 정당성을 그리 신뢰하지 않기 때문이다. 또한 통일된 근로조건을 형성하고자 해도 개개 근로자와 일일이 근로계약을 체결해야 하기 때문에 사용자에게 비용 부담을 주는 것도 사실이다. 그러나 근로계약은 사용자에게 경우에 따라서 이익을 주기도 한다. 왜냐하면 노동시장에서 그의 우월한 지위에 기초하여 노동조합이나 근로자 대표의 동의 없이 일방적으로 근로 조건을 형성할 수 있기 때문이다.

변경해약고지 제도는 경제적으로 어려운 처지에 있는 기업이 현재의 근로 계약상의 근로 조건을 유지할 수 없는 상황에서 근로 조건의 불이익변경에 대한 근로자의 동의를 얻을 수 없는 경우에 먼저 근로자에게 변경해약고지를 하고 근로자가 변경된 근로 조건을 근로계약의 내용으로 하는 승낙의 의사 표시를 하지 않거나 명시적으로 거절하면 비로소 근로관계가 종료되는 제도이다. 따라서 변경해약고지제도는 변형된 해고의 한 형태이다.

주로 긴박한 경영상의 필요성이 존재하는 경우에 정리해고를 단행하기 위한 사전 제도로서 활용된다.

사용자의 변경해약고지는 근로조건의 (불이익) 변경을 가져오지만, 이를 제한한다면 근로자의 계약 체결상의 약점을 보완하는 방향으로 제한하여야 한다. 계속적 채권 관계인 임대차 관계에서도 임차인 보호를 위한 임대인 해지권 제한은 임차인이 임대차계약 기간 내내 지금까지의 임대료로 살아도 좋다는 것을 의미하지 않는다. 오히려 임대인은 임대료증감청구권으로 변화된 상황에 적응할 수 있다. 같은 계속적 채권 관계인 근로관계에서도 사용자에게서 변화된 상황에 계약을 적응시키는 장치가 박탈되어서는 안 된다. 특히 근로계약의 변경에 대한 근로자의 동의가 없는 경우에도 행위기초탈락이론을 적용할 수 있는데, 이는 계약 구속의 불가피한 유연화라고 이해될 수 있다. 따라서 행위기초탈락이론의 적용은 '계약은 지켜져야 한다'는 원칙을 깨뜨리는 것이 아니라, 오히려 계약 구속을 필요한 경우에 한정하는 것이라고 볼 수 있다. 즉 계약 변경을 위한 이 이론의 적용은 계약 원칙을 침해하는 것이 아니라 오히려 이를 실현하는 것으로 보지 않으면 안 된다. 이와 같은 이유에서 임금 삭감을 위한 변경해약고지는 변경된 행위 기초에 대한 근로계약의 적응이 필요한 경우에 허용되지 않으면 안 된다. 이는 특히 일신상의 사유로 인한 변경해약고지를 위해서 필요하다. 따라서 근로자의 노동 능력이 저하되는 경우 이 노동능력 저하가 근로자를 해고할 정도로 심각한 경우에 비로소 계약 변경에 의해 파괴된 등가 관계를 수정할 필요는 없다. 이렇게 해서 계약법 사고를 기초로 하고 있는 변경해약고지는 비록 근로 조건의 악화를 가져온다고 하여도 근로자에게 기대 가능한 것으로 판단할 수 있다. 물론 일부의 견해는 변경해약고지 요건 완화에 반대하면서 사용자는 계약상의 유연화 장치를 가지고 있기 때문에 이를 사용하지 않는 경우에는 변경해약고지에 의한 유연화를 인정할 필요가 없다고 한다. 그러나 이와 같은 견해는 노동시장에서 비상 사태 때문에 발생하는 경제 위험과 같은 위험을 과연 일방 당사자에게만 부과하는 것이 타당한가를 묻지 않고 변경된 상황의 위험을 일방적으로 사용자에게만 부과하는 것으로서 타당하지 않다. 바로 행위기초탈락이론이 보여 주는 바와 같이 문제는 위험을 당사자 쌍방에게 적절히 분배하는 것이 중요하다. 다만, 긴박한 경영상의 필요성이 있는 경우 임금 인하를 목적으로 단행하는 변경해약고지는 두 가지 요건을 충족하여야 한다. 첫째는 인과적 요소로서 경제적 어려움이 기업 운영에 대하여 커다란 부담을 줄 정도로 심각하여 변경해약고지를 하지 않으면 안 될 것과, 둘째는 목적적 요소로서 임금 인하가 기업의 경제적 어려움을 극복하는 데 기여할 것으로 기대되어야 한다.

참고문헌

김영문(2003), 「단체협약의 (불이익)변경」, 『안암법학』 제16호.

김영문(2004), 「노사관계법과 제도 선진화 방안에 대한 비판적 고찰」, 『노사포럼』 제23호(경총 노동경제연구원.

김영문(2005), 『산업입지 조건 개선을 위한 노동관계법의 기여 방안』, 산업연구원.

김형배(2007), 『노동법』, 박영사.

노동부(2004), 『노사관계선진화입법방안』.

Birk/Konzen/Löwisch/Raiser/Seiter(1988), *Gesetz zur Regelung kollektiver Arbeitskonflikte*, J.C.B. Mohr.

Gamillscheg(1997), *Kollektives Arbeitsrecht*, Bd. I, C.H. Beck.

ILO(1987), *Report of the Committee of Experts on the Application of Conventions and Recommendations*, International Labour Conference 73rd Session.

Münchener Handbuch zum Arbeitsrecht, Bd. III, C.H. Beck, 2. Aufl., 2000.

Picker(1988), *Die Regelung der "Arbeits- und Wirtschaftsbedingungen" — Vertragsprinzip oder Kampfprinzip.*

Thüsing(2005), *Arbeitnehmerüberlassungsgesetz*, C.H. Beck.

Zöllner/Loritz(1998), *Arbeitsrecht*, 5.Aufl., C.H. Beck.

제6장_ 노동3권과 경영권의 합리적 조화 방안

김재훈

1. 서론

공공복리를 이념으로 하는 우리나라 수정자본주의 체제하의 헌법 질서에서 노동3권과 경영권은 각기 독립된 권리로 인정되고 있지만, 구체적인 행사의 장에서는 양자가 충돌하는 모습을 나타내기도 한다.

이 글에서는 노동3권과 경영권의 합리적 조화 방안에 대하여 논할 것이다. 양자가 충돌하는 가장 대표적인 사안이 인사 · 경영권이 단체교섭 대상이 되는 사항이냐의 여부인데, 두 권리를 병행하는 방안을 논의하는 것도 이 문제를 중심으로 행해지고 있기 때문에 이 문제에 관하여 학설 · 판례 법리를 우선 살펴보기로 한다. 이어서 경영권이 실체로 존재한다면 구체적인 권리의 모습은 어떤 것인지 알아본다.

그리고 노동3권과 경영권에 관련된 문제들로 사용자의 쟁의대항 수단으로서 대체 근로의 허용 범위, 조합 활동의 정당성 범위를 둘러싸고 나타나는 관련 문제, 경영상 해고제도의 보완 문제를 검토하기로 한다.

2. 경영권의 개념 및 내용 — 단체교섭 대상 여부를 중심으로

1) 학설

경영권의 개념에 대해서는, 주로 인사 · 경영 사항의 단체교섭 대상 사항 인정 여부를 둘러싸고 경영권 개념을 부정 내지 제한적으로 인정하는 학설과, 원칙적으로 인정하는 학설로 나뉜다.

(1) 부정설 내지 제한적 인정설

경영권이라는 용어가 소유권 내지 영업권의 일환으로 관행적으로 사용되어 온 것은 부정할 수 없지만, 이는 사실적 개념으로서 실정법상의 용어가 아닐 뿐만 아니라 현재 가장 전형적인 교섭 사항에 속하는 해고나 임금 등 근로 조건에 관한 사항도 처음에는 이른바 경영 전권에 속했던 사항이었다는 점을 고려하면, 경영권을 이유로 경영 · 생산에 관한 사항들을 교섭 사항에서 배제할 수는 없다고 한다. 그러면서 경영 · 생산에 관한 사항도 근로 조건의 유지 · 개선이나 근로자의 지위와 관련이 있는 경우에는 단체교섭 사항이 된다고 한다.[1]

한편으로 단체교섭의 의무적 교섭 사항의 범위와 관련한 '경영권'의 주장(인사 · 생산방법 등 일정한 사항들은 경영 전권 사항으로서 단체교섭이 의무화되지 않는다는 주장)에 대해서 일본의 유력한 학설은, 법률상 '경

1 김유성, 『노동법 Ⅱ』, 법문사, 1999, 145쪽.

영권'이라고 하는 단체교섭을 면하기 위한 특별한 권리가 사용자에게 인정되는 것은 아니라는 것이다. 결국 단체교섭이 강제되지 않는 일련의 사항을 결과적으로 '경영권 사항'이라고 명명하는 것은 부득이하지만, 처음부터 경영권에 속하는지 여부를 가지고 의무적 단체교섭 사항인지 여부를 결정하는 것은 타당하지 않다고 한다. 그러면서 의무적 교섭 사항[2]인지 여부는 헌법과 법률에서 노동3권을 인정한 취지(근로 조건의 거래에 있어서 노사의 실질적 대등성 확보, 노사관계에 있어서 노사 자치의 존중)로부터 판단하여야 한다고 하여, "구성원인 근로자의 근로조건 기타의 대우와 당해 집단적 노사관계의 운영에 관한 사항으로 사용자가 처분 가능한 것"이라고 범위를 설정하고 있다.[3]

유사한 취지에서 사용자의 책임 아래 결정할 권한이라는 의미의 '경영권' 또는 근로자 개인 또는 노동조합과 교섭 · 합의하지 않고 사용자가 단독으로 결정할 권한이라는 의미의 '경영 전권'을 부정할 수는 없다고 하면서도 경영 사항이라고 하더라도 그것이 근로 조건(고용 계속 포함)에 영향을 주는 경우에는 단체교섭 대상이 되지만, 근로 조건과 무관한 경우에는 임의적 교섭 사항이 될 뿐이라고 설명하는 견해도 있다.[4]

즉 이와 같은 견해들에 따르면 경영권은 법률상의 구체적 권리가 아니

2 미국의 판례 법리에 의하면, 단체교섭 대상 사항은 의무적 교섭 사항 · 임의적 교섭 사항 · 위법적 교섭 사항으로 나뉜다. 의무적 교섭 사항은 당해 사항에 대한 교섭 요구가 있는 경우 사용자가 교섭에 응할 의무가 있는 것으로, 임금, 근로 시간, 기타 근로 조건 등이 여기에 속한다. 임의적 교섭 사항은 사용자가 교섭에 응할 의무는 없지만 임의로 응하여 단체협약을 체결한 경우 법적 효력이 인정되는 것으로, 일반적으로 사용자와 제3자의 관계, 노동조합과 근로자의 내부 관계 등에 관한 사항이 포함된다. 위법적 교섭 사항은 그 자체가 위법한 것으로 각종 법령에 위반하는 사항이 여기에 속한다.

3 菅野和夫, 『勞働法』, 弘文堂, 2006, 500쪽.

4 임종률, 『노동법』, 박영사, 2007, 129-130쪽.

며, 관념적인 산물에 지나지 않는 것으로서 단체교섭을 강제받지 않기 위한 실체성이 없는 방어적인 권리에 지나지 않는다고 한다. 따라서 애당초 경영권은 법률상 보장된 권리라고 볼 수 없기 때문에 어떤 교섭 사항이 경영권에 속하느냐 여부에 따라 (의무적) 교섭 사항이냐의 여부를 논하는 것은 적절하지 않다고 한다. 다만 이 견해들에 따르더라도 단체교섭의 강제를 받지 않는 이른바 '경영권 사항'은 있을 수 있다고 하는데, 경영권 사항이 인정되는 근거와 기준을 근로 조건과 고용에 영향을 주느냐의 여부에 따라 반사적으로 파악하고 있다고 할 수 있다.[5]

(2) 원칙적 인정설

이 견해는 우선, 위에서 제시된 제한적 긍정설은 경영권을 법률상 구체적 권리가 아니라 관념적인 산물에 불과한 것으로 단체교섭을 강제받지 않기 위한 실체성이 없는 방어적 권리에 불과하다고 보고 있다는 점을 비판하면서, 헌법적 근거 하에서 경영권의 실체가 인정된다고 주장하고 있다.

이 견해에서는 뒤에서 보는 대법원 2003. 7. 22. 선고 2002도7225 판결 등에서 제시된 근거하에서, 재산권의 보호는 정적 재산권 보호에 그치는 것이 아니라 기업을 조직하여 이윤을 창출하는 경영 조직체에 대한 권리와 같이 동적 재산권도 재산권 보장에 의한 보호대상이 된다고 한다. 기업의

5 그런데 이와 같은 견해에 대해서는 경영권을 인정하지 않는다면 '경영권 사항'이라는 개념은 존재할 수 없으므로, 경영권 없는 경영권 사항이라는 말은 모순이라는 지적이 있다. 김형배, 「단체교섭권과 경영권」, 『노동법학』 제18호, 2004, 67쪽.

운영 내지 활동에는 필수적으로 기업주의 경영상 의사결정이 전제되는데, 이 자유의 근거와 내용은 헌법 제119조 1항(경제질서: 대한민국의 경제질서는 개인과 기업의 경제상의 자유와 창의를 존중함을 기본으로 한다), 제23조 1항(재산권 보장), 제15조(직업의 자유)를 그 법적 기초로 한다고 풀이하고 있다. 다시 말하면 우리나라 헌법은 개인의 경제상의 자유와 창의의 존중을 기본적 바탕으로 하는 자본주의적 자유시장 경제질서를 보장하고 있으며, 이러한 경제질서는 구체적으로 재산권 행사의 자유와 직업의 자유의 보장에 의하여 실현되고 있다고 한다.

그러면서 신기계의 도입 · 생산 방법 또는 판매체계, 공장 사무소의 이전, 경영자 · 상급 관리자의 인사, 영업 양도, 회사의 조직 변경, 업무의 하도급에 관한 사항들이 근로 조건과 근로관계에 영향을 미치지 않는 경우가 거의 없다는 점을 고려한다면 경영에 관한 사항을 근로 조건에 대한 영향 유무의 기준에 따라 단체교섭 사항인지 아닌지 판단하는 것은 정당하지 않다고 한다.

근로 조건에의 영향 유무로 경영에 관한 사항을 단체교섭 대상으로 파악하는 위와 같은 견해는 경영권의 실체성을 부인한 결과이며, 기업주의 경영상의 결정의 자유에 속하는 사항들도 근로 조건 및 근로관계와 관련되어 있다면 단체교섭의 대상이 될 수 있다는 주장은 헌법상 노동3권 보장 규정(제33조)과 관련해서도 정당화될 수 없다고 한다. 그러면서 기업의 목적을 달성하기 위한 핵심적 사항, 경제상의 창의와 투자에 관한 사항, 기업의 존립에 관한 사항, 기업 조직의 변경, 기업 재산의 취득 · 관리 · 처분(영업 양도 등)에 관한 사항들은 헌법 제119조 제1항, 제23조, 제15조에 기초한 경영권이 지배하는 사항들로 단체교섭 사항이 될 수 없다고 보아야 한다고 밝히고 있다. 즉 기업 투자, 회사의 폐업, 사업 양도 등 경영 주체의 고유한 경영 권한에 속하는 사항들은 이로 인하여 근로 조건에 영향을 주더라도 단체교섭의 대상이 될 수는 없을 것이라고 한다.

다만 경영권의 행사와 노동3권의 보장의 관계에서 비례성 · 형평성에 반하는 경영 조치는 교섭 대상이 될 수 있다고 하면서, 해당 조치가 내려진 배경과 이유와 필요성, 회사 존립과의 관계, 노사간의 이해관계 등을 종합적으로 관찰하여 구체적 사안에 따라 판단해야 할 것이라고 한다.[6]

한편 경영 사항, 즉 경영 의사의 결정과 그것이 근로 조건에 미치는 영향을 구분하여 후자만 단체교섭의 대상으로 인정하고 전자는 임의적 교섭 사항으로 보는 견해도 있다.[7] 가령 누적된 적자로 인하여 부득이 특정 부서를 폐지하려고 하는 경우 부서의 폐지에 따른 해고의 기준이나 대우 등 근로 조건은 단체교섭의 대상이 되지만, 부서의 폐지 그 자체는 경영권 고유의 사항으로서 단체교섭 대상이 될 수 없다는 것이다.[8] 그런데 이 견해에 대해서는, 경영의사의 결정 그 자체는 경영 전권에 속한다는 것이므로 결과적으로 원칙적 인정설과 다름없다는 지적이 있다.[9]

(3) 미국의 경우

우리보다 경험이 앞선 미국 판례의 경향이 종종 참조로 제시되는데,

6 김형배, 『노동법』, 박영사, 2007, 195-201쪽; 748-749쪽.

7 이상윤, 『노동법』, 법문사, 2003, 643-644쪽.

8 대법원 1994. 3. 25. 선고 93다30242 판결.

9 임종률, 앞의 책, 129-130쪽.

먼저 지적할 것은 미국에서는 노동3권이 헌법 차원이 아니라 법률 차원에서 보장되고 있다는 점을 유의하여야 한다.

미국 판례에 따르면 사업의 확장 · 존폐 또는 이것에 준하는 경영 사항(경영 의사의 결정)은 단체교섭에 의해 얻을 이익보다 사업 경영에 대한 부담이 더 큰 경우에는 단체교섭의 대상에서 제외되지만, 사업의 확장 · 존폐 또는 이것에 준하는 경영 사항이 아닌 경우에는 이익 형량을 할 필요도 없이 단체교섭 대상이 된다고 보고 있다(이익균형설).

1964년 파이어보드 사건(Fireboard Paper Product Corp. v. NLRB, 379 U.S. 203(1964))에서는 사용자의 경비 절감을 위한 공장경비 업무의 외주화 결정 자체가 고용 조건이고 따라서 의무적 교섭 사항이 된다고 판시하였다. 경비 업무는 회사로서 필요한 것이고 경비 업무의 외주화를 의무적 교섭 사항으로 하더라도 경영권에 대한 제약의 정도가 적다는 전제 아래 그렇게 판단한 것이다.

그러나 1981년 건물의 청소 · 관리 도급 사업체가 도급 요금 때문에 고객과의 계약을 해약하게 되고, 이 해약 사태로 인하여 조합원들이 해고될 것을 우려한 노동조합이 해약 그 자체에 관하여 교섭을 요구한 퍼스트 내셔널 메인터넌스 사건(First National Maintenance Corp. v. NLRB, 452 U.S. 666(1981))에서는 의무적 교섭 사항이 아니라고 판시하였다. 사업 범위의 변경 결정은 기업 활동을 하느냐 여부의 결정과 비슷하여 고용 관계에 직접적인 영향을 미친다고 하더라도 단체교섭에 의해 얻을 이익이 기업 경영에 대한 부담을 상회하지 않는 한 의무적 교섭 사항이 아니라고 판시한 것이다. 파이어보드 사건은 비용의 문제이고 교섭에 의한 이익이 부담을 상회하였지만, 이 사건에서는 고객과의 요금 문제에서는 조합이 관여할 여지가 없다고 본 것이다.

2) 판례

경영 사항의 단체교섭 대상 여부에 대한 대법원 판례는 일부 인정한 경우도 있지만, 경영상의 결정 그 자체는 사용자의 영역으로 인정하여 이로 인한 쟁의행위의 불법성을 지적하고 있다. 그리고 이어서 자세한 논거하에서 경영권 개념을 실체적으로 인정한 대법원 판례를 소개하기로 한다.

(1) 제한적 인정설

대일실업 사례에서는 운수업체의 차량배차 문제같이 근로자의 근로 조건과 밀접한 관련이 있는 경우 단체교섭 대상이 된다는 것을 인정하였고 (대법원 1994. 8. 26. 선고 93누8993 판결), 현대사회연구소 사례에서는 연구소에 있어서 소장 퇴진의 요구가 근로 조건의 개선에 주된 목적이 있는 경우 정당한 교섭 사항이 된다고 판시하고 있다(대법원 1992. 5. 12. 선고 91다34523 판결).

(2) 원칙적 인정설

긴박한 경영상 필요에 의해 행하는 정리해고 실시는 사용자의 경영상 조치이며(대법원 1994. 3. 25. 선고 93다30242 판결; 대법원 2001. 4. 24. 선고 99도4893 판결), 기구의 통폐합에 따른 조직 변경 및 업무 분장 등에 관한 결정은 사용자의 재량적 판단이 존중되어야 하는 경영권에 속하는 사항이며(대법원 2002. 1. 11. 선고 2001도1687 판결), 정리해고나 사업 조직의 통폐합 등 기업의 구조조정의 실시 여부는 경영 주체에 의한 고도의 경영상 결단에 속하는 사항이어서(대법원 2002. 2. 26. 선고 99도5380 판결; 대법원 2003. 7. 22. 선고 2002도7225 판결) 단체교섭의 대상이 아니라고 하여, 사용자의 경영권을 원칙적으로 인정하고 있다.

(3) 경영권의 실체 인정: 대법원 2003. 7. 22. 선고 2002도7225 판결

사용자의 경영권을 본격적으로 인정한 이 판례에서는 기업의 구조조정의 실시 여부는 경영 주체에 의한 고도의 경영상 결단에 속하는 사항으로서 원칙적으로 단체교섭의 대상이 될 수 없고, 그것이 긴박한 경영상의 필요나 합리적인 이유 없이 불순한 의도로 추진되는 등의 특별한 사정이 없는 한 노동조합이 그 실시를 반대하기 위하여 벌이는 쟁의행위에는 목적의 정당성을 인정할 수 없다고 판시하면서, 의사 표시를 하게 된 경위와 당시의 상황 및 분위기, 당위성 등을 참작하여 단체협약시행협정서 규정상 '사전 합의'의 문언을 '사전 협의'의 취지로까지 해석하고 있다. 전문을 소개하면 다음과 같다.

> 헌법 제23조 제1항 전문은 '모든 국민의 재산권은 보장된다.'라고 규정하고 있고, 제119조 제1항은 '대한민국의 경제질서는 개인과 기업의 경제상의 자유와 창의를 존중함을 기본으로 한다.'라고 규정함으로써, 우리 헌법이 사유재산제도와 경제활동에 관한 사적자치의 원칙을 기초로 하는 자본주의 시장경제질서를 기본으로 하고 있음을 선언하고 있다. 헌법 제23조의 재산권에는 개인의 재산권뿐만 아니라 기업의 재산권도 포함되고, 기업의 재산권의 범위에는 투하된 자본이 화체된 물적 생산시설뿐만 아니라 여기에 인적조직 등이 유기적으로 결합된 종합체로서의 '사업' 내지 '영업'도 포함된다. 그리고 이러

한 재산권을 보장하기 위하여는 그 재산의 자유로운 이용 · 수익뿐만 아니라 그 처분 · 상속도 보장되어야 한다. 한편, 헌법 제15조는 '모든 국민은 직업선택의 자유를 가진다.'라고 규정하고 있는바, 여기에는 기업의 설립과 경영의 자유를 의미하는 기업의 자유를 포함하고 있다. 이러한 규정들의 취지를 기업활동의 측면에서 보면, 모든 기업은 그가 선택한 사업 또는 영업을 자유롭게 경영하고 이를 위한 의사결정의 자유를 가지며, 사업 또는 영업을 변경(확장 · 축소 · 전환)하거나 처분(폐지 · 양도)할 수 있는 자유를 가지고 있고 이는 헌법에 의하여 보장되고 있는 것이다. 이를 통틀어 경영권이라고 부르기도 한다.

그러나 물론 기업의 이러한 권리도 신성불가침의 절대적 권리일 수는 없다. 모든 자유와 권리에는 그 내재적 한계가 있을 뿐만 아니라, 헌법 제23조 제2항이 '재산권의 행사는 공공복리에 적합하도록 하여야 한다.'라고 규정하고 있고, 기업의 이러한 권리의 행사는 경우에 따라 기업에 소속된 근로자의 지위나 근로조건에 영향을 줄 수 있어 근로자의 노동3권과 충돌이 일어날 수 있기 때문이다.

경영권과 노동3권이 서로 충돌하는 경우 이를 조화시키는 한계를 설정함에 있어서는 기업의 경제상의 창의와 투자의욕을 훼손시키지 않고 오히려 이를 증진시키며 기업의 경쟁력을 강화하는 방향으로 해결책을 찾아야 함을 유의하여야 한다. 왜냐하면 기업이 쇠퇴하고 투자가 줄어들면 근로의 기회가 감소되고 실업이 증가하게 되는 반면, 기업이 잘 되고 새로운 투자가 일어나면 근로자의 지위도 향상되고 새로운 고용도 창출되어 결과적으로 기업과 근로자가 다 함께 승자가 될 수 있기 때문이다. 그리고 이러한 문제의 해결을 위해서는 추상적인 이론에만 의존하여서는 아니되고 시대의 현실을 잘 살펴 그 현실에 적합한 해결책이 모색되어야 한다.

이러한 관점에 서서 오늘의 우리나라가 처하고 있는 경제현실과 오늘의 우리나라 노동쟁의의 현장에서 드러나는 여러 가지 문제점 등을 참작하면, 구조조정이나 합병 등 기업의 경쟁력을 강화하기 위한 경영주체의 경영상 조치에 대하여는 원칙적으로 노동쟁의의 대상이 될 수 없다고 해석하여 기업의 경쟁력 강화를 촉진시키는 것이 옳다. 물론 이렇게 해석할 경우 우선은 그 기업에 소속된 근로자들의 노동3권이 제한되는 것은 사실이나 이는 과도기적인 현상에 불과하고, 기업이 경쟁력을 회복하고 투자가 일어나면 더 많은 고용이 창출되고 근로자의 지위가 향상될 수 있으므로 거시적으로 보면 이러한 해석이 오히려 전체 근로자들에게 이익이 되고 국가경제를 발전시키는 길이 된다. 뿐만 아니라 근로기준법에서는 구조조정 등으로 인한 정리해고에 관하여 그 요건을 엄격하게 규정하고 있고, 근로자들과의 사전협의를 필수적인 절차로 규정하고 있으며, 그 효력에 대하여는 사법심사의 길이 열려 있다. 또한, 근로자참여및협력증진에관한법률은 경영사항을 포함한 광범위한 영역에서 노 · 사가 협의하도록 제도화하고 있다. 이러한 사정을 종합하여 보면 위와 같은 해석이 결코 노동3권의 본질적인 내용을 침해하거나 헌법 및 노동관계법의 체계에 반하는 해석이라 할 수 없다.

대법원은 이미 기업의 구조조정의 실시 여부는 경영주체에 의한 고도의 경영상 결단에 속하는 사항으로서 이는 원칙적으로 단체교섭의 대상이 될 수 없고, 그것이 긴박한 경영상의 필요나 합리적인 이유 없이 불순한 의도로 추진되는 등의 특별한 사정이 없는 한 노동조합이 그 실시를 반대하기 위하여 벌이는 쟁의행위에는 목적의 정당성을 인정할 수 없다는 입장을 누차 밝혀왔고(대법원 2002. 2. 26. 선고 99도5380 판결, 2003. 2. 11. 선고 2000도4169 판결, 2003. 2. 28. 선고 2002도5881 판결, 2003. 3. 14. 선고 2002도5883 판결, 2003. 3. 28. 선고 2002도6060 판결 등), 상고이유는 이러한 대법원의 입장을 변경해 달라는 취지인바, 위에서 본 바와 같은 이유로 오늘의 우리나라의 현실에서는 위 견해를 변경할 수 없다. 이 부분 상고이유는 받아들이지 아니한다.

그리고 의사표시의 해석은 표시된 문언에 따라 해석함이 원칙이나, 여기서의 문언해석은 당해 조항만이 아니라 이를 포함하는 의사표시 전체의 취지 속에서 당해 조항의 문언이 가지는 의미를 찾아야 하고, 또 그 의사표시를 하게 된 경위와 당시의 상황 및 분위기, 당위성 등을 참작하여 규범적인 해석이 필요한 경우도 있다. 원심이 같은 취지에서 그 판시와 같은 이유로, 이 사건 단체협약시행협정서 제1조의 '사전합의'를 '사전협의'의 취지로 해석하고, 그 문언이 이 사건 쟁의행위의 정당성을 가림에 있어 영향을 줄 수 없다고 판단한 조치는 수긍할 수 있고 거기에 그 주장과 같은 위법이 없다. 이 부분 상고이유의 주장도 받아들이지 아니한다.

또한, 기록에 비추어 살펴보면, 이 사건 쟁의행위의 주된 목적이 정부의 가스산업 구조개편정책 및 그 입법정책을 반대하기 위한 것으로서 실질적으로 구조조정의 실시 자체의 반대를 위한 것이었다고 원심이 판단한 조치에 채증법칙 위배 등의 위법이 있다고 할 수 없고, 정부가 마련한 가스산업 구조개편안에 대하여 상고이유의 주장과 같은 비판이 제기될 수 있다 하더라도 이 점만을 들어 그 구조조정안이 긴박한 경영상 필요나 합리적인 이유 없이 추진되는 등의 특별한 사정이 있었다고 할 수도 없다. 이 부분 상고이유의 주장 역시 이유 없다.

이와 같은 판례의 취지는 이어진 2003년 11월의 대법원 판례에서도 확인되고 있다.

(4) 경영권 실체의 재확인: 대법원 2003. 11. 13. 선고 2003도687 판결

"헌법 제23조 제1항, 제119조 제1항, 제15조 규정들의 취지를 기업활동의 측면에서 보면, 모든 기업은 그가 선택한 사업 또는 영업을 자유롭게 경영하고 이를 위한 의사결정의 자유를 가지며, 사업 또는 영업을 변경(확장 · 축소 · 전환)하거나 처분(폐지 · 양도)할 수 있는 자유를 가지고 있고, 이는 헌법에 의하여 보장되고 있는 것인데, 이러한 경영권이 노동3권과 서로 충돌하는 경우 이를 조화시키는 한계를 설정함에 있어서는 기업의 경제상의 창의와 투자의욕을 훼손시키지 않고 오히려 이를 증진시키며 기업의 경쟁력을 강화하는 방향으로 해결책을 찾아야 하는바, 이와 같은 관점에서 볼 때 구조조정이나 합병 등 기업의 경쟁력을 강화하기 위한 경영주체의 경영상 조치는 원칙적으로 노동쟁의의 대상이 될 수 없고, 그것이 긴박한 경영상의 필요나 합리적인 이유 없이 불순한 의도로 추진되는 등의 특별한 사정이 없는 한 노동조합이 그 실시를 반대하기 위하여 벌이는 쟁의행위에는 목적의 정당성을 인정할 수 없다 할 것이다(대법원 2002. 2. 26. 선고 99도5380 판결, 2003. 7. 22. 선고 2002도7225 판결 참조).

한편, 근로자의 쟁의행위가 형법상 정당행위가 되기 위하여는 첫째 그 주체가 단체교섭의 주체로 될 수 있는 자이어야 하고, 둘째 그 목적이 근로조건의 향상을 위한 노사간의 자치적 교섭을 조성하는 데에 있어야 하며, 셋째 사용자가 근로자의 근로조건 개선에 관한 구체적인 요구에 대하여 단체교섭을 거부하였을 때 개시하되 특별한 사정이 없는 한 조합원의 찬성결정 등 법령이 규정한 절차를 거쳐야 하고, 넷째 그 수단과 방법이 사용자의 재산권과 조화를 이루어야 함은 물론 폭력의 행사에 해당되지 아니하여야 한다는 여러 조건을 모두 구비하여야 한다(대법원 2000. 5. 12. 선고 98도3299 판결, 2001. 10.

25. 선고 99도4837 전원합의체 판결 참조).

원심판결 이유에 의하면, 원심은 그 채택증거에 의하여 인정되는 사실에 기초하여 이 사건 쟁의행위의 목적이 경영권의 본질에 속하는 공장이전 자체의 반대를 위한 것이므로 그 목적에 있어 정당성을 상실하였을 뿐만 아니라 그 수단과 방법이 사용자의 재산권과 조화를 이루지 못하고 폭력을 행사한 것이므로 이 사건 쟁의행위는 정당행위에 해당하지 아니한다고 판단하였는바, 앞서 본 법리와 기록에 비추어 살펴보면 원심의 사실인정 및 판단은 정당하고 거기에 상고이유로 주장하는 바와 같은 위법이 있다고 할 수 없다."

3) 경영권의 내용

위에서 살핀 대법원 판례의 취지와 같이 일정 범위 내에서 사용자에게 경영권이 실제적으로 존재한다고 하면, 그 내용을 살펴 볼 필요가 있게 된다. 경영권은, 다음과 같은 권능으로 구성되어 있다.

(1) 경영조직권

경영 주체는 경영이라고 하는 조직체를 창설하고, 처분하며, 개편하고 그 기관을 임면하는 권한을 갖는데, 이것을 경영조직권이라고 한다.

(2) 의사결정권

경영이, 그 의사를 결정하는 권한이다. 경영 주체가 단일한 경우에는 그 개인이 경영의 의사결정을 하고 경영의 집행을 행하기 때문에 간단하지만, 다수인에 의해 구성되는 경우(가령 주식회사)에는 그 총의에 의해 경영의 최고 의사를 결정하는 권한을 갖는다. 그러나 집행 행위는 할 수 없고, 의사결정권도 무제한하지는 않고 법정 사항에 한정되게 된다.

(3) 경영집행권

경영 주체에 의해 선임된 기관 임원은 업무 집행의 최고 방침을 결정하고, 경영이 소유하는 개별 재산의 관리 · 처분을 행하며, 생산계획 · 판매계획의 입안과 실시, 자금 · 자재 · 노무의 조달과 조정을 행하고, 경영 집행의 보조자인 경영관리 담당자(기업에서 부장 · 과장 · 공장장)의 인사를 결정하고 그 업무 집행의 지휘 · 감독을 행함과 함께, 경영관리 담당자를 통하여 종업원의 인사를 결정하고, 경영 질서를 유지하며 업무를 운영하기 위한 제반 규칙을 제정하여 경영 질서를 혼란시키는 자에 대하여 제재를 할 권한을 지닌다. 이를 경영집행권이라고 한다.

이와 같은 경영집행권 중 개별 재산의 관리 · 처분권 및 생산계획 · 실시와 자금 등의 조달을 행할 권한을 '경영의 대물적 집행권', 경영관리 담당자 및 종업원의 인사 결정과 그 업무 집행의 지휘 · 감독권을 '경영의 대인적 집행권', 제반 규칙을 제정하는 권한을 '경영의 규칙제정권', 경영 질서 위반자에 대한 제재를 행하는 권한을 '징계권'이라고 부를 수 있다.[10]

10 香月不二夫, 『經營權と組合活動』, 中央經濟社, 1982, 11-14쪽.

① 경영의 대물적 집행권

경영의 대물적 집행권은, 이를 시민법상의 개념으로 환원하면 소유권 · 지상권 등의 물권 혹은 사용대차 · 임대차계약상의 채권적 용익권이기도 하지만, 이 권리들을 경영 조직체에 편입시켜 관리 운용하는 경우, 일괄하여 경영 집행기관의 대물적 집행권이라고 불리는 것이고, 그 기초는 위에서 언급한 물권 및 채권이다. 이 대물적 집행권 중 경영의 목적 달성을 위하여 경영 내 제반 재산을 합리적으로 관리하는 권한을 노동법상 특히 시설관리권이라고 한다. 이 시설관리권과 노동3권의 조화로운 운영 방안은 조합활동권과 관련하여 논의되고 있다.

② 경영의 대인적 집행권

경영의 대인적 집행권은, 이를 시민법상의 개념으로 환원시키면 타인의 노무를 이용하는 것을 목적으로 하는 계약, 즉 위임계약 · 도급계약 · 고용계약에 근거하는 채권이다.

근대법에서 사람을 물권적으로 지배하는 것은 인정되지 아니한다. 사람이 사람을 지배하는 권한은 계약에 의해서만 발생한다. 현실 사회에서 사람이 다른 사람에게 명령하고 타인을 지휘하며 타인에게 복종을 요구하는 경우 경제적인 역학관계가 사실상 작동하지만, 법적으로 본다면 쌍방의 합의에 의한 계약을 결부시켜서 비로소 가능하게 된다. 경영의 집행기관이 그 보조자인 경영관리 담당자의 인사를 결정하고 이에 대하여 지휘 · 명령 내지 감독하는 권한도 계약관계에 의해서 발생한다.

집행기관이 직접 혹은 경영관리 담당자를 통하여 종업원의 인사를 결정하고 이에 대해 행하는 지휘 · 명령 · 감독하는 권한도 위에서 본 바와 같이 쌍방의 계약에 의해 발생한다. 경영관리 담당자와 종업원은 계약을 통하여 경영 조직으로 편입되고 집행기관의 지휘 · 명령과 함께 그 노동력의 사용 · 처분을 위탁하는 것으로 되는 것이다. 경영의 대인적 집행권 중 경영관리 담당자와 종업원의 고용 · 배치전환 · 전근 · 승격 · 상벌 · 해고 등을 인사권이라고 부르고, 사용자의 지휘 명령에 복종할 것을 요구하는 권리를 노무지휘권이라고 하는 것이 보통이다. 노무지휘권에는 노무 제공의 구체적인 방법 이외에, 배치전환 · 전근 · 승격의 발령과 다음에서 보는 규칙제정권에 의해 제정된 규칙에 복종하는 것을 명하는 행위도 포함된다.

경영의 대물적 · 대인적 집행권은, 말하자면 경영의 행정권이라고 할 수 있다.

③ 경영의 규칙제정권

경영의 규칙제정권은, 경영을 운영하고 경영 질서를 유지하기 위해 경영 집행기관이 규범을 제정하는 권한이다.

경영은 사람과 물건의 종합적 조직체인 이상, 이 존립과 유지를 위해서는 일정한 부분 사회적 규범을 제정하는 것이 불가결한 요건이다. 이 점은 국가와 같은 대규모 조직에 있어서 그 존립과 유지를 위해서 법률이 필요한 것과 같다.

규칙의 정립은 모든 사람의 집단 조직에서 반드시 보이는 것이다. 가령 공공근무 관계와 운영물의 이용 관계 등 공법상의 관계를 비롯하여 노동조합, 학교, 학생 집단, 지역주민 자치회, 나아가서는 친목 단체에 있어서조차 규약을 설정하여 그 조직의 유지를 도모하게 된다.

규범의 정립 방법은 다양하지만, 국가와 국민의 관계와 같이 일반적으로 참가하는 선택이 불가능한 경우를 제외하면, 통상적으로는 집단을 창설하는 경우는 스스로 일정한 규범을 제정하고 구성원은 그 규범에 복종하는 것을 합의하고, 기성의 집단에 구성원으로서 참가하는 경우에는 그 집단의 규범에 충실할 것을 약속함에 의해 구속을 받는다.

경영의 규칙제정권은 다른 모든 단체와 마찬가지로 그 존립과 기능을 확보하기 위한 제도적 보장으로서 인정되는 고유한 권한이다. 이를 노동법에 대입해 말하자면, 근로기준법 제9장에서 규정된 취업규칙의 작성변경권으로, 동법 제94조에서는 취업규칙의 작성 · 변경시 근로자 과반수로 조직된 노동조합이 있으면 그 노조, 이것이 없으면 근로자 과반수의 의견을 듣도록 하고 있고, 다만 불이익변경시에는 그 동의를 얻도록 하고 있다. 대법원은 취업규칙의 법적 성질에 대해 논한 1977. 7. 26. 선고 77다355 판결에서, "취업규칙은 사용자가 기업경영권에 기하여 사업장에 있어서의 근로자의 복무규율이나 근로조건의 기준을 획일적 · 통일적으로 정립하기 위하여 작성하는 것으로 원칙적으로 취업규칙의 작성변경권은 사용자에게 있다 할 것"이라고 하여, 취업규칙 작성변경권을 사용자의 기업경영권 행사의 한 내용으로 보고 있다. 그런데 취업규칙 불이익변경시 요구되는 근로자 집단의 집단적 의사결정 방법에 의한 동의 요건에 대해서는, 현대 사회에서 근로자상의 다양화 현상과 근로 조건 결정의 개별화 현상에 적합지 못하다는 비판이 가능하다.

이와 같은 규칙작성권은 말하자면 경영의 입법권으로 볼 수 있다.

④ 징계권

징계권은 경영이 그 고유한 기능에 근거하여 제정한 규칙에 위반한 자에 대하여, 경영 질서의 유지를 위하여 경영 집행기관이 행하는 제재의 권한이다.

징계권의 성질 내지 법적 근거에 대해서는 여러 논의가 있지만, 제재에 관한 사항은 취업규칙의 필요적 기재 사항(근기법 제96조)이고 취업규칙의 작성과 변경에 대해서는 일정한 법적 제한이 가해지고 있는 점(동법 제97조)에 비추어 징계권의 근거를 취업규칙에서 찾는 법규범설이 타당하다고 생각된다. 그런데 대법원 판례는 징계권을 사용자의 인사권의 범주에 속하는 것으로서 기업 운영 또는 근로계약의 본질상 당연히 사용자에게 인정되는 권한으로 보며,[11] 기업 질서의 확립 · 유지에 필요하고 합리적인 것인 한 근기법 등 관계 법령에 반하지 않는 범위 내에서 그 위반 행위에 대한 규율을 취업규칙으로 정할 수 있다고 하여 넓게 보고 있다.[12]

징계권은 말하자면 경영의 사법권 기능을 한다고 할 수 있다.

4) 소결

위와 같은 이론적 근거하에서 단체교섭의 대상 사항을 중심으로 대법원 판례의 흐름을 분석해 보면, 일부 학설에서 보이는 바와 같이 경영의사의 결정은 사용자의 경영권으로 인정하고 있고 나아가 최근 판례에서는 법적 근거하에서 경영권의 법적 실체를 명시적으로 인정하고 있음을 알 수 있다. 그런데 이 점에 관한 미국의 판례에서도 관찰되듯이 경영의사의 결정권도 이보다 단체교섭에 의해 얻을 이익이 큰 경우 교섭 대상으로 인정되고 있음을 참조하면 우리나라에서의 교섭 가능 범위가 좁다는 분석도 있을 수 있다.

한편으로 최근 대법원 판례가 언급하고 있는 바와 같이 경영권이 실체

11 대법원 1994. 9. 30. 선고 94다21337 판결.

12 대법원 1994. 6. 14. 선고 93다26151 판결.

성을 가진 헌법상 권리라는 점을 감안하면, 단체교섭권이 보장되어 있는 것과 마찬가지로 경영권도 보장되어 있는 한 단체교섭권의 인정 범위는 현재의 일반적인 해석상 인정 범위보다 좁게 인정되어야 한다는 해석이 가능할 수 있다.

여기에서는 단체교섭권의 '직접적인 교섭 대상'과 '근로조건 및 고용에 영향을 주는 경영상의 조치'는 구별되어야 하고 후자에 대해서는 원칙적으로 단체교섭권이 직접 미칠 수 없다고 보아야 한다고 판단하면서, 제반 경영상 조치들이 근로 조건과 고용에 영향을 미친다는 이유에서 단체교섭과 단체행동의 대상이 된다면 경영권의 고유한 권리성은 실질적으로 공허한 것이 될 것이라고 분석하고 있다. 왜냐하면 근로 조건 및 고용에 영향을 미치는 경영 조치에 대한 단체교섭이 평화적으로 타결되지 않는 한 노조는 파업을 단행할 수 있기 때문에, 이와 같은 상황하에서 경영권의 고유한 권리성은 실질적으로 부인될 수밖에 없다고 밝히고 있다.

그러면서 '경영상의 조치' 그 자체[13]는 단체교섭의 대상이 될 수 없으며(근로자의 근로 조건이나 고용과 무관한 경우에는 물론이다), 다만 경영 조치로 인하여 근로 조건이 저하되거나 근로자가 해고되는 경우에는 이에 대하여 사용자는 노조와의 협의를 통하여 정당한 이유를 제시해야 하고 정당한 이유가 인정되지 않는 한 근로 조건의 저하나 해고는 효력이 없다고 보아야 할 것인데, 이는 원칙적으로 사법적 심사를 통하여 결정되어야 할 문제라고 한다. 어느 경우나 노사 당사자들이 경영 조치에 관한 문제와 이로 인한 근로 조건 및 고용에 관련된 문제를 '협의'의 대상으로 정하여 각자의

13 앞에서 언급된 바와 같이, 이에 속하는 사항들로 대표적인 것으로 기업 투자, 회사의 폐업, 사업 양도 등 경영 주체의 고유한 경영 권한에 속하는 사항들을 들 수 있다.

견해를 개진할 수 있음은 물론이라고 한다.[14]

기업의 경영권이 실체로 인정되고 있는 대법원 판례하의 실제 운영과 관련하여 이렇게 본다면, 기업의 인수 · 양도 · 합병 · 해외 이전 등은 경영 우선권에 속한다 할 것이고, 단체교섭의 대상을 적시하여 본질적인 경영권적 사항들은 교섭 대상이 될 수 없도록 하는 것이 바람직하다고 할 수 있다.

이것과 관련하여 일본에서는 판례 및 학설에서 근로 조건과 밀접한 관련이 있다면 경영 사항에 대한 단체교섭 대상성을 인정하고 있으며,[15] 일본의 경우 경영권의 개념에 소극적인 이유로 경제질서의 기본 원칙에 관한 헌법상 조항(우리나라의 제119조)이 없다는 점에서 그 원인을 찾는 견해[16]도 존재한다.

3. 노동3권과 경영권간 관련 문제들

1) 대체 근로의 허용 범위

노동조합및노동관계조정법(이하 '노조법') 제43조에 따르면 사용자는

14 김형배, 「단체교섭권과 경영권」, 『노동법학』 제18호, 2004, 73쪽.

15 직장재편성(어떠한 제품을 어떠한 직업조직에서 생산할 것인가 하는 생산계획)의 문제가 근로자의 직종 · 취로장소 등에 관련되는 한도에서 의무적 교섭 사항으로 된다는 도쿄 고등법원의 1969년 판결, 회사 빌딩 내 승강기 업무 및 청소 작업의 하청화 자체는 사용자가 일방적으로 결정할 수 있지만, 이에 수반되는 근로자의 직장 변경 등은 의무적 교섭 사항이라는 도쿄 지방법원 1996년 판결 참조.

16 김형배, 위의 글, 76쪽.

쟁의행위 기간 중 그 쟁의행위로 인하여 중단된 업무를 위하여 당해 사업과 관계없는 자를 채용 또는 대체할 수 없으며, 그러한 업무를 도급 또는 하도급 줄 수 없다.

노조가 파업에 돌입하면 사용자는 대체 근로자를 투입하여 조업을 계속할 자유를 가진다. 그러나 대체 근로는 파업의 압력 효과를 저하시키고 이를 저지하려는 노조측과 지나친 대결 사태를 야기할 우려가 있기 때문에 이러한 위험으로부터 파업을 보호하려는 정책적 배려에서 노조법이 특별히 설정한 규정으로, 신규 채용에 의해 조업을 계속하는 것은 파업 종료 후의 인사관리를 어렵게 하는 점도 고려한 것인데, 선진국에서는 유사한 입법례를 찾아보기 어렵다.[17]

그 개정을 둘러싸고 논란이 있어 오다가, 2006년 말 선진화 입법 개정에서는 필수 공익사업의 사용자가 쟁의행위 기간 중에 한하여 당해 사업과 관계없는 자를 채용 또는 대체하거나 그 업무를 도급 또는 하도급 주는 경우에는 적용하지 않는 것으로 하였다(2008년 1월부터 시행). 사용자는 당해 사업 또는 사업장 파업 참가자의 100분의 50을 초과하지 않는 범위 내에서 채용 또는 대체할 수 있으며, 이 경우 파업 참가자 수의 산정 방법 등은 대통령령으로 정한다(제43조 4항). 필수 공익사업에서 쟁의행위가 일어난 경우에 대체 근로를 허용함으로써 공중의 일상생활이나 국민경제에 대한 위해를 최소화하려는 규정이다.

미국의 경우 부당노동행위 항의 파업에는 대체 근로가 금지되지만 일반 경제 파업에는 대체 근로가 금지되지 아니하며, 이 경우 (임시직으로 채용하지 않은 이상) 영구 대체도 가능하다. 일본의 경우에는 노동쟁의 중인

---

17 임종률, 앞의 책, 199쪽.

사업장에의 직업소개는 금지되지만 대체 근로가 가능하다고 해석되고 있다. 이 점과 관련하여 최고재판소가 "사용자는 근로자측의 정당한 쟁의행위에 의하여 조업의 정상적인 운영이 저해되는 것은 받아들여야 하지만, 쟁의기간중이라도 업무수행을 정지하여야 하는 것은 아니며, 조업정지를 목적으로 하는 노조측의 쟁의수단에 대해서는 조업을 계속하기 위해 필요한 대항조치를 취할 수 있다고 해석해야 하며, 이렇게 해석하더라도 이른바 노사대등의 원칙에 위배되는 것은 아니다"라고 판시한 내용을 참조할 수 있다.

그러나 미국의 경우와 고용 관행을 달리 하는 일본에서는 파업 참가자의 직장복귀권이 인정되고, 대체 근로자의 존재를 이유로 해고한다면 부당한 해고로 연결될 수 있다.[18] 그리고 프랑스 등의 경우 파견근로를 대체 인력으로 사용할 수 없다는 제한이 있다.

2) 조합 활동의 정당성

각종 집회의 개최나 유인물 배포 등 노동조합이 단결력을 유지 · 강화하기 위해 행하는 일상적 제반 활동을 할 권리를 조합활동권이라고 한다. 즉 노동조합이 그 목적을 달성하기 위하여 집회의 개최 · 참가, 리본 · 머리띠 등의 착용, 유인물의 배포, 벽보의 부착, 연설 등의 행위를 하는 경우가 있는데, 그 목적이 근로 조건의 유지 · 향상보다는 단결력의 유지 · 강화에 있고, 그 방법이 정상적인 업무 운영을 저해하는 것이 아니라는 점에서 쟁의행위와 구별된다.

18 菅野和夫, 앞의 책, 581쪽.

조합 활동은 기업 시설 내에서 또는 취업 시간 중에 행해지는 경우 사용자의 권리와 충돌하게 되는데, 우리나라의 노동조합은 주로 기업별로 조직되어 있어서 조합 활동도 기업 시설 내에서 사용자의 노무지휘권이나 시설관리권 등과 충돌하면서 행해지는 경우가 많다.

이와 관련하여 우리 판례는 노사자치 규범이나 사용자의 승낙, 기타 관행에 근거하지 않는 조합 활동은 정당성이 없다고 본다. 즉 조합 활동이 정당하려면 취업규칙이나 단체협약에 별도의 허용 규정이 있거나 관행이 존재하는 경우 그리고 사용자의 승낙이 있는 경우를 제외하고는 취업 시간 외에 행해져야 하며, 또한 사업장 내의 조합 활동에 있어서는 사용자의 시설 관리권에 바탕을 둔 합리적인 규율이나 제약에 따라야 한다고 한다.[19]

그런데 이러한 견해에 대해서는, 우리나라 노조의 경우 노조 조직 형태로 인하여 기업 내 조합 활동의 필요성이 크다는 점을 고려하지 않음으로써 정당성 판단에 있어서 사용자측 권리 보호에 치우쳤다는 비판이 있다.[20] 이러한 견해에서는 기업 내에서 행해진 조합 활동이 사용자의 여러 권리와 충돌하는 때에는 노동3권과 사용자 권리의 조화적 보장이라는 관점에서 조합 활동의 정당성 범위를 정하는 것이 타당하다고 한다.

관련하여 일본의 대기업 노동조합의 운영에 관한 최근의 조사[21]에 따르면, 대기업의 본부노조는 노조 사무실을 외부에 독자적으로 운영하고 있고, 노조의 운영 경비는 노조 자체적으로 충당하며, 파업 장소는 노사 협의에 의해 사전에 명시된 장소에서만 실시하고 있는 것으로 나타났다. 소니,

19 대법원 1994. 2. 22. 선고 93도613 판결; 대법원 1990. 5. 15. 90도357 판결.

20 김유성, 앞의 책, 101-105쪽.

21 삼성경제연구소, 「일본 기업 노동조합의 운영에 관한 전화인터뷰」, 2007. 11. 2.

도요타, 마츠시타, 샤프 등 대기업 노조는 독자적인 노동조합 빌딩을 소유하고 있는데, 다만 대기업 노조의 지부나 중소기업의 경우 대부분 공장 내에 노조 사무실이 위치하고 있으며, 소니는 노조 지부도 외부에 위치하고 있는 것으로 나타났다.

노조의 필요경비는 노조 회비로 충당되며, 회사 건물을 임차시 임차료를 지급하고 있는 것으로 나타났다. 다만 단체협약에 따라 임차료 및 필요집기를 회사에서 지급하고 있는 경우도 있다. 최근에 파업은 없지만 파업 때에는 노사 협의에 의해 사전에 명시된 장소(식당 · 주차장 등)에서 실시하고 있었다. 노조 전임자는 노조 위원장을 제외하고는 극히 소수로 운영되고 있는데, 전임자 수는 500명당 1인의 수준으로 나타났다.

우리나라에서도 노조의 자체 기금이 적립되고 노조 전임자에 대한 임금 지급 문제가 자주성 확보 차원에서 해결된다면 일본의 경우와 같이 좀더 합리적인 운영이 가능할 수 있다고 분석된다.

3) 경영상 해고 제도의 보완

근로기준법 제24조에서는 경영상 해고 제도를 언급하면서, 사용자가 경영상 이유에 의하여 근로자를 해고하려면 긴박한 경영상의 필요가 있어야 하는데, 이 경우 경영 악화를 방지하기 위한 사업의 양도 · 인수 · 합병은 긴박한 경영상의 필요가 있는 것으로 본다고 정하고 있다(제1항). 그리고 사용자는 해고를 피하기 위한 노력을 다하여야 하며 합리적이고 공정한 해고의 기준을 정하고 이에 따라 그 대상자를 선정하여야 하는데 이 경우 남녀의 성을 이유로 차별하여서는 아니 된다고 규정하고 있다(제2항). 아울러 사용자는 이와 같은 해고를 피하기 위한 방법과 해고의 기준 등에 관하여 그 사업 또는 사업장에 근로자의 과반수로 조직된 노동조합이 있는 경우에는 그 노동조합, 근로자의 과반수로 조직된 노동조합이 없는 경우에는 근로자의 과반수를 대표하는 자(근로자 대표)에 대하여 해고를 하려는 날의 50일 전까지 통보하고 성실하게 협의하여야 한다고 정하고 있다(제3항). 아울러 사용자는 대통령령으로 정하는 일정한 규모 이상의 인원을 해고하려면 대통령령으로 정하는 바에 따라 노동부 장관에게 신고하여야 하며(제4항), 사용자가 제1항부터 제3항까지의 규정에 따른 요건을 갖추어 해고한 경우에는 정당한 이유가 있는 해고를 한 것으로 본다(제5항).

이 조문은 해고의 정당한 이유와 관련하여 일반 해고에 관한 제23조와 나란히 근로기준법 내에 규정되어 있다. 이와 같은 노동법상의 규정 형식만을 고려할 때에는 제24조가 단순한 '해고 보호'에 관한 규정이라고 볼 수 있으나, 실질적으로는 제23조의 규정과는 그 규정의 취지를 달리 한다. 제23조는 사용자와 근로자 사이의 근로관계를 더 이상 유지할 수 없는 근로자 개인의 일신상 또는 행태상의 사유를 해고의 정당한 이유로 하지만, 제24조는 개별 근로계약 관계와는 상관없이 경영상의 이유를 해고의 이유로 한다. 따라서 제24조는 해고 제한이라는 측면에서 근로기준법 내에 편입되어 있지만 해고의 원인에서 보면 사업의 경영과 관련된 기업주의 경영상 조치를 전제로 한 것이다. 그런 의미에서 본다면, 근로자 참여 및 협력 증진에 관한 법률 제19조 제7호가 규정하고 있는 경영상 또는 기술상의 사정으로 인한 고용 조정의 일반 원칙과 그 대상을 같이 한다고 볼 수 있다.

근로기준법 제24조의 규정은 양면적 성격을 지닌다. 즉 '경영상의 이유'는 기업주의 경영권과 관련된 사항이고, 이로 인한 '해고'는 근로자의 해고 보호에 관한 사항이다. 따라서 사용자의 경영권 행사에 의한 경영상의 결단과 근로자의 해고 보호라는 양측의 이해관계가 충돌할 수밖에 없는 것이다. 이 경우에 사용자의 경영권과 근로자의 직장 보호 중 어느 하나만을 보호한다는 것은 이 규정의 취지에 부합하지 않으며, 이 경우에 그 한계 획정이 중요시되지 않으면 안 된다.

근로기준법 제24조는 '긴박한 경영상의 필요'를 해고의 정당한 이유의 하나로 규정하고 있다. 그러나 '긴박한 경영상의 필요'라는 요건은 기업의 경영상의 결단 자체를 제한하는, 다시 말하여 경영권 행사의 범위를 한정하는 기준이라고 볼 수는 없다는 견해가 있다.[22] 왜냐하면 경영상의 긴박성이 인정되지 않는다고 하여 기업주의 경영상의 결단이나 조치 자체가 허용되지 않는다거나 금지되는 것은 아니며, 이로 인하여 부수되는 해고가 무효로 될 뿐이기 때문이다. 다시 말하면 긴박한 경영상의 필요는 해고의 유효 요건에 지나지 않는다고 한다. 가령 사업 부진이나 불경기로 사업장 일부를 폐쇄하면서 근로자를 해고하는 경우에 당해 경영 조치의 긴박성 여부에 따라 해고의 효력 여부가 판단되는 것이지만, 해고의 효력을 인정할 정도의 긴박성이 미흡하다고 해서 기업주의 경영상의 조치가 금지되는 것은 아니다. 이 경우에 사용자는 근로자를 해고할 수 없지만, 경영상의 결단에 의하여 합리화를 그대로 추진할 수 있다고 보아야 하기 때문이라고 한다. 그렇다면 '긴박한 경영상의 이유'는 해고의 정당성을 판가름하는 기준에 지나지 않으며, 경영상의 조치 자체의 적법성 여부를 판단하는 기준은 아니라고 한다.

1980년대 말까지 경영상 해고에 있어서 '긴박한 경영상의 필요성'은 대법원 판례상으로 비교적 엄격하게 해석되었다. 즉 대법원 판례는 경영상 해고가 정당화되기 위해서는 기업 경영이 위태로울 정도의 급박한 경영상

22 김형배, 「단체교섭권과 경영권」, 『노동법학』 제18호, 2004, 82-83쪽.

의 필요성이 있어야 한다는 태도를 취하였다.[23] 그 후 1990년 초부터 가시화된 경기 불황 이후에는 대법원 판례의 태도가 변화하기 시작하였다. 즉 기업의 도산을 회피하기 위한 정도까지는 필요하지 않지만 객관적으로 보아 경영합리화 조치의 합리성이 인정되는 것으로 족하다고 하거나,[24] 기업 재정상 몹시 곤란할 처지에 놓일 개연성이 있으면 장래 기업 재정의 악화를 우려하여 예방적 해고를 하는 것도 가능하다고 하거나,[25] 경영합리화를 위해 직제를 개편한 결과 발생한 잉여 인력의 해고를 정당하다고 한 판례[26]가 등장한 것이다. 결과적으로 인원 삭감이 객관적으로 합리성이 있다고 인정될 때에는 긴박한 경영상의 필요가 있으므로 이 경우에 단행된 경영상 해고는 정당하다는 것이 1990년 초부터 변화된 대법원 판례의 모습이다.

자유시장 경제체제하에서 기업의 경쟁력 유지는 기업 존립의 필수적인 요소이다. 따라서 '긴박한 경영상의 필요'는 반드시 기업이 도산 위기에 이를 정도의 긴박성을 요건으로 하는 것은 아니라고 할 수 있다. 가령 구조조정 · 기술개선 · 업종전환 등이 행해지지 않으면 경영의 존립이 위태롭게 되거나, 정상적인 경영 활동이 위축되어 곧 다른 경쟁 업체와의 경쟁에서 탈락할 가능성이 있는 때에는 긴박한 경영상의 필요가 있는 것으로 보아야 한다.

대법원 판례도 최근에 근로기준법 제24조에 대하여 긴박한 경영상의 필요를 신축적으로 해석하고 있으며, 또한 해고 회피 노력 · 합리적이고 공

23 대법원 1989. 5. 23. 선고 87다카2132 판결 등 참조.

24 대법원 1991. 12. 10 선고 91다8647 판결 등 참조.

25 대법원 1990. 1. 12. 선고 88다카34094 판결.

26 대법원 1991. 1. 29. 선고 90누4433 판결.

정한 기준에 의한 대상자의 선정 · 노조 또는 근로자 대표에 대한 통보와 협의를 종합적 · 유기적으로 고려하여 판단해야 한다는 태도를 명백히 하고 있다. 즉 "긴박한 경영상의 필요라 함은 반드시 기업의 도산을 회피하기 위한 경우에 한정되지 아니하고, 장래 올 수도 있는 위기에 미리 대처하기 위하여 인원삭감이 객관적으로 보아 합리성이 있다고 인정되는 경우도 포함되는 것으로 보아야 하고, 위 각 요건의 구체적 내용은 확정적 · 고정적인 것이 아니라 구체적 사건에서 다른 요건의 충족정도와 관련하여 유동적으로 정해지는 것이므로 구체적인 사건에서 경영상 이유에 의한 해고가 위 각 요건을 모두 갖추어 정당한지 여부는 위 각 요건을 구성하는 개별사정들을 종합적으로 고려하여 판단하여야 한다"라고 판시하고 있다.[27]

이와 같이 현대적 경영 상황하의 경영상 해고에 있어서 근로자에 대한 해고 보호와 함께 기업주의 경영권을 조화롭게 운영하기 위해서는, 경영상 해고에 요구되는 '긴박한 경영상의 필요성'을 최근 대법원 판례의 취지에 적합하게 '인원 삭감이 객관적으로 합리적인 경우'로 수정하여 이 경우 경영상의 해고가 가능하도록 법이 개선될 필요가 있다. 여기서 객관적으로 합리적인 경우란 앞의 단체교섭 대상과 관련하여 경영권 내용을 언급한 곳에서 설명한 바와 같이 사업의 양도, 인수 · 합병 및 가시적인 기업 경영의 위기 등으로 설명할 수 있을 것이다.

한편, 회사정리 절차에 있는 회사는 정상적인 회사와는 달리 경영이 심각한 상태에 빠져 있는 관계로 갱생을 위한 모든 조치를 강구할 필요가 있게 된다.

그 중에는 회사 내부의 인적 조직에 대한 합리적인 조정도 심대하게

27 대법원 2002. 7. 9. 선고 2001다29452 판결; 대법원 2003. 11. 13. 선고 2003두4119 판결 등.

요청된다. 그러나 회사정리법상 정리 절차가 개시되더라도 회사 근로자의 근로관계는 변동이 없이 존속하는 것으로 되어 긴박한 경영상 필요성이 충족되는 경우 정리해고만이 가능하게 된다.

선진국들의 경우 도산 등과 같은 절차에서 정리해고에 대해서는 특별 규정을 두거나 해석상 요건의 완화를 인정하고 있는데, 이를 참조하여 도산 절차에 있는 기업에서의 정리해고시 경영상 해고 규정을 완화하여 적용하거나 적용 배제하는 것을 고려할 수 있다. 이 경우 프랑스 등에서는 근로조건의 하향 변경을 통한 고용의 유지라는 '변경해지제도'가 활용되고 있다는 점도 참조할 수 있다. 그리고 경영권의 실체를 인정한다면, 구조조정에 따른 경영상 해고 일반에 대해서는 근기법에 따라 과반수 노조 또는 근로자 대표와의 '협의'가 문제될 것이고, 기본적으로 경영권의 본질적 내용을 이루는 사항은 단체교섭의 대상이 될 수 없다고 할 수 있다.[28]

28 김형배, 앞의 책, 748쪽. 다만 앞에서 본 바와 같이 경영권의 행사와 노동3권의 보장의 관계에서 비례성 · 형평성에 반하는 경영 조치는 교섭 대상으로 될 수 있다고 한다.

참고문헌

김유성(1999), 『노동법 II — 집단적 노사관계법』, 법문사.

김형배(2007), 『노동법』, 박영사.

______(2004), 「단체교섭권과 경영권」, 『노동법학』 제18호.

법원도서관, 『판례공보』, 각 호.

삼성경제연구소(2007), 「일본 기업 노동조합의 운영에 관한 전화인터뷰」, 2007년 11월.

이상윤(2003), 『노동법』, 법문사.

임종률(2006), 『노동법』, 박영사.

菅野和夫(2006), 『労働法』, 弘文堂.

香月不二夫(1982), 『經營權と組合活動』, 中央經濟社.

Hans Brox(2000), *Arbeitsrecht*, 18. Auflage, Verlag W. Kohlhammer.

Archibald Cox, Derek Curtis Bok, Robert A. Gorman(2003), *Cases and Materials on Labor Law*, The Foundation Press.

OECD(1999), *Employment Outlook*.

______(2005), *Employment Outlook*.

제7장_ 사회적 비용 최소화를 위한 법 · 제도 개선 방안

이정일

1. 문제 제기

우리나라는 GDP 규모에서 세계 13번째 경제대국이다.[1] 그럼에도 불구하고 국가경쟁력이나 노사관계 경쟁력 측면에서는 아직도 선진국 수준에 미치지 못하고 있다. 아직도 많은 노사 분규를 우려하고 있으며, 노사관계 역시 대립적인 측면이 강한 것으로 인식되고 있다.

정부와 지방자치단체들이 오랫동안 기업하기 좋은 나라를 만들기 위해 많은 노력을 기울여왔지만 외국 기업들은 여전히 한국을 적정 투자국가로 보지 않고 있다는 사실에 주목할 필요가 있다. 특히 노사 문제는 국내외 기업의 투자 의욕을 꺾는 핵심 걸림돌로 인식되어 왔다.[2] 한국에 투자한

1 통계청, 2007, '국제통계'에 따르면 우리나라의 2005년 말 GDP는 7913억 달러로 세계 12위였으나, 2006년 말 기준으로는 8874억 달러로 러시아에 이어 13위를 차지하였다.

2 『한국경제신문』, 2002/02/01 참조. 당시 외국인 투자기업을 대상으로 실시한 설문조사에서 노사관계 제도 개선이 가장 시급한 과제로 지적됐다. 이들은 기업을 경영하면서 가장 힘든 문제로 전체의 34.9퍼센트가 노조 활동 및

외국계 기업의 CEO(최고경영자)들은 우리나라의 투자 여건이 많이 개선되고 있지만 여전히 불만스럽다는 반응을 보이고 있다. 지나치게 높은 임금인상 요구, 노조의 경영권 참여 요구, 상급 노동단체의 간섭, 원칙 없는 노사 분규 해결 등 한국의 현실을 더는 받아들이기 힘들다는 지적이다.

최근 대한상의가 실시한 투자환경 평가 조사 결과[3]를 살펴보면 노사 여건(국내 51.9점, 해외 73.9점), 입지 및 공장설립 여건(국내 54.0점, 해외 72.8점) 등에 대한 만족도가 가장 낮고 해외하고도 격차가 큰 것으로 지적되고 있다. 특히 노사 부문에서는 지나친 임금인상 요구, 낮은 노동생산성 등을 가장 큰 문제로 지적하고 있다. 또한 해외 생산기지를 가지고 있는 기업들이 국내로 유턴하기 위해 개선이 가장 시급한 부문으로 '노사 여건'(40.4%)을 지적하고 있는 것은 시사하는 바가 매우 크다 하겠다.[4] 국내외 기업가들이 느끼는 우리나라 노사관계에 대한 부정적 이미지를 쇄신하지 않고는 외국 기업의 투자를 기대하기도 어려운 실정이다.

또한 우리나라의 1인당 국민소득이 2만 달러를 넘어 3만 달러 시대로 조속히 진입하기 위해서는 투자 활성화를 촉진하는 경영환경 개선이 필요한데, 특히 노사 불안의 해소가 무엇보다 시급히 해결되어야 할 과제이다.[5]

단체교섭 제도를 꼽았다. 2005년 10월 28일 국무총리 국무조정실과 산업연구원(KIET)이 주최하고 매일경제신문사가 후원한 '국가경쟁력 강화를 위한 국제 심포지엄'에서도 동일한 문제가 지적된 바 있다.

3 대한상공회의소, 「우리나라 투자환경 평가와 과제 조사」, 2007. 최근 해외 진출 제조업체 300개 기업을 대상으로 '우리나라 투자환경 평가와 과제'를 조사한 결과에 따르면 해외 진출 기업들은 국내 여건을 49.3점으로 평가했다.

4 노조 조직률은 지속적으로 감소하고 있다(1989년, 19.8% → 2005년, 10.3%).

5 우리나라도 일찍이 마의 1만 달러 벽에 부딪혀 장기 정체에 빠진 외국의 선례를 답습하지 않을까 하는 우려가 높다. 일찍이 OECD에 가입하였던 그리스, 뉴질랜드, 포르투갈, 스페인 등은 1만 달러 선상에서 장기간 침체 상태에 빠진 적이 있다. 아일랜드, 스위스, 아이슬란드, 노르웨이, 스웨덴 등 5개국은 1만5천 달러 대에서 국민소득이 낮아지는 정체기를 맞았지만, 국민적 힘을 결집하여 경제성장과 외자유치 등에 주력한 결과 2~5년 뒤에는

세계 어느 나라도 노사 갈등을 안고서 선진국에 진입한 경우는 없었기 때문이다.

이 글에서는 우리나라 노사관계의 현주소를 사회적 비용 측면에서 살펴보고 사회적 비용을 최소화하기 위한 법제도 개선 방안, 그리고 이러한 법제도의 조기 정착을 위한 선결 요건인 의식과 관행 개선의 방안을 제시하고자 한다.

2. 우리나라 노사관계의 현주소

경제의 성장세 둔화에 더불어 국가경쟁력 저하도 병행되어 향후 한국경제의 성장잠재력 약화에 대한 우려가 점차 높아가고 있다. 한국의 2006년 IMD 국가경쟁력 순위는 전체 61개 국가 중 38위, 2007년에는 총 55개국가 중 29위를 차지한 것으로 나타났다. 세계경제포럼의 경쟁력 지수도 2005년 19위에서 2006년 24위로 하락하였다. 특히 1인당 GDP 1만 달러 이상의 36개 중 한국의 2006년 국가경쟁력은 30위에 그쳐 하위권에 머무르고 있는 것으로 나타났다.[6]

이처럼 국가경쟁력이 낮은 데는 세계 최저 수준인 노사관계 경쟁력도 일조를 했다. 과격한 노사 분규가 생산 및 수출 등에 막대한 차질을 초래함으로써 국가경쟁력 하락을 부채질했다고 할 수 있다. 특히 노사관계의 경쟁력

다시 성장세를 회복한 바 있음은 우리에게 많은 것을 시사해 준다.

6 1위는 홍콩이며 일본과 대만은 각각 17위와 18위로 한국은 주요 경쟁국들에 크게 뒤처지는 상황이다.

표 7-1 국가경쟁력 및 노사관계 부문 순위

	2000	2001	2002	2003	2004	2005	2006	2007
국가경쟁력	29	29	29	37	35	29	38	29
노사관계	44	46	47	59	60	60	61	55
조사국가수	47	49	49	59	60	60	61	55

자료: IMD, 세계경쟁력연감(*IMD's World Competitiveness Yearbook*), 각 년도

이 2007년에도 총 55개 국가 중 55위를 기록하는 등 2003년 이래 노사관계 경쟁력은 조사 대상국 중 계속 최하위 수준을 벗어나지 못하고 있다는 것은 우리나라의 노사관계가 국제경쟁력 강화의 발목을 잡고 있다는 것을 여실히 보여주는 것이다. 노조가 임금, 근로 조건 등의 문제를 넘어서 생산라인의 조정 · 변경, 인사 · 징계권 참여 등 경영권에 속하는 사항까지 노사 합의를 요구하거나 노사관계에서 법과 원칙이 제대로 지켜지지 않고 있는 것도 외국 투자자들의 국내 투자를 주저하게 만드는 요인들이다.[7]

OECD 국가들과 파업성향을 비교해 보면, 우리나라는 2000년 이후 파업성향[8]이 높아져 노사 분규로 인한 경제적 손실이 더욱 확대되고 있는 추세이다. 2000~2004년 중 연평균 파업 성향은 106일로 1995~1999년의 73일보다 33일 많아졌으며, OECD 평균 47일보다 2.3배나 된다.

7 최근 주한 외국인 투자 단체의 대정부 건의 사항을 살펴보면 고용 유연화, 법과 원칙 준수, 퇴직금제 등 법제도 개선을 주로 요구하고 있어 고비용 구조, 경직적 노동시장, 노사관계 불안 등 투자 여건에 큰 변화가 없다고 인식하고 있는 것으로 보인다. GM은 과거 대우자동차를 인수하는 과정에서 과도한 경영 참여를 허용한 단체협약 내용의 수정을 인수 조건으로 제시한 적이 있다.

8 파업 성향(strike rate)이란 노동쟁의 수준의 국제 비교에 사용되는 지표로서 파업이나 직장폐쇄와 같은 노동쟁의로 인해 발생한 근로손실일수를 임금 근로자 1000명으로 나눈 값을 의미한다.

표 7-2 주요 OECD 국가들의 파업성향 비교 (단위: 기간 평균, 일)

	1995~1999	2000~2004	1995~2004
한국	73	106	90
영국	21	29	25
독일	3	4	3
일본	2	n.a	n.a
미국	43	40	41
OECD 평균	48	47	48

주: 일본의 n.a는 자료의 제약으로 계산하지 못했음을 의미.

자료: 노동연구원, 『노동리뷰』, 2006년 6월호.

표 7-3 주요 노사 분규 관련 지표 (단위: 건, 일)

	2001	2002	2003	2004	2005	2006
발생 건수	235	322	320	462	287	138
불법 분규 건수	55	66	29	58	16	24
근로손실일수	1,083,079	1,580,404	1,298,663	1,198,779	847,697	1,200,267
10대 파업 사업장의 근로손실일수	540,292 (49.9%)	744,694 (47.1%)	657,700 (50.6%)	627,553 (52.3%)	558,884 (65.9%)	928,575 (77.3%)

자료: 노동부

최근 우리나라의 노사분규 건수는 감소하고 있으나 노사 갈등의 대규모화, 장기화 경향은 여전히 지속되어 왔다. 대다수 사업장은 합리적인 분규 해결 양상을 보이고 있으나, 일부 대규모 노조 사업장은 여전히 과격한 투쟁 방식에서 벗어나지 못하고 매년 파업을 경험하기도 했다. 실제로 노사분규 관련 통계를 보면 파업으로 인한 우리나라 전체 근로손실일수 중 77퍼센트 정도가 주요 10대 사업장의 파업으로 인해 발생된 것이었다.

노사 분규에 따른 손실은 매우 다양한 측면에서 나타날 수 있다. 파업을 전후한 태업이나 근로 분위기 이완으로 인한 생산성 저하, 각종 의사결정의 지연, 거래선과의 약속 불이행에 따른 손실, 파업 등 조업 중단에 따른 생산 및 수출 차질액, 그 동안 쌓아온 기업 및 제품에 대한 이미지 손상 등 직접 및 간접적 피해는 계산하기 어려울 정도로 많다. 그러나 안타깝게도 이러한 여러 비용들을 정확히 계산하거나 나타내주는 지표가 없어 정확한 손실 규모를 측정하기도 어렵다.

노사 분규로 인한 막대한 손실 중 극히 일부에 해당하지만 노사 분규로 인한 손실이 얼마나 큰지를 나타내주는 지표 중 하나가 산업자원부에서 발표하는 생산 및 수출 차질액이다. 생산차질액은 2000년 들어 1조 6천억 원을 넘어섰고 2001년, 2003년에는 2조원을 넘는 손실을 보인 것으로 조사되고 있다. 최근 들어 노사 분규가 줄어들고 있다고는 하지만 여전히 생산 및 수출 차질액의 규모에는 큰 차이가 없어 양보다 질적 측면에서 노사 분규를 살펴볼 필요가 있다. 생산 및 수출 차질액이 크게 나타난 것은 아직도 대규모 사업장에서 분규가 자주 발생한다는 것을 보여주고 있다. 2005년의 경우 제조업의 1,000인 이상 대형 사업장의 노사 분규 발생 건수는 10건(8.8%)으로 적으나, 생산차질액 및 수출차질액은 전체 차질액 중 각각 85.1퍼센트 및 83.9퍼센트로 대부분을 차지한 것으로 나타났다.

표 7-4 노사 분규로 인한 생산 및 수출 차질액

	2000	2001	2002	2003	2004	2005
생산차질액 (억 원)	16,357	21,269	17,177	24,972	16,578	12,899
수출차질액 (백만 달러)	636	767	608	1,053	852	829

주: 1) 생산차질액 및 수출차질액은 제조업 기준이며, 수출차질액은 생산차질액 중 수출분이 차지하는 금액.
자료: 산업자원부(산업연구원) 자료, 각 년도.

우리나라의 노사 관행을 살펴보면 파업을 우선적 쟁의행위 수단으로 활용하는 파업지상주의가 아직도 만연하고 있다. 각종 사회적 이슈에 대응하기 위해 노조가 관행적으로 총파업을 활용하는 경향이 나타나며, 상급 단체간의 선명성 경쟁으로 노사 문제와 무관한 정치 지향적 및 대리전 성격의 노동운동 내지 파업도 빈번히 발생한다. FTA, 노사관계 로드맵, 비정규직 보호법안 등 작업장의 근로 조건 개선보다는 파업의 명분과 동기가 약한 국가 차원의 법 · 제도 개선을 둘러싼 노정간 갈등이 빈발하는 것도 우리의 현실이다.

이러한 가운데 법과 원칙을 무시한 불법 파업이 관행적으로 반복되고 있는 것도 우리나라 노사관계가 가진 문제 중 하나이다. 교섭 대상이 아닌 사항에 대해 교섭을 요구하면서 노동법상의 쟁의 절차를 무시하고 주거 침입, 업무 방해와 재물 손괴, 폭행 등 불법 행위가 빈번히 발생되고 있다. 무엇보다도 법과 원칙의 준수 의식이 미약하고 사회적 책임과 윤리 의식이 희박한 것도 이러한 노사 관행의 형성과 지속에 일조했다고 보여진다.

극렬하고 잦은 파업에 따른 경제적, 사회적 손실에 매우 무감각해 진 것도 우리의 현재 모습이다. 관련 법규 위반과 구속을 투쟁 경력으로 내세우는 경향이 만연되어 있고, 불법 행위로 해고된 근로자의 복직 투쟁과 요구도 여전히 지속되고 있다.

파업 철회와 단체협약 타결 조건으로 위로금이나 타결 격려금 명목의 금전 보상이 관행화되면서 무노동 무임금 원칙이 제대로 정착되지 못하고 있다. 파업 후 노사가 합의하기만 하면 형사 고발이나 손해배상 청구 소송 등이 취하되고 민형사상 책임도 면제된다는 인식이 팽배한 것도 현실이다.

또한 우리나라 노동운동은 현장을 볼모로 하는 정치 활동이 잦고 노동 귀족주의도 만연해 있다. 노동계는 정치 역량을 강화하기 위해 개별 기업의 노사 문제를 투쟁 수단으로 활용하는 경향이 강하다. 이는 현장의 단위노조에 비하여 상급단체가 매우 정치조직화되어 있어 현장의 노사관계는 기업의 현안을 화두로 하는 데 비해 상급노조는 이를 정치적 이슈로 확대 재생산하고 있기 때문이다.[9] 현재 노조 조직률이 10.3퍼센트(2005년 12월 말 기준)에 불과하고 대부분의 조합원은 상급 단체의 정치 활동에 무관심한 경향을 보이고 있음에도 노조의 정치 지향성은 아직도 그다지 변하지 않고 있다.

최근에는 산별노조가 급부상함에 따라 파업뿐 아니라 교섭 비용의 증가가 크게 우려되고 있다. 기업별 노조체제에서 산별노조 체제로 전환됨에 따라 교섭 사항이 확대되고, 기업 경쟁력을 무시한 과다한 요구가 성행하며, 산별노조는 요구를 관철하기 위하여 조직적인 대규모 총파업, 동조 파업 등을 지속적으로 전개할 가능성이 높고, 특히 중층적 교섭에 따른 기업 부담이 가중될 것을 우려하는 목소리가 높다.

2010년에는 사업장 단위 복수노조가 허용될 예정이며, 복수노조가 제도로 안착되는 과정에서 또다시 노사관계 불안정과 막대한 노사관계 비용이 발생할 가능성이 높은 것도 향후 특히 우려되는 요인이다.[10]

9 남성일, 「21세기 노동조합의 역할에 관한 연구」, 2005. 12. 23, 47 참조.

10 노조 기업의 노사관리비용, 단체교섭비용, 쟁의로 인한 생산 및 수출차질액 등을 종합하면 현재 우리나라의 노사관계 비용은 연간 약 2조8544억 원으로 추정되며, 이러한 비용은 복수노조 허용 시 교섭제도 유형 및 노조설립 방식에 따라 다소 차이는 있으나, 8.1~11.1퍼센트의 비용 상승이 예상된다. 이강국, 조준모, 홍수경, 「복수노조 설립 등에 따른 사업장 제비용 변화에 관한 연구」, 2006, 노동부수탁연구과제 참조.

3. 사회적 비용 최소화를 위한 관련 법제 개선 방안

1) 불법 파업에는 법을 엄정 집행하고 무노동 무임금 원칙을 고수

첫째, 노동 현장에서 다발하는 적법 절차 미준수, 불법 쟁의행위 근절을 위해서는 법규 위반 사항에 대해서는 예외없는 법 적용이 필요하다. 특히 집회 및 시위에 관해 일관되게 법률 적용이 이뤄질 때 합리적 노동운동의 관행이 정착될 것이다.

1982년 미국 관제사 파업 시 1만3천 명이 파업에 참여하였으나, 레이건 행정부는 복귀 명령을 거부한 1만1500명에 대해 즉시 해고 조치를 단행한 바 있다.

2005년 12월에 미국 뉴욕 시 대중교통노조(Transport Workers Union Local 100, TWU)가 25년 만에 연금재정 문제로 처음 파업에 돌입했으나 3일 만에 파업을 철회한 일은 우리에게 많은 점을 시사한다. 파업이 개시되자마자 마이클 블룸버그 시장의 주도하에 뉴욕 시는 파업 하루당 노조에 100만 달러의 벌금을 부과하도록 하는 법원의 판결을 이끌어냈으며, 노조원 개개인에 대해서도 하루 2만5천 달러의 벌금을 매기도록 하는 내용의 소송을 준비하는 등 처음부터 강경 대응으로 일관하였다. 크리스마스 쇼핑 시즌을 앞두고 일어난 파업 손실이 10억 달러에 이를 것으로 추정되고, WNBC와 매리스트 인스티튜트(Marist Institute)의 여론조사에서 뉴욕 시민의 55퍼센트가 파업에 반대를 표명하는 등 시민들이 파업에 매우 냉담한 반응을 보이자 결국 노조는 3일 만에 파업을 중지하였다. 이처럼 파업이 신속히 철회된 배경에는 파업기금이 충분하지 못했던 탓도 있었지만 무엇보다도 뉴욕 주의 공공기관 근로자의 공정노동법(The Public Employees Fair Employment Act), 소위 테일러법에서 그 이유를 찾을 수 있을 것이다.[11] 이 법은 공공부문 근로자들의 파업을 금지하며, 만약 파업이 발생하는 경우 시행이 용이한 제재 조치를 포함하고 있다. 이 법에 따르면 파업에 돌입한 경우 노조는 조합원의 급여에서 자동으로 조합비가 지급되도록 하는 일괄공제 권리를 상실하게 된다. 또한 파업에 참가한 조합원에 대해서는 참가일수의 두 배에 해당하는 임금을 벌금으로 납부하도록 하며, 법원은 파업을 주도한 노조와 이에 참가한 근로자들에게 파업중지 명령을 내릴 수 있으며 이를 어길 시에는 벌금을 매길 수 있도록 하였다.

우리나라의 경우에도 그 동안 파업으로 많은 사회적 비용이 발생했지만 이를 제재하거나 피해 보상을 받을 수 있는 길은 거의 없었다. 파업이나 노사 갈등으로 인해 입은 공공의 피해에 대해서는 신속하게 피해를 보상하도록 법원이 명령하는 소위 신속피해구제제도의 도입을 긍정적으로 검토할 필요가 있다. 이 제도는 한미 FTA의 노동 장(章)에 있는 공중의견제출제도와 유사하게 공공서비스 부문에서 불법 분규로 피해가 발생한 경우 시민 등 공중이 법원에 피해구제 신청을 할 경우 법원은 이를 신속하게 처리하여 공공의 이익을 지키고 사회적 비용의 최소화를 도모하는 방안이라 할 수 있다. 공중이 입은 피해는 가해 당사자인 노조에게 손해배상금이나 벌금 등으로 부과하는 방안이 검토될 수 있을 것이다.

둘째, 무노동 무임금 원칙의 철저한 적용으로 무임승차 관행을 배제할

11 장효욱, 「공공부문 연금을 둘러싼 변화와 갈등: 뉴욕시 대중교통노조의 파업」, 『국제노동브리프』, 2006.1월호, 한국노동연구원, 41~47쪽 참조. 1966년 미국 뉴욕의 운수노조가 벌인 파업에 대응해 당시 주지사였던 넬슨 록펠러가 조지 테일러를 위원장으로 하는 특별위원회를 설치해 공공부문 근로자들의 불법적인 파업으로부터 시민들을 보호하는 동시에 근로자들의 권익 또한 보호할 수 있는 법을 제정하였다.

수 있어야 한다.'불법파업이라도 힘으로 밀어붙이면 안 될 게 없다'는 식의 투쟁만능주의와 노사 협상이 타결되면 모든 것이 용인되는 악순환의 고리를 차단해야 한다. 특히 협상 타결 후 지급되는 격려금 및 타결 축하금 등 편법적 임금 지급 관행에 대해서는 철저히 금지하고, 무노동 무임금 원칙을 위배한 경우 노사 당사자에게 직접적 제재를 가하는 방안도 마련될 필요가 있다.

셋째, 호전적 노동운동의 사회적 폐해에 대한 인식을 확산시켜 나가야 한다. 불법적 집단행동 및 위법 사항에 대한 공권력의 대응 가이드라인을 제시하고 이를 철저히 지켜 나가야 한다. 특히 폭력행위에 대해서는 사전 경고 후 예외없이 전원 형사 조치하며, 불법 파업이 벌어지면 파업 초기에 신속한 의법 조치로 피해를 최소화하도록 해야 한다. 그 동안 쟁의 대상에 대해 엄격한 기준을 적용하기 어려워 불법 파업 여부를 판단하기 쉽지 않은 경우가 많았다. 향후 불법 파업 여부는 사용자측의 요청이 있을 경우 중앙노동위원회에서 즉시 판단, 심판 결과를 공시하고 불법파업 중지 가처분 명령을 내릴 수 있도록 제도를 개선해야 불법 파업에 대한 신속한 대응이 가능해질 것이다. 그리고 노동조합의 쟁의 활동에 대한 면책 사항도 더욱 엄격히 적용할 필요가 있다. 특히 불법 파업 및 파업 기간 중 불법 행위로 피해나 손해가 발생한 경우에는 이를 주도한 파업 지도부에 대해 민 · 형사상 책임을 부과할 수 있어야 노동운동이 좀더 사회적 책임을 염두에 두고 활동을 할 수 있을 것이다.

넷째, 불법 쟁의행위에 대한 경영권의 방어권 행사 조치로서의 손해배상 및 가압류 행사에 대해 제한을 가하여서는 안 된다. 손해배상 및 가압류 행사는 순수한 민사법의 방어권 행사 차원에서 경영권의 유일한 대항 수단으로 정당한 권리이며 최소한의 자구 조치이다.[12] 특히 손해배상액 자체를 제한하는 것은 시민법 이론(채권자 평등의 원칙)상 무리이고 외국의 입법례에서도 손해배상액을 제한하거나 민사 집행법상의 특례를 인정하는 경우는 거의 없다. 한편 불법 행위로 인한 손배 책임의 주체는 노동조합이며, 노동조합도 불법 행위로 인한 책임의식을 가져야 한다. 불법 행위의 결과 노동조합도 파산할 수 있어야 하는 것은 단체법의 법리상 당연한 것이다. 따라서 조합의 존속이나 활동 보장이라는 온정주의 때문에 불법 행위 책임을 '조합 활동이나 존속을 해치지 않는 경우'로 제한할 수는 없다. 그러한 제한은 노동조합의 불법 행위를 더욱 조장하는 것이며, 이러한 방향으로의 입법은 노동조합에 대한 국가의 지나친 후견으로서 과잉 입법에 해당하는 것이다.

2) 산별노조, 복수노조 폐해를 막기 위해 배타적 교섭대표제를 도입

노동법은 최소 인원의 제한 없이 2인 이상이면 신고만으로 노동조합 설립이 가능하도록 규정하고 있으며, 일부 공공부문을 제외하고는 단체교섭권과 단체행동권을 동시에 부여하고 있다. 2010년에는 사업장 단위에서도 복수노조 설립이 허용될 예정이다. 노동조합의 설립이 자유화될 경우 사용자는 다수의 노동조합과 복수의 교섭을 수행해야 함으로써 교섭 비용이 급격히 증가하고 이로 인해 원만한 경영 활동이 저해될 수 있으며, 노노 갈등도 불가피해질 수 있다. 만약 이러한 사태가 발생한다면 기업 경쟁력의 약화는 명약관화하다 할 것이다. 따라서 노동조합의 설립은 자유화하더라

12 다만 현행 민사집행법 제246조 제1항 제4호는 조합원의 최저생계 보장을 위해 임금의 1/2까지만 압류를 허용하고 있으며, 그 금액도 120만원을 초과할 수 없도록 하고 있다.

도 이로 인한 난립과 부작용을 예방 또는 최소화하는 제도적 보완이 시급히 요청된다.

그러나 그 동안 숱한 논의에도 불구하고 복수노조 허용에 따른 문제를 예방 내지 최소화하기 위한 어떠한 대안도 확정된 바가 없다. 일찍이 노사정위원회 공익위원들은 교섭 창구 단일화 방식에 대해 노동조합의 자율적 단일화 원칙을 우선으로 적용하되, 단일화가 되지 않았을 경우에는 노조원의 다수 지지를 받은 노조에게 교섭 대표권을 부여하는 방식을 도입하도록 제안한 바 있다.

미국은 조합원과 비조합원이 모두 참여하는 선거에서 50퍼센트 이상의 찬성을 얻어야 교섭권을 부여하고 종업원 과반수의 지지를 얻은 노조에게만 기업과 교섭할 수 있는 자격을 부여하는 배타적 교섭제를 채택해 대표성과 교섭의 효율성을 제고하고 있다. 이러한 방안은 산별노조 확산에 따른 중층 교섭 부담, 복수노조 허용으로 인한 군소 노조의 난립 문제 등을 해결할 수 있는 효과적인 수단이 될 수 있다.

표 7-5 미국 배타적 교섭제도의 주요 내용

① 종업원 30퍼센트 이상의 서명을 받아 연방노동위원회에 노조인정 선거 신청, 노조 인정 선거에서 사용자도 공식적으로 반노조 캠페인 전개 가능
② 연방노동위원회 주관하에 전체 근로자를 상대로 비밀투표를 실시, 전체 50퍼센트를 초과하는 찬성을 얻어야 노조에게 교섭권 부여
③ 노조 인정을 받은 경우, 일정 기간 동안 제2노조가 30퍼센트의 지지를 얻더라도 교섭권 인정 선거가 불가능
④ 협약 유효 기간이 만료된 경우, 종업원은 교섭권 박탈 선거를 신청할 수 있으며, 종업원 50퍼센트의 찬성 투표가 있으면 교섭권 박탈

종업원 과반수 이상의 지지를 받는 노동조합이 교섭단체로 활동하는 배타적 교섭대표제 방식은 기업 내 노조가 다수 병존하는 경우 교섭을 둘러싼 노사 및 노노 갈등과 교섭 비용을 최소화함으로써 교섭의 효율성을 가져올 수 있는 장점을 갖는다. 이 경우 배타적 교섭권을 부여하는 과정에 대해서는 가칭 노사관계위원회와 같은 외부의 독립된 기구를 통해 이를 관리하도록 함으로써 대표권 인정 절차를 거치도록 하는 것도 필요하다. 즉 미국의 NLRB(National Labor Relations Board) 같은 독립적 기구에게 교섭단체의 단위, 적용 범위, 배타적 교섭권 부여의 권한을 맡기도록 한다는 것이다. 이 제도에 의하면 종업원의 일정 비율 이상(예를 들어 20퍼센트 이상)의 서명을 확보한 노동조합은 노사관계위원회에 대표권을 요청할 수 있으며, 노사관계위원회는 종업원 전체를 대상으로 비밀투표를 실시하여 과반수 지지를 얻은 노조에 대하여 교섭 대표권을 주되, 과반수를 얻지 못한 경우 사용자는 교섭할 의무를 지지 않는다. 한편 기업은 교섭단체 선정을 위한 선거 기간 중 선거를 벌이는 노동조합에 관한 사실을 알리거나 노동조합이 기업에게 어떤 영향을 줄 것인지에 대한 의견을 종업원에게 홍보할 수 있도록 한다. 만약 배타적 교섭제도의 도입에 대한 사회적 합의를 도출하기 어려울 경우에는 우선 노동조합의 조합원 과반수를 대표하는 노조에 한해 교섭권을 부여하는 방안을 도입해 교섭 창구 단일화를 도모할 필요가 있다.

외국의 사례를 살펴보면 자율교섭 방식을 채택하고 있는 일본을 제외한 대부분의 선진국에서는 교섭의 효율성을 도모하기 위해 노동조합의 교섭권을 제한하고 있어 제도 운영에 큰 무리가 없을 것으로 보인다.

3) 단체협약 유효 기간을 1~2년에서 4년으로 확대해 교섭 비용 절감

단체협약 개정을 위한 잦은 단체교섭은 노사관계의 불안정 요인으로 작용할 수 있다. 현재 대부분의 사업장에서 임금협상은 1년, 단체협상은 2년마다 이뤄짐에 따라 교섭 비용이 많이 들고 잦은 갈등을 경험하기도 한다. 특히, 산별 단위의 교섭이 확산됨에 따라 좀더 장기적 관점에서 교섭의 효율화 및 비용 경감을 위한 제도 운영의 탄력성을 높일 필요가 있다.

선진국의 경우 안정적 노사관계를 유지하고 교섭비용을 줄이기 위해 단체협약의 유효기간을 점차 장기화하고 있는 추세이다. 프랑스는 최장 5년, 일본은 최고 3년, 미국은 2~4년 마다 개정하는 방식을 채택하고 있다. 따라서 노사 간 단체교섭을 실시 주기를 4년으로 설정하여 빈번한 교섭 실시로 인한 비용과 폐해를 줄이는 것이 필요하다.

교섭비용 절감을 위해서는 교섭의 횟수도 최소화하되, 교섭보다는 사전 협의를 더욱 활성화하도록 해야 할 것이다. 노사 양측의 교섭위원도 10명 내외로 제한하여 교섭을 이유로 한 경영활동 중단 등이 발생하지 않도록 해야 한다. 실제로 현대중공업은 중요 경영진이 교섭 참여로 인해 영업활동 등에서 지장을 받는 일이 없도록 노조 측의 제안으로 2006년 교섭위원을 종전의 절반규모인 11명으로 줄인 바 있다.

표 7-6 단체협약 유효 기간

1년	2년	3년	1년 미만	1년 6월	기타
26.0%	68.8%	0.8%	0.8%	0.7%	2.8%

자료: 노동부, 2003.

4) 파업 기간 중 대체 근로자 채용 및 하도급 허용

대부분의 선진국은 무기대등의 원칙 및 사용자의 영업자유 보장 차원에서 대체 근로를 허용하고 있다. 일본은 파업 때 회사 내부 인력뿐만 아니라 외부 인력의 일시적 · 영구적 대체 근로가 허용된다. 대체 근로 이용시 노동조합에게는 대체 근로 불참을 호소하는 피켓팅만 가능하도록 법으로 규정하고 있다. 미국도 판례를 통해서 파업권과 영업의 자유간 균형을 유지하기 위해 외부 인력의 일시적 · 영구적 대체 근로를 허용하고 있다.

현재 우리나라는 필수 공익사업장에만 대체 근로가 허용되고 있어 그 효과가 매우 미흡한 실정이다. 모든 사업장에서 파업 기간 중 대체 근로를 통해 생산 중단이 없도록 해 파업 손실을 최소화해 나가야 한다. 특히 불법 파업 때에는 대체 근로를 우선적으로 허용하도록 법규에 규정할 필요가 있다.

5) 노조의 부당노동행위제도 신설 및 회계에 대한 외부감사 제도 강화

현행 노동법은 근로자 보호를 목적으로 하고 있으므로 사용자의 부당노동행위만 규정할 뿐 노동조합의 부당노동행위에 대한 규정은 두고 있지 않다. 노사 대등성을 한층 강화하고 합리적 노동운동을 조기에 정착시키기 위해서는 사용자뿐 아니라 노동조합에게도 부당노동행위에 대해 처벌제도를 신설하고 이를 위배한 경우 형사 처벌하는 규정을 설정하여야 한다. 사용자와 노동조합 간의 형평성과 근로자의 부당한 행위에 대한 경각심을 높이기 위해 노동조합에 대해서도 부당노동행위 제도를 도입해야 한다. 좀더

표 7-7 미국 노동조합의 부당노동행위 제도

- 1947년 태프트하틀리법에서 노조의 부당노동행위제도 도입 - 취지: 노조의 부당하고 남용적인 행위 규제 - 근로자의 노동3권 행사를 제한하거나 강제한 행위, 비조합원 등에 대한 차별 행위를 사용자에게 요구하거나 강제한 행위, 노조의 교섭거부 및 불성실한 교섭행위, 2차적 쟁의행위 등을 부당노동행위로 인정

구체적으로는 근로자의 노동권 행사를 제한하거나 강제하는 행위, 노조 가입을 위협하거나 약속하는 행위, 비조합원에 대한 차별을 사용자에게 요구하거나 강제한 행위, 사용자에게 전임자 임금 지급 등 금품을 강요하는 행위, 쟁의를 염두에 둔 노조의 불성실한 교섭 및 교섭 거부, 2차적 쟁의행위 등을 노조의 부당노동행위로 규정할 수 있을 것이다.

그리고 노동조합의 부패, 노사 유착, 노조원에 대한 비도덕적 행위 등 일탈행위가 발생하고 있으나, 이를 구체적으로 제어할 수 있는 법률도 없어 관련된 법률과 제도 또한 신설할 필요가 있다. 노조 운영상의 문제점을 예방하고 투명성을 강화하기 위해서는 외부 감사를 의무화해야 한다. 현행법은 감사기구를 노동조합 내에 자율적으로 설치 및 운영하도록 규정하고 있으나, 이러한 내부 장치만으로는 노동조합 재정의 운영상 문제를 근본적으로 해결하는 데 한계가 있다고 본다. 현행법은 조합원의 요구가 있을 때에만 결산 결과를 열람하고 있어 실제 조합원들은 회계 내용을 거의 모르는 실정이다. 따라서 향후 이 제도를 개선하여 노조원에게 감사 결과를 의무적으로 공개하고 또 조합원이 요청할 경우 언제라도 열람할 수 있도록 해야 한다.

외국의 사례를 살펴보면 연례보고서를 공식적으로 제출하는 사례가 많다. 미국의 경우 매년 노동부 장관에게 재정보고서를 제출하는데 여기에는 임원, 배우자, 자녀의 주식, 채권 및 금전적 이득 등도 포함하도록 하고 있다. 영국에서는 노동조합이 행정 관청에 매년 연례보고서를 제출해야 한다. 일본에서는 노조 규약으로 회계보고는 회계 감사인의 사실 증명과 함께 연 1회 이상 조합원에게 공표하는 것이 일반적이다. 노동조합은 자주적인 단결체로서 조직의 자주적 운영이 보장되어야 하지만 그 동안 노조의 비리 등을 감안할 때 노조의 자체 규약으로 맡겨두기엔 한계가 많다. 따라서 모든 노조에는 외부인이 참여하는 감사 또는 감사위원회를 설치해 매 회계연도마다 1회 이상 노동조합의 업무 및 회계 상황에 대한 감사를 실시하고 감사 결과 요지 및 감사록을 열람할 수 있도록 해야 한다. 그리고 조합원 100인 이상 노조 및 상급단체에 대해서는 외부 감사를 의무화하고 감사 결과에 대해서는 공개하도록 하는 등 노조 운영의 투명성을 높이는 조치가 마련되어야 한다.

6) 노조 전임자 규모에 대한 합리적 기준을 마련하고 회사의 급여 지급을 금지

현재 우리나라의 노조 전임자 수는 국제적으로 비교해 보더라도 많은 수준이다. 노조 전임자 수를 조합원 규모에 비례하여 최대 허용 기준을 설정할 필요가 있다. 향후 복수노조가 허용될 경우 노조 전임자 수를 두고 노사간 갈등이 빈번하게 발생할 수도 있기 때문이다. 새로운 기준은 현재 관행적으로 행해지고 있는 과다한 급여 지원을 줄이면서, 동시에 노조의 재정적 측면도 고려하여 결정되는 것이 바람직하다. 노동부 조사에 의하면 우리나라

표 7-8 사업장의 노조전임자 1인당 조합원 수 (단위: 명)

구분	유급 완전전임		유급 부분(시간)전임		전체	
	단체협약	실제	단체협약	실제	단체협약	실제
전임자 1인당 조합원 수	185.1	181.8	780.9	1028.1	149.6	154.5
전임자 1인당 근로자 수	279.9	274.9	1180.9	1554.6	226.3	233.6

주: 전체는 완전 전임자와 부분 전임자를 합한 전체 전임자당 조합원 및 근로자 수를 의미함.
모집단: 6,257개 사업장 가운데 700개 사업장 선정.
자료: 노동부, 「노조전임자 실태조사에 관한 연구」, 2006.

전임자 1명당 조합원은 154.5명 수준으로, 일본의 500~600명, 미국의 800~1000명, EU의 1500명에 비해 매우 적은 것으로 나타났다. 노조 전임자 수가 세계 유수 나라와 비교할 때 월등히 많은 상태이므로 줄여 나가되, 우리나라와 노조체제가 비교적 유사한 일본의 예를 참조해 노조 전임자 1인당 500명 선에서 노조 전임자를 둘 수 있도록 기준을 설정할 필요가 있다.

노조 전임자에 대한 급여 역시 현재는 일부 중앙 및 연맹 간부를 제외하고는 대다수가 회사의 지원을 받고 있는 실정이다.[13] 2006년 노동부 조사 결과를 살펴보면 6257개 노조에 약 1만327명의 노조 완전 전임자가 있으며, 이 노조 완전 전임자들에게 연 지급되는 임금 총액이 3439억4천만 원에 이르는 것으로 추정되고 있다. 노조 전체 조합원 155만 명이 월 1만 원의

13 노동부에서 2006년에 조사한 자료에 의하면 노조 전임자의 90퍼센트 가량이 사업장 내 노조 전임자였으며, 상급단체 파견 노조 전임자나 노조 채용 직원의 임금을 지급하거나 혹은 회사 파견 사무보조 직원의 비율은 전체 노조 전임자 중 3~4퍼센트 이내였다. 노조 완전 전임자의 임금은 99.5퍼센트 회사에서 지급하고 있었다. 배규식(2006)의 연구에서 재인용.

조합비를 12개월 냈을 때 연간 전체 조합비 1860억 원의 약 2배에 이르는 금액이다.[14]

해외 선진국의 사례를 살펴보면 다음과 같다. 일본은 노조 전임자 급여 지원은 경비 원조로 보아 기업별 노조임에도 불구하고 거의 노조가 노조 전임자 임금을 부담하는 관행이 정착되어 있다. 미국은 노조 전임자 급여 자체를 금지하지는 않지만 해당 사업장의 노사관계와 밀접한 관련이 있는 업무에 한정하여 유급 노조전임 활동을 단체협약으로 규율하고 있다. 만약 경비 원조 및 제공되지 않은 근로에 대한 임금 지급을 강제하는 경우는 노조의 부당노동행위로 규율된다. 독일의 경우 산별노조 간부는 노조에서 급여를 부담하고 사업장 단위의 직장평의회 전임자에 대해서는 근로자 수에 따라 전임자 수를 법률로 규정하여 유급전임 시간을 보장하고 있다. 프랑스는 사업장 단위 노조 대표 및 종업원 대표에 대한 유급전임 활동을 보장하며, 기업 규모에 비례하여 전임자 수와 월 일정 시간의 유급 전임시간을 법으로 정하고 있다.

향후 노조 전임자의 급여는 조합비에서 전액 지원하도록 하고, 회사가 이를 지원하는 사례가 없도록 해야 한다. 이미 법에서 노조에 대한 급여 지급은 부당노동행위로 규정하고 있고 노조의 자주성, 독립적 운영 차원에서도 노조 전임자 급여는 당연히 조합의 기금이나 조합비에서 지급되는 것이 타당하기 때문이다.

14 배규식, 「노조전임자 임금지급 금지가 노사관계에 미칠 영향」, 노사정위원회 정기 제3차 월례토론회 발표 자료, 2006년 6월 30일.

7) 신속한 문제 해결을 위한 노동위원회 운영 및 개별분쟁해결제도 개선

노사 문제의 신속한 해결 및 비용의 절감을 위해서는 노동위원회의 전문성 강화 및 조정 기능의 활성화가 필요하다. 노사 분규에 대한 조정 기능을 활성화하고 심판 기능의 공정성을 높이도록 해야 한다. 노동쟁의 행위를 단순히 조정, 제한하는 기능을 탈피, 쟁의행위의 예방 및 합리적 해결을 위한 적극적인 서비스를 제공하여야 한다. 노사간 자주적이고 신속한 해결을 지원해 주는 알선 제도를 도입하고 예방적 분쟁 해결의 기능을 강화해야 한다. 심판 처리의 기한 및 절차를 단축하고 소송 대리인 인정의 다양화 및 저렴한 소송 수행을 지원하여야 한다.

특히 노동위원회의 전문성을 높이고 이를 뒷받침하기 위해 상근 전문 인력을 보강해 나가야 한다. 노동위원회 내 상임위원 숫자를 늘리고, 현장 경험이 풍부한 전문가들을 상근 인력으로 적극 활용할 필요가 있다. 조정 및 심판위원을 확대하고, 이들에 대한 전문적인 재교육을 실시하고 민간기관과 연계하여 조정 전문가 교육 프로그램을 개발해 적극 활용하는 것도 필요하다.

특히 최근에는 개인 차원의 분쟁이 늘어나는 등 분쟁이 다양해지고 있다. 이에 대비하기 위해 개별적 분쟁 해결 시스템의 재정비가 시급하다. 부당해고 신청 건수가 2002년 5047건에서 2005년 6258건으로 빠르게 증가하고 있다.[15]

이러한 변화는 사용자의 위법 행위가 실제로 증가했다기보다는 근로

15 중앙노동위원회(http://www.nlrc.go.kr/).

자의 권리의식이 증진된 것이 주요 원인이라 할 수 있다. 종전에는 해고나 임금 관련 분쟁이 주였지만, 최근에는 비정규직 고용, 성희롱, 근로 조건 변경에 이르기까지 분쟁 형태도 다양해지는 경향을 보이고 있고 좀더 전문적 대응이 필요한 상황이다.

개별 분쟁의 예방과 신속하고 합리적인 처리를 위해서는 현행 시스템을 개선해야 한다. 개별 분쟁을 전담하는 별도의 '조정위원회'를 설치하여, 알선, 조언, 조정 등 분쟁 해결을 위한 지원 기능을 수행하게 해야 한다. 개별 근로관계의 전문적인 지식과 경험을 가진 전문가를 적극 활용하여, 신속한 분쟁 해결을 촉진할 수 있어야 한다. 일본은 2001년에 개별 분쟁의 조정적 해결을 목적으로 한 '개별노동분쟁해결촉진법', 2004년에 개별분쟁의 판정적 해결을 목적으로 한 '노동심판법'을 제정하는 등 개별 분쟁에 대한 전면적 개혁을 단행한 바 있다.

8) 기타 노동조합 활동 관련 법규 개정 추진

현재 우리나라 노동조합은 통상적으로 사업장 내부에서 쟁의 활동을 전개하고 있다. 그러나 노동조합이 파업을 통해 노동력 제공을 거부한다면 응당 작업장을 떠나 쟁의행위를 하는 것이 옳다. 그러나 우리나라의 대부분의 사업장에서는 파업이 사업장 내에서 이루어짐으로써 기업 활동이 마비되는 폐해가 자주 발생하고 있다. 따라서 노동조합은 파업 등 쟁의 활동을 작업장 이외 지역으로 제한하는 방안도 검토할 필요가 있다.

가까운 일본의 경우 기업별 노조임에도 불구하고 대부분의 노조는 그 사무실을 사업장 밖에 별도로 설치해 독립적 운영을 하고 있는 경우가 많다.

우리나라의 경우에도 향후 노조 사무실의 독립적 설치 및 운영도 고려해 볼 수 있을 것이다.

그 밖에 노동조합의 쟁의 활동을 위한 찬반투표 등을 실시할 경우 현재와 같은 현장투표 외에도 우편투표나 휴대폰 이용을 허용하는 방안도 검토할 필요가 있다. 과거 마거릿 대처 전 영국 수상이 펼친 노동 개혁은 우리가 거울로 삼을 만하다. 대처 수상은 잘못된 노동 관행을 바로잡는 데 정책의 초점을 맞추면서 노동3권을 존중하지만 노조 파업에 포괄적으로 면책특권을 보장해주던 것을 대폭 축소하고 노조도 손해배상의 대상에 포함시켰다. 또 파업에 동참할 것을 권유하기 위해 벌이는 피켓팅의 경우 분규 당사자의 작업장이 아닌 장소에서 벌어지면 불법으로 규정했다. 노동쟁의 찬반투표는 우편 방식을 택하도록 했고, 그 동안 노조의 권력을 키워온 클로즈드숍은 폐지했다.

4. 개선된 법 제도의 조기 정착을 위한 의식과 관행 개선 방안

1) 작업장 혁신을 위한 노사 공동 프로그램 개발 및 우수 사례 확산

우선 작업장 혁신을 위한 프로그램을 노사 공동으로 개발하는 것이 필요하다. 작업장 혁신 모델을 개발하고 적극적으로 확산해 나가야 한다. 사업장 노사 안정화와 혁신에 기여하는 표준적 성공 모델을 개발해 추진하고, 작업 현장 차원의 '노사합동개선위원회' 운영을 정부와 지방자치단체가 적극 지원하도록 해야 한다. 예를 들어 노조와 회사측 직원 각 4~5명이 참여하는'노사합동개선위원회'를 구성하고, 수시로 회합과 공동 연구를 통해 사업장 단위에서 작업 현장 혁신을 주도하도록 장려하고 촉진해야 한다. 이를 위해서는 다양한 근로자 참가 시스템 개발 및 소위원회 활동 활성화를 지원하는 것이 필요하다.

노사관계와 산업평화에 미치는 영향력이 큰 대기업을 중심으로 노사공동의 '작업장 혁신위원회' 구성을 추진하는 것이 필요하다. 작업장 혁신위원회 구성을 노사관계에서의 신뢰 회복과 노사 관행의 선진화를 위한 전환점으로 활용할 수 있을 것이다. 중소기업에 대해서는 노사협력기금을 지원, 작업장 혁신위원회 운영을 촉진해야 한다.

또한 각종 교육기관 및 공공 프로그램에서 노사협력 기법을 전파, 확산해야 한다. 노동부 산하 고용안정센터 및 직업능력개발 사업들과 연계해 운용하고 노동연구원, 노동교육원 주관 아래 노사협력 프로그램을 개발해 제공할 필요가 있다. 노사간 신뢰 증진을 위한 노사 교육 콘텐츠 개발에도 적극 노력하여야 한다. 노사간 신뢰 증진을 위한 정보 공유나 커뮤니케이션, 교육훈련 콘텐츠 공모전 등을 적극 활용할 수 있을 것이다.

무엇보다도 중요한 것은 당사자주의 인식이다. 외부의 압력과 간섭을 배제하고 노사간에 철저한 상호 신뢰를 바탕으로 자주적으로 사업장 문제를 해결해 나간다는 책임의식을 배양해야 한다.

2) 우수 노사 사례의 적극적 발굴 및 정부 차원의 지원책 강화

정부와 학계는 모범적 노사 공존공영 모델을 발굴하고 적극 장려, 지원해야 한다. 상생의 노사관계가 고용 안정에도 기여한다는 실증적 논거를 확보하기 위해서는 투쟁 중심의 노사관계에서 벗어나 노사 협력적 관계로 탈바꿈한 사업장의 성공 사례를 발굴하고 적극 홍보하는 것이 요구된다. 이를 위해서는 우수 노사 사례를 발굴하고 평가하기 위한 상시 기구를 설치, 운영해야 한다. 노사협력평가단은 노동부 산하의 별도 독립기관을 발족해 운영하거나 노동교육원에 설치해 운영하는 방안을 검토할 필요가 있다.

노사 우수 선정 사업장 및 인물에 대해 대대적인 포상 및 지원을 강화해야 한다. 대상자에 대한 실질적인 포상(해외연수 기회 및 인사상 가점 적용 등)으로 한국형 노사 영웅 만들기를 추진해야 할 것이다. 예를 들어 상생의 노사문화 창달의 디딤돌이 된 '올해의 노사 인물' 선정을 정례화하는 것도 한 방법이다. 대상 기업에 대해서는 세제 및 각종 입찰 때 우선권을 부여하는 등 인센티브를 제공할 필요가 있다.

끝으로 의사소통 활성화를 위한 다양한 프로그램을 개발하고 분쟁해결지원센터를 설립해 운영할 필요가 있다. 노사간 다양한 의사소통 채널을 확보하고 프로그램을 다양화하는 노력을 적극 추진해야 한다. 집단 및 개인 차원의 의사소통 활성화를 위한 바람직한 모델을 개발해 전파, 확산하고 지역 및 개별 사업장 차원의 운영을 지원해야 한다. 또한 분쟁 조정 전문 인력 양성을 적극 추진하고 합리적 문제 해결 프로세스 개발에도 노력해야 한다. 대학의 노사관계대학원에 갈등 관리 및 분쟁 조정 과정을 개설하도록 적극 유도해야 한다.

3) 지역별 무분규 관행 정착을 위한 노사상생 활동 지원

지역 차원의 근로자 삶의 질과 기업 경쟁력 제고를 위한 구체적 목표를 설정하여 지자체 차원의 노사정 협력을 확산해 나가야 한다. 의제는 기업의 고용 증대, 인력개발 투자 확대, 사회안전망 확충 등이 될 수 있다. 무분규 선언 지역에 대해서는 중앙정부 차원에서 추가 인센티브를 부여하는 방안도 검토가 필요하다.

4) 성장 엔진을 재가동하기 위한 '新TRUST운동'의 전개

국가 경쟁력의 발목을 잡고 있다는 오명을 씻어내고 새로운 시대 변화에 부응하는 노사문화를 시급히 구축해야 한다. 따라서 상호 신뢰를 바탕으로 글로벌 경쟁력 강화를 촉진하고 글로벌 스탠더드에 걸맞게 노사 시스템을 개선한다는 의미를 담아 'Global 경쟁력을 선도하는 新Trust운동'을 전개해야 한다.

노사간에 투명, 책임, 이해, 학습, 상생을 핵심 가치로 삼아 신노사문화를 구축하고 실천해 나가는 자세가 요구된다. 노사 문제는 철저하게 노사 자율로 해결한다는 노사자치주의 원칙하에 책임과 현장의 공감에 기반하는 노사관계를 구축하여야 한다. 나아가 투명성과 책임감, 합리성을 지향하는 노동운동 문화를 정착하고, 엄격한 규칙 준수 및 변화 선도, 서비스 지향형 노동행정상 정립이 요청된다.

장기적으로는 한국 경제의 재도약을 이끄는 성장 동력으로서 노사관계를 혁신해 나가야 한다. 노사관계 안정과 생산성 혁신 활동이 과거 우리나라 발전의 성장을 뒷받침하였듯이 새로운 제2의 경제 도약기를 노사관계 혁신으로 뒷받침해야 한다.

'新Trust운동'의 활성화를 위해 범정부 차원의 지원책을 마련해야 할

표 7-9 新TRUST 모델

	노	사	정
투명 (Transparency)	재정 운영의 투명성 (외부 감사 도입)	경영 정보 공개 및 경영참가 기회 확대 (경영 정보 공개)	법 · 제도 정비 제도개선 과정 참여 확대
책임감 (Responsibility)	합의 사항 충실 이행 경영성과 공동 책임	법과 원칙 준수 일관성 있는 대응	공정한 법 집행 정책의 일관성 유지
이해/존중 (Understanding)	대화와 타협 경영권 존중	노사대등 원칙 준수 고용 유지 노력	노사자치주의 존중 노사정위원회 내실화
학습/발전 (Study)	서비스 기능 강화 신노조 기능 개발	인적 자원 개발 강화 관리 시스템 선진화	직업 능력 개발 촉진 선진 모델 발굴 확산
상생/공존 (Together)	양보 교섭 수용 공동 개선 활동 추진	파이 확대에 상응한 분배 확대 지속적 의사소통 실시	사회적 대화 충실화 노사 신뢰 촉진

것이다. '新Trust운동'은 새로운 노사문화 창달을 위해 '현장 중심의 노사관계 혁신 운동'으로 전개하여야 성공할 수 있다. 과거와 같은 관 주도나 탑다운(Top down) 방식이 아니라 현장이 주도하는 가운데 노사 중앙조직 및 정부, 지자체가 지원하고 뒷받침하는 형태가 바람직하다. 新Trust운동 추진 중앙조직은 현장 출신 노사 대표들이 참여하는 협의회 방식으로 운영하되, 지역 및 산업별 협의를 활성화할 필요가 있다. 노사 대립적 요소보다 공존공영을 위한 신뢰 강화 및 개별 근로자의 근로생활 만족도 향상에 초점을 맞춰 다양한 테마를 선정하고 추진해 나가야 한다. 국무총리 산하에 '新Trust운동지원본부'를 설치하고 범정부 차원의 지원 방안을 마련해 추진하는 것도 검토할 필요가 있다. 노동부, 보건복지부, 교육인적자원부, 산자부, 재경부 등 관련 부처가 지원 조직으로 참여할 수 있을 것이다. 노동부는 간사 역할을

담당하되, 노사정위원회, 노동연구원, 노동교육원 등 노동 관련 기관이 각각의 지원 역할을 분담하여 운영에 참여하는 방식이 좋을 것이다. 노동부는 우수 사례 발굴 및 평가, 전반적 운동성과 관리, 노사정위원회는 우수 사례 심의, 확산 추진, 노동연구원은 해외 사례 발굴, 사례의 체계화, 효과 분석 등, 노동교육원은 우수 사례 확산, 홍보, 전파 및 교육훈련 등을 담당하는 등 역할 분담이 필요하다.

현재 운영 중인 산업평화대상, 노사협력우수기업 선정 때 필수적 심사 항목으로 新Trust운동을 포함시켜 노사문화 개선 활동과의 연속성, 일관성을 유지할 필요가 있다. 新Trust운동 우수 기업의 경영 성과, 고용 안정성, 지역경제 기여도 등을 종합 평가하고 우수 사례에 대해서는 적극적으로 홍보해 나가야 한다. 산업평화대상 시상 때 '新Trust우수기업 대상' 부문을 신설해 운영하는 것도 하나의 방안이 될 것이다.

참고문헌

국민경제자문회의(2006), 「동반성장을 위한 새로운 비전과 전략 — 일자리창출을 위한 패러다임 전환」, 국민경제자문회의.

김정한(1998), 「노동조합의 재정자립에 관한 연구」, 한국노동연구원.

남성일(2006), 「경제학적 관점에서 본 노사관계 선진화」, 「노사관계 법과 제도의 선진화」, 2006년도 공동 춘계학술발표회, 한국노사관계학회, 한국노동법학회, 한국노동경제학회.

노동부(2006), 「노조전임자 실태조사에 관한 연구」, 노동부.

대한상공회의소(2004), 「자동차산업 노사관계 국제비교와 시사점」, 대한상공회의소.

박준식(2007), 「산업화와 민주화를 넘어서: 민주화시대의 노조운동과 미래의 선택」, 노동자대투쟁 20주년 기념 토론회, 한국노동조합총연맹 중앙연구원.

박태주(2007), 「세계화와 한국의 노사관계: 현대차를 통해서 바라본 한국의 노사관계, 그 절망과 희망」, 한국노동연구원 고위지도자 과정 강의자료.

배규식(2006), 「노조전임자 임금지급 금지가 노사관계에 미칠 영향」, 노사정위원회 정기 제3차 월례토론회 발표자료.

______(2006), 「노사관계 법과 제도 선진화가 노사관계에 미치는 영향」, 「노사관계 법과 제도의 선진화」, 2006년도 공동 춘계학술발표회, 한국노사관계학회, 한국노동법학회, 한국노동경제학회.

이강국, 조준모, 홍수경(2006), 「복수노조 설립 등에 따른 사업장 제비용 변화에 관한 연구」, 노동부.

이주호(2006), 「노동선진화의 원칙과 과제」.

장효욱(2006), 「공공부문 연금을 둘러싼 변화와 갈등: 뉴욕시 대중교통노조의 파업」, 『국제노동브리프』 4권 1호, 한국노동연구원.

조희원(2006), 「선진국 노동관계법제 트렌드 분석: 최신 노동관계법 개정을 중심으로」, 경영자총협회.

한국노동연구원(2004), 「사회적 갈등 해소를 위한 노동제도 활용방안」, 한국노동연구원.

____________(2006), 「이념적 좌표를 통해 본 노동운동의 미래에 대한 토론회」, 한국노동연구원.

한국산학협동연구원(2006), 「우리나라 노사관계 평가기준 연구」, 노동부.

제3부_ 새로운 노동관계를 위하여

제8장_ 노동조합의 새로운 역할 정립

정재훈

1. 문제의 제기 — 노사관계의 변화 필요성

한국 노사관계 전환의 필요성은 이제 더 이상 미룰 수 없는 시급한 과제로 우리 앞에 다가오고 있다. 노사관계의 전환은 노사관계를 둘러싼 환경적 측면과 시스템 자체의 내재적 측면에서 동시에 제기되고 있다. 1990년대 이후 노사관계의 환경 변화와 관련하여 가장 크게 주목받아야 할 부분은 경제의 세계화와 정보화의 급진전이라고 요약할 수 있다. 세계화는 국가 간의 벽을 낮추고, 경제 활동의 무국경 시대를 열어 놓고 있다. 이로 인해 세계는 하나의 시장으로 변모하였고, 세계의 모든 기업들은 점점 더 단일화되어가는 시장에서 경쟁해야 하는 상황에 노출되었다. 이러한 상황에서 안정된 내수시장에 안주하던 경영 방식은 근본적 한계에 직면할 수밖에 없고, 대다수 기업들은 각자의 고유한 경쟁의 장에서 최고 수준의 경쟁력을 확보해야만 생존 가능한 무한경쟁의 상황에 노출되고 있는 것이 사실이다.

다른 한편, 세계경제의 급속한 정보화는 부의 원천을 근본적으로 변화시켜 가고 있다. 산업자본주의 시대에 개인 · 기업 · 국가의 부는 이들이 보유한 물적 자원의 양과 질에 의해 결정되었지만, 이제는 지식 · 정보 · 기술 등 지적 자산이 훨씬 중요한 요소로 등장하게 되었다. 이러한 상황에서 국가와 기업이 생존 · 발전하고 국민이 풍요로운 삶을 누리기 위해서는 지식 · 정보 · 기술의 양과 질을 세계적인 수준으로 높여야 하고 이러한 지적 자산이 생산적으로 활용되어야만 한다. 따라서 세계화 · 정보화 시대에 국가와 기업의 발전은 지식 · 정보 · 기술의 생산 주체인 창조적이고 진취적인 인적 자원을 얼마나 개발할 수 있고, 이들이 보람과 열정을 가지고 일할 수 있도록 어떠한 방식으로 조직과 제도를 개혁하는가에 따라 결정되게 된다(이원덕, 1999). 이러한 변화로 인해 기존의 노사관계 관행과 생산 시스템을 개혁하고, 세계화 · 정보화 시대에 조응하는 새로운 노사관계를 만들 필요성이 더욱 강하게 대두되고 있다.

노사관계의 변화가 요구되는 두 번째 근거는 생산방식 자체의 변화에서 찾을 수 있다. 표준화된 제품을 대량으로 생산하던 생산방식에서 품질 중심의 고능률 체제로 전환할 것이 요구됨에 따라 작업 현장 수준에서 높은 수준의 기술과 정보력, 그리고 창의성과 헌신성을 지닌 고기능 노동력의 필요성이 크게 증대되었다. 고기능 노동력과 새로운 생산체제를 효과적으로 결합시키는 것이 품질 중심의 고능률 생산체제의 관건이 되어감에 따라 이 핵심 노동력과 경영 간의 협력 체제를 만들어가는 것이 노사관계의 선진화에 중요한 과제로 등장하고 있는 것이다.

새로운 노사관계 변화의 세 번째 필요성은 경제의 선진화는 더 이상 대립적 노사관계에 의존할 수 없게 되었다는 것에서 찾을 수 있다. 경제구조와 산업발전의 일정 단계에서는 대립적 노사관계하에서도 어느 정도의 경제 발전을 이룩할 수 있었다. 이것은 대량 생산과 가격 경쟁에 의존하는 생산체제 속에서 일정 부분 가능한 것이었다. 그러나 이와 같은 생산체제는 지식과 정보, 창의력에 의존하는 선진적 생산 시스템과 경쟁 구도 속에서는 더 이상 합리성을 획득할 수 없게 된 것이다. 경제적 번영과 지식의 흐름을 주도하는 대부분의 기업들, 지역들, 국가들이 참여 · 협력적 노사관계를 정착시킨 상황에서 대립 · 갈등적 노사관계를 유지하는 국가나 기업들이 온전한 의미의 경쟁력을 지닐 수 없다는 것은 자명한 사실일 것이다. 참여와 협력에 기초한 고능률 생산체제를 우리 나름의 방식으로 만들어내지 못한다면 세계적 수준의 경쟁력 있는 기업을 유지한다는 것 자체가 힘들어질 뿐 아니라 궁극적으로 한국 경제는 세계경제의 언저리에서 항상 불안한 환경 변화에 시달리지 않을 수 없게 되는 것이다. 우리가 경쟁해야 할 대다수의 행위자들이 참여 · 협력적 조직 모델을 기반으로 경쟁하는 상황에서 우리만이 대량생산 시대의 낡은 옷을 걸친다는 것은 사실상 생각하기 힘든 것이다.

그렇다면 참여와 협력에 기초한 노사관계가 가능하기 위해서는 어떠한 방향의 변화가 요구되는 것인가? 새로운 노사관계의 궁극적 목표는 세계화 · 정보화 · 지식경제화 시대에 적합성을 지닌 고능률 조직에 기초한 참여 · 협력적 노사관계를 제도화하는 데 있다. 새로운 노사관계를 구성하는 주요한 특징들을 요약해보면 우선 인간과 생산조직의 관계라는 측면에서 볼 때 전통적 조직 모델에서는 기계와 기술을 인간에 우선시하는 반면, 새로운 조직 모델에서는 인간과 기술, 조직의 최적 결합을 통한 시너지를 지향한다. 또한 인적 자본에 대한 인식에 있어서도 인간을 기계의 부속 내지는 확장 요소로 보는 것에 대하여 지식의 생산과 통제의 주체로서 인적 자본의 요소를 핵심에 설정하고 있다. 전통적 조직 모델이 한정되고 분화된 분야에서의 숙련을 지향하는 반면, 새로운 조직 모델에서는 폭넓은 지식과 경험의 공유와 협력에 기초한 유연한 지식을 강조한다. 통제 시스템 수준에서 전통적 조직 모델은 하향적 · 수직적 · 관료적 경향을 갖지만, 새로운 조직 모델은 상향적 · 수평적 · 자발적 요소를 더욱 강조하며, 외부의 관리와 감독이 아닌 내적 자발성과 헌신성을 중시한다. 경쟁과 대립의 문화보다는 통합 · 협력 · 신뢰가 더욱 강조되며, 이를 위한 활발한 정보공유가 이루어지는 것이 새로운 조직 모델의 특징이다. 결과적으로 새로운 조직 모델에서는 개인을 조직에 종속시키지 않는다. 개인은 조직의 파트너이며, 더 큰 이익을 만들어내기 위한 대등한 협력자이다. 이러한 조직은 가변성과 불확실성이 높은 환경 속에서 생존하기 위해 그 주체들의 헌신과 자발성을 강조하며, 위험의 회피보다는 혁신을 더 중시하는 경향이 있다. 그렇다면 이와 같은 조직 모델이 가능하기 위해서는 어떠한 노력들이 요구되는가? 우리는 이 문제에 대한 대안을 제시하기 위해 전반적인 노사관계의 전개 방향을 살펴보고 우리의 현황과 비교 검토해보고자 한다. 그리고 이에 근거하여 필요한 정책적 제언을 제시해보고자 한다.

2. 세계 노사관계의 흐름 — 경제 선진화와 노사관계의 진화

1) 노사관계의 발전 경로

노사관계의 발전 경로를 호혜성의 진화라는 관점에서 정리해보면 다음과 같은 몇 가지 패턴이 나올 수 있다. 여기서 호혜성의 개념은 '서로 이익을 주고받는 관계', '상호 혜택 관계', 혹은 '윈-윈'의 상황을 의미한다.

노사관계 모형에서 설정 가능한 첫 번째 관계는 앞서 지적한 일방적 이익만이 존재하는 모델이다. 이와 같은 관계는 어느 일방의 희생이 전제되므로 근본적으로 '포식적' · '기생적' 혹은 '착취적' 성격을 가질 수밖에 없다. 이 모델에서는 호혜성이 존재하지 않거나 '최소 호혜성(minimal reciprocity)'만 형성될 뿐이다. 어느 일방의 희생이 요구될 뿐 상대방에 대해 어떠한 직접적 이익도 제공되지 않는다. 따라서 일방적이며 수직적이다. 따라서 우리는 이러한 관계의 패턴을 '일방적 호혜성(unilateral reciprocity)'으로 개념화할 수 있다고 본다.

노사관계의 두 번째 모델은 대립적 혹은 적대적 경쟁의 상황이다. 이와 같은 적대적 경쟁은 '군비 경쟁(arm race)' 게임과 유사한 구조를 갖는다. 군비 경쟁이란 자신을 해치려는 어떤 행위자에 대항하여 상대방이 기피하는 방어 기제를 끊임없이 개발하는 것이다. 군비 경쟁의 상황은 두 행위자 모두에 대해 지속적인 '선택 압력(selection pressure)'을 가한다. 이때 행위자들이 선택하는 전략은 상대방이 기피하는 어떤 속성들을 계속 발전시키는 것이다.

노사간의 상호작용에서 설정 가능한 세 번째 패턴은 호혜성에 기초한 상호협력 관계로 볼 수 있다. 상호 협력은 호혜성에 기초하기 때문에 상당한 정도의 구조적 안정성을 획득할 수 있다. 여기에서 구조적 안정성이란 행위자들 상호간에 서로의 '독자성(identity)'과 경계를 유지하는 가운데 서로에게 필요한 자원과 정보가 공유 · 교환되고, 이를 통해 행위 당사자들 상호간에 장기적 이익이 발현되는 상황을 의미할 수 있다. 온전한 의미에서 협력에 기초한 공생적 노사관계란 결국 그 시스템을 구성하는 행위자들 상호간에 다양한 형태의 호혜적 관계망들이 형성되고, 이를 통해 사람, 기능, 정보, 자원이 풍부하게 공유되는 상태를 지칭하는 것으로 보아야 할 것이다. 노사관계의 행위 당사자들 간에 이와 같은 관계가 발생할 때 어떤 행위자의 상황이나 존재 조건은 상대방의 상황이나 존재 조건에 결정적이고 직접적인 영향을 미치게 된다. 다시 말해, 서로가 서로에 대한 존재 조건이 됨으로써 공생적 관계가 성립하게 되는 것이다(김훈 · 박준식, 2000).

경제 시스템의 선진화와 더불어 노사관계의 호혜적 성격 역시 발전하는 모습을 보여준다. 처음에 일방적이고 착취적인 노사관계에 의존하던 경제체제도 체제 발전의 일정한 수준에 이르면 기존의 일방적 노사관계만으로는 더 이상 높은 수준의 경제 · 사회 발전을 기대하기 어렵게 된다. 단순히 값싼 노동력만을 이용하는 경제구조로는 노동자들의 높아진 욕구를 충족시킬 수 없을 뿐 아니라 노동 생활의 질 향상 역시 기대하기 힘들기 때문이다. 만약 특정한 경제 시스템이 노나 사 어느 한쪽의 일방적 이익의 관계로 남아 있다면, 그러한 시스템은 더 이상 발전할 수 없을 것이다. 이때 더 높은 수준의 경제 선진화가 가능하려면 더 높은 수준의 호혜성이 함께 발현되어야 한다. 높은 수준의 호혜적 관계 혹은 대등한 관계가 성립해야만 고도의 사회적 협력을 위한 인적 · 물적 · 지적 자원이 투입될 수 있을 것이기 때문이다. 바로 이 시점에서 기존의 경제 시스템은 어떤 '분기점(bifurcation point)'에 직면한다. 높은 수준의 호혜성에 대한 요구가 시스템 수준에서 도입되고, 이것이 새로운 사회 · 경제 · 기술적 환경과 동적 균형을 이루게 될 때 경제의 선진화와 노사관계 시스템의 발전은 계속 진행될 수 있다. 반면, 이 분기점에서 더 이상의 개혁을 이루지 못한 조직, 지역, 국가는 전체 경제 생태계의 중심에 등장하지 못하고, 새로운 질서를 창출하지도 못하면서 주변화 · 국지화의 길을 가게 된다. 반면 국지화의 상황을 극복하고 시스템의 혁신이 이루어진 조직, 지역, 국가는 더 높은 수준의 호혜적 관계를 창출할 수 있고, 선진적이고 발전된 노사관계를 만들어낼 수 있게 된다.

그런데 1990년대 후반 이후의 한국 노사관계가 바로 이러한 분기점에

그림 8-1 경제 선진화, 호혜성의 발전, 노사관계의 진화

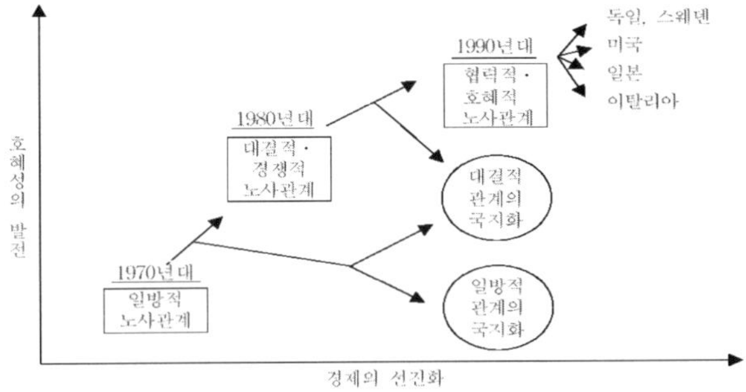

자료 : 김훈, 박준식(2000), 『구조조정과 신노사관계』, 23쪽.

직면해 있는 듯이 보인다. 1970년대 한국의 노사관계가 사용자와 정부 중심의 일방적 노사관계였다고 한다면 1980년대 후반 이후는 일방적 관계가 대립적 관계로 변모한 시점이었다고 볼 수 있다. 이와 같은 대립적 상황은 최근까지 지속되었다. 한국 경제가 전면적 위기에 직면하고 IMF 위기를 맞게 된 1990년대 후반 이후부터 한국의 노사관계는 또 하나의 역사적 분기점에 직면하고 있음을 볼 수 있다. 그것은 우리가 대립적 노사관계와 그 시스템 속에서 그대로 주저앉게 될 것인가, 아니면 시스템의 혁신을 통해 더욱 확장된 협력적 · 호혜적 관계로 나아갈 수 있을 것인가의 문제라 할 수 있다.

호혜성의 기제가 장기간에 걸쳐 구조화됨으로써 미시적 측면뿐 아니라 거시적 측면에서도 안정된 노사관계를 일구어 낸 대표적 사례를 독일이나 일본 혹은 미국의 초우량 기업들처럼 노사관계의 새로운 패러다임을 선도하는 국가나 기업들의 경우에서 찾아볼 수 있다.

2) 경제환경의 변화에 조응하는 새로운 노사관계 모델
— 참여 · 협력적 노사관계

오늘날의 세계경제는 급속한 통합을 중심으로 한 '세계화'와, 전세계의 모든 조직들 및 개인들을 하나의 연결망으로 통합시키는 '정보화'라는 두 개의 축을 중심으로 움직이고 있는 듯이 보인다. 세계화와 정보화 시대에 개인, 기업, 그리고 국가의 경쟁력을 좌우하는 핵심 요인은 무엇인가? 우리는 그것을 '지식'이라는 개념으로 압축할 수 있다고 본다. 지식이 21세기 개인과 기업, 국가의 경쟁력을 결정하는 핵심 요인이라는 지적은 이미 오래 전부터 수많은 사람들이 지적해 왔다(드러커, 1995; 노나카, 1998; 토플러, 1990).

조직을 중심으로 볼 때 지식은 조직의 모든 수준에서 다양한 방식으로 존재할 수 있다. 경영자들이 갖고 있는 고도의 전략적 의사결정 능력, 관리자들의 노하우, 엔지니어들의 이론과 경험, 현장 노동자들의 숙련과 생산 활동을 통해 축적한 암묵적 지식들, 이것들을 유기적으로 연결시키는 지식의 연결망들, 그리고 과거로부터 이어져 오고 축적되어 온 경험과 문화들은 조직이 보유한 지식의 축적(stock) 형태들이고 조직의 가치를 결정하는 핵심 요인이다. 이렇게 볼 때 지식경제 시대에 기업의 경쟁력을 좌우하는 궁극적인 요인은 개인 · 집단 · 조직 차원에서 기업이 보유한 지식을 축적하고 공유하며, 종합하여 활용하고, 다시 축적하는 능력에 좌우될 수밖에 없다(노나카, 1998).

그렇다면 개인 · 집단 · 조직 수준에서 축적되고 공유되며 활용되는 지식의 내용과 수준에 의해 조직의 발전이 좌우되는 지식경제 시대가 요구하는 노사관계의 내용은 어떠한 것인가? 우리는 지식경제 시대에 경제의 선진화와 호혜적 노사관계의 발전을 실현하고 구체화시킬 수 있는 중심 개념으로 참여 · 협력적 노사관계를 제시할 수 있다고 본다. 참여와 협력의 노사관계는 노동과 경영 간에 서로에게 요구되는 자원과 정보가 대등하게 공유되고, 조직의 다양한 수준에서 호혜적 관계가 확장됨으로써 상호 신뢰에 기초하여 장기적 이익 실현을 위한 통합적 파트너십이 이루어지는 관계를 지칭한다.

우리는 세계화와 급격한 기술혁신이라는 새로운 조건 속에서 다양한 방식으로 참여와 공생에 기초한 협력적 노사관계를 발전시킨 생산조직들을 관찰할 수 있다. 이와 같은 노사관계에 기초한 기업들은 복잡하고 높은 역동성을 지니면서도 가변적인 경쟁 환경 속에서 조직 성원들의 참여와 높은 지식 수준을 기반으로 고성과의 조직 모델을 발전시킴으로써 새로운 변화 속에서 참여 · 협력적 조직 모델의 성공 가능성을 보여준 사례들이라 하겠다(D. I. Levine, & Tyson, 1990).

3. 한국 노사관계에 대한 진단과 노동조합 활동에 대한 처방

노사관계의 세계적인 흐름이 지식경제화에 따른 참여와 협력의 노사관계로 전환하는 것이라고 본다면 한국의 노사관계는 그러한 흐름과는 다소 거리가 있는 현상을 보여주고 있다는 게 일반적인 인식이다. 여기서는 한국 노사관계의 현황에 대한 진단과 그것에 기초한 처방전을 살펴봄에 있어 크게 두 가지의 입장을 대변하고 있는 평가들을 중심으로 정리해보고자 한다. 첫 번째는 코포라티즘적 시각에 기초하여 사회협의적 모델을 제시하고 있는 최영기 외(2003)의 논의이고, 두 번째는 신자유주의적 시각에 기초하여 시장중심 경쟁모델을 제시하고 있는 남성일(2005)의 논의이다.

1) 최영기 외의 논의

(1) 한국 노사관계의 특성

최영기 외는 한국 노사관계의 문제점으로서 잦은 파업, 불법 행위의 만연과 법의 공정한 집행에 대한 신뢰 추락, 불합리한 교섭 관행과 노동조합 운영 방식 등을 지적하면서 이러한 문제를 배태하게 된 한국 노사관계의 특성으로서 다음과 같은 점들을 지적하고 있다.

① 한국 사회의 노동 배제적 성격

한국 사회가 노동 배제적 성격이 강하다는 것은 한국 사회에서 아직 노동 통합이 제대로 이루어지지 않았다는 의미다. 산업화된 시장경제의 모든 국가들이 한번은 거치고 지나갔던 노동 통합의 시대, 즉 노동운동을 인정(recognition)하고 파트너로 품어 안는 화해와 대타협의 축제를 한국은 제대로 거치지 않았다는 것을 의미하기도 한다. 유럽의 주요 국가들이 1920~30년대 노동운동을 협약의 파트너로 인정하는 대타협을 이루어내고 미국도 1930년대 중반 대공황을 거치면서 와그너체제를 출범시켰다. 일본도 뉴딜의 이념에 충실했던 미군정 초기에 노동기본권의 보장과 같은 민주화 조치로 노동과의 화해를 이루었다. 한국사회의 노동 배제적 성격은 냉전체제와 개발독재체제 아래서 형성된 노동운동에 대한 부정적인 편견의 지속, 정당정치에서 노동운동의 배제, 문화 영역에서의 노동운동의 배제, 기초 교육과 일반 교육 분야에서의 노동 교육의 배제 등으로 특징지을 수 있다.

② 정부 주도적 성격

정부는 분명 노사관계 시스템 운영의 한 주체이다. 그러나 주도적인 주체라고는 할 수 없다. 노사관계는 어차피 단체교섭 제도를 중심으로 운영되는 시스템이기 때문이다. 따라서 산업화된 시장경제 국가들은 대부분 노사 자치나 협약 자치를 이념으로 내세우고 있다. 경제의 대외 의존도가 높은 유럽 소국의 개방경제는 정부가 좀더 적극적인 조정자로 나서고 있지만 이것이 가능할 수 있는 것은 정부의 정책 결정과 집행 과정에 노사 단체를 주요한 파트너로 참여시키기 때문이다.

이에 비하여 한국의 노사관계는 노사 자치의 기반이 매우 취약한 반면 관치의 요소는 매우 강하다고 하겠다. 노사관계의 정부 주도성은 경제성장 모델의 파생물이기도 하다. '개발 모델'의 노사관계는 노사 자치보다는 관치의 노사관계를 지향해 왔기 때문이다. 관치의 수단은 노동 기본권과 여타 민주적 기본권에 대한 제한이었다. 기업 경영자들의 집단적 노사관계 관리에 대한 부담을 상당 부분 권위주의 정부가 떠맡아 왔던 것이다. 이러한 부실한 노사 자치 기반은 정부의 재량과 개입으로 보완되어 왔다. 빈번한 노정 갈등과 개별 분규에 대한 정부의 비제도적인 정치적 조정, 그리고 재계의 정부에 대한 법과 원칙의 확립 요구 등이 끊이지 않는 것은 모두 그 결과이다.

한국 노사관계의 정부 주도적 성격은 노동위원회의 운영이나 4대 사회보험 기구의 지배 구조에서도 확인된다. 노동위원회의 위원장과 상임위원은 실질적으로는 대부분 공무원의 순환 보직으로 충원되고 있다. 그리고 주요 분쟁 사건의 조정에 있어 정부의 노동위원회에 대한 비공식적 협조 요청 관행도 잔존하고 있다. 노동위원회의 공정성에 대한 시비가 없지 않고, 노동계의 직권중재제도 폐지 요구가 강하게 제기되는 이유도 노동위원회에 대한 강한 관료적 지배와 무관치 않다.

③ 기업별 노사관계의 기형적 과대 성장

산업화된 시장경제에서 기업별 노사관계가 중시되는 국가는 미국과 일본이다. 그러나 미국은 일찍이 산별 또는 직종별 노조가 일반화되었다. 1920년대 기업별(어용) 노조가 등장하였으나 와그너체제하에서 노조 스스로 교섭 대표자를 선정할 수 있게 되자 기업별 노조는 무너지게 되었다(박래영, 1991). 다만, 단체교섭이 대부분 단일 사용자를 대상으로 이루어진다는 점과 노조의 직무통제가 미국 노사관계의 기업 주도성을 나타낼 뿐이다. 우리와 유사한 형태의 강한 기업별 체제를 갖추고 있는 유일한 사례는 일본이다. 일본의 기업별 체제는 일본의 경제적 성공을 가능케 한 3대 신기(神器)의 하나로 지목될 정도로 안정된 시스템이라는 데 누구도 이의를 제기하지 않는다. 그러나 일본의 이러한 성공이 기업별 노사관계 시스템의 제도적 우수성에 의한 것이라고는 할 수 없다. 오히려 기업별 체제와 정합적인 기업 지배구조와 기업별 체제의 결함을 보완해 주는 지역 · 산업 · 국가 차원의 조정(coordination) 시스템이 정착되어 있었기 때문에 기업별 체제가 성공할 수 있었다고 할 수 있다.

한국의 기업별 체제는 가장 순수한 형태로 작동되고 있다. 그런데 이 제도는 노사의 자율적인 선택에 의한 것이 아니다. 1961년 산별노조가 타율적으로 강제되었듯이 1980년 이후의 기업별 노조도 법과 정부 정책에 의해 강제되어 왔다. 일본과는 달리 노사협의회도 법으로 강제되었고 그 실적을 행정 관청에 신고하도록 했다. 노사간의 모든 갈등과 긴장을 사업장 내에서 해결하도록 강제해 왔던 것이다. 이는 기업 내 노사관계를 더욱 대립적인 상황으로 몰아가게 했고 노조가 분배의 극대화에 더욱 집착하게 하는 요인으로 작용했다. 노조는 넘치는 힘으로 작업장 통제에 나섰고, 기업측의 어떤 공정 개선 · 경영 혁신 노력들도 작업장 권력을 둘러싼 힘의 대결로 발전해 갔다(배규식 · 조성재, 2003).

노동조합은 이러한 노사관계 시스템의 결함을 개선하려 하기보다는 공격하기 쉬운 기업 경영자를 상대로 하여 조직 노동자들의 이익을 극대화하는 조직 이기주의에 함몰되어 갔다. 그 결과 조직 노동자를 대상으로 한 기업 내부노동시장은 호봉제 · 월급제의 확산 등이 더욱 강화되는 반면, 비정규직과 소사장제 · 분사 · 아웃소싱 등의 활용 증대로 2차 노동시장의 규모는 1990년대 이후 꾸준히 증가하게 되었다(김동배, 2003). 이러한 노동시장의 분단과 양극화 경향은 한국 노사관계의 강한 기업별 특성과 직접적으로 관련된 것으로 해석된다. 또한 노동조합의 불합리한 행태(노동조합 운영에 대한 기업의 지원 등)도 기업별 체제가 야기한 결과이다. 기업별 노조의 조직적 영세성과 분산성은 노조의 재정 자립을 어렵게 하고 이것이 회사 지원을 야기하기 때문이다.

노동조합의 재정적 취약성은 상급 단체에서 더욱 심각하다. 한국노총의 조합원 1인당 의무금은 100원(1996년 6월 이전)으로 유지되다 2000년에 들어서야 200원으로 인상되었고, 민주노총도 출범 초기 200원에서 시작하여 2002년에 이르러 800원으로 인상되었다. 산별연맹의 재정 수준은 더욱 열악한 형편이다.

상급 단체의 재정적 취약성은 곧바로 상급 단체 기능의 제약으로 나타난다. 산하 조직이나 조합원에 대한 상급 단체의 독자적인 서비스는 매우 한정될 수밖에 없다. 별도의 교육사업이나 복지사업, 그리고 법률 구제 활동

등은 제공되지 않거나 매우 형식적인 수준에 머물러 있다. 이러한 재정적 취약성은 또한 상급 단체 고유의 정책 활동이나 정치 활동에 치명적인 제약을 가하고 있다.

(2) 대안 모색 — 한국형 사회적 협의 모델

위에서 지적된 한국 노사관계의 문제점과 특성을 고려한 새로운 대안으로 최영기 외는 재계가 주장하는 신자유주의적 개혁 방안으로서의 노동 배제적 방안보다는 노사간의 신뢰와 타협을 제도화하는 사회적 협의 모델을 제시하고 있다.

재계가 요구하는 영·미형의 신자유주의적 노동 개혁은 법이나 협약에 의한 노동시장 규제를 완화할 수 있도록 고용계약에 대한 각종 규제를 최소화하고, 노조의 교섭력을 견제할 수 있도록 대체 근로를 대폭 허용해 달라는 것이다. 그리고 정부에게 법과 원칙을 엄격히 집행할 것을 요구하고 있다. 노사관계의 안정 여부를 떠나 노동시장에 대한 일체의 집단적 개입(법, 노동조합, 노사정위원회 등)을 최소화하여 시장의 규율(market discipline)이 최대화될 수 있도록 하자는 신자유주의 이념에 따른 것이라 할 것이다.

신자유주의 개혁 연합이 제시하는 법 개정과 법치의 확립에 대해 최영기 외는 법의 신뢰 문제와 법 개정의 비용, 그리고 대기업 노조의 강한 교섭력 등을 감안할 때 이것은 근본적인 해법이 될 수 없다고 지적하면서 오히려 타협 전략이 더 실용적인 해법이 될 수 있다고 주장한다. 즉 미래 지향적인 관점에서 보면 한국의 수출 전략산업이 아직도 자동차, 조선, 전자, 철강, 석유화학 등의 제조업에 치중되어 있다는 특수성을 감안할 때 배제보다는 통합 전략이 성공 가능성도 높고 더 바람직한 해법이라는 것이다. 통합 전략의 핵심 내용은 노 · 사 · 정의 사회적 타협을 통하여 노사관계의 품질을 개선하고 노사관계의 유연화를 통하여 노동시장의 유연성과 안정성을 동시에 추구해 나가는 것이다. 이런 기준으로 보면 법이 중요한 것이 아니라 타협이 더 중요하다. 타율에 의한 강제보다 자율에 의한 규제가 더 효과적이다. 이러한 통합 전략이 추구하는 바는 노사간의 신뢰와 타협을 제도화하는 사회적 협의 모델이다. 신자유주의 모델이 배제와 법에 의한 규율을 지향한다면 사회적 협의 모델은 노동 통합과 신뢰와 타협에 의한 자율적인 혁신을 지향한다. 법에 의한 규율로 노사관계를 개선하는 데 한계가 있다는 것을 지난 15년의 경험이 말해 주고 있음을 지적하고 있다.

아울러 한국의 노사관계가 사회적 타협을 이루어내고 사회적 협의 모델로 발전해 가는 데 가장 큰 장애로서 노동운동의 취약한 리더십 구조를 지적하고, 개선책으로서 미조직 노동자들의 조직화(대표성의 위기 극복), 기업별 노조의 산업별 노조로의 통합(노동운동 내부의 이해 조정과 이해 총괄의 강화), 그리고 양 노총의 통합(과도한 조직 경쟁의 지양과 리더십 확보), 대안적 정책 개발을 위한 노조의 정책 역량의 강화를 제시하고 있다.

최영기 외가 한국 노사관계의 대안으로 제시한 한국형 사회적 협의 모델이 가지고 있는 문제점을 몇 가지 지적해 본다면 우선 이미 한 차례 실행의 어려움이 검증된 신뢰와 타협의 제도화를 어떻게 이루어 낼 것인가, 정규직 중심의 기업별 노조의 에고이즘을 어떻게 극복할 것인가, 산별노조로 전환할 때(기업들 사이의 격차가 큰 상태) 중층적 다단계 교섭으로 인한 교섭 후유증, 피로도를 어떻게 극복할 것인가 하는 등의 문제를 들 수 있을 것이다.

2) 남성일의 논의

(1) 한국 노동조합의 현 주소

남성일은 한국 노동조합의 현 주소를 1940년대식 이데올로기에 입각한 정치주의와 대결주의에 매몰되어 있다고 지적하면서 다음과 같은 특성을 지적하고 있다.

우선 한국 노동조합은 일반적인 노동조합의 변화 궤도에서 일탈하고 있으며, 이는 노동운동의 정치화 내지 지나친 이데올로기 지향형 노조운동에 기인한 것으로 보고 있다. 예를 들면 민주노총은 사용자를 악, 극복의 대상으로 인식하고 있으며, 한국 노조운동 지도자들은 근로자를 위한 조합운동보다 권력 획득을 위한 개혁운동 내지 혁명운동에서 시작함으로써 정치주의 노동조합운동을 전개하고 있다고 보았다.

둘째로 현장의 단위 노조에 비해 상급 단체가 매우 정치조직화되어 있다는 점을 들고 있다. 예를 들면 현장에서는 기업 현안을 주된 이슈로 하는데 반해 상급 노조는 이것을 정치적 이슈로 확대 재생산한다는 것이다.

셋째로 조직 운영에 있어 상급 단체의 전투적 지휘로 인해 현장 노사관계가 불필요하게 경직되는 경향이 있다는 것이다. 예를 들면 상급 단체의 선동적 교육, 상급 단체의 투쟁 일정에 동원되는 방식의 파업 전개가 비일비재하다는 것이다.

이런 점들로 미루어 한국 노조의 현 위치는 환경은 70년대, 의식은 40년대에 머물러 있다고 평가하고 있다.

그림 8-2 노동조합의 전개 방향과 한국 노조의 위치

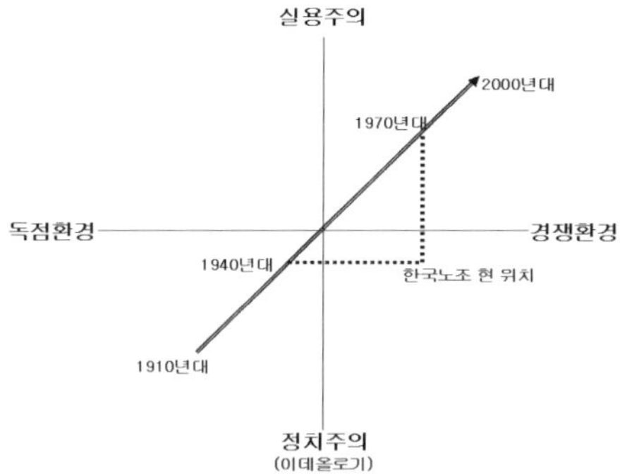

자료: 남성일, 「21세기 노동조합의 역할에 관한 연구」, 노동부 연구보고서, 2005, p. 49.

(2) 대안 모색 — 경쟁 촉진과 가족노조주의의 도입

이러한 평가에 근거하여 남성일은 노조의 역할 전환의 방안으로 다음과 같은 점을 제안하고 있다.

먼저 노사관계의 환경 개선을 위해 경쟁촉진 정책을 도입해야 한다는 주장이다. 노동시장의 경쟁촉진 방안으로는 노동조합에 의한 공급 독점의 제한을 들고 있으며, 이를 위해서는 유니언숍은 노동시장의 공급을 독점하는 대표적 수단이므로 폐지되어야 하고, 노조 파업 때 특별한 상황이 아니면 대체 근로가 허용되어야 하며, 기업 내부노동시장의 경쟁체제를 확보하기 위해 연공서열 대신 실력 위주의 인사 관행이 정착되어야 한다고 지적하고 있다.

노동조합의 의식 전환으로는 가족노조주의(family unionism)의 도입을 제시하고 있다. 가족노조주의란 노조의 단위가 기업으로서, 기업 내에서

노사가 가족 같은 관계를 유지하면서 임금, 근로 조건 및 기타 사항을 협의, 협상하여 처리해 나가는 것을 말한다. 노사간 주요 관심사는 해당 기업 특수적 사안으로서 임금은 동종업계의 임금 수준이 참고되겠지만 당해 기업의 생산성 변화, 시장 위치의 변화 등이 주요한 결정 요인으로 작용한다. 기업 내 질서를 인정하는 바탕에서 근로자의 임금, 근로 조건에 직접적 관계가 있는 사항들이 논의 대상이 되며, 경영권이나 지배 구조에 대한 노조의 간여는 배제된다. 경영진은 경쟁력 유지 및 고용 안정에 우선적 책임을 지며, 가족으로서 갖추어야 할 평화 유지 및 협력 유발의 책임도 동시에 짐으로써 경영진의 책임이 비대칭적으로 강조되는 구조다. 가족노조주의는 한국의 문화적 전통(공동체 문화)과의 적합성도 높으며, 국제적 경쟁 환경에도 효과적(대외적 단결 효과)으로 기능할 수 있다고 주장하고 있다(구체적 사례는 도요타 자동차, LG전자 창원공장이다).

새로운 노조의 역할에 대해서는 다음과 같이 규정하고 있다.

먼저 근로자의 대변 집단으로서의 역할인데, 여기서 단체협상 기능은 개별 근로자의 다양성을 살리는 내부노동시장 시스템의 작동으로 획일성 대신 융통성을 인정하는 선에서 작용한다고 보았다. 예컨대 기본급 최저인상 비율 정도를 협상으로 결정하고 능력급이나 보너스는 내부노동시장 시스템에 맡기는 방식이며, 보상체계의 변동 때는 노조와 협의하는 방식을 제안하고 있다.

또한 노조는 조합원을 위한 각종 서비스 활동을 전개(직업, 직장, 노후와 관련된 서비스 활동 등)한다. 상급 단체는 서비스 기능 및 정부의 입법 및 정책과 관련한 홍보 기능을 수행하며 전통적인 노조 대신 전문적 근로자 조합의 역할을 수행한다.

기존 기업별 노조와의 차별성은 기존 기업별 노조가 기업별 조직임에도 산별 혹은 지역별 협상의 전개가 다수 존재하며, 정치 지향적인 상급 단체의 영향이 확대되는 경향이 있고, 사용자와 대립적 위치에서 투쟁적으로 교섭 전개하는 등 철저한 집단 우위의 원칙을 고수하고 있으나, 가족노조주의는 불필요한 상급노조의 간섭으로부터 독립하여 소속 조합원의 관심사항을 중심으로 교섭을 전개한다. 또한 사용자와 동반자적 위치에 있어 이해에 바탕하여 협상 및 협의하는 시스템이며, 집단과 동시에 개별적 융통성을 인정하는 시스템이다. 기업별 노조 체계에 대한 비판 중 논의할 만한 것은 기업간 근로 조건의 격차가 온존된다는 점인데, 이에 대해서는 이러한 근로 조건의 차이를 오히려 긍정적 측면에서 보아 좋은 근로 조건을 가진 기업 근로자는 현재 누리는 편익을 유지하기 위해 열심히 일할 것이고 상대적으로 나쁜 근로 조건하의 기업에서는 근로자를 뺏기지 않기 위해 더 열심히 일하게 될 것이라고 보고 있다.

남성일이 제시한 대안과 관련해서는 다음과 같은 문제점을 지적할 수 있을 것이다. 우선 유신 시절 공장 새마을운동의 구호로 사용된 '종업원을 가족 같이', '우리는 한 가족' 등(단순한 립서비스에 그치는 경우가 많았음)과 어떻게 차별화 할 수 있을지, 이와 관련하여 박 정권 시절 경험한 선성장 후분배의 악성 구호에 대한 노동자들의 짙은 배신감(성과 배분에 대한 약속 불이행)을 어떻게 돌려놓을 수 있을지, 전통적인 가부장적 노사관계(경영 전제적 일원주의)와 차별화되기 위해서는 사용자의 의식 전환 또한 필수적인데 이게 쉽게 해결될 수 있을지, 이미 산별노조 전환이 본격적으로 시동이 걸려 있는 상태에서 어떻게 다시 기업별 노조로 회귀할 수 있을지, 노조의 독점적 지위를 감퇴시키기 위해서는 복수노조의 도입 또한 필지의 사실인데 이 경우 가족주의적 대응이 어떻게 가능할지 등의 문제가 지적될 수 있다.

4. 노동조합의 새로운 역할과 그것을 위한 정책적 제언

1) 노조의 새로운 역할

현재 노동자들은 세계화라는 전쟁터에서 유연성이라는 무기로 고객만족(CS)이라는 고지를 점령하기 위해 생존이 걸려 있는 전투를 벌이고 있는 병사들이나 마찬가지 형국이다.

전선이 불명확하고 피아의 구분이 어려운 상황(영역의 붕괴와 M&A의 난무)이라 전투는 마치 게릴라전을 방불케 한다. 이는 과거 어떤 전투 형태보다 높은 긴장과 전투 역량(높은 혁신 역량과 다기능, 그리고 이를 위한 상시적인 능력 개발 노력)을 요함과 동시에 높은 불안정성(상시 구조조정)을 수반한다.

이 소리 없는 전쟁에서 노조가 수행할 수 있는 역할은 무엇인가? 노조가 전쟁을 직접 지휘할 수는 없다. 그런데 우리 노조는 새로운 환경 변화에 대응할 태세가 상당히 부족해 보인다. 우선 환경 변화에 대한 인식이 너무 안이하고(이 정도 파업한다고 회사 망하겠어?), 대응 방법 또한 구태의연하다(전투적이고 한물간 교섭주의에 매몰).

어차피 피할 수 없는 경쟁이라면 근로자들이 좀더 적극적으로 경쟁에 참여하여 승리할 수 있도록, 그래서 승리의 전리품을 획득할 수 있도록 적극적인 후방지원 업무를 담당하는 편이 좋지 않을까? 단순하고 소극적인 방어적 참여, 혹은 훼방꾼이나 방관자가 아니라 적극적인 공세적 참여가 무너져 가는 노조의 위상을 되찾을 수 있는 방안이 아닐까?

이제 더 이상 기업의 경영혁신 노력에 뒷다리 잡는 행태는 접어야 한다.

종업원들의 다능화를 위한 교육훈련과 상황 변화에 따른 배전을 방해해서는 안 된다. 이는 근로자들의 생존율에 치명적인 악영향을 미친다. 노조가 수행해야 할 후방지원 업무의 효율성 증대와 세계적 표준의 확보를 위해서 몇 가지 제언을 정리해 본다.

① 기업 경영의 동반자, 지원자로서의 자세 정립이 필요하다. 즉 기업의 인적 자원 중시 경영을 적대시하거나 무시하는 노조의 태도는 노조 자신에게도 결코 득이 되지 않는다(물론 이것은 인적 자본의 중요성을 충분히 인식하고 있는 경영자를 전제로 한다). 종업원들의 욕구를 충족시켜줄 수 있는 중요한 정책 도구(성과 배분, 고용 보장, 복지 증대 등)는 모두 경영자들이 가지고 있으며, 그들은 이제 이 도구들을 선제적이고 효율적으로 활용할 태세가 갖추어져 있으므로 이들과는 경쟁보다 참여와 협력의 자세가 좀더 필요한 시점이다. 자신들의 역량을 동원하여 기업 경영을 지원하는 자세가 요구된다(예를 들면 도요타 노조).

② 무한경쟁의 환경하에서 배태된 힘의 불균형(대세로 자리잡고 있는 높은 고용 유연성) 속에서 균형을 유지하고 생존을 위한 타협을 끌어내기 위해서는 여론의 지지가 무엇보다 중요하다. 따라서 노조는 여론의 지지를 받을 수 있는 가치와 실천적 프로그램을 계획하고 실천해야 한다. 예를 들면 조합원 복지 증진(일과 가정의 조화, 건강 증진, 노후 준비, 전직이나 재취업을 위한 교육훈련 등)을 위한 프로그램의 개발과 운영, 기업의 지속가능 경영(재무적 성과, 윤리성, 투명성, 사회적 책임, 친환경 등) 프로젝트에 적극적으로 동참해야 한다.

③ 상생과 호혜의 노사관계를 형성하기 위해서는 파트너 상호간의 신뢰가 필수적이나 그 전단계로 규칙에 대한 신뢰가 전제되어야 한다. 터커

(Tucker)의 죄수들은 반복되는 딜레마 속에서 일관되게 규칙을 집행하는 간수에게 일정한 권위를 인정한다. 나아가 그 규칙이 일관되게 적용될 것이라는 예측가능성에 근거하여 규칙을 신뢰하고 그것에 기초하여 두 번째 딜레마 단계에서는 신뢰의 가치를 이해하여 상호 협력할 수 있다(둘 다 자백하지 않음으로써 둘 다 풀려날 수 있음). 노사관계는 결코 단판 승부가 아닌 반복되는 게임이며, 반복되는 게임에서는 상호 신뢰에 기초한 협력관계가 모두에게 득이 된다는 사실을 명확하게 인식할 필요가 있다. 그리고 신뢰 분위기를 조성하기 위해서는 일단 만들어진 규칙은 정치적 판단이 개입되어서는 안 되고 일관성 있게 적용되어야 한다.

④ 자기 존재의 정당성과 자율성을 확보하기 위해서는 사용자에 의한 전임자 급여 지급 문제는 조속히 정리되어야 한다.

⑤ 후방지원 업무의 효율성을 확보하기 위해서는 공급자간의 경쟁(대표권 확보 경쟁) 또한 필수적이다. 따라서 기업 수준의 복수노조 도입을 망설일 이유가 없지만 동시에 경쟁을 제한할 여지가 있는 숍제도에 대한 재검토도 필요하다.

⑥ 대표권을 두고 경쟁하는 공급자간에는 기업경영 못지않은 투명성과 윤리성이 담보되어야 한다. 노사 단체의 회계보고서에 대한 외부 감사제도 혹은 영국식의 CO(Certificate Office) 같은 기구의 도입을 검토할 필요가 있다.

⑦ 기업의 경쟁력 제고를 통한 고용 안정이 가능하도록 생산성동맹(임금 상승의 억제와 생산성 증진 참여) 등을 체결하는 방안도 검토할 필요가 있다.

2) 노조의 새로운 역할 정립을 위한 정책적 제언

그렇다면 위와 같은 노조의 역할 혁신을 위해서는 어떤 정책적 조치가 요구되는가? 지금까지의 논의 과정을 통해 세계화와 정보화 등 거스를 수 없는 환경 변화 속에서 무한경쟁의 최일선에 있는 기업이 지속적인 존속과 성장을 바탕으로 양질의 고용과 복지, 그리고 평생학습 환경을 제공할 수 있기 위해서는 노사간의 신뢰에 기반한 참여와 협력의 노사관계 구축이 필수불가결한 과제이며, 이를 위해서는 노사 상호간의 호혜와 균형, 대등성의 확보가 그 전제조건이라는 데 이의를 제기하는 사람은 없을 것이다. 그리고 우리는 이러한 호혜와 균형, 대등성의 확보를 통해 위에서 언급한 노조의 새로운 역할 또한 정립해 갈 수 있을 것으로 믿는다. 노사 상호간의 호혜와 균형, 대등성 확보를 위한 제도적 측면의 보완 방안으로 다음과 같은 정책적 제언을 제시하고자 한다.

(1) 노사협의회의 대표권 문제

참여와 협력의 노사관계 형성에 있어 가장 기본적인 제도적 기반인 노사협의회의 구성 및 운영과 관련하여 현재는 종업원 과반수를 대표하는 노조가 있는 기업에서는 노조가 노사협의회의 종업원측 대표권을 갖도록 하고 있다. 그러나 복수노조가 도입되게 되면 하나의 노조가 종업원 과반수를 대표하기도 힘들 뿐더러 그렇다 하더라도 다른 소수 노조의 대표권 보장 요구를 회피할 수 없는 문제가 발생할 수 있다.

또한 노조의 형태가 산별로 전환될 경우 기업 수준의 노사협의회 대표를 산별노조의 대표가 맡는다는 것도 사리에 맞지 않는다.

현재 노사협의회는 단체교섭과 기능상 구분을 통해 분배는 단체교섭, 생산성 향상은 노사협의회라는 식으로 인식되어 노사협의제에 대한 근로자들의 인식이 매우 부정적으로 형성되어 있는 것이 사실이다. 그에 따라 노사관계상의 모든 문제들을 단체교섭을 통해 해결하고자 하는 경향을 낳게 되었으며, 이는 노사간의 대립과 긴장을 더욱 격화하는 결과를 초래하고 있다. 일본 기업의 경우에는 단체교섭과 노사협의회 사이에 이러한 기능상의 구분을 전제하지도 않을 뿐더러 오히려 노사협의회를 사전 단체교섭의 일환으로 활용함으로써 안정적 내지 협력적 노사관계를 형성하는 기초로 활용하고 있다. 이런 점에서 우리의 경우에도 단체교섭과 노사협의회의 기능을 굳이 인위적으로 구분하여 노사협의회의 순기능을 사장시킬 필요는 없을 것으로 생각된다.

이런 여러 가지를 생각한다면 차제에 단체교섭과 노사협의회의 기능을 구분하는 방식은 지양하고 노사협의회에서도 생산성 향상이나 복지 문제뿐만 아니라 임금을 비롯한 근로 조건도 다룰 수 있도록 해야 할 것이다. 그리고 현재의 형해화되어 있는 노사협의회를 법으로 강제할 것이 아니라 당사자들의 필요에 의해서 자발적으로 결성된 노사협의회라야 임금 등의 근로 조건을 포함한 각종 현안에 대해 좀더 높은 관심과 책임의식을 갖고 협의에 임할 수 있다는 차원에서 노사협의회의 구성과 운영을 강제 방식에서 임의 방식으로 변경할 것을 제안한다. 그리고 노사협의회의 근로자측 대표는 노조 유무와 상관없이 해당 사업장 종업원들이 선출하는 자로 하는 것, 그리고 직종별 인원수 비례 방식(독일의 사업소 종업원회(Betriebsrat) 구성 방식 참조)으로 대표를 선출하여 구성하도록 함으로써 라인과 스태프의 구분 없이 전체 종업원의 참여와 협력을 활성화하는 방안이 검토될 수 있을 것이라고 생각된다. 또한 노사협의회를 통한 종업원들의 참여와 협력을 활성화시키기 위해 필요하다고 생각될 경우 전체 종업원 대표인 노사협의회 근로자 대표위원들에게 매달 일정 시간 이상의 유급전임 시간을 제공하는 것도 생각해 볼 수 있다.

(2) 근로자의 범위 — 조합원 인정 범위의 확대 및 피용자 아닌 조합원의 기업 내 조합 활동 규제

산별노조 등 초기업 단위 노조가 보편적인 선진 외국과 달리 우리나라의 경우 노조 조직형태가 다양화되고 있음에도 불구하고 아직까지도 기업 단위 노조가 일반적이다. 2003년 12월 말 현재 민주노총의 조직률 현황을 보면 전체 노조(854개) 중 88.1퍼센트인 752개가 기업별 노조인 것으로 나타났으며, 조합원 수로는 전체 조합원 수 62만여 명 중 57.6퍼센트인 35만 7천여 명이 기업별 조합원으로 나타났다(임상훈 외, 2005).

산별노조의 경우에도 기존의 기업별 노조들이 산별노조로 전환된 예가 많아서 아직까지는 기업 단위를 중심으로 한 활동이 주축을 이루고 있다. '근로자 아닌 자'의 조합원 자격을 제한하고 있는 현행법은 기업별 노조 또는 기업 단위 조합 활동이 일반화되어 있는 우리나라의 특수성을 반영하고 있다. 기업별 노조의 조합원인 근로자는 당연히 해당 기업의 취업자이어야 한다는 전제하에서 법원이나 노동 행정기관은 노조법상의 근로자 개념을 해석하여 왔다.

그런데 기업별 노조 및 기업 단위 조합 활동이 지배적인 우리의 현실에서 실직자(또는 해고자)에게 조합원 지위를 인정함으로써 발생할 수 있는 문제점 또한 고려하지 않을 수 없다. 해당 기업의 피용자가 아닌 조합원이 기업 내 조합 활동을 주도하거나 관여함으로써 기업(영업)의 자유와 사용자의 권리(재산권 및 그것에 따른 시설관리권)가 침해될 가능성이 높기 때문이다. 따라서 노조법상의 근로자를 실직자를 포함하는 광의의 근로자로 인정하는 입법 정책을 취할 때에는 반드시 그것에 대응하여 기업(영업)의 자유와 사용자의 재산권 · 시설관리권 역시 적절하게 보호되어야 노사간 힘의 균형관계, 기업 내 노사관계의 안정성을 확보할 수 있다.

따라서 실직자나 해고된 자에게도 조합원의 지위를 인정하되, 기업별 노조가 일반화되어 있고 초기업 단위 노조의 경우에도 기업 내 조합 활동을 주축으로 하고 있는 우리의 현실적 특수성, 그리고 기업(영업)의 자유와 사용자의 재산권에 대한 보호의 필요성을 감안하여 해당 기업의 피용자가 아닌 조합원의 기업 내 조합 활동은 원칙적으로 사용자의 동의가 있어야 가능하도록 하는 정책 방향이 바람직하다고 본다.

(3) 근로자 대표에 대한 편의 제공 — 조합 활동비용의 자기 부담 원칙 확립

노조법 제24조 제2항 및 제81조 제4호는 노조 전임자에 대한 급여 지급을 금지하면서 이것을 부당노동행위로 보고 있고, 다만 부칙에서 그 적용 시기를 2006년 말까지 유예하였다가 다시 3년을 더 유예한 바 있다.

근로자 대표에 대한 편의 제공과 관련하여 ILO 협약 제135호 제2조[1] 및 권고 제143호 제10조[2]에 의하면 사업 또는 사업장에서 노조 대표자(또는

1 근로자 대표(노동조합 대표 또는 종업원 대표)가 자신의 직무를 신속하고 효과적으로 수행할 수 있도록 사업장에서 적절한 편의가 제공되어야 한다는 점, 편의 제공에 있어서 국내 노사관계 제도의 특성과 기업의 필요 · 규모 · 능력이 고려되어야 한다는 점, 편의 제공에 의해 기업의 효율적 운영이 저해되어서는 안 된다는 점을 규정하고 있다.

2 사업장에서 근로자 대표에게는 자신의 대표 직무를 수행하기 위해 필요한 근로면제 시간(time off from work)이 임금이나 사회적 · 부가적 급여의 손실 없이 제공되어야 한다는 점, 적절한 규정이 없는 경우 근로자 대표는

선출된 종업원 대표)에게는 임금 상실 없는 전임시간이 사용자에 의해 제공될 수 있어야 한다. 다만, 전임시간 수에 대한 합리적 제한을 가할 수 있기 때문에 반드시 풀타임 전임이어야 하는 것은 아니고, 전임시간 부여를 포함한 편의 제공에 있어서 국내 노사관계 제도의 특성과 기업의 필요 · 규모 · 능력이 고려되어야 하며, 편의 제공에 의해 기업의 효율적 운영이 저해되어서는 안 된다. 외국의 사례를 보면, 프랑스의 경우 기업 단위에 노동조합을 대표하여 활동하는 자(조합 대표위원이라고 부름)에 대해서는 기업 규모에 비례하여 그 수와 매달 일정시간의 유급 전임시간을 법으로 보장하고 있다.[3]

근로면제 시간을 부여받기 전에 직속 상관이나 다른 적절한 경영대표자로부터 승인을 얻을 것이 요구될 수 있다는 점, 그러한 승인은 합리적인 이유 없이 거부되어서는 안 된다는 점, 근로자 대표에게 인정되는 근로면제 시간의 양에 대한 합리적인 제한을 둘 수 있다는 점을 규정하고 있다.

3 프랑스에서 기업 규모에 따른 조합 대표위원의 수와 전임 시간을 표로 정리하면 다음과 같다(김훈, 2002).

종업원 규모	조합 대표위원의 수(a)	전임 시간		중앙조합대표위원	
		각 조합 대표위원	각 교섭대표단	겸임(c)	독립(d)
50~99	1	월 10 시간			
100~150	1	〃		○	
151~499	1	월 15 시간		○	
500~999	1	월 20 시간(b)	연 10 시간	○	
1천~1,999	2	〃	연 15 시간	○	
2천~3,999	3	〃	〃		○ (e)
4천~9,999	4	〃	〃		〃
1만 이상	5	〃	〃		〃

* 11인 이상 49인 미만의 근로자들을 사용하는 기업의 경우 종업원 대표위원이 조합 대표위원의 직무를 겸임하여 수행하지만 종업원 대표위원 자격으로 인정되는 전임시간 외에 추가적인 별도의 전임시간은 인정되지 않음.

(a) 기업 내 각 조합 지부별로 인정되는 수임.

(b) 종업원 501명 이상을 사용하는 기업에게 인정됨.

(c) 사업장 조합 대표위원들 중 한 사람이 중앙 대표위원 직무를 겸임하여 수행하는 경우임.

(d) 사업장 조합 대표위원과는 별도로 중앙 대표위원의 지명이 가능한 경우임.

(e) 숫자는 1명이며 그 전임시간은 월 20시간임.

그렇지만 이러한 입법례가 보편적인 것은 아니다. 영국의 경우 사용자가 승인한 노조[4]의 조합원인 근로자(종업원)와 해당 노조를 대표하는 자는 근로시간 중에 조합 활동에 참여할 수 있는 합리적인 근로면제(time-off)가 부여되지만 반드시 유급의 근로면제가 보장되어야 하는 것은 아니다.[5]

그 동안 사용자에 의한 노조 전임자 임금 지불 문제는 노사간의 입장이 극명하게 갈려 노사관계를 불안정하게 하는 중요한 요인으로 기능해 왔다.[6] 즉 노동조합은 좀더 많은 유급의 풀타임 전임자를 요구하고 사용자는 이를 반대하는 갈등이 심화되었다. 그래서 현행 노조법은 조합 활동비용의 자기부담 원칙을 확립하고 노조의 재정 자립을 유도하기 위하여 사용자의 급여지급의 관행을 원칙적으로 금지하면서 일정 기간 동안 그 적용을 유예한 것이다. 이에 대해서는 ILO도 지적하였듯이 입법에 의해 노조 전임자에 대한 급여 지급을 금지하는 것이 바람직한가 하는 점을 문제로 들 수 있다. 기업 내 노사관계에서 사용자는 대화의 상대방으로 능력이 있고 합리적인 근로자 대표를 필요로 한다. 그리고 근로자 대표가 자신의 임무를 충실하게 수행할 수 있으려면 사용자에 의한 일정 정도의 편의 제공은 필요할 수 있다. 문제는 우리의 경우 노조 전임자 수나 전임시간, 급여 지급의 수준 등에 대한 적절한 규범이 없는 상태에서 유급 전임자에 대한 노조의 비합리

4 독립노조(independent trade union)는 단체교섭을 목적으로 일정 정도 사용자에 의하여 승인된 노조를 말한다. 어느 노동조합이 사용자에 의해 승인되지 않는 경우 근로자들은 조합직무를 수행하기 위한 근로면제(time off)에 관한 법률상의 권리를 갖지 못한다.

5 ACAS, *Time off for trade union duties and activities*, ACAS code of practice 3, 1998, pp. 16-17.

6 일부 대기업 노조의 경우를 제외한 나머지 대다수의 기업별 노조는 재정 기반이 취약하기 때문에 전임자 급여의 문제는 노조의 사활을 좌우할 수 있는 민감한 사항이다. 반면에 사용자측은 기업 단위 복수노조의 도입과 관련하여 전임자에 대한 급여지급 금지를 강력하게 원하고 있는 것도 사실이다. 복수노조 허용 시기의 유예와 맞바꾸는 방식으로 전임자 급여지급 금지 적용 시기를 유예한 노사의 합의가 이러한 사실을 반증한다.

적이고 과다한 요구가 기업 수준의 노사관계뿐만 아니라 기업의 경쟁력 제고에도 좋지 않은 영향을 미치고 있다는 점이다.

결론적으로 지난 5년과 향후 3년간의 유예 기간을 통해 노조의 재정 자립에 대한 노력이 어느 정도 진전되었다고 보고 유예 기간이 끝나고 복수 노조가 도입되는 2010년부터는 원칙대로 노조 전임자의 급여는 노조에서 책임지도록 하는 것이 바람직하다.

(4) 유니온숍과 단결 강제의 한계 — 단결 선택권 보장, 소수자의 단결하지 않을 자유 보장, 사용자의 조합 중립 의무 확보

노조법 제81조 제2호는 조합원이 될 것을 고용 조건으로 하는 행위를 부당노동행위로 금지하면서 예외적으로 일정한 요건하에서 이것을 허용하고 있다. 즉 '근로자가 어느 노동조합에 가입하지 아니할 것 또는 탈퇴할 것을 고용조건으로 하거나 특정한 노동조합의 조합원이 될 것을 고용조건으로 하는 행위'는 부당노동행위이나 '노동조합이 당해 사업장에 종사하는 근로자의 3분의 2 이상을 대표하고 있을 때에는 근로자가 그 노동조합의 조합원이 될 것을 고용 조건으로 하는 단체협약의 체결은 예외로 하며, 이 경우 사용자는 근로자가 당해 노동조합에서 제명된 것을 이유로 신분상 불이익한 행위를 할 수 없다.'

한국노동연구원이 2002년 9월~10월 576개 노조를 대상으로 조사한 결과에 따르면 유니온숍의 경우가 43.8퍼센트이다. 지역별 일반노조는 68.6퍼센트, 협의체 소속 기업별 노조는 47.4퍼센트, 기업별 노조는 43.8퍼센트, 산별노조 지부는 36.4퍼센트가 유니온숍을 채택하고 있다.

ILO의 입장에 의하면, 법에 의해 허용되는 단결 강제와 법에 의해 강제되는 단결 강제를 구분하여 후자는 노조 독점을 초래하는 것으로 결사의 자유 원칙에 반하는 것으로 보며,[7] 단체협약에 의한 단결 강제의 인정 여부는 회원국의 재량 사항으로서 단결 강제가 허용되는 상황과 금지되는 상황 양자 모두 결사의 자유 원칙에 부합되는 것으로 간주될 수 있다고 본다.[8]

단결권 보장이 단결하지 않을 자유를 포함하는가에 관해서는 논란이 있지만 근로자의 단결 선택권은 적극적으로 보장되어야 한다. 아무리 절대 다수의 지지를 받는 노동조합이라고 하더라도 소수 근로자가 갖는 이러한 권리를 침해할 수는 없다. 그리고 기업 단위 복수노조의 허용을 전제로 할 때 사용자가 특정 노조 가입을 채용 또는 고용 유지의 조건으로 삼는 것은 특정 노조를 우대하는 조합간 차별 행위가 될 수 있다. 또한 유니온숍 협정은 근로자의 이익 옹호를 목적으로 하는 복수 조합간의 공정한 경쟁을 방해하는 것이기도 하다. 따라서 장차 기업 단위에서 복수노조가 허용되는 경우에는 일정한 요건하에서 유니온숍 협정의 합법성을 인정하고 있는 현행법은 폐지하는 것이 바람직하다.

(5) 노사의 성실 교섭의 의무와 조정전치주의의 재고

ILO는 조화로운 노동관계의 유지 · 발전을 위한 성실교섭 의무의 중요성을 강조하고 있다. 성실교섭 원칙은 정당하지 않은 교섭 지연이 회피되어야 하는 것을 의미하고, 사용자와 노동조합은 성실하게 교섭하고 합의에

7 ILO(1996), para. 321.

8 ILO(1996), para. 323.

도달하기 위한 모든 노력을 다하는 것이 중요하며, 진정하고도 건설적인 교섭은 노사간의 신뢰관계를 확립하고 유지하기 위한 필수적인 요소이다.

현행 노조법은 조정 절차의 실효성을 확보하고 노사의 평화적인 분쟁 해결 노력을 촉진하기 위하여 과거의 쟁의신고 · 냉각기간 제도를 폐지하고 그 대신에 조정전치제도를 채택하였다. 현행법 아래에서 조정 절차를 거치지 않은 쟁의행위는 위법하다. 한편, 조정 서비스를 담당하는 노동위원회는 노사간에 교섭이 제대로 이루어지지 않았던 경우에는 이것을 교섭 미진으로 보아 노사 당사자간에 자주적인 교섭을 더 하고 나서 조정 서비스를 제공받을 것을 요구하고 있는데, 이것을 행정 지도라고 부른다. 그런데 노동위원회의 행정 지도와 결합된 조정전치제도는 노사 모두 이것을 남용할 수 있는 요인을 내포하고 있다. 성실한 교섭이 이루어지지 않는 원인은 노사 어느 쪽에도 있을 수 있다. 사용자가 정당한 이유 없이 교섭을 거부하거나 교섭에 불성실한 모습을 보이는 경우 조정전치제도는 쟁의권을 제한하는 제도로 기능할 수 있다. 그렇기 때문에 노동위원회는 교섭 미진이 사용자측의 귀책 사유로 발생한 경우에는 행정 지도를 행하지 않고 조정 절차를 진행하고 있다. 반대로 노동조합이 사용자와 성실하게 교섭하지 않은 채 노동위원회에 조정 신청을 행하는 경우에는 조정의 실효성을 담보할 수 없고 경우에 따라는 조정 자체가 불가능하기 때문에 노조의 불성실한 교섭 및 실질적인 교섭 없이 이루어진 조정 신청을 적절하게 규율하지 않으면 조정 절차는 쟁의행위로 나아가기 위한 형식적인 절차로 전락할 수밖에 없다.

사용자의 성실 교섭의 의무 위반은 부당노동행위로 제재 대상이 된다. 그러나 노조의 성실 교섭의 의무 위반에 대한 어떠한 제재도 현행법상에는 존재하지 않는다. 이러한 상황에서 교섭 미진(불성실한 교섭)을 이유로 하는 노동위원회의 행정 지도(즉 성실한 교섭 절차를 거친 후에 노동위원회 조정 절차에 임하도록 요구하는 것)는 조정전치에 따른 조정 절차의 실효성을 확보하기 위하여 노동조합에게 부과되고 있는 성실 교섭의 의무가 제대로 준수되고 있는지를 간접적으로나마 확인 · 감독할 수 있는 현실적이고 유일한 수단으로 기능하고 있다.

현행법상 쟁의행위는 조정 절차를 거친 후에 가능한 최후 수단이고 조정 신청은 당사자들이 성실하고 충분한 교섭을 다한 후에 행하여야 한다는 점이 명확히 되고 있다. 성실하고 충분한 교섭 절차를 거치지 않고 이루어진 노조의 조정 신청 자체가 노조법 제30조(노조의 성실교섭의무 및 정당한 이유 없는 교섭해태금지) 규정에 반한다. 따라서 노동관계 당사자간 성실하고 충분한 교섭이 이루어지지 않았고 그 이유가 사용자의 귀책 사유에 해당하지 않으며 노동위원회의 조정 노력에도 불구하고 조정위원회 개최 시까지 이러한 교섭 미진의 상태가 계속되는 경우, 노동위원회는 행정 지도를 할 수 있다고 보아야 한다. 그리고 이러한 행정 지도가 있는 경우에는 조정 절차를 거친 것으로 볼 수 없다. 또한 교섭 미진의 행정 지도에도 불구하고 쟁의행위를 행한 경우 그 절차적 정당성을 인정하기 어렵다. 그렇지 않으면 ① 성실 교섭의 의무 및 조정전치 등 현행 노조법이 요구하고 있는 쟁의행위의 최후 수단 원칙에 반하는 결과(노조가 성실한 교섭 노력 없이 성급하게 교섭 결렬을 선언하고 형식적으로 조정 절차를 거쳐 쟁의행위로 나아가는 불합리한 상황)가 초래될 수 있고, ② 노조의 위법하고 부당한 교섭 요구를 거부할 수 있는 사용자의 권한이 침해될 수 있으며, ③ 교섭이 전혀 없었거나 극히 미진한 상황에서 자주적 교섭을 촉진하는 기능(상호 의견의 제시 및 타협점 모색 등)을 하였던 조정 기간은 파업을 무기로 상대방의 굴복을 요구하는 쟁의행위 준비 기간으로 그 성격이 변화될 위험성이 있다.

(6) 사용자의 쟁의 대항행위로서 파업 근로자의 대체

ILO가 제시한 엄격한 의미의 필수 서비스(그 정지에 의해 국민의 생명, 신체적 안전 또는 건강을 위태롭게 할 수 있는 서비스)에 해당하는 현행 노조법상의 필수 공익사업에서 쟁의행위가 있는 경우에는 대체 근로가 가능하도록 지난 해 연말의 노조법이 개정된 바 있다.

그러나 반드시 필수 공익사업이 아니라 하더라도 쟁의기간 중에 사용자는 사업을 계속 운영할 자유를 가지며 이러한 자유에는 원칙적으로 채용의 자유가 포함된다. 다만, 현행 노조법은 쟁의권 보호의 차원에서 당해 사업과 관계없는 자(이하 외부인이라 함)를 채용하거나 대체할 수 없도록 제한하고 있다. 그리고 파업으로 근로관계는 일시적으로 중단될 뿐 종료되는 것이 아니라는 점에서 파업 종료 후 근로자의 복귀가 보장된다. 그렇지만 근로자들에 대한 쟁의권 보장과 사용자에 대한 사업 계속의 자유 보장이나 공익 보호 사이에는 적절한 균형이 유지되어야 하고, 어느 한쪽에 대한 과도한 제한이나 침해는 허용될 수 없다. 이러한 관점에서 볼 때 적어도 다음과 같은 경우에는 외부인에 의한 일시적 대체 근로를 허용하는 것이 바람직한 방향이라고 할 수 있을 것이다.

첫째, 불법 파업의 경우 대체 근로가 허용되어야 한다. 이 경우에도 대체 근로를 제한한다면 사업 계속의 자유에 대한 본질적 제약 · 침해를 초래한다. 특히 쟁의행위금지가처분신청을 법원이 받아들였는데도 불구하고 쟁의행위가 계속될 때 대체 근로가 허용되어야 한다. 파업 중에도 정상적으로 유지 · 운영되어야 하는 업무 또는 시설이 정지되는 경우에도 대체 근로가 허용되어야 할 것이다. 노조법 제38조 제2항이 규정하고 있는 '작업시설의 손상이나 원료 · 제품의 변질 또는 부패를 방지하기 위한 작업', 동법

제42조 제2항이 규정하는 '사업장의 안전보호시설' 등을 대표적 예로 들 수 있다. 그 밖에도 사람의 생명, 신체적 안전 또는 건강을 위태롭게 할 수 있는 업무는 그것을 정지할 때 대체 근로가 허용되어야 할 것이다. 또한 노사가 단체협약으로 파업금지 업무를 정한 경우 그 위반에 대해서도 대체 근로가 허용될 수 있을 것이다.

둘째, 정당한 쟁의행위로 출발하였다고 할지라도 쟁의행위의 수단·형태가 단순한 생산의 저해를 넘어 기업 자체의 존속을 위태롭게 할 수 있는 경우에는 법원의 가처분 결정을 통해 대체 근로가 가능하도록 하여야 할 것이다. 쟁의권은 상대에 대한 경제적 압력 수단이지 상대의 존속을 부정하거나 위태롭게 할 수 있는 권리가 아니기 때문이다. 이 경우 대체 근로는 쟁의권의 남용에 대한 사용자의 적절한 대항 수단으로 기능하게 될 것이다.

(7) 노조의 재정 자립과 재정의 투명성 문제

노동조합이 대내적으로는 민주성, 그리고 대외적으로는 자주성을 견지한 가운데 책임 있는 경제 주체로서 조합원의 권익을 보호하고 나아가 산업민주주의를 고양하고 사회정의를 구현하기 위해서는 그 전제조건으로 재정을 자립해야만 한다.

노동조합이 재정을 자립할 수 있는 방안은 크게 재정적 측면과 조직적 측면으로 나누어 볼 수 있다. 재정적 측면에서는 지출의 합리화, 수익 사업, 전임자 수 축소 및 기금 적립, 조합비 인상 등을 제시할 수 있다. 그러나 재정적 측면의 방안만으로는 근본적으로 노동조합의 재정 자립을 이룰 수 없으며 조직 측면의 대응 방안이 필요하다. 구체적으로는 조직 체계의 변경, 조직의 슬림화, 조직 확대, 조직 합병 등을 제시할 수 있다. 기업별 조직

형태에서 산업별 조직 형태로 전환하는 것이 노조 재정의 자립을 위한 가장 강력한 대안이 될 수 있으나, 기업별 노조 형태의 실익에 익숙한 기업별 노동조합 집행부의 현실안주 의식, 조직률의 저위, 사용자의 반대, 조직 이기주의 등의 이유로 쉽지 않을 것으로 보인다.

노동조합이 사용자와 대등한 입장에서 노사자치주의를 구현하고, 노동조합이 책임 있는 경제 주체로서 합리적인 노동운동을 전개하기 위해서는 노동조합 스스로 재정을 자립하여야 한다. 이제는 사용자의 노조에 대한 시설 편의의 제공이나 경비 원조가 부당노동행위에 저촉되느냐 아니냐 하는 소극적인 논의에서 과감히 벗어나 노조 스스로 재정 자립의 방안을 시급히 마련하고 그 방안의 실천에 진력하여야 할 것이다. 나아가 최근 불거진 노조의 도덕적 해이 현상을 불식시키기 위해서는 노조 재정 운영의 투명성이 확보되어야 한다. 이를 위해서는 앞서 얘기한 노동조합의 회계보고서에 대한 외부감사 제도의 도입을 검토할 필요가 있다.

참고문헌

김동배(2003), 『기업인적자원관리의 변천: 1987~2002』, 한국노동연구원.

김훈(2002), 『한국의 노사관계 발전방안 (1)』, 한국노동연구원.

김훈 · 박준식(2000), 『구조조정과 신노사관계』, 한국노동연구원.

남성일(2005), 『21세기 노동조합의 역할에 관한 연구』, 노동부.

노나카 이쿠지로, 나상억 옮김(1998), 『노나카의 지식경영』, 21세기북스.

드러커, 피터(1995), 『미래의 결단』, 한국경제신문사.

박래영 · 박세일 외(1991), 『선진국의 노사관계 정착경험』, 한국노동연구원.

배규식 · 조성재(2003), 『한국의 노동운동』, 노사정위원회.

임상훈 · 최영기 · 임혁백 · 김삼수 · 박준식 · 이병훈 · 이상민(2005), 『한국형 노사관계 모델(Ⅰ)』.

최영기 · 배규식 · 박덕제 · 이병훈(2003), 『노사관계모델에 관한 국제비교』, 한국노동연구원.

토플러, 앨빈(1990), 『권력이동』, 한국경제신문사.

Levine, D.I. and Tyson, L.D.(1990), "Participation, Productivity, and the Firm's Environment," in Blunder, A.S. ed., *Paying for Productivity: A Look at the Evidence*, Brookings Institution, pp. 183-243.

제9장_ 노사관계 영역 밖의 고용관계
— 無노조기업, 불완전 단체교섭, 의존형자영인 체제의 고용관계

박호환

노동조합의 기능은 종업원들이 사용자에 대하여 불만들을 가지고 있으나, 개인적으로 표현하고 해결을 요구하기에는 교섭력이 약하므로 집단으로 뭉쳐서 집단적으로 의사표현을 함으로써 그것을 해결하려는 것이다. 이런 방식의 문제 해결은 산업화 이후 사용자의 자의적이고 전제적인 기업운영에 따라 나타난 노동자 착취 문제를 해결하기 위해 도입된 것으로, 영국의 산업민주주의 운동과 미국의 제도노동경제학파들의 이론적 근거와 현실참여에 힘입어 오늘날 거의 모든 자본주의 국가에서는 단결권과 단체교섭권을 기본권으로 인정하기에 이르렀다(박호환 역, 1999).

그런데 산업화가 진행되면서 노동조합에 가입하지 않은 근로자들이 무수히 나타나고 있다. 이 중에는 노조에 자발적으로 가입하지 않거나 가입하고 싶어도 할 수 없어서 노조의 보호막에서 제외되어 있는 이들이 있고, 또 근로자인지 사용자인지 애매하기 때문에 노동법의 적용을 받지 못하는 이들도 있다. 이 밖에도 노조에 가입되어 있고 단체교섭을 하긴 하지만 인건비 예산이 단체교섭 전에 외부의 권한에 의해 이미 정해져서 단체교섭이 무의미하거나 하더라도 내용상 변경이 아주 어려운 경우도 있다.

그렇다면 노조가 없는 기업(무노조 기업)의 종업원들은 어떻게 사용자와 고용과 관련된 다양한 갈등과 고충들을 해결하는지, 그리고 형식적으로나 재무적으로는 독립된 자영업자이지만 사업 운영에 있어서는 실질적으로는 사업주의 지휘 감독을 받고 있어서 근로자성(또는 사용자성)이 애매한 '의존형 자영인(dependent self-employed)'들은 실질적인 사업주와의 관계에서 나타나는 고용관계를 어떻게 풀어 갈 수 있는지가 관심을 끈다.[1] 또한 단체교섭 자체가 제한되어 있고 실질적인 교섭이 이뤄질 수 없는 구조적 제약에 묶여 있는 근로자들은 어떻게 자신의 임금과 근로 조건들을 정하는 것이 타당한지도 논의하여야 한다.

사실 아래에서 논의되겠지만, 고용상 발생하는 문제는 반드시 노동조합을 통해서만 해결 가능한 것은 아니고 다양한 문제해결 기구와 갈등해결 제도를 통해서도 해결할 수 있다. 이 글에서는 무노조 기업에서 어떤 방식으로 노사간의 갈등을 해결하는지, 그리고 다양한 형태의 의존형 자영인들은 사업주와의 특수 관계에서 발생하는 문제를 어떻게 해결할 수 있는지, 단체교섭이 근본적으로 불완전하고 제한되어 있는 구조에서 어떻게 고용 관련 문제들이 해결될 수 있는지 살펴보고자 한다.

이 글에서는 노사관계(industrial relations)와 고용관계(employment relations)를 구분하고 노사관계보다 더 광의의 고용관계를 중심으로 고찰하고자 한다. 노사관계는 노동조합을 중심으로 하여 노조의 활동 영역에 그 논의의 범위가 국한된다. 그러나 고용관계는 노동조합뿐만 아니라 근로자의 고용

1 특수 형태 근로 종사자, 또는 특수 업무 종사자(이철수, 2001), 특수 고용직 종사자(유성재, 2001; 김영문, 2001), 근로자 유사 종사자(하경효, 2001) 등 다양한 명칭으로 불리는 이들을 이 글에서는 자영업자이지만 실질적으로 원사업주에 상당히 의존되어 있다는 의미에서 '의존형 자영인'이라고 부른다.

에 관련된 모든 문제가 범위에 들어간다. 따라서 노사관계가 집단적 이해관계, 즉 단체교섭과 단체협약의 이행 그리고 노동조합의 조직과 운영에 한정되지만, 고용관계는 그런 집단적 이해관계와 더불어 개별 근로자의 문제, 예를 들어 채용, 배치 이동, 교육훈련 및 개발, 업적 평가, 보상, 인간관계, 근로 생활의 질, 차별 및 부당 처우 같은 주제도 포함한다(박호환, 1999). 그러므로 근로자의 갈등 문제를 다룰 때는 노사관계 대신 고용관계로 그 범위를 확장하면 노조를 중심으로 한 집단적 이해관계에 국한하지 않고 개인적인 갈등이나 고충까지 포괄할 수 있어서 종합적인 시각에서 논의할 수 있다.

이하에서는 사용자와 근로자의 관계를 노사관계가 아닌 고용관계로 시각 전환을 할 수밖에 없는 근거를 제시하기 위해 현재 우리나라 노동조합의 기능에 대한 비판들을 살펴본 후, 노조가 없는 무노조 기업에서 종업원과의 관계를 관리하는 혁신 기법으로서 고몰입 인적자원관리(high-commitment human resource management, 고몰입 HRM)에 대하여 중점적으로 고찰한다. 그리고 단체교섭이 구조적으로 불완전한 체제하에서 고용 관련 문제를 해결하기 위한 메커니즘을 제시하고, 이어서 최근 산업 현장에서 기존의 노사관계와 고몰입 HRM의 영역에서도 제외되어 있는 의존형 자영인들의 문제들에 대해 그 해법을 제시해보고자 한다.

1. 노동조합의 기능에 대한 비판

1) 노조의 본래 기능

노조는 산업혁명 이후 임금노동자들의 열악한 근로 환경과 생계비에 미달하는 보상 수준을 개선시키려는 노력에 따라 결성된 조직이다. 노동자 개인의 협상력으로는 사용자와 개별 협상에서 항상 열세에 있기 때문에 정당한 보상을 받지 못하므로 노동자를 집단화하고 그 집단의 협상력을 이용하여 사용자에 대항하고 그것을 바탕으로 정당한 처우를 쟁취하는 제도이다.

그런데 역사적으로 볼 때 노동자들이 처한 고용상의 여러 문제들을 노조만으로 해결하려 했던 것은 아니었다. 여기서 말하는 고용상의 문제는 아주 많고 다양한데, 이것을 크게 세 가지로 분류해본다면, 저임금과 고용 불안, 그리고 성취감의 상실(또는 인간 소외, 일할 맛의 상실) 등이다. 이 세 가지는 그 동안 무수히 많은 이론가와 실무자들이 해결하려고 노력하였으나 아직 그 해법은 요원해 보인다. 사실 이 셋은 노동자만 겪는 고충이 아니다. 노동자는 저임금을 불만으로 거론하지만, 사용자는 고임금과 고인건비를 걱정한다. 노동자가 고용 불안을 하소연할 때, 사용자는 종업원의 잦은 이직과 배신을 나무란다. 노동자가 일할 맛이 없다고 하소연하면, 사용자는 종업원들이 주인의식 없이 일을 하고, 자기 일처럼 정성을 쏟지 않는다고 불평이다. 마치 동전의 양면처럼 이 세 가지는 (다른 여러 문제들도 마찬가지지만) 동일한 현상을 두고 노사가 서로 상이한 인식을 하고 그것으로 인해 서로에게 불만을 가지고 있다.

칼 맑스는 공산혁명을 통해 프롤레타리아가 주도하는 생산체제를 만들어 노동자가 겪는 고용상의 문제들을 단번에 해결하려고 했었다. 반면 수정자본주의자들은 아래와 같이 다양한 방법으로 그 문제를 해결하려고 시도하였다(박호환 1999).

· 산업민주주의: 산업과 기업의 운영에서 민주주의 원칙을 도입할 것을 요구

하였고, 노조 결성을 통한 문제 해결을 주창하였다.

· 제도파 노동경제학: 노동시장의 불완전성을 보완하기 위해 제3자 개입을 지지하면서, 그 대표적인 수단으로 정부의 개입(최저임금제 시행 등)과 노조 결성을 지지하였다.

· 과학적 관리법: 테일러가 "경영에는 왕도가 있다"고 주장하면서, 동작연구와 시간연구를 통해 생산성을 극대화하고 그 성과를 노사가 분배하여 갖자고 주창하여 생산성 혁명과 생활 수준의 급격한 향상을 가져왔다. 그러나 분업과 표준화 등으로 노동 강도가 강해지고 노동의 소외 현상에 직면하게 되었다.

· 인간관계론: 경영자가 종업원을 정과 관심으로 대우하면 만족도가 올라가고 노사 갈등이 해소되어 생산성이 증대된다고 주장하여, 근래 인적자원관리의 이론적 바탕을 이루었다.

· 복지운동(Welfare Movement): 사용자가 인간관계론에서처럼 금전적인 투자는 하지 않고 인간적 관심에만 의존하면 근로자들은 금방 식상해지므로 복지시설에 직접 지출하여야 종업원의 충성심을 얻어낼 수 있다고 주장하였다.

· 인적자원관리(HRM): 종업원을 인적 자원으로 보고, 그것의 가치를 증대시키면 기업의 가치가 증대된다는 이론이다. 공정한 보상과 교육 및 개발에 중점을 두고 인재 양성에 초점을 둔다.

· 전략적 인적자원관리(SHRM): 인적 자원을 기업 전략에 맞게 확보하고 운영하여야 조직 유효성이 증대한다는 주장으로 아직 그 이론과 기법들이 개발 중에 있다.

· 고몰입조직(high-commitment organization, HCO): 종업원에게 공정한 대우와 경영 참여도를 높여주어 높은 만족도를 갖게 하고, 그 결과 높은 애사심, 충성심을 얻어내면 그것이 고성과로 연결될 수 있다는 주장이다.

이상에서 살펴본 바와 같이 산업혁명 이후 나타난 노사간 갈등과 고용상 문제들을 해결하기 위해 수많은 이론과 주의-주장, 실천운동이 있었고, 노조는 그런 제도들 중 하나에 속한다. 따라서 노조의 원래 역할은 노동자(좁게는 종업원)가 가지는 각종 불만과 부당한 처우를 개선하는 것이다. 다만 그것을 실현하는 방법이 여러 가지 있을 수 있는데 어떤 것을 선택하느냐에 따라 정치 지향형 노조 또는 실용주의형 노조 등과 같이 그 노조의 성격이 결정된다.

2) 노조에 대한 노조원의 기대와 요구

노조원들은 개인 차원에서 보상과 근로 조건의 개선과 공정한 대우를 원하고, 그것을 실현하기 위해 더 큰 차원에서 사회, 정치적으로 영향력을 행사하고 싶어한다. 그런데 노조원은 한편으로 회사의 종업원이기 때문에 회사 조직 내부에서 성장하고 그 조직의 생존과 성장에도 관심이 있다. 이를 노조원의 이중 몰입(dual commitment)이라 부른다. 노조원은 노조의 조직원이면서 동시에 회사의 종업원이기 때문에 공정한 대우와 상대적으로 나은 대우를 받기 위해 노조에 가입하고 노조의 활동을 지원하면서 동시에 회사에 충성하려는 태도를 지니고 있다는 것이다(Angle and Perry, 1986 등). 이중 몰입은 노조원 개인 차원에서 실제 존재하는 것으로 알려져 있다. 따라서 우리는 노조원의 요구와 기대를 분석할 때는 이중 몰입을 염두에 두어야 한다.

그렇다면 노조원이 직장 생활을 하면서 얻고자 하는 것은 무엇인가? 우리는 그것을 다음과 같이 6가지 범주로 정리할 수 있을 것이다.

· 공정한 보상(보상의 수준 및 결정 방식)

· 고용 안정

· 고충이나 갈등의 공정한 처리

· 성장 기회(승진, 교육훈련, 경력 개발 등)

· 전념해서 일할 맛(성취감 등)

· 회사의 생존과 발전

한편, 노조원은 회사 생활을 하면서 동시에 사회 생활을 통하여 얻고자 하는 것도 있다. 사회적 존재로서 노조원은 사회에 기여도 하면서 동시에 혜택도 받고자 한다. 그것을 우리는 아래와 같이 3가지 큰 범주로 나누어 볼 수 있을 것이다.

· 사회적 신분의 상승

· 정치적 목표(정당 및 정치 지도자의 선정, 정치 참여 등)

· 그 외 거시적 목표

노조원들이 원하는 것이 이상과 같다면 노조가 과연 그런 요구를 충족시키고 있는지 검토할 필요가 있을 것이다. 이 글에서 주장하는 바는 불행하게도 전반적으로 노조의 기능이 원래 의도에 미치지 못한다는 것이고, 따라서 노조의 원래 기능을 대신할 다른 기구나 제도가 필요하며, 그런 것을 사용자가 고몰입 HRM과 같은 방식으로 제공하는 것도 하나의 방안이 될 수 있다는 것이다.

3) 노조의 현재 기능에 대한 재검토

(1) 노조원의 기대 충족 여부

노조원들이 노조에 대하여 기대하는 것들에 대하여 노조가 어떻게 충족시키는지 다음 표와 같이 요약할 수 있을 것이다. 그리고 노조만 담당할 필요가 없거나, 현재 노조가 담당하지 못하는 기능에 대해 그 대안으로 생각되는 것을 제시하였다.

먼저, 노조원들이 직장 생활에서 기대하는 것들을 현재 우리나라 노동조합들이 잘 충족시켜주고 있는지 살펴보자. 공정한 보상과 고용 안정은 노조원이 원하는 가장 기본적인 요구일 것이다. 노조는 이것을 충족시켜주기 위해 단체교섭에 거의 의존한다. 그러나 우리나라의 노사간에 이뤄지고 있는 단체교섭은 대기업과 공공부문의 노조를 중심으로 임금투쟁에 초점을 맞추고 있어서 정작 일반 노조원들이 최근 들어서 특히 요구하는 고용 안정은 상대적으로 확보하지 못하고 있다. 최근 들어서 급격히 늘어나고 있는 비정규직의 규모와 노조가 있는 기업에서 비정규직의 상대적 비율이 더 높다는 연구 결과를 종합해볼 때 노조가 노조원들의 기대에 크게 미치지 못하고 있다고 할 수 있다(박기성, 2007).

그렇다면 공정한 보상과 고용 안정을 노조 이외의 다른 기제를 통해 달성할 수는 없을까? 일본의 예를 들어보면 노사간에 단체교섭이 이뤄지고 있긴 하지만 실질적인 교섭은 막후의 노사협의회에서 거의 타결이 되고 단체교섭 석상에서는 그것을 확인하는 정도의 절차만 그치는 것이 일반적이다. 또한 적대적 노사관계의 표본인 미국에서도 80년대 이후 계속되는 불황으로 기업의 도산이 이어지고 이에 따라 노조도 해산되고 실직자들이 늘어나자 노사 간에 고용 안정과 임금 양보를 패키지로 한 양보 교섭이 늘어났는데, 이때 중심적인 역할을 한 것은 노조보다는 노사공동위원회(labor-management joint committee)였다(Freeman and Medoff, 1983).

이렇게 본다면, 이미 경직된 조직 구조를 가지고 전투적 행동양식에 익숙해 있는 노조보다는 노사간에 대화를 통해 기업의 생존과 노조원의 고용 보장이라는 두 가지 현안을 동시에 논의하는 것이 더 현실적이고 일반 노조원에게 실리적이라고 본다. 이중 몰입의 관점에서 보더라도 노조원들이 회사의 운명은 아랑곳하지 않고 임금 투쟁과 고용 투쟁에 매달릴 것으로 보이지 않는다. 또한 개방경제와 지식경제체제로 전환되고 있는 우리나라의 경제 현실과 다양화를 추구하는 사회 변화를 고려하면 폐쇄적인 노동운동은 고용관계에 있어서 더 이상 유일한 해법이라고 할 수 없을 것이다. 따라서 기존에 설치되어 있는 노사협의회를 활성화하거나 새로운 형태의 종업원 대표제를 만들어 노사간에 대화를 통해 윈윈할 수 있는 해법을 찾을 수 있어야 한다.[2]

종업원 대표제를 채택하지 않을 경우에는 무노조 기업에서 도입하고 있는 고몰입 HRM형 인적자원관리를 대안으로 제안하려 한다. 고몰입 HRM은 공식적인 종업원 대표가 참여하지는 않지만 다양한 경로를 통해 종업원 개개인이 기업 의사결정 과정에 참여할 수 있는 제도이다. 따라서 보상을 결정하고 고용 안정을 위한 대안을 검토하고 심의하는 과정에 종업원들이 직접 참여하여 노사간에 최선의 해법을 찾도록 한다.

둘째, 고충이나 갈등의 공정한 처리 면에서 노조는 얼마나 노조원들의 기대에 부응하는지 살펴보자. 회사로부터 어떠한 이유에서든 불이익을 받

2 노사협의회나 종업원 대표제의 새로운 형태에 대한 논의는 이 책 8장을 참조하기 바람.

은 노조원이 개인적으로 불만을 회사에 제기할 경우에 보복이나 또 다른 불이익의 우려가 있다 느끼면 노조에게 해결을 요청하는 경우가 많다. 현재 노조는 이런 사건을 공식적인 고충처리제도를 이용하거나 노동위원회에 구제 신청을 하거나, 근로감독기관에 진정을 대신하거나, 법원에 소송을 대신해 주고 있다.

이 부분에 있어서 노조는 대리인 역할을 충실히 하고 있는 것 같다. 특히 대규모 노조나 상급단체 노조에는 변호사와 공인노무사를 자문역으로 고용하고 법률적 자문을 받고 있어서 이것을 활용하면 비용과 전문지식의 활용이라는 측면에서 많은 도움을 받을 수 있다.

다만, 노노 갈등이 있거나 하여 노조가 개입하지 않으려고 하거나 노조원이 개인 차원에서 일을 처리하고 싶을 경우에 아직 우리나라에는 공적 기관으로서 법률지원 제도가 활성화되어 있지 못하므로 정부가 무료법률지원제도를 확충하도록 앞장서야 한다. 특히 고용에 관련된 사건의 경우 대상 금액이 많지 않아서 변호사 비용을 대기에는 턱 없이 작은 경우가 태반이다. 이런 이유에서 한국공인노무사회의 무료법률상담이나 지원제도를 확충할 필요가 있고 여기에 정부가 일정 부분 지원하는 것도 한 방법일 것이다.

한편, 고몰입 HRM을 도입하게 되면 사용자는 기본적으로 종업원에게 고몰입을 유도해내기 위해 여러 가지 갈등관리 제도를 운영하게 된다. 그것은 공식적인 제도인 것도 있고, 비공식적인 의사소통의 활성화를 통하기도 한다. 고충이나 불만을 가진 종업원이 그 문제를 회사 밖으로 가져가기 전에 조직 내부에서 해결하는 것이 가장 좋은 방법이므로 고몰입 HRM에서 권장하는 조직 내 갈등관리 시스템을 구축할 필요가 있다.

셋째, 근로자 본인의 성장·발전과 전념해서 일하고 싶어하는 욕구측면에서 노조의 역할을 살펴보자. 기본적으로 이 부분이 노조의 원래 기능

표 9-1 노조원의 기대 충족 여부

요구 차원	요구 사항	노조의 역할	대안
직장생활에서 기대하는 것	① 공정한 보상	단체교섭을 통해 확보하려 함	종업원 대표제 등 단체교섭 이외의 방법, 고몰입 HRM
	② 고용 안정	단체교섭을 통해 확보하려 함	종업원 대표제 등 단체교섭 이외의 방법, 고몰입 HRM
	③ 고충이나 갈등의 공정한 처리	노조원을 대신하여 고충처리제도 활용, 노동위원회에 구제 신청, 법원에 제소	노조의 대리 역할 계속, 노조원이 직접 고충처리제도, 노동위원회 구제 신청, 법원에 제소할 수 있도록 공적 법률 지원제도와 같은 다양한 지원제도를 확충함, 고몰입 HRM
	④ 성장 기회	노조는 거의 무관심 또는 영역 밖으로 간주	고몰입 HRM
	⑤ 전념해서 일할 맛	노조는 직무만족도, 조직몰입을 저하시키는 역할	고몰입 HRM
	⑥ 회사의 생존과 발전	노조가 기업 이익과 생산성에 미치는 영향에 대한 연구 결과가 아직 불확실. 존폐를 위협하는 극단적 투쟁도 있음	경영 혁신(고몰입 HRM, 고성과 작업조직 등 포함)
사회생활에서 기대하는 것	① 사회적 신분의 상승	노조의 입법 활동, 로비, 대외 홍보 등	NGO 활동
	② 정치적 목표	노조의 정치투쟁 및 개입, 사회적 협의기구에 참여 또는 전략적 거부	근로자를 대변하는 정당의 활동
	③ 그 외 거시적 목표	사안별로 다양한 전략과 전술 구사	사안별 해당 NGO 집단의 활동

인가에 대해 논란이 있을 것이다. 노동조합 및 노동관계조정법 제2조에서는 노조의 기능을 "근로조건의 유지 · 개선 기타 근로자의 경제적 · 사회적 지위의 향상을 도모함을 목적으로 조직"한다고 하여, 근로자 개인 차원의 성장 발전과 전념하고 싶어하는 욕구는 노조의 기능으로 보지 않고 있다. 특히

조직에 전념하는 조직몰입(organizational commitment)와 직무만족과 같은 것은 노조와 상극의 개념으로 받아들여지고 있다(Freeman and Medoff, 1983).

그렇다면, 이 부분은 어디에서 담당하여야 하는가? 결국 근로자 개인이 스스로 알아서 하든지 아니면 사용자가 담당하여야 할 것이다. 그런데 근로자 스스로 하는 데는 한계가 있다. 개인적으로 능력 개발을 위해 외부의 교육훈련기관을 찾거나 인터넷을 통해 학습을 할 수도 있지만 그런 것은 보조적인 효과밖에 거두지 못한다. 결국 사용자의 주도하에 전사적인 교육훈련 체제가 갖추어져야 하고 각자의 경력관리 시스템을 구비해주어야 한다. 이런 것을 고몰입 HRM 시스템에서는 제공하고 있다. 이를 통해 종업원의 역량을 개발하고 증진시켜서 자신의 가치를 일을 통하여 발견하게 하고 그럼으로써 기업에도 기여하게 하는 것이 좋은 방법일 것이다.

넷째, 노조원의 이중몰입 성향을 감안해 볼 때 노조원들이 회사에 충성하고 회사의 발전과 생존을 위해 더 많은 노력을 하려고 할 것인데, 이것에 대해 노조는 어떤 태도를 취하는지 살펴본다. 노조의 유무가 기업의 재무구조나 생산성에 긍정적인 영향을 미치는지 부정적인 영향을 미치는지 확실하지가 않다. 많은 연구들이 상이한 결과들을 제시하고 있어서 이 자리에서 속단하기에는 무리가 있다. 만약 노사가 생산적이고 협력적인 관계를 유지하고 있다면 노조의 존재는 기업의 성과에 긍정적인 효과를 미칠 것이다. 그러나 투쟁적이고 적대적인 관계를 가지고 있다면 그 반대의 결과를 나타낼 것이다.

협력적인 노사관계를 유지하더라도 노조의 협력만으로는 높은 기업의 성과를 기대하기 어렵다. 오늘날의 기업 경영은 노조원이나 근로자의 손놀림과 노력만으로는 생산성이 올라가지 않을 정도로 복잡한 요소들로 짜여 있다. 전사적 경영 혁신을 통하여 제품과 생산 공정, 관리 방식 등을 조율하고 비효율적인 부분을 제거해내야 한다. 전사적 경영 혁신에는 고몰입 HRM도 포함되며, 고성과 작업조직 같은 조직구조 측면에서도 혁신이 일어나야 한다. 일반적으로 경영 혁신에 대해 노조는 반대를 해왔다. 이것은 '경영 혁신=고용 불안'이라는 등식을 가정하기 때문이다. 이런 측면에서 보더라도 노사협의회나 어떤 형태로든 노사간 공동위원회 같은 조직이 반드시 필요하다.

다섯째, 노조원들이 사회 생활을 통하여 얻고자 하는 것들을 노조가 어느 정도 충족시켜주고 있는지 검토해보자. 사회적 신분의 상승이나 정치적 목표, 그 밖에 거시적 목표들을 우리나라 노조는 상당 부분 확보하고 있는 것으로 보인다. 비록 민주노동당이 총선에서 득표율이 5퍼센트를 넘어서 본 적이 없긴 하지만 그런 노동세력을 대변하는 정당 조직이 있고 그 당에서 대통령 후보도 출마하고 있다. 또한 여러 가지 사회적 이슈에 대하여 노조의 상층부와 민주노동당은 적극적으로 참여하고 있고 상당한 지분을 갖고 있다.

그러나 상급 단체와 민주노동당의 활동이 일반 노조원 개인의 정치-사회적 욕구를 어느 정도 충족시켜주는지는 알 수 없다. 이 영역에서는 상급 단체와 민주노동당이 정치세력의 일원이어서 자체적인 목표와 전략을 가지고 활동하므로 일반 노조원의 개인적 이해관계가 반영되기는 어려울 것이다. 따라서 일반 노조원들은 노조를 통하기보다는 자신과 이해관계를 같이 하는 사회단체나 정치단체에 직접 참여하는 것이 더 효과적이고 보람을 느낄 것이다.

(2) 노조 조직의 이중 구조

노조는 그 자체가 하나의 조직이기 때문에 노조원으로부터 위임받은 원래 기능과 조직체로서 기능해야 하는 것이 있고, 경우에 따라서 이 두 기능이 상충하기도 한다. 조직체로서 노조는 집행부와 일반 노조원, 전임자와 비전임자, 상급 단체 등의 구조를 가지며 그 내부에는 사회정치적 역학이 작동된다. 이러한 정치적 행동(예를 들어 정치적 목적을 띤 불법 파업)이 일반 노조원의 이해관계와 상충될 때 그 둘을 잘 조화하는 것이 성숙한 노조의 행동이지만 현재 우리나라 노조의 경우 그러하지 못하다.

아래 현대자동차의 사례가 일반 노조원의 실리보다는 조직의 정치적 목표를 위해 사측에 무리한 요구를 사측에 하고 그것을 파업의 구실로 삼으려는 전략을 전형적으로 잘 보여준다. 신제품의 개발 및 생산, 해외 수출과 같이 회사의 성장에 절대적으로 필요한 조치에 대해서도 노조가 간섭을 하고, 해외 공장의 축소까지도 요구하고 나서는 것은 지나치다는 비난을 피할 수 없다. 한편, 사측의 경영권을 저렇게 내주고 있는 사용자도 함께 비난받아 마땅하다.

> 현대차 노조 황당 요구
>
> "새 차 생산 장소 · 물량 노조와 합의해라, 일감 없으면 해외 공장 것 가져와라, 해외 공장 수출입도 우리 허락 받아라."
>
> "생산도 수출 · 수입도 노조 허락을 받으라."
>
> 현대자동차 노조가 30~31일로 예정된 파업찬반 투표를 앞두고 회사 측과 단체협상에서 이런 안을 내놨다.
>
> 협상안에서 노조는 우선 '새로운 차종이나 엔진 · 변속기를 개발할 경우

모델이 결정되는 즉시 노조에 통보하고 생산할 공장과 연간 생산물량을 노사 간 합의할 것'을 요구했다. 회사 측은 "시장 상황이 급변하는 상황에서 적합한 시기에 가장 수익을 낼 수 있는 공장에서 수요량에 맞춰 생산하는 것은 경영전략의 핵심인데 사실상 노조의 허락을 받으라는 것은 맞지 않다"고 말했다.

하지만 노조는 "조합원의 근무여건이 바뀌는 사항을 회사가 일방적으로 진행하지 못하도록 강제하는 것은 당연하다"는 입장이다.

노조는 또 '해외 공장으로 인해 국내 공장 일거리가 부족해질 경우 (노조원의) 통상적 노동시간을 보장해 주기 위해 해외 공장의 물량을 국내로 도로 가져온다'는 조항도 요구했다. 채산성 악화로 국내 생산이 어려워 인도 공장으로 옮겨간 '클릭' 등 저가 제품도 국내 근로자의 일감이 부족하면 회사의 수익성과 상관없이 도로 가져와 적정 임금을 보장하라는 것이다.

노조 요구안에는 이 밖에도 '해외 현지공장이나 합작사에서 생산한 완성차와 부품을 노조와 합의없이 국내로 수입하지 않는다' '해외 생산 차종을 해당 국가 이외 국가로 수출하는 것은 (국내 공장의 수출이 줄어드는 결과를 가져와) 조합원 고용에 영향을 미치는 사항이므로 노사공동위원회에서 심의.의결해야 한다'는 조항도 들어 있다.

이에 대해 노조는 "회사 측이 일방적으로 결정하는 것을 막기 위해 구체적 문구로 구속력을 갖기 위한 것"이라고 말했다. 회사 측은 "노조의 힘에 눌려 울며 겨자 먹기 식으로 합의해 줬던 사항 때문에 시장 수요에 제때 대처하지 못해 큰 손실을 보았다"며 "노조도 회사가 살아야 고용도 보장된다는 점을 인식해 주기 바랐는데 답답할 뿐"이라고 말했다. 울산 시민 등은 이에 대해 "황당한 요구"라는 반응이다.

울산대 장길상(경영학부) 교수는 "해외 공장 신 · 증설이나 합작 투자, 신제품을 어느 공장에서 얼마나 생산할지 등은 사측의 고유한 경영권이자 핵심 전략인데, 이런 문제에 노조가 관여하겠다는 것은 비상식적 행위"라고 말했다. 그는 "회사가 당장의 파업을 피하려고 수용할 경우 치열한 국제 경쟁에서 살아남지 못해 진짜 고용불안이 현실화할 것"이라고 덧붙였다.

노조는 29일 중앙쟁의대책위원회 속보를 통해 "쟁의행위 찬반 투표로 사측을 압박하자"고 조합원들에게 호소했다.

— 출처: 『중앙일보』 2007년 8월 29일자.

(3) 단체교섭의 한계

노조원의 보상과 근로 조건, 고용 보장 등을 단체교섭을 통해 정하는데, 여기서 전제가 되어야 하는 것은 사측이 회사의 재무와 경영 전반에 대한 정보를 노조에 제공해주어야 한다는 점과 해당 노조의 일반 노조원의 이해관계가 노조 간부와 상급 단체의 이해관계보다 우선되어야 한다는 점이다. 그러나 현실은 이 두 전제를 모두 충족시키지 못하고 있다. 사측은 가능한 한 재무정보와 경영 관련 정보를 노조에 보여주지 않으려고 한다. 노사 협력의 출발점은 상호 정보의 교환인데 우리나라의 노사관계는 출발점에서부터 어긋나게 되어 있다. 한편 노조측에서도 단체교섭에서 일반 노조원은 자의반 타의반 노조 집행부와 상급 단체가 정해주는 수준에 만족해야만 한다. 일반 노조원의 욕구는 모두 다르므로 노조는 이것을 수렴하여 적정한 수준의 요구안을 만들 수 있어야 하는데, 그렇게 하지 못하는 노조들이 있다. 그리고 비준 절차가 있는 경우에도 부결-재협상-비준의 수순으로 마지막에는 일반 노조원의 요구보다는 노조 집행부와 상급 단체의 판단이 더 크게 작용한다.

4) 요약

노조는 노조원의 기대와 요구를 충족시키기 위해 탄생한 조직이다. 그러나 현실적으로 노조는 그런 기능을 다하지 못하고 있다. 그 원인으로 조직체로서의 노조가 지니는 정치 지향적 성향과 단체교섭의 한계 등을 들 수 있다. 결국 일반 노조원은 노조를 통하더라도 자신들이 확보해야 할 '공정한' 보상과 대우, 개인적 성장 기회의 확대와 같은 욕구를 충족시킬 수 없다.

따라서 노조가 아닌 다른 기구나 제도가 노조원의 요구를 더 잘 충족시킬 수 있다면 그것을 선택하는 것이 정당하다고 하겠다. 노조는 절대적 존재가 아니라 필요에 의해 인위적으로 만들어진 조직체에 불과하기 때문이다. 이 글에서는 노사협의회나 노사공동위원회와 같은 종업원 대표제를 제안하였고, 노조가 있든 없든 고몰입 HRM은 근로자의 개인 욕구 충족을 위해서는 꼭 필요한 제도라고 제안하였다.

2. 고몰입 HRM과 고용관계

고몰입 HRM은 휴렛패커드와 썬하이드로릭스 같은 무노조 기업에서 종업원의 충성심과 애사심을 높여서 고성과를 창출해내는 데 성공한 사례들이 있다. 이런 회사들의 뒤를 이어서 많은 무노조 기업들이 이 모델을 따라 종업원들에게 더 많은 것을 주고 그 대신 더 많은 것을 얻어내는 방식으로 고용관계를 관리하게 되었다. 물론 이 고몰입 HRM이 절대 만병통치약이라고 할 수는 없다. 고비용을 수반하는 등 많은 한계를 지니고 있고, 어떤 상황에서는 큰 실패에 봉착하기도 한다. 그럼에도 불구하고 노조가 원래 기능을 다하지 못하고 또한 노조의 존재 자체가 사용자에게 부담이 될 경우에 거의 유일한 대안으로 이 고몰입 HRM을 선택하게 된다(Baron and Kreps, 1999).

1) 고몰입 HRM의 목표와 수단

고몰입 HRM은 종업원들로 하여금 공식적으로 주어진 역할 이상을 하게 하는 고성과를 이끌어 내는 것이 목표인데, 구체적으로 다음과 같은 세 가지 목표를 가진다(Baron and Kreps, 1999).

첫째, 종업원은 회사의 이익을 아주 잘 이해하고 있고 그것을 바탕으로 하여 회사에 가장 도움이 되는 행동을 한다.

둘째, 종업원은 회사의 이익을 위해서라면 공식적으로 주어진 임무 이외의 것도 기꺼이 맡아서 수행하려고 한다.

셋째, 종업원은 본인의 판단에 의해 일을 할 수 있는 권한을 부여받으며, 조직의 목표를 달성하기 위해 필요한 아이디어와 정보를 자발적으로 제공하고 스스로 알아서 열심히 일한다.

이와 같은 고몰입 HRM의 목표를 달성하기 위해 조직은 어떻게 종업원을 관리하는가? 사실 고몰입 HRM의 개념부터가 학자들마다 상이하며 수단이라고 주장하는 것들도 상이하다. 모든 조직에 일률적으로 적용될 수 있는 고몰입 수단은 없는 것이다. 아래에는 많은 학자들과 사례들에서 공통적으로 거론되는 수단들을 정리하였다(Baron and Kreps, 1999).

· 고용 보장: 종업원은 징계에 의하지 않고는 해고를 당하지 않는다.

· 평등주의: 조직 계층간 아래위를 구분 짓는 직급이나 호칭을 사용하지 않는다. 모두 한 거대한 팀의 일원으로 일한다는 일체감을 갖게 한다. 상징적인 구별(예: 임원들에게 주어지는 별도의 화장실, 식사 자리, 주차 공간 등)은 모두 없애거나 최소 수준으로 한다. 구체적인 구별(예: 임금 수준)도 마찬가지로 강조하지 않는 분위기를 만든다.

· 자율적 작업조직과 팀 생산체제.

· 직무 확대와 직무 충실화.

· 높은 수준의 임금: 경쟁사에 비해 임금 수준을 높게 책정하며, 수당과 복지도 높은 수준으로 지급한다.

· 집단 성과급: 팀, 부서, 조직 전체의 성과를 바탕으로 지급한다.

· 활발한 조직 사회화와 학습 분위기: 다기능 훈련도 포함한다.

· 순환근무(job rotation).

· 정보 공개: 회사에 관련된 모든 정보를 공개한다.

· 열린 커뮤니케이션: 조직 내 모든 계층의 구성원들이 자유롭게 의사소통할 있고 아이디어를 교환할 수 있게 한다. 이를 위해 조직 계층의 수를 최대한 줄여야 한다.

· 조직 목표가 최상의 목표인 조직 문화: 불량률 제로 또는 조직의 비전과 같은 최상위의 목표에 모든 행동을 맞추는 조직 문화를 형성한다.

· 엄격한 채용 과정: 조직 문화에 적합한 직원을 선발하기 위해 채용 과정에 가장 많은 신경을 쓴다.

· 회사 주인에 대한 인식 제고: 주주의 이익을 최우선한다.

이런 수단들 중에는 기존의 인사관리에서도 적용하고 있는 것들이 있다. 예컨대, 고용 보장이나 교육훈련, 신중한 채용 등이 그런 것에 해당되는데, 고몰입 HRM에서는 고용 보장을 더 확실히 하고, 채용 때 몇 단계에 걸쳐서 걸러내는 등 그 정도가 더 엄격한 것이 다르다. 또한 기존의 인사관리에서 볼 수 없는 것은 팀워크, 평등주의, 다기능 훈련, 정보 공개, 상하간 자유로운 의사소통 등을 들 수 있다.

2) 고몰입 HRM의 한계

고몰입 HRM은 회사의 목표에 종업원의 행동을 일치시켜 고성과를 낸다는 경영 철학에서 비롯되었고 실제 그것을 통해 효과를 본 기업도 많지만, 환경이나 조직 내 여건이 허락하지 않으면 큰 성공을 거두기 어렵다. 고몰입 HRM의 한계를 다음과 같이 정리할 수 있다(Baron and Kreps, 1999).

고몰입 HRM의 가장 큰 애로는 직접비를 대폭 증가시킨다는 점에 있다. 고용 보장, 높은 임금 및 복지 수준, 교육훈련 확대, 엄격한 채용 과정 같은 수단들은 모두 직접비를 증가시키는 주요 요인이다.

기업의 기술 및 생산체제에 따라 고몰입 HRM이 적합하기도 하고 그렇지 않기도 하다. 고몰입 HRM은 종업원의 동기를 유발해서 작업하는 과정에서 정성을 쏟고 추가적인 노력을 더 내게 하는 것이므로 생산 과정에 종업원이 직접 들어가는 체제에서는 효과를 볼 수 있다. 다시 말하면, 종업원의 노력 여하에 따라 제품의 품질이 좌우되는 기술이나 생산체제에 적합하다. 그러나 장치산업같이 종업원의 손길보다는 설비 자체의 성능이 더 크게 작용하는 경우에는 고몰입 HRM은 그 비용에 비해 효과는 상대적으로 낮게 나올 수밖에 없다.

외부 환경과 노동시장 상황에 따라서도 고몰입 HRM이 가능한 경우가 있고 그렇지 않은 경우가 있다. 지역 내 노동시장 상황이 이직이 많은 경우에는 많은 비용을 들여서 채용하고 훈련시킨 종업원이 쉽게 이직을 할 것이므로 인적 자본에 대한 투자비를 회수할 수 없게 된다. 제품시장이 이미 쇠퇴기에 들어간 대기업에서는 고용 보장을 결코 수용할 수 없을 것이며, 주변 노동시장에 교육훈련을 잘 받은 인재들이 부족한 경우에 엄격한 채용 과정을 거치는 것은 비용이 효과에 비해 너무 많이 드는 방식이다. 또한 노동시장에 공급 과잉인 경우에는 이미 고몰입을 보이는 구직자가 많기 때문에 구태여 고몰입 HRM을 추구할 이유가 없다.

고몰입 HRM은 조직 내부에서 저항을 일으킬 수도 있다. 가장 크게 반발하는 계층은 중간 관리자들이다. 조직이 슬림화되고 계층 수가 줄어들며 일반 직원들이 자율권을 더 많이 가지게 됨에 따라 중간 관리자들이 설 자리가 좁아지기 때문이다. 고몰입 HRM은 일반 종업원들에게도 항상 좋은 것은 아니다. 만약 이것이 도입되면 작업량이 늘어날 수 있으며, 새로운 기술도 습득해야 하므로 직원들 사이에서는 우려와 비관적인 인식이 팽배해질 수 있다.

이상과 같이 고몰입 HRM은 어떤 환경이나 상황에서나 적합한 수단은 아니다. 많은 고몰입 HRM 학자와 컨설턴트들이 각 회사의 상황에 맞게 경영자가 판단하여 도입 범위를 정해야 한다고 주장하는 이유가 바로 여기에 있다.

3. 새로운 고용 형태의 출현과 고용관계

1) 기업 내 직군의 다양화와 고용관계의 분권화

기업 내에 다양한 직종과 직군이 분화되어 공존하는 현상이 가속화되고 있다. 따라서 이들의 욕구와 요구 사항은 각기 상이하게 나타나 기업별 노조 체제하에서도 이들의 욕구를 하나로 묶어 사용자와 교섭하기가 점점 어려워지고 있다. 첨예하게 대립되는 것이 최근 논란이 되고 있는 비정규직과 정규직 사이의 갈등이다.

또한 기업 내 업무의 유형을 **표 9-2**와 같이 구분할 수 있을 것이며, 사용자는 각 직군(또는 직종)별로 별도의 관리를 하게 된다. 이런 상황에서 단체교섭은 핵심 업무 담당자들 위주로 하게 되어 나머지 직원들은 소외될 것이다. 만약 핵심 보조 업무나 비정규 업무 담당자들이 인원수를 바탕으로 노조에서 파워를 얻게 되면 핵심 업무 담당자와 노노 갈등을 빚게 된다. 노노 갈등은 노조 내부에서 헤게모니를 둘러싼 투쟁일 수도 있으나, 그 바탕에는 업무와 직군의 분화와 그에 따른 이해관계의 충돌이 자리잡고 있다.

한편, 핵심 업무 내에서도 다양한 업무 환경에 놓인 직군(영업직, 사무직, 생산직 등)들이 있어서 이들의 요구 사항도 각기 상이하여 상호 불신과 갈등의 요소를 가지고 있다. 예를 들어, 영업직과 생산직은 업무 자체가 서로 보완도 하지만 충동할 경우도 많다. 영업직에서 고객의 취향을 반영하여 새로운 제품을 제안하거나 개량을 제안하면 그것은 바로 생산직에게는 부담을 주는 것이 되므로 생산직은 영업직의 그러한 제안들을 항상 제어하려고 한다. 그러나 기존 제품으로는 시장에서 고객의 외면을 당하면 영업직

표 9-2 기업 내 업무의 분화

<table>
<tr><td colspan="2" rowspan="2"></td><td colspan="2">담당 인력의 외부시장에서 대체 가능성</td></tr>
<tr><td>고
(담당자를 기업 내부에서
육성할 필요가 없는 업무)</td><td>저
(담당자를 기업
내부에서 육성할
필요가 많은 업무)</td></tr>
<tr><td rowspan="2">업무의
가치
(기업의
목표
달성에
기여하는
정도)</td><td>고</td><td>프리랜서 업무
(예, 펀드 매니저 업무
법률자문 업무)</td><td>핵심 업무</td></tr>
<tr><td>저</td><td>비정규 업무(비핵심 업무)
(예, 편의점 카운터,
주유소 주유 업무)</td><td>핵심보조 업무
(예, 사장비서 업무)</td></tr>
</table>

은 자신들의 업적이 바로 줄어듦으로 생산직의 반감을 수용할 수 없다.

이처럼 오늘날 기업 조직 내부는 다양한 욕구와 갈등이 분출되어 있거나 잠재하고 있다. 이 상충하는 요구들을 노조가 주도해 통합해서 단일안으로 만들어 단체교섭 석상에 가지고 나가기는 어렵다. 이 문제를 해결하기 위해서는 결국 직군별로 노조를 설립하는 분권화(decentralization)의 길로 가야 하는데, 바로 복수노조체제가 그것이다. 그러나 복수노조는 그 자체가 새로운 비용을 발생하게 된다. 한 연구 결과에 따르면 복수노조가 허용되면 교섭제도 유형과 노조 설립 방식에 따라 다소 차이는 있으나 노사관계 비용이 8.1~11.1퍼센트 상승할 것으로 예측된다(이강국 등, 2006).

그런데 욕구의 다양화를 복수노조체제로 해결하려는 발상은 노조만이 고용 문제를 해결할 수 있는 유일한 제도라는 선입견에서 비롯된 것으로 보인다. 노조만이라는 고정 관념을 깨고 보면 다양한 형태의 문제해결 메커니즘을 찾을 수 있다. 앞에서 언급한 고몰입 HRM도 하나의 대안이 될 수 있고, 기존의 노사협의회도 활용할 수 있으며, 지금까지 위에서 언급해온 다양한 종업원 참여 제도도 대안이 될 수 있을 것이다.

2) 단체교섭이 구조적으로 불완전한 노사관계

오늘날 기업들의 사업 형태가 아주 다양한 형태로 진화되면서 위탁 또는 도급이 급속히 증가하고 있다. 업무를 아웃소싱(outsourcing)하는 이런 경영 방식은 해당 업무를 조직 내에서 수행할 때 인력 및 시설 장비에 대해 직접 관리하고 책임을 지는 부담에서 벗어나려는 목적에서 국내외 많은 기업들이 채택하고 있다. 특히 이 글에서 논의하려는 아웃소싱은 공공부문에서의 아웃소싱이며, 이런 분야에서는 아웃소싱을 할 때 인건비가 사전에 정해져서 도급 또는 위탁계약을 맺게 되어, 도급 또는 위탁을 받은 회사의 근로자와 노동조합은 인건비에 대한 교섭의 여지 거의 없다는 점을 지적하고자 한다.

여기에 해당되는 예를 몇 가지 들면 다음과 같다.

첫째, 청소 및 쓰레기 수거 업무를 이전에는 구청에서 환경미화원들을 직접 고용하여 수행하였으나 현재 거의 모든 지자체에서 이 업무를 외부의 민간 환경업체에 위탁을 주고 있다. 이때 위탁계약서를 구청과 해당 업체가 체결하면서 일인당 인건비를 사전에 책정해버린다. 그 결과 해당 업체에 노조가 결성되어 있더라도 단체교섭에서 일인당 인건비를 조정하려고 해봐야 현실적으로 불가능하다.

공공기관과 업무수행 계약을 하게 되면 인건비뿐만 아니라 사업주의 이익까지 사전에 책정되기 때문에, 만약 단체교섭에서 노조가 위탁계약서에 적시되어 있는 인건비보다 더 많이 받겠다고 요구하면 사용자는 자신에게 배정된 이익에서 빼줄 수밖에 없다. 대다수 환경업체들이 영세한 형편이어서 사용자가 양보할 여력이 거의 없다는 사실을 감안하면, 이런 기업에서 하는 단체교섭은 거의 무의미하며, 노사 분쟁이 생기면 극렬한 충돌로 발전할 수밖에 없다.

둘째, 정부 산하 기관과 정부투자기관들은 기획예산처의 인건비 가이드라인의 통제를 받고 기획예산처의 인건비 책정은 국회의 예산심의에 따라 결정된다. 기획예산처의 공공기관 운영위원회가 101개 공기업 및 준정부기관에 적용되는 '예산지침안'을 매년 심의 · 의결하고, 그것을 관계 부처와 공공기관에 통보하며, 적용 대상이 되는 기관들은 이 지침에 따라 다음 해 예산을 편성해 이사회 심의와 의결을 거쳐 그해 말까지 확정하게 된다. 이에 덧붙여 이 기관들은 정부산하기관 경영 평가와 혁신 평가를 받고 그 결과에 따라 경상경비의 증감과 임직원의 성과급까지 결정된다.

이처럼 인건비 가이드라인의 통제를 받기 때문에 많은 정부산하기관들에서 노사 분규가 끊임없이 발생하고 있다. 이 기관들의 노동조합은 사용자를 더 이상 해당 기관장으로 보지 않고 기획예산처 장관으로 보아, 직접 교섭할 것을 요구하고 있는 실정이다. 그런데 기획예산처 장관 위에 국회의 예산심의 과정이 있고 그곳에서 최종 결정되기 때문에 기획예산처 장관도 운신의 폭이 클 수 없는 형편이다.

셋째, 지자체에서 운영비를 보조해주는 민간 사업들이 있다. 예를 들면, 서울시내버스가 전형적인 모델인데, 서울시내버스 운영은 민영화와 시직영을 반복하는 악순환을 거듭하다가 이명박 시장이 선출되면서 서울시 교통문제 해결 차원에서 교통체계를 전면 개편하게 되었다. 서울시는 시내버스회사로부터 운임을 모두 수거하고 그 대신 운영비를 보조하는 방법을 택하였다. 이 운영비 보조 과정이 위탁계약을 맺는 것과 유사한데, 버스회사에 지급하는 운영비 항목에 인건비까지 정해져 있다. 그 결과 시내버스회사의 노동조합은 사용자와 단체교섭을 해봐야 사용자가 해줄 수 있는 것이 아무것도 없고, 시청에서 운영비를 인상 조정해주는 것이 유일한 방법이다. 버스회사가 자체적으로 경영 혁신을 통하여 관리운영비를 줄일 수 있다거나 노사가 합심하여 생산성을 올리고 그 성과분의 일부를 노조에 돌려줄 수 있지 않느냐는 질문이 있을 수 있는데, 시내버스의 노선을 시청에서 통제하고 있고 인력은 버스 운행에 기사 한 명만 쓰는 상황에서 경영 혁신은 큰 효과를 거두기 어렵다.

지하철의 경우도 이와 흡사하다. 지자체로부터 보조를 받으면서 인건비 통제를 받고 있으며, 다른 한편으로 막대한 지하철 건설비를 부채로 안고 있어서 이자 부담이 매우 크기 때문에 관리비를 인상하기가 상당히 어렵고 지자체 의회의 결정이 있어야 한다. 지하철의 노사관계가 적대적이고 항상 분쟁에 휩싸이는 이유가 바로 여기에 있다. 지하철공사의 사용자는 인건비와 관련하여 재량권이 거의 전무해 시청의 눈치를 봐야 하고, 시청은 다시 의회의 눈치를 봐야 하는 상황이기 때문에 노동조합은 사용자를 시장으로 해달라며 시청에서 농성을 하거나 단체교섭을 거부하고 바로 쟁의행위에 돌입하는 경우가 종종 발생한다.

이상과 같이 공공 분야에서 공공기관이 직접 수행하던 업무를 아웃소싱하거나, 중앙정부나 지자체로부터 내려오는 인건비 가이드라인의 통제를 받는 곳에서는 노사간 교섭이나 타협의 여지는 거의 없고 노사 분쟁의 가능성을 원천적으로 가지고 있다.

이처럼 불완전한 (또는 제한된) 단체교섭 구조를 가진 공공 부문에서는 임금과 근로 조건에 대한 결정권을 차라리 원청 기관과 정부에 일임하는 것이 나을 것이다. 어차피 예산안이 지자체의 결정만으로 확정되는 것이 아니라 국회나 시의회 등 국민 대표나 주민 대표기관에서 확정되는 것이기 때문에 인건비 결정 과정에 있어서 견제와 균형의 원칙이 지켜지고 있다고 보인다. 따라서 노동조합은 재량권 없는 사용자와 단체교섭을 하느니 차라리 시장과 의회를 상대로 로비를 하고 설득과 홍보 그리고 압박을 가하는 것이 현실적이다. 그리고 시장이나 의회 의장을 단체교섭의 상대자로 보기는 매우 어렵다. 이들을 사용자로 인정할 수 없기 때문이다.

그렇다면, 기획예산처와 지자체는 앞으로 인건비 예산안을 만들 때 사전에 이 공공기관들과 협의하는 과정을 거쳐야 하고, 이때 관련 노동조합도 참여토록 하고 이들의 요구를 청취하고 교섭하는 절차를 반드시 밟게 하여야 한다. 또한 국회와 지자체 의회에서도 예산안을 확정하기 전에 관련 노동조합과 협의하는 절차를 반드시 거치도록 한다. 공공부문의 예산안은 민의를 반영하는 국회와 지자체 의회에서 확정되는 것이기 때문에 노조와 합의까지는 할 필요가 없고 협의 과정을 거치는 것으로 충분하다고 생각된다. 이런 주장이 합리적인 이유는 공공부문에서는 사용자의 재무 정보와 경영 실적이 모두 노동조합과 일반에 공개되므로 제3자가 투명하고 정확한 기업 정보를 가지고 적정한 수준의 임금과 근로 조건을 산출해내는 데 큰 어려움이 없을 것이고, 또 노동조합의 참여를 일정한 범위 내이긴 하지만 보장하기 때문이다.

3) 근로자성(사용자성)이 모호한 직업 — 의존형 자영인

직업이 다양해지면서 그 직업에 종사하는 사람이 근로자인지 사용자인지 모호한 경우가 많이 발생하고 있다. 이들을 정부는 12개 직업으로 분류하고 있는데, 다음과 같은 직업이 이에 속한다.

> 골프장 경기보조원(캐디), 레미콘 운송차주, 학습지 교사, 보험 모집인, 덤프기사, 화물기사, 대리운전자, 퀵서비스 배달원, 수도 검침원, 철도 매점 종사자, 간병인, 방송사 구성작가, 애니메이션 작가, 오케스트라 단원, 시청료 징수원, 화장품 판매원, 자동차 판매원, 음료 · 식품 판매원 등 각종 판매원, 우유 배달, 신문배달 등 각종 배달원, 출판 편집원, 사진사, 작곡가, 기자, 모델, 연예인, 예술인, IT 컨설턴트, 관광 가이드, 조사 면접원, 학원강사 등 각종 프리랜서, 가내 근로자, 주유원, 건설 근로자, 대출 모집인, 채권 추심인, 각종 프랜차이즈 사업자 등.

이들은 개별적으로 사업자등록을 내고 일하거나 단독으로 일하기도 하며, 일을 시킨 사람으로부터 일정의 수입을 받고 도급 형식으로 일을 해주기도 하고 심부름의 대가 형식으로 받기도 한다. 일을 시킨 사람의 사업장 내에서 일을 하기도 하고 밖에서 일을 하기도 한다. 그리고 대부분은 일을 하는 방식에 대해서는 일을 시킨 사람으로부터 구체적인 지시를 받지 않고 결과물만 시킨 사람이 요구한대로 해주면 그만이다. 이들은 근로소득세를 내지 않으며, 사업자등록을 낸 이는 영업세를 납부한다. 근로자가 받는 사회보장인 4대보험도 적용받지 않는다.

이처럼 이들은 한편으로는 일을 시킨 사람에게 결과물에 대해 책임을 져야 하고 경제적으로 전적으로 의존하고 있으며, 다른 한편으로는 마치 독립 자영인처럼 일을 하는 방식과 근로 시간에 대해 비교적 자유롭다. 이들을 흔히 특수 형태 근로종사자라고 부르는데, 이들이 사용자인지 아니면 근로자인지 모호한 것은 그 명칭이 다양하게 불렸다는 것을 봐도 알 수 있다. 특수 업무 종사자(이철수, 2001), 특수 고용직 종사자(유성재, 2001; 김영문, 2001), 근로자 유사 종사자(하경효, 2001) 등으로도 불렸는데, 이들을 본고에서는 자영업자이지만 경제적으로 원사업주에 상당히 의존되어 있다는 의미에서 '의존형 자영인(dependent self-employed)'이라고 부른다.

이 직업의 속성을 밝히는 일이 중요해진 것은 캐디, 레미콘 운송차주, 학습지 교사, 보험 모집인 등 4개 직업의 종사자들 중 일부가 노조를 결성하고 노조원으로서 단체교섭과 단체행동권을 인정해줄 것을 요구하면서 표면으로 드러났다. 지금까지 이들의 근로자성은 법원으로부터 부인되어 왔지만 최근 참여정부에서 이들의 근로자성을 인정하고 이들을 노동법의 틀 안에서 보호해야 한다는 목소리가 커지면서 다시 사회적 이슈로 등장하였다. 나아가, 최근 국가인권위원회에서는 이 4개 직업을 포함하여 위에 제시된 모든 직업들에 대하여 노동부 장관에게는 보호법을 입안하도록 권고하고 국회에는 보호법을 제정하도록 권고하는 결정을 내린 바 있다(국가인권위원회, 2007). 이하에서는 이들의 근로자성을 다시 한 번 검토하고 이들이 직업 종사상 받는 불이익과 불공정한 대우를 바로잡을 수 있는 방안을 제시하고자 한다.

(1) 법원의 판결 경향

법원은 지금까지 근로자인지 아닌지 판단의 기준으로 업무수행 과정에서 사용자로부터 '구체적이고 직접적인 지휘 · 감독'을 받고 있는지 여부를 제시하였다. 이 기준에 따르면 여기서 논의되는 특수 직업들은 근로자성을 인정받기 어렵다. 그런데 최근 일부 하급심의 판례에서는 사용자로부터

'상당한 지휘 · 감독'이 있는지 여부로 그 기준을 완화하는 예가 보인다. '상당한' 정도가 어느 정도인지 매우 주관적인 판단이지만 어찌 됐든 근로자성의 판단 기준이 완화되는 추세가 보이고 있다는 점은 명백하다 하겠다.

또한 특수 형태 근로 종사자인지 여부를 판단하는 판례에서는 자영인의 속성을 '노무제 공자가 스스로 비품 · 원자재나 작업도구 등을 소유하거나 제3자를 고용하여 업무를 대행케 하는 등 독립하여 자신의 계산으로 사업을 영위할 수 있거나, 노무 제공을 통한 이윤의 창출과 손실의 초래 등 위험을 스스로 안고 있는지' 여부로 규정하고 있다. 이것은 좀더 구체적으로 사용자성을 판단하는 기준인데, 자신의 판단과 계산에 따라 도산이나 손실의 위험을 감수하고 그 업에 종사하는 사람을 자영인으로 간주한다는 것이다.

이에 따라 그 동안 대법원은 레미콘 운송차주에 대하여 "노동조합 및 노동관계조정법 제2조 제1호의 근로자란 타인과의 사용종속 관계하에서 노무에 종사하고 그 대가로 임금 등을 받아 생활하는 자를 말하므로, 레미콘 운송차주는 레미콘 제조회사에 대하여 사용종속적인 관계에서 노무에 종사하고 그 대가로 임금 등을 받아 생활하는 근로자라고 볼 수 없다"고 판시하였고(대법원 2006. 5. 11. 선고 2005다20910판결), 학습지 교사에 대해서도 "사용종속적인 관계에서 노무에 종사하고 그 대가로 임금 등을 받아 생활하는 근로자라고 볼 수 없다"고 판시하였다(대법원 2005. 11. 24. 선고 2005다39136판결).

(2) 그 밖의 애매한 사용자

표 9-3과 같이 사용자들 중에는 의존형 자영인보다는 근로자의 성격을

표 9-3 사용자성의 수준에 따른 구분

▲ 사용자
사내 하청업자
사외 협력회사
의존형 자영인
▼ 근로자

덜 갖지만 그렇다고 하여 완전히 사용자라고 부르기에는 일을 시킨 사람에게 얽매여 있는 일단의 사용자 집군이 있다. 이들은 대기업의 사외 협력회사 사장과 사내 하청회사 사장들이다.

사내 하청업자는 대부분이 원청회사로부터 작업 방법을 교육받고 핵심 생산도구와 공정을 원청회사에서 지정한 것을 사용하여야 한다. 의존형 자영인과 차이는 자기 밑에 다수의 근로자를 고용하고 있다는 점뿐이다. 도급 형태로 운영되므로 원청회사에서 배정하는 물량과 단가에 사내 하청업자의 운명이 전적으로 달려 있다. 언제 계약이 종료될지, 일방적으로 원청회사에서 계약 해지를 통보하면 그날로 그 하청업체는 폐쇄하거나 다른 일거리를 찾아봐야 한다.

그렇다면, 이런 하청업자와 의존형 자영인의 차이가 무엇인지 의문이다. 소득 규모에 있어서도 사내 하청업자는 대기업의 과장 내지 차장이 받는 정도의 소득밖에 올리지 못한다. 그러나 보험 설계사나 방송사 구성작가, 애니메이션 작가, 자동차 판매원, 작곡가, 모델, 연예인, 예술인, IT 컨설턴트, 학원강사 등 각종 프리랜서 같은 의존형 자영인 중에는 상당한 고소득을 올리는 사람들도 있다. 여기서 우리가 제기하는 질문은 이런 사내 하청업자에게도 근로자성을 부여하고 이들이 원청회사로부터 받는 각종 부당한 대우와 차별적인 계약 조건들을 시정하기 위해 노동법의 틀로 보호해야 하는 것이 사회 정의와 일반인의 법 감정에 부합하는가 하는 점이다.

사외 협력회사 사장도 마찬가지 사정에 처해 있다. 이들 중에는 대기업으로부터 상당히 독립되어 자체 브랜드를 가지고 있거나 제품 생산력 및 기술력을 보유하고 있는 데도 있지만 상당히 많은 협력회사들이 대기업에 전적으로 의존해 있고 그 사장은 대기업의 과장급이나 차장급 정도로 신분이 매겨지는 경우도 허다하다. 사내 하청업체보다는 좀더 독립적이기는 하지만 대기업의 상당히 의존적이라는 점에서 우리는 다시 이 협력회사 사장들에게도 근로자성을 부여할 것인가 하는 의문이 든다.

이렇게 본다면 근로자인가 사용자인가 하는 식으로 이분법적으로 구분하는 것이 무슨 실익이 있는지 알 수 없다. 근로자라면 보호해야 한다고 하는데 자신의 판단과 계산에 의해 일을 하는 의존형 자영인과 사내 하청업자, 사외 협력업자에게 무엇을 보호하는지, 그리고 다른 보호 수단은 없는지 검토해볼 일이다. 흔히 이들에게 4대보험의 혜택을 받지 못한다고 지적하는데 보험이나 연금은 공적 기금보다는 생명보험사나 금융기관의 사적 보험이나 연금이 더 유리할 수도 있다. 또 그런 공적 혜택을 줄 필요가 있다면 관련 법규만 개정하여 이들도 가입할 수 있게만 하면 될 것이다. 그런데 산재보험에 사용자도 가입을 허용하고 있지만 그 조건이 좋지 않아서 대부분의 사용자는 보험회사를 이용하고 있는 점도 상기할 필요가 있다.

(3) 외국과 ILO의 사례

ILO는 실질적으로는 고용관계이지만 그 형식을 변형하여 고용관계가 아닌 다른 관계로 보이게 하는 것을 '위장된 고용관계(disguised employment relationship)'로 정의하고, 근로자에게는 법의 보호를 못 받게 하고 사용자는 세금이나 사회보험 부담금을 내지 않게 만든다고 지적하면서 이것들의 해소하는 특별한 조치를 권장하고 있다.[3]

한편 근로자로 분류하기도 어렵고 자영인으로 분류하기도 곤란한 계층에 대해서는 사용종속 관계가 완화된 상태이기 때문에 전통적인 노동관계법이 상정한 근로자의 모습이 아니라고 보고 '모호한 고용관계(ambiguous employment relationship)'로 규정하였다. 근로자와 자영인(self-employed)의 중간에 위치하며, 겉으로는 자영업자이지만 하나 또는 소수의 '원청회사'나 '고객'에 자신의 소득을 대부분 의존하는 '경제적으로 종속적인 노무 제공자(economically dependent workers)'로 분류된다. ILO는 이들에 대해서도 별도의 보호 조치가 필요함을 지적하고 있다.

이 의존형 자영인들에 대한 외국의 보호 조치는 주로 유럽 국가들에서 보이는데, 영국에서는 산업안전보건, 최저임금을 적용하고 있고, 영국과 캐나다에서는 계약의 보호 및 해고 절차, 연차휴가, 모성보호 및 성차별 · 성희롱 금지, 동일가치노동 동일임금의 적용 등이 이루어지고 있다. 또한 영국, 독일, 프랑스, 캐나다, 이탈리아, 아일랜드 등에서는 단결권, 단체교섭권, 단체행동권 등 집단적 권리에 있어서는 근로자와 동일하게 그 권리를 보장하고 있다.

3 외국과 ILO의 사례는 국가인권위원회(2007) 자료를 참고함.

(4) 대상자들의 의견

대표적인 의존형 자영인으로 꼽히는 골프장 캐디, 레미콘 운송차주, 학습지 교사, 보험 모집인 등에 대하여 보호법의 제정에 대한 의견 조사를 한 것을 보면, 골프장 캐디와 보험 모집인 등은 이 법의 입법을 반대하고 있다. 2007년 6월 28일 노동부가 이 4개 직업의 종사자 각 500명씩, 총 2000명을 대상으로 입법 선호도 설문조사를 한 결과, 이 중 70.1퍼센트가 사업주와 현재의 자영업자 자격으로 계약하는 것에 만족한다고 응답했다. 골프장 캐디가 현재의 계약 방식에 가장 만족도가 높았으며(91.2%), 이어 보험 모집인(82.4%), 학습지 교사(69.6%) 순이었다. 정부가 이 법을 추진하는 데 대해서는 87.4퍼센트의 골프장 캐디가 반대했으며, 보험 모집인도 52.2퍼센트가 반대한 것으로 보고되었다. 특히 골프장 캐디 중에서 노조 설립과 교섭권 등 노동권 보장을 원하는 경우는 10.3퍼센트에 불과했다. "이와 같이 막상 보호대상자가 원하지도 않는 보호법을 만든다는 것은 현실을 무시한 공리공론이고, 일부 노동 활동가의 주장을 여과 없이 수용한 것이라는 비판을 면하기 어렵다"(국가인권위원회, 2007: 22).

(5) 대안

이상에서 살펴본 바와 같이 의존형 자영인에 대해서 근로자 권리를 보호하기 위해 제정되는 노동법의 틀에서 이들을 보호하는 것은 무리라고 보인다. 당사자들도 반대하고 있고 자영인의 지위가 더 유리하다고 판단하고 있는데 국가가 나서서 이들을 근로자로 보는 것은 앞뒤가 맞지 않는 조치이다. 또한 12개 직업에 대해 일률적인 보호법을 만든다는 것도 극히 단선적인 정책으로 보인다. 이들 중에서 위장 고용 형태에 대해서는 근로감독을 통해 제재하도록 하고, 모호한 고용관계의 경우에는 노동법의 틀에서 규제할 것이 아니라, 그런 직업의 속성을 감안하여 임의계약 제도를 유지하게 하되, 공정거래법과 공정거래위원회를 통하여 계약의 공정성 여부를 확인하고 감독하도록 하는 것이 타당할 것이다

4. 결론

노동조합은 원래 산업화 시대에서 일반 노조원들이 사용자와 관계에서 풀지 못하는 것을 대신하기 위해 만들어졌다. 물론 나라에 따라 노동조합의 기능이 아주 실리적인 기능만 하는 것에서부터 정치적 파트너의 역할까지 하기도 하지만, 우리나라같이 기업별 노조의 형태를 취할 경우에는 특히 일반 노조원의 욕구를 노조가 충족시켜 줄 수 있어야 제 기능을 다하는 것이다.

그러나 노조는 그 자체가 하나의 조직체이고 정치-사회적 이슈로부터 물러나 있을 수 없는 상황이기 때문에 일반 노조원의 욕구 충족이라는 일차적인 기능이 이차적인 기능에 가려지는 경우가 종종 있다. 그렇다고 하여 노동조합으로 하여금 이차적인 기능을 포기하라고 요구하는 것도 현실적으로 지극히 무리이다. 따라서 이 글에서는 노조는 현재처럼 활동을 하되 노조가 아닌 다른 제도나 기구들이 일반 노조원들의 욕구를 충족시켜 줄 수 있다면 그것을 허용하자는 주장을 내세웠다. 그런 주장을 하게 된 배경에는 노조의 미흡한 역할에 대한 비판뿐만 아니라 전체 근로자의 90퍼센트에

가까운 인원이 노조에 가입되어 있지 않은 상황이 놓여 있다.

노조만 염두에 둔 노사관계의 틀에는 이 비조합원들의 욕구를 충족시켜 줄 수 있는 대리인이 없다. 그래서 무노조 기업을 포함하여 모든 사업체에서 일어나는 노사간의 문제를 다룰 수 있는 고용관계의 틀로 전환하기를 제안하였다. 이 틀 안에서는 근로자의 확보와 유지, 개발, 보상, 이직 등에 있어서 발생할 수 있는 모든 고충과 갈등들을 갈등관리 시스템으로 해소하고, 고몰입형 HRM을 통하여 근로자 참여와 조직 몰입을 높여서 일을 통한 자기 발전을 이루려는 시도가 다양한 방식으로 행해진다. 즉 노조만이 산업사회에서 노사 문제를 해결할 수 있는 메커니즘이라는 고정 관념에서 벗어나기만 하면 다른 대안들을 많이 찾아볼 수 있다.

무노조 기업과 비조합원만이 탈산업화 시대와 지식사회에서 문제가 되는 것이 아니다. 다양한 직업과 직군이 나타나면서 이들의 고용관계에 대한 관심이 높아졌다. 가장 두드러진 분야로서 공공부문의 불완전한 단체교섭 제도와 민간부문에서 의존형 자영인의 경우를 들 수 있다.

인건비의 예산이 정부기관에 의해 통제를 받는 공공부문의 경우는 원천적으로 임단협이 무의미하다. 따라서 본고에서는 이 기관들의 인건비 예산은 기획예산처와 해당 지자체에서 입안하고 국회와 지자체 의회에서 확정하되, 그 과정에 노동조합이 참여하여 협의할 수 있게 하자는 제안을 하였다. 이것이 가능한 것은 공공기관의 재무 정보와 경영 실적 등이 모두 공개되므로 정부기관 같은 제3자가 노동조합과 협의하에 인건비를 책정하여도 큰 무리가 없을 것이라고 보았기 때문이다.

의존형 자영인의 경우는 노동법의 테두리 내로 끌어들여서 보호를 하기보다는 일을 시키는 쪽과 공정한 계약이 이뤄지도록 공정거래법의 테두리에서 보호해주는 것이 더 실효성이 크다고 제안하였다. 이들에 대한 보호 조치 사례가 외국에 있기는 하지만, 일부 유럽 국가들에 한정되어 있고 그 효과가 어떤지 알 수 없는 상황에서 무조건적인 모방은 금물이다. 또한 의존형 자영인 자신이 근로자성을 인정받지 않으려고 하기 때문에 국가가 나서서 입법을 한다는 것도 앞뒤가 맞지 않다는 지적을 하였다.

결론적으로, 앞으로 우리 사회는 탈산업, 탈자본주의 사회로 발전해갈 것이고 지식사회로 이미 진입하고 있다. 그렇다면 지식 근로자들이 지식사회의 주역이 될 것이므로 이들의 고용관계를 살피고 이들이 바라는 새로운 욕구를 어떻게 충족시킬 수 있는지 고민하여야 한다. 이 글에서는 그 시발점으로 노조만이 전부라는 고정 관념에서 벗어나서, 노조와 다른 종업원 대표제 또는 종업원 참여 제도가 함께 활동하면서 지식 근로자들로 하여금 스스로의 판단에 따라 선택하게 하자는 제안을 하였다.

참고문헌

국가인권위원회(2007), 「특수형태근로종사자 보호방안에 대한 의견표명」.

김동원 편(2003), 『세계의 노사관계 변화와 전망』, 한국국제노동재단.

김영문(2003), 「특수고용직 종사자의 집단법적 보호에 관한 입법론적 검토」, 『특수형태 근로종사자 관련 논의 자료집』, 노사정위원회.

박기성(2007), 「비정규근로자 증가와 정책 제언」, 2007.

박호환(1999), 「노사관계학의 발달과정과 전망 — 미국을 중심으로」, 『1999년도 정기학술발표회 발표논문집』, 한국노사관계학회.

박호환 옮김(1999), 『학문으로서 노사관계학의 기원과 발달』, 도서출판 형제문화(Bruce E. Kaufman, *The Origins & Evolution of the Field of Industrial Relations*, Cornell University, 1993).

유성재(2003), 「독일에 있어서 특수고용직종사자의 법적 지위」, 『특수형태 근로종사자 관련 논의 자료집』, 노사정위원회.

이강국 · 조준모 · 홍수경(2006), 『복수노조 설립 등에 따른 사업장 제 비용 변화에 관한 연구』, 노동부 수탁 연구과제.

이철수(2003), 「특수업무종사자의 노동법적 지위」, 『특수형태 근로종사자 관련 논의자료집』, 노사정위원회.

하경효(2003), 「근로자유사종사자에 대한 집단법적 보호가능성」, 『특수형태 근로종사자 관련 논의자료집』, 노사정위원회.

Angle, Harold L. and James L. Perry(1986), "Dual Commitment and Labor-Management Relationship Climates", *The Academy of Management Journal*, Vol. 29, No. 1(Mar., 1986), pp. 31-50.

Baron, James N. and David M. Kreps(1999), *Strategic Human Resources: Frameworks for General Managers*, John Wiley & Sons, Inc.

Beaumont, P.B.(1995), *The Future of Employment Relations*, Sage Pub.

Edwards, Richard, Paolo Garonna and Franz Toedtling(1986), *Unions in Crisis and Beyond: Perspectives from Six Countries*. Auburn House Publishing, Dover: Massachusetts.

Freeman, Richard B. and James Medoff(1983), *What Do Unions Do?* New York: Basic Books.

제10장_ 선진 초우량 기업의 협력적 노사관계 사례

김재구

1. 들어가는 말

이 사례연구에서는 협력적 노사관계를 통해 가치를 창조하고 있는 선진 기업들을 살펴보고자 한다. 이 기업들에서 협조적 노사관계가 어떻게 형성되어 왔는지를 살펴보기 위해 역사적 배경과 당사자들의 역할 그리고 환경 여건들을 살펴보고자 한다. 그리고 각 기업의 환경 및 경영 전략에 적합한 경영 시스템 및 인적자원 관리가 수립되는 과정을 핵심적으로 다루고자 한다. 이를 위하여 개별 기업들의 구체적인 인적자원관리 관행에 대하여 관찰하도록 한다.

이 사례연구를 위하여 오랜 기간에 걸쳐 꾸준히 높은 성과를 나타내어 온 것으로 알려진 우량 기업들을 선정하였다. 높은 생산성과 함께 형평성을 갖추고 있으며, 분명한 전략에 의해 경영이 이루어지는 회사들을 대상으로 하였다. 그리고 다양한 업종을 대상으로 함으로써 그 산업 고유의 상황을 고려할 수 있게 함과 동시에 업종과 관계없이 공통적으로 나타나는 특징들

표 10-1 사례 기업의 업종별 분류

항공, 관광 서비스업	정보통신업	제조업
SWA, Club Med	SAS, Microsoft	Cannon, TOYOTA

표 10-2 사례 기업의 노조 유무

유 노조	무 노조
SWA, Cannon, TOYOTA	Club Med, SAS, Microsoft

도 파악할 수 있게 하였다. 또한 노조가 있는 기업과 노조가 없는 기업들을 고루 살펴보고자 하였다. 이런 기준에 의해 선정된 기업들의 업종별, 노조 유무별 분류 결과는 **표 10-1**과 같다.

이 연구에서 사례연구의 주요 내용으로는 다음과 같은 점들을 다룰 것이다.

첫째, 기업의 역사를 통해 창업 철학과 그에 따른 경영문화 및 경영시스템 구축 과정을 살펴본다. 여기에서 기업 경영자와 구성원 그리고 노동조합들의 역할을 찾아보고, 협력적 노사관계의 정착 과정을 이해하도록 한다.

둘째, 기업의 환경과 경영전략이다. 기업의 경영시스템 및 인적자원관리, 노사관계에 영향을 미치는 다섯 가지 요소인 외부 환경, 전략과 함께 과업 기술 특성, 조직 문화, 그리고 구성원 특성 등에 대하여 집중적으로 살펴보고자 한다.

셋째, 기업의 인적자원관리 관행이다. 충원, 선발, 개발, 평가, 보상, 유지 등 각 사례 기업의 관행들이 하나의 시스템으로 작동하는 것을 고찰하고자 한다. 기업의 전략이 달성될 수 있기 위하여 필요한 핵심 성공 요인(Key Success Factor)으로서의 전략적 인적자원관리의 내용을 살펴본다.

넷째, 기업의 노사관계 특성이다. 이 기업들에서 나타난 협력적 노사관계를 통하여 어떠한 경영 성과들을 이루어내었는지 살펴 볼 것이다.

2. 선진 기업의 협력적 노사관계 우수 사례

1) 사우스웨스트 에어라인

사우스웨스트 에어라인(Southwest Airlines, SWA)은 1971년에 설립된 이래 지금까지 30년이 넘는 기간 동안 미국 주요 항공사 중에서는 유일하게 한 번도 적자를 낸 적이 없는 항공사이다. 미국 교통성의 품질 부문 3관왕(정시 출도착, 최소 수화물 분실, 최소 고객 불만)을 11번이나 달성하였는데, 이는 다른 항공사들은 한 번도 해보지 못한 실적이다. 구성원의 80퍼센트 이상이 노조원이지만, 운영비용이 산업 평균에 비하여 20퍼센트 이하인 기업이다.

SWA가 최초로 항공산업에 뛰어들게 된 것은 텍사스 주에서 성장하고 있던, 달라스-휴스턴-샌안토니오 세 도시를 잇는 항공 서비스가 형편없어 "친근하고 안락한, 지역기반의 항공서비스"를 제공하기 위해서였다. 기존에 이 노선에 취항하고 있던 항공사들은 미국 전역에 서비스를 제공하고 있었기 때문에 타 지역의 기상 조건 등에 따라 결항과 일정 지연이 수시로 일어나는 형편이었다. 이 지역에서 SWA는 매일 24번 즉 매시간 항공 서비스를 제공하는 비즈니스 모델로 영업을 시작하였으며, 시장 침투를 위해 저가격 정책을 펼쳤다.

저가 할인 항공사로서 가격과 시간에 민감한 고객들을 타깃으로 하여 잦은 운항 빈도와 편안한 서비스를 제공하던 SWA는 시장 진입 초기에 진입을 막으려는 기존 항공사의 덤핑 공세에 과감하게 맞대응하고, 시장 세분화를 하고 이에 따른 가격대응 정책을 펼침으로써 이후 SWA를 특징짓는 집중화, 단순화, 저원가 전략을 확립할 수 있었다. 특히 기존 항공사의 횡포에 대응하는 과정에서 보여준 경영진의 리더십은 이 지역의 고객은 물론 자사 구성원, 그리고 심지어 경쟁사로부터도 신뢰와 존경을 불러일으키는 동력이 되었다.

이 회사의 경영 이념은 "우리는 따뜻함, 친근함, 개인적 자부심, 그리고 SWA의 정신으로 최고 수준의 고객 서비스를 위해 헌신한다"는 것이다. SWA의 세 가지 기본 정신은 일은 즐거워야 하며, 일이 물론 중요하지만 억지로 해서는 안 된다는 것이다. 이러한 특성 때문에 SWA는 종업원들이 자발적으로 고객에게 '즐거움'을 선사하는, "펀(Fun) 경영"의 선두 기업으로도 유명하다.

미국의 항공산업은 경쟁이 치열하기로 유명한데, 이러한 가운데 SWA는 시장 세분화를 통하여 명확한 목표 고객을 설정한 집중화 전략을 펼쳐갔다. SWA는 단거리 노선 분야에서 경쟁력을 키워 나갔으며, 원가를 절감하기 위하여 필요한 일이라면 무엇이든 했다. 예를 들어 항공기들은 모두 단일 기종인 보잉 737로 하여 유지 및 보수 비용을 절감하였다. 또한 불필요한 서비스를 제거하여 여객기 내부를 모두 동급으로 하고 음식물도 제공하지 않으며, 최초로 항공권을 플라스틱으로 제조하여 재활용하기도 하였다. SWA는 이렇게 탁월한 서비스와 "재미"를 고객에게 선사하면서도 저비용 전략을 추구해 나갔다.

그런데, SWA의 경영 전략이 실제 실행에 옮겨지는 과정은 구성원들의 실천과 협력이 없이는 불가능하였다. 저비용으로도 고객들에게 최고의 서비스를 제공하기 위해 종업원들의 도움과 자발성이 반드시 필요했던 것이다.

더구나 항공산업의 과업 기술 특성은 고도의 상호의존성(interdependence)을 요구하고 있다. 저가 항공사로서 정시 출도착의 성과를 높이고 항공사의 가장 값비싼 자산인 항공기의 자산 이용률을 높이기 위해서도 구성원들 사이의 협력이 중요하다. 실제 SWA의 평균적인 착륙-이륙 소요 시간은 16분으로 타의 추종을 불허한다. 이와 같은 SWA의 전략을 실행하기 위해서 종업원들은 원가 절감과 생산성과 서비스 수준 제고, 그리고 유연성, 협력 등을 달성할 뿐만 아니라, 나아가 열정과 재미까지 줄 수 있어야만 하였다.

이와 같은 구성원들을 가지기 위해서는 고용의 안정성, 장기적 고용관계가 있어야 했다. 실제 SWA는 창사 이래 한 번도 고용조정을 행한 적이 없다. 성과와 보상간의 관계가 명확한 것으로도 유명하다. SWA에서는 이러한 인적자원관리를 통하여 노사간 협력과 전념이 이루어졌던 것이다.

SWA의 인적자원 관행들을 구체적으로 살펴보면 다음과 같다. 우선 인력 선발에 있어서는 스킬보다는 태도와 적합성을 중시하는 엄격한 과정으로 이루어져 있다. 고용 안정을 위하여 노사간의 전념이 있으면서, 유연한 배치를 지향하여 직무 범위가 넓고 엄격한 작업 규칙이 없다. SWA에서는 정시에 출발하기 위하여 조종사가 수화물을 나르는 것도 결코 드문 일이 아니다. 교육훈련은 지속적으로 이루어지며, 문화적 공감대 및 숙련 형성을 같이 지향하고 있다.

그리고 정보의 공유가 활발하여 공개성과 평등성을 갖추고 있으며, 성과와 보상간의 관계가 명확하다. 보상에 있어서 기본급은 산업 평균보다 다소 낮지만, 성과 배분제와 종업원 주식취득 지원제도(ESPP)가 잘 되어 있어서 실제 보수는 훨씬 높다고 할 수 있다. 그 밖에도 성과를 높게 나타낸 사람들에게는 비금전적 형태의 보상이 부여된다.

이와 같이 기업의 경영 전략과 적합성을 가지고 전략을 뒷받침할 수 있는 인적자원관리를 펼침으로써 기업 성과를 제고할 수 있음을 SWA 사례는 알려 준다.

2) 클럽 메드

경쟁이 치열하고 여러 국가에서 활동을 펼치는 여행업계에서 클럽 메드는 독특한 운영 방식을 택하고 있다. 돈 걱정 없이 즐길 수 있도록 일단 휴양지에 도착하면 모든 것이 포함(all-inclusive package)되어 있다. 자연 속의 아름다움을 갖춘 휴양지에 건설된 빌리지는 약 150~300개의 객실로 구성되어 있는데, 도심 탈출을 꿈꾸는 이들이 모든 것을 잊고 즐길 수 있도록 다양한 편의시설을 갖추고 있다. 천혜의 자연경관과 옥외 활동을 즐길 수 있는 충분한 공간을 갖춘 빌리지에서 고객들은 다양한 개인별, 그룹별 여가 활동을 즐길 수 있다. 농구, 스킨스쿠버 등 30여 가지 스포츠 활동이 가능하며 독서, 게임, 다트. 사우나 등 조용한 활동도 할 수 있다. 다양하고 무한한 뷔페식 레스토랑에서 알코올이 든 음료를 제외하고는 무엇이든 맘껏 먹을 수 있다.

클럽 메드의 운영 시스템 중 빼놓을 수 없는 것은 GO(Gentle Organizers)와 GM(Gentle Members) 시스템이다. GO란 스포츠 강사, 엔터테이너, 요리사 등의 다양한 분야에서 GM들의 만족을 위해 일하는 빌리지 직원들을 말하며, GM이란 빌리지에 찾아온 고객을 일컫는 말이다. 클럽 메드의 빌리지에서는 GO와 GM이 함께 어우러져 즐긴다. GM을 위하여 GO들이 1인 몇 역을 하면서 봉사하고, 저녁 시간에는 함께 축제를 즐긴다.

클럽 메드의 전략은 한마디로 이와 같이 여행을 떠난 사람들에게 일상의 문제와 관련된 것들은 모두 잊게 만드는 마술을 부리는 것이다. 그리고 고객들을 유치하고 반복 구매하도록 하며, 한번 찾아온 고객들의 구전 마케팅을 통해 신규 고객들을 계속 유치하는 전략인 것이다.

클럽 메드를 방문한 고객 5만 명에게 설문조사를 실시한 결과, 약 40퍼센트의 응답률을 얻어 그 결과를 분석하니 다음과 같았다. 고객들의 나이는 평균 37세, 평균 소득은 5만4000달러로 25세~44세가 고객의 70퍼센트 이상을 차지하고 있었다. 그리고 50퍼센트가 기혼 고객이었으며, 아이를 가진 고객이 40퍼센트였다. 클럽 메드의 구전 효과를 검토해보면, 65퍼센트의 고객이 가까운 친구나 친지의 소개로 방문하였다고 한다. 그리고 신규 고객 중 25퍼센트가 재방문 고객으로 다시 찾아온다고 한다. 클럽 메드의 수익 중 60퍼센트가 바로 이 재방문 고객으로부터 나온다고 한다.

이렇게 클럽 메드의 수익을 좌우하는 것은 고객의 만족이며, 이것은 고객이 원하는 즐겁고 느슨한 빌리지 분위기와 완벽한 서비스에서 기인하는 것이다. 이러한 클럽 메드의 운영이 가능하기 위해서는 바로 GO와 GM의 친밀하고 밀접한 관계에서 출발하여야 하는 것이다. 따라서 클럽 메드의 가장 중요한 사람은 우선 고객인 GM일 것이고, 그 다음은 바로 GO라고 할 수 있다.

클럽 메드를 둘러싼 여행산업의 경쟁 환경은 매우 치열하다. 여행업계에 종사하는 종업원들의 특성은 이직이 잦다는 것이다. 클럽 메드의 핵심 구성원인 GO들도 모두 젊은 고학력자들이며, 운동을 좋아하고 인생의 즐거움과 의미를 찾는 이들이다. 실제 운영 과정에서 담당하는 일이 육체를 사용하여 고객들에게 서비스하기 때문에 자칫 힘든 노동과정이 될 수 있는 상황에서 클럽 메드는 젊은이들에게 "세계를 볼 수 있는 기회"를 제공하면서 가족적인 문화와 즐거움을 통하여 동기부여를 하고 있다.

클럽 메드의 경영을 통하여 기업의 성과는 우선 내부고객인 종업원의 만족에서 출발하여 고객의 만족으로 이끌어 질 때 가능하다는 것을 알 수 있다. 그러기에 효과적인 인적자원관리가 필요한데, 클럽 메드는 충원 과정에서부터 직무에 적합한 구직자를 모집하기 위해 구체적인 홍보와 함께 담당 직무에 대하여 현실적인 사전 이해(realistic job preview)를 가질 수 있도록 한다. 또한 직무 수행에 꼭 필요한 팀워크, 고객 서비스를 위한 재능, 어학 능력 등을 필요로 한다. 자칫 지루해질 수 있는 업무 과정을 해결하기 위해 근무지 교대(rotation)을 적극적으로 행하고 있는데, 이 과정에서 발생할 수 있는 팀워크 및 고객 만족도 저하를 방지하기 위한 대책을 마련하여 시행하고 있다. 이러한 노력들을 통해 구성원들의 만족 수준을 높이고, 또한 시즌 도중에 갑자기 발생하는 이직을 줄일 수 있었다.

3) SAS

SAS사는 2000년 『포춘』이 선정한, 미국에서 '일하기 좋은 기업' 상위 10개 사 중 2위를 차지한 기업이다. 또한 가정 친화적인 경영을 통하여 '일하는 엄마'들이 가장 일하기를 원하는 회사이기도 하다. 쾌적한 환경, 다양한 각종 혜택, 노사의 수평적 관계, 직원에 대한 세심한 배려 등으로 SAS는 널리 알려져 있다. SAS의 철학과 가치는 "경영진뿐만 아니라 일반 직원들까지 모두 똑같이 즐겁게 일할 수 있는 회사"라는 것이다. 이에 따라 공정하고 평등한 대우 그리고 즐거운 직장 생활이 이루어질 수 있도록 하고 있다.

SAS와 창업자 짐 굿나잇(Jim Goodnight)은 직원들이 기본적으로 최선을 다하겠다는 의지가 있다는 신뢰를 가지고 있다. 인력이 가장 중요한 자산인

소프트산업에서 SAS가 동종업계 평균에 비하여 특별히 낮은 이직률을 보이는 것도 여기에 기인한 것이라 하겠다. 물론 복리 후생을 통한 동기 부여에도 적극적이다. 직원의 스트레스를 줄여 주는 것이 회사의 이익과 직결된다고 보며, 종합보험 서비스 등을 제공하고 있다. 직원 가족으로 복지 혜택을 확대하여 몬테소리 유치원을 운영하는 등 회사 내에 교육 시설을 유치하고 있다. 결국 SAS는 직원을 가장 중요하게 생각하여 노사간의 신뢰와 상호 존중이 이루어져 있으며, 모든 문제에 장기적인 시각을 가지고 접근하고 있는 기업이라 하겠다.

일반적으로 소프트웨어 업계에서는 결과 위주, 단기 업적주의가 만연해 있으며, 인력 운영에 있어서도 계약이나 아웃소싱 등을 통하여 유연성을 강화하는 것이 보통이다. 이에 반해, SAS는 고객들과의 장기적인 관계를 맺는 방식으로 경영 전략을 펼쳐왔다. 업그레이드 전략보다는 라이선스를 재계약하는 방식으로 제품을 출시해왔으며, 핵심 고객들과 함께 제품을 공동 개발하는 방식을 취해 왔다. SAS가 견지해오고 있는, 장기적 관점에서의 사업은 고객에 초점을 맞추는 경영을 요구하고 있는데, 고객을 만족시키기 위하여 조직 구성원들의 안정적인 근무를 요구하고 있고, 품질과 혁신, 자율적 경영 역량과 팀워크 등을 강조하게 된다.

SAS에서는 고객 만족이 종업원 만족에서 온다는 정신에 따라서 각종 복리 후생 및 근무 환경을 갖추고 있다. 프라이버시가 존중되도록 개인 사무실이 제공되며, 쾌적한 근무 환경을 위해 의료 및 체육 시설, 육아 시설, 카페테리아 등 다양한 편의 시설이 운영되고 있다. 근무 시간을 철저히 준수하여 일주일 35시간 근무이다.

그러나 실적 관리는 결과에 대한 책임으로 묻는다. 예를 들어 책임을 지기 위하여 제품 설명서에도 개발자들의 실명이 기록된다. 실적평가 제도는 폐지하고, 상급자와의 면담으로 비공식적인 평가를 한다. 구성원들이 자율적으로 행동할 수 있도록 보장하고, 별도의 평가 제도가 없이 신뢰를 바탕으로 하여 자율에 맡기고 있다. 급여체계에 있어서는 다른 소프트웨어 업계의 관행과는 달리 스톡옵션(stock option)이 없고, 재무 실적을 바탕으로 보너스를 지급하며, 정기적으로 임금을 조정한다. 그 대신 순익의 15퍼센트를 퇴직연금에 적립하고 있다.

모든 교육은 기존 사원들이 적극적으로 참여하는 가운데 자체적으로 실시한다. 로테이션이 활성화되어 있어서 직원 자율에 맡긴다. 수평적 조직구조로서 자유로운 조직구조이며, 업무 선택이 자유롭고, 팀워크를 중시한다. 즉 개인의 뛰어난 능력보다는 모든 사람의 능력을 똑같이 중요하게 평가하는 것이 SAS의 특징이다.

그리고 SAS의 인적자원관리에서 나타나는, 또 하나의 중요한 특징은 바로 전 사원을 정규직으로 고용해 아웃소싱과 임시직을 회피한다는 것이다. 아주 극소수의 건설 관련 직무에서만 계약직을 활용하고 있으며, 그 밖의 회사 내 병원, 보건 시설, 체육 시설, 보육원, 학교 교사, 청소 서비스 등에 종사하는 모든 직종의 사람들을 모두 정규직으로 고용하고 있다. 그리고 회사 내에서 활용되는 모든 자료들을 자체에서 개발, 인쇄, 출판하며, 비용 절감보다는 높은 품질을 우선시하고 있다.

물론 이러한 경영은 실리콘밸리 같은 지역에서, 그리고 상장이 된 회사에서는 어려울 수 있을 것이다. 그렇지만, 소프트웨어같이 급속한 변화가 일어나고 최신 기술이 쏟아지는 산업에서도 효율성과 유연성 못지않게 혁신과 품질 개선에 있어서 최고의 기업이 되기 위해서는 기업과 구성원 사이의 상호 신뢰와 협력이 가능할 수 있게 하는 장기적 관점이 필요하다는 것을 이 SAS사례는 알려준다.

SAS는 우수 인재 톱 10퍼센트가 아닌, 평범할 수도 있는 인적 자원들에게서 최고의 역량을 뽑아내어 탁월할 성과를 거둘 수 있는 방법을 알려주고 있다. 이와 같이 분명한 철학을 가지고 환경에 적합한 전략이라는 합리성을 갖춘다면 구성원들의 신뢰를 얻을 수 있으며, 이를 통해 협력적인 노사관계를 구축하고 고객만족 및 유지를 통하여 높은 시장 성과를 거둘 수 있다는 것을 보여주는 사례이다.

4) 마이크로소프트

마이크로소프트(Microsoft, MS)는 SAS와 같은 서비스를 제공하는 기업은 아니지만, 마찬가지로 하이테크놀로지 산업의 대표적인 기업이라고 할 수 있다. 각각의 분야에서 최고의 위치에 올라 있는 두 기업이지만, 같은 산업군에 속해 있으면서 상반된 인적자원관리 시스템을 가지고 있다.

MS는 1975년 빌 게이츠가 창업하였으며, 1999년 이후에는 스티브 발머가 회장을 맡고 있다. 컴퓨터의 운영 시스템(OS)과 응용 프로그램을 만들고 있으며, 시장에서 지배적인 독점적 지위를 구축하고 있다. 1980년 창업 때 40명으로 시작한 인원이 1985년 1000명, 1990년 5600명, 그리고 1995년에는 1만7800명, 다시 1999년에는 3만1500명(이중 2만1600명은 미국에서 근무)로 성장하여 왔다.

MS는 혁신적 전략으로서 시장을 선도하는 선발 주자이면서 지배적 지위를 지속시키는 전략을 견지하여 왔다. MS의 조직 문화는 강한 남성적 문화를 가지고 있다. MS에서는 "똑똑한 것이 최고이다(Smarts values above all)". 이로 인한 긴장 때문에 장시간 동안 열심히 일하는데, 때로는 하루 18시간에 달한다고 한다. 또한 카페인 문화로 각성되어 있는 상태를 유지하고자 하는 노력의 일환으로 카페인이 들어 있는 음료는 공짜로 하루 두 번씩 제공되기도 한다. 늘 성공을 위해 녹초가 될 정도 일해서 완벽하게 과업을 달성하고자 하는 문화인 것이다.

앞서 살펴 본 SAS가 전 직원을 평등하게 대우하고 협력을 중시하는 반면, MS의 기본 마인드는 경쟁이다. 하나의 과업 수행에서도 다수의 전문적 팀으로 구성하여 그 팀간의 경쟁을 통해 발전한다는 방침을 통해 성장해 왔기 때문에, 이러한 긴장감과 업무에 대한 과도한 스트레스는 MS사의 성공 요인이기도 하지만 많은 문제점을 나타내기도 한다.

MS의 인적자원관리 시스템을 더 세부적으로 하나씩 살펴보자. 먼저 MS사는 가장 우수한 인재를 충원하고자 한다. 숙련보다는 똑똑한 사람을, 그리고 경험보다는 야심 있는 사람을 찾는다. 스티브 발머는 "우리는 똑똑하고 일을 열심히 하며, 성과를 나타내는 사람들을 원한다"고 말한 바 있다. 전 세계의 우수한 인재를 어떤 수를 쓰더라도 데리고 올 정도의 열정을 보이고 있다. MS는 소수의 엘리트 학교에 집중된 충원을 행하며, 약 300명의 전문 리쿠르터들의 네트워크를 활용하고 있다. 이러한 선발 방식은 사람과 조직의 적합성이나 적응력을 고려하여 선발하는 SAS의 채용과는 다른 모습이다.

평가제도는 잔인할 정도로 정직한 프로젝트 검토 제도가 있어서 핵심적인 학습 기제의 역할을 담당하고 있다. 월간 평가와 연 2회의 리뷰 등이 흔히 있다. 그리고 이 반 년에 한번 있는 성과 평가는 임금 인상, 보너스, 스톡 옵션 등과 연계되어 있다. 성과 평가는 기록된 목표에 대비하여 이루어진다. 임금은 현재의 숙련 수준을 반영하며, 보너스는 최근 달성한 성과에 기초하여 준다. 그리고 스톡 옵션은 미래의 잠재력을 고려하여 제공한다. MS는 이 업계의 대표적인 보상 제도인 스톡 옵션을 채택하고 있다.

MS도 편안한 근무환경을 제공하기 위해 카페테리아, 회사에서 지원하는 싼 값에 음식 제공, 사생활을 보장하는 사무실을 제공하고 있다. 그러나 SAS의 '요람에서 무덤까지' 식의 복지 시설과는 비교가 되지 않는다.

MS는 하이테크놀로지 산업의 대표적인 기업이라고 할 수 있고, MS의 인적자원관리 시스템이나 기업 문화는 정보통신업계의 일반적인 관행으로 자리잡고 있다. 반면, 앞서 살펴 본 SAS는 이 산업에서 일반적으로 통용되는 관행과는 다른 대안적 방식을 택하고 있다고 볼 수 있을 것이다. MS나 SAS나 각 기업들의 주요 전략, 경쟁 상황, 과업 및 기술의 성격, 문화, 구성원 특성이 상이하다는 것을 이해하여야 한다. 중요한 것은 어느 기업의 시스템이 좋고 나쁘다고 단정하는 것보다는 각 기업이 어떤 상황에서 기업이 중요하게 추구하는 전략적 목표를 달성하기 위하여 사람들을 어떻게 관리하느냐를 자세히 살펴보는 것이다. 사람들을 효과적으로 관리하고 전략을 수행하면서 발생하는 질적 차이가 직원의 만족도에 따른 이직률의 차이로 나타나기 때문이다.

MS는 치열한 경쟁과 기술혁신이 지배하는 산업에서 탁월한 인재들을 찾고 이들을 통해 최고의 제품을 만들어 왔고, 이를 통해 높은 성과를 나타낸 기업이다. MS는 이러한 인재들에 대하여 전문성을 인정하고 그들이 전문가적 기준에 의하여 스스로 조정 및 통제를 행하게 하며, 적극적인 인센티브 및 성과 연계 보너스 등으로 고성과를 달성하도록 하였다고 평가된다.

5) 캐논

캐논의 기업 풍토를 한마디로 요약한다면 실력 종신고용이다. 종신고용적인 성격을 강하게 가지고 있으면서도 종업원의 자율과 책임에 입각한 실력주의를 견지하고 있다. 1988년 캐논은 기업의 이념으로서 '공생(共生)'의 가치를 제시한 바 있다. 즉 "같이 살며, 같이 일하며, 같이 행복할 수 있는 회사"라는 개념인 것이다. 그리고 이러한 공생의 이념을 뒷받침하는 것이 바로 실력 종신고용이다.

기존의 종신고용이 가지고 있었던 문제점은 종신고용 그 자체가 아니라 그것이 연공 서열식 임금제도와 연계되어 그대로 방치되고 있는 상황이라는 인식을 캐논은 가지고 있다. 따라서 캐논 인사관리의 기본 방향은 이러한 '실력주의'를 어떻게 임금 또는 승진 체계에 반영하느냐에 달려 있다. 캐논은 1967년부터 일본 기업 중에서는 빠른 시기에 직능자격제도를 도입하였다. 그러나 이러한 직능자격제도가 당초의 목적과는 달리 연공적 성격을 강화하는 방향으로 운영되어 감에 따라 2001년, 2002년, 2005년 연속으로 인사제도를 변경하여 실력주의적 인사제도를 전면화해 갔다. 이에 따라 기존의 직능자격제도를 개선하는 형태가 아닌 완전 폐지의 형태로 변화해 갔다. 직능자격제도에서 직무급(역할급) 체계로 변화를 가한 것이다. 2001년의 인사제도 개혁에서는 먼저 관리직을 대상으로 직무급(역할급) 체계로 바꾸며, 2002년에는 일반인(노동조합원)을 대상으로 하여 '직군 등급화'로 잠정 조치를 취한 후 2005년에는 이들도 직무급(역할급) 체계로 전면 개편된다.

고성과 조직으로서 캐논의 또 다른 특징은 셀(cell) 생산방식이 전면화되고 있다는 점이다. 1997년 컴퓨터 주변기기 생산에서 시작된 셀 생산방식은 2000년에는 일본 내 거의 모든 공장에 적용되었으며, 2002년 9월 태국 생산 거점에서 도입함에 따라 이제 국내외 54개의 모든 생산 거점이 셀 방식에 의해 운영되고 있다. 이에 따라 노동생산성이 상당히 개선되었으며, 생산현장에서 다품종 소량 생산과 적시 생산방식(Just in time)이 본격화될 수 있었다. 셀 방식의 최대 장점은 생산 현장에 있는 노동자 자신이 작업에 대한 이해도를 높일 수 있으며, 자신의 능력에 따라 생산 효율을 유연하게 높일 수 있다는 점이다. 노동의 규격화, 분업화를 극단으로 추구한 것이 포디즘, 테일러리즘이라고 한다면, 셀 생산의 사고방식은 노동의 자발성, 창조성, 개별성을 더욱 강조하여 생산성으로 귀결시켜 간다.

한편 노동조합의 성격은 상당히 회사 협조적이다. 이것은 노동조합의 기본 정신 속에 경영진과의 협조를 명시하고 있는 것에서 나타난다. 그렇다고 캐논 노동조합이 노동자의 권익 보호라는 노동조합 고유의 목적에 충실하지 않는 것은 아니다. 1966년에 제정된 노동조합 기본 강령은 노동조합이 '조합원 행복의 실현'이라는 이념을 가지고 있음을 명확히 하고 있다. 그러나 그 실현 과정에 있어서는 생산성 향상과 생산량 증대에 건설적인 노력을 기울이는 것을 천명하고 있다. 캐논의 경우 1946년 노동조합이 설립된 이래 한 번도 집단적 행동의 파업은 존재하지 않았다. 노동조합의 활동에 있어서 '노사 쌍방의 발전'이라는 목표도 설정하고 있으며, 노조 활동의 기본 자세라고 하는 소위 '3견(見)주의'에서도 "조합원을 배려하고, 회사를 배려하고, 사회를 배려한다"라는 원칙을 분명히 하고 있다. 조합원만을 위한 노동조합이 아니라 회사와 함께 성장해 나간다는 것이다. 그러면 어떻게 이러한 협조적인 노동조합이 가능한 것인가? 가장 중요한 것은 철저한 사전 협의의 투명한 의사결정 과정이다. 일단 중앙 노사협의회가 매월 1번 열린다. 또한 본부·사업본부별 노사간담회를 연 2회 실시하고 있으며, 노동시간, 임금 등과 같은 노동자들의 생활에 민감한 부분들에 대해서는 노동시간·근무 연구위원회, 임금위원회 같은 노사 공동의 연구, 협의 기구를 통해서 충분히 사전 협의를 한다. 회사의 주요한 결정 사항에 대한 철저한 사전 협의와 투명한 정보의 공유는 캐논의 화합적 노사관계의 기반인 것이다.

6) 도요타

도요타의 기업 풍토를 한마디로 정의한다면 진화하는 자율적 병영(兵營)기업이라고 할 수 있다. 여기서 자율적이라는 것은 현장 근로자에게 상당 정도의 권한이 이양되고 있는 점을, 병영이라는 것은 설비 및 노동자들이 한 치의 오차도 없이 유기적으로 연계되어 움직여가는 것을, 또한 진화한다는 것은 이상과 같은 시스템이 상황에 맞게 계속 경쟁력 강화를 위해 발전해 나간다는 점을 강조한 것이다. 1990년대의 장기 불황 속에서 일본의 산업 경쟁력 전반에 기능 장애가 일어났다는 논의는 활발하게 진행되어 왔다. 그러나 도요타 자동차는 상당 정도의 강도를 가지고 자신의 구조조정과 경쟁력 강화를 추진해 왔다. 이러한 강력한 경쟁력의 기반에는 도요타 시스템이라고 하는 특유의 생산시스템이 있다. 이 시스템의 궁극적인 목적은 철저한 '낭비의 제거'에 있으며, 그 중요한 구성요소는 적시생산 시스템과 자동화(自動化)이다. 이 시스템이 형성되기 위해서는 다양한 제반 요소를 구비가해야 하는데 이와 관련하여 가장 중요한 것이 바로 '생산의 평준화' 과정이다. 도요타에서 효율적인 작업 흐름을 만드는 과정은 단지 개별 작업의 낭비를 제거하고 개선하는 것이 아니다. 개개인, 혹은 개별 설비의 효율성의 추구와 함께 중요한 것은 바로 전체 작업(사람과 사람, 설비와 설비)의 흐름을 탄력 있고 효율성 있게 추구하는 것이다.

한편 도요타의 높은 생산성과 품질 관리는 첨단 자동화기술의 생산 효율적 잠재력을 최대한 활용할 수 있도록 현장 작업자들의 기능적 유연성을 극대화시키는 방향으로 작업 조직이 구성되어 있기에 가능한 것이다. 또한 이러한 유연성에 대응한 능력(다능공화)과 자세(노동 윤리)의 확립을 필요로 한다. 도요타의 노동자들에 요구되는 자질은 다양한 공정에서 제품을 생산하기 위한 능력만이 아니라, 기계 설비의 보전 업무(maintenance), 자신이 가공하는 제품 품질에 대한 책임 업무, 기계 설비나 생산 방법의 개선에 대한 적극적인 참여 등이 요구되며, 이러한 것은 인적 자원의 다양한 형태의 교육훈련, 직무순환, QC서클 활동을 통해 이루어지고 있다.

그러나 자동차 산업이라는 강도 높은 노동 속에서 다능공이 육성되어 가는 도요타 시스템이 성공하기 위해서는 현장에서 작업하는 사람이 스스로 이러한 시스템에 동의하며, 그 필요성과 성과를 내면화하지 않으면 안 된다. 즉 고용 안정, 임금, 승진 등의 요소 속에 노동자 노동자의 강도 높은 노동과 다능공화를 추진할 수 있는 제도적 장치가 필요하다. 여기서 먼저 지적해야 할 것은 도요타의, 특히 정규직에 대한 고용 보장의 역사이다. 1950년 4월 전체 종업원의 20퍼센트에 이르는 종업원을 해고하고 이에 따른 극심한 노동쟁의를 겪은 바 있는 도요타에서 그 뒤로는 한 번도 노동쟁의가 일어나지 않는다. 이것은 여러 가지 요인으로 설명이 가능하지만 가장 중요한 것은 이후 해고라는 것이 전혀 없었다는 점이다. 적어도 1950년의 쟁의 과정이 도요타의 역사 속에서는 상당히 무겁게 받아들여지고 있으며, 다시는 노동쟁의를 거듭하지는 않겠다는 의지가 상당히 강하다. 특히 해고를 쉽게 단행하는 기업은 종업원의 신뢰를 얻을 수 없다는 인식이 강하다. 기업의 관계자 모두 고용 안정을 최우선한다는 것이 일종의 암묵적 묵계이며, 이것을 지난 50여 년 넘게 실현시켜 왔다는 역사적 경험이 중요하다. 고용의 안정과 함께 동일 업종의 다른 기업과 비교해 상대적으로 높은 임금(효율임금)은 또 다른 인센티브로 작용하고 있다.

한편 1990년대에 들어와서 도요타도 몇 번에 걸쳐 대대적인 인사제도의 개편을 추진해 왔다. 이 모든 움직임은 기본적으로 임금, 승진 체계에서 성과주의적 요소를 강화하며, 구체적으로는 연령에 의해서 결정되는 비중을 없애거나 적게 하고, 각자의 능력을 나타내는 '자격(資格)'을 축으로 인적자원 육성과 임금제도를 설정하는 것이었다. 1990년, 1993년, 2000년, 2004년 임금제도는 모두 성과주의의 도입을 위한 인사제도의 개혁이었다.

도요타의 노사관계는 상당히 안정적이다. 1962년 노사간에 체결한 '노사공동선언'은 이전의 대립과 투쟁에서 협조와 신뢰에 입각한 노사관계를 명문화하고 있다. 노사가 공동 운명체라는 인식의 전환이 1950년대 중후반 이후 도요타에서는 일반화되어 갔으나, 단순한 인식의 전환만이 아니라 다양한 제도의 개선 과정을 통해 이루어진 사실이 중요하다. 물론 임금 수준이 높으며 고용이 안정되어 있는 것도 중요하다. 그러나 그것보다도 더욱 중요한 것은 회사 내의 원활한 커뮤니케이션이다. 즉 철저한 대화주의 말이다. 도요타에서는 노사간에 대립이 예상되는 사항에 대해 사전에 확실하게 물밑 작업이 진행되고 있는 것으로 알려져 있다. 따라서 문제가 표면화되었을 때, 이미 서로 납득하는 경우가 많은 것은 사전에 수 차례의 노사간 협의를 통해 의견을 조율했기 때문이다. 이러한 대화에 의한 정보공유와 합의의 도출 과정은 상대적으로 노동 강도가 높은 자동차산업에서 도요타의 노동자들이 조직에 대한 몰입과 자신의 기능 향상을 위해 노력하는 기반이 된다.

3. 선진 기업의 특성과 인적자원관리 및 노사관계 유형

선진 기업의 사례에서 볼 수 있는 것은 이들이 과거와 같이 종업원이나 공급업자 또는 구매자, 심지어 경쟁자로부터 가치를 전유(value appropriating)하는 것이 아니라, 가치를 창조(value creating)하는 기업들(Ghoshal, Bartlett &

Moran, 1999)이라는 것이다. 즉 이 기업들은 내부의 핵심 역량을 통하여 사업 기회를 찾은 다음 이것을 활용하기 위한 신속하고 적절한 의사결정을 행하고, 새로운 가치창출의 플랫폼을 만들 수 있는 지식을 갖추고 있는 것이다. 주어진 상태에서의 효율성을 추구하기보다는 '창조적 파괴'를 통하여 새로운 가치를 창출하고 있는 것이다. 또한 이러한 가치창출을 위하여 선진적인 경영 시스템을 갖추어 경영 전략과 이것에 적합한 인적자원관리를 실행하고 있는 것을 알 수 있다. 이러한 기업들은 노사관계에 있어서 참여와 협력에 기초한 관계를 형성함으로써 이와 같은 성과를 낼 수 있었다.

그 동안 기업의 구성 원리로 활용되어온 '위계(hierachy)'는 효율성을, '시장(Market)' 원리는 유연성을 강조하여 왔다. 그러나 선진 기업의 사례에서도 볼 수 있듯이 앞으로 혁신을 만들어내기 위해서는 신뢰와 '공동체(community)'라는 새로운 조직 원리에 입각한 기업들이 생길 필요가 있다. 이러한 기업조직의 성격을 가지기 위해서는 새로운 조직 및 인적자원관리 시스템을 갖추어야 하며, 이것에 입각하여 신뢰 관계를 형성해 나가는 것이 가치를 창출할 수 있는, 협조적 노사관계 형성의 기반이 될 것이다.

그럼 이제 오늘날 기업의 구성 원리가 변화하면서 인적자원관리 및 노사관계가 어떻게 진화되어 왔는지 살펴보고, 앞서 살펴본 선진 기업들의 노사관계 사례들을 이러한 개념틀에 따라 어떻게 유형화할 수 있는지 구체적으로 검토해보자.

1) 위계적 모형

기업에 대한 이해로서 경제학에서 근본적인 논의를 제공한 주요한 이론이 바로 노벨 경제학상을 받은 코즈(R. Coase)가 제기한 "기업은 왜 존재하는가?"라는 질문이다. 아담 스미스 이래의 고전적 및 신고전적 경제이론에서 말하는 대로 시장기구 혹은 가격기구(price mechanism)가 가장 효율적인 자원배분 기구(resource allocation mechanism)라면, 왜 현대 시장경제에서 생산요소간의 결합에 의한 생산 활동, 즉 생산 자원의 분배는 그 대부분이 일상적인 시장거래가 아닌 기업 조직 내부의 행정적 혹은 관료적 의사결정에 의하여 이루어지는가 하는 문제가 제기되는 것이다. 바꾸어 말하자면 기업이란 "시장이라는 바다에 떠있는 계획이라는 섬들"이고, 따라서 기업에 의한 계획적 자원 배분이 시장거래 · 가격기구에 의한 자원 배분보다 어째서 더 효율적일 수 있는가를 밝혀야 기업의 본질을 이해할 수 있게 된다는 것이다.

코즈는 거래비용(transaction cost)이라는 개념으로 그 이유를 설명하고 있다. 전통적인 이론에서 가정한대로 시장에서의 거래 행위에 아무런 비용이 따르지 않는다면 모든 자원 배분이 시장기구에 의해 이루어지겠지만, 현실적으로는 시장거래에는 관련된 정보의 파악 및 계약의 작성과 집행 등에 따르는 비용이 들게 되어 경우에 따라서는 가격기구에 의한 자원 배분보다 기업 내의 계획에 의한 자원 배분이 더 효율적일 수 있다는 것이다. 후자의 경우에도 관료적, 행정적 비용이 따르는 것은 물론이다. 따라서 코즈에 의하면 기업은 시장 거래비용이 기업 내부 거래비용보다 크게 되는 거래들만 내부에 조직화함으로써 거래비용을 최소화시키는 자원배분 기구로 등장한다는 것이다. 물론 기업 내부 거래비용이 시장 거래비용보다 클 경우에는 여전히 시장을 활용하게 될 것이라고 하였다.

여기서 시장 거래비용은 다음과 같은 것이 있다. 첫째는 시장 정보의 파악과 계약의 체결 등에 따르는 사무적 비용으로서 이는 기업 내의 관료적 거래비용보다 커야 할 특별한 이유가 없다. 그러므로 진정으로 중요한 것은 두 번째인, 경제 환경의 기본적 특성인 불확실성(uncertainty) 및 경제 주체의 한정된 합리성(bounded rationality) 때문에 발생하는 비용 혹은 효율성의 저하이다. 시장에 비해 기업 내에서의 자원 배분이 거래비용을 최소화할 수 있는 가능성이 주어지는 것은 바로 이 불확실성의 비용을 줄이는 데 있다.

이러한 논의에 따라 기업은 '위계'라는 구성 원리에 의해 구성되는 실체로 이해하게 되었고, 실제 초기 기업의 모습은 위계적인 구조로 특징지어진다. 이러한 위계 모형에서는 노동의 수평적, 수직적 분화를 만들어내고 또 이를 조정하기 위하여 권위(authority)를 활용하게 된다. 이에 따르면 노동의 분업이 중시되고, 권위의 수직적 계층이 형성되게 된다. 또한 공식화와 표준화가 중요한 조정의 기제로 활용되게 된다.

2) 시장중심 모형

기업의 구성 원리 중 두 번째는 시장중심 모형이다. 시장을 활용한 인적자원관리는 고전학파 경제학에서 출발된 것이며, 이것에는 여러 가지 가정이 근저에 깔려 있다. 시장중심 모형을 이해하기 위해 먼저 노동계약에 있어서 용역계약(service contract)에 대하여 살펴보자(Simon, 1951). 용역계약이란 노동의 시장거래 형태로서 필요한 경우에만 구체적인 노동의 내용을 명시해서 계약하는 것이다. 그 필요가 상시적이지 않으며 그때 그때 상황에 따라 구체적인 노동의 내용을 명시하기 쉬운 경우에는 시장거래를 택하는 것이 유리하다고 하겠다.

그리고 고전학파 경제학에서 가정하는 '완전한 합리성(perfect rationality)'에 기초하여 모든 가능한 상황을 예측하여 각각의 경우에 대한 최선의 노동사용 계획을 작성하여 계약 — 소위 완전계약(complete contingent contract) — 을 맺을 수 있다면, 시장거래에 의해서도 유연성이 보장되고 오히려 기업 내부의 행정적, 관료적 비용을 절약할 수 있다.

그러나 오늘날의 경제학에서는 사이먼(Simon)에 의해 노동계약에 있어서 용역계약(service contract)과 고용계약(employment contract)을 구분하고 있다. 미래에 대한 불확실성이 높고 인간의 예측 능력에 뚜렷한 한계가 있는 상황에서 완전 계약이 불가능하며, 기업 환경의 변화에 따라 그때 그때 즉시계약(spot contract)을 맺는 방법도 시장에서의 계약 비용을 지나치게 높일 수 있다. 그러므로 기업을 통하여 고용계약을 체결함으로써 구체적인 노동의 내용을 명시하지 않고 노동자가 일정 기간 주어진 범위 내에서 사용자의 지시에 따라 일할 것을 약속하는 계약을 맺게 되었다. 기업의 상시적인 노동력인 경우에는 미리 구체적인 노동의 내용을 정해버리면 변화하는 기업환경에 유연하게 대처할 수 없게 되어 지시-복종 관계만을 규정하는 고용계약이 더 유리하기 때문이다. 이렇게 하여 기업이라는 위계(조직) 내로 노동계약을 가져와서 고용계약을 체결하는 양상이 나타나게 된 것이다.

그런데 이러한 과정을 거쳐서 등장하게 된 고용계약에 따른 위계(즉 기업)는 효율성 및 생산성 증대에는 유리하였지만, 오늘날에는 오히려 유연성이 떨어진다는 비판을 받게 되었다. 즉 이제는 조직에 충성하고 상부의 지시에 복종하는 것이 미덕이었던 근로자들만으로는 변화하는 환경 속에서 경쟁력 있는 기업을 만들기 어려워졌기 때문이다.

이에 따라 어느 기업에서나 통용될 수 있는 일반적인 스킬(general skill)을 가진 근로자들은 기업 내부에서 만드는(make) 것이 아니라 시장에서 사오는(buy) 것이 더 유리하다는 논의가 일게 되었다. 소위 시장의 활력을 활용하여 기업의 유연성을 높이고 환경 대응력을 높이자는 취지이다.

또한 한편으로는 경쟁의 격화에 따라 고용의 보장이 어려워졌다는 문제를 제기하면서 과거 연공주의 등의 틀 안에서 안주하던 조직과 구성원들이 자생력을 가지도록 하기 위해서도 시장을 적극적으로 활용하여야 한다는 주장이 일어났다. 그리고 기업 경쟁력을 제고해줄 수 있는 우수 인재, 소위 탑 10퍼센트에 속하는 스타급 인재들을 시장에서 유인하고 이들을 유지하는 데 주력하는 흐름이 생겼다. 핵심 인재들에게 집중적으로 투자하고, 이들을 발굴하고 유지하기 위해 성과 관리를 철저히 행하는 인적자원관리 현상이 나타난 것이다.

이러한 시장 모형에서는 상호 경쟁하는 공급자들과 익명의 구매자들을 조정하기 위하여 가격 메커니즘을 활용하게 된다. 독립적인 사업 단위, 즉 사업부제 등을 강조하게 되며, 고용관계에서 자유로운 계약을 강조하여 에이전트로서의 종업원(Free agent employees)을 상정하게 된다. 그리고 인센티브의 역할이 강조되게 된다.

3) 협력중심 모형

위에서 살펴본 시장중심 모형과 대비되는 인적자원관리 모형으로서 협력(community)중심 모형을 들 수 있다. 이 협력중심 모형이 나타나게 된 원인과 그 중요성을 이해하기 위해서는 기업 구성의 원리기 변화함에 따라 기업의 인적자원관리가 어떻게 진화되어왔는지에 대해 다시 정리해 볼 필요가 있다.

시장 불확실성에 따른 거래비용을 줄이고자 하여 위계조직으로서의 기업이 탄생하게 되었지만, 최근에는 환경 변화의 가속화에 따라 유연성을 제고할 필요가 있어 시장기능의 도입 및 활용을 강조하게 되었다. 하지만 이제 지식경제시대의 도래에 따라 시장적 기능의 활성화만으로 기업 경쟁력을 강화시키기에 불충분하다는 것을 알게 된다. 그러므로 구성원의 창의성과 지식을 활용하여 혁신을 통하여 경쟁 우위를 가지고자 하는 선진 기업들은 '공동체(community)'로서의 기업에 대하여 주목하게 되었다.

구성원들에게 체화된 형태로 나타나는 지식이나 스킬의 형태에는 일반적 스킬과 기업 특수적 스킬(firm-specific skill)이 있다(Williamson, 1985). 이 기업 특수적 스킬은 특정한 관계 속(특정 기업 조직 내)에서 형성되며, 이를 통해 일반적인 경쟁시장에서 기대할 수 있는 이윤을 초과하는 렌트를 얻을 수 있는 원천이 된다. 오늘날 선진적인 지식기업들은 구성원들에게 체화된 형태로 존재하는 지식과 정보들을 융합하여 새로운 지식을 창출하는 조직을 만들어 기업 특수적 스킬을 양성하고, 이를 통해 경쟁자를 따돌리는 혁신 주도성을 발휘하여 초과이윤을 달성하고 있다.

그런데 이러한 기업 특수성을 만들기 위해서는 조직과 구성원 사이의 협력이 필요하고 이것에 기초가 되는 신뢰를 형성할 수 있기 위하여 장기적인 관계가 요구된다. 장기적 관계를 통해서 상호 투자가 일어날 수 있고 기업 인적자원 개발이 효과적으로 활성화될 수 있는 것이다. 일반적으로 훈련에 있어서도 고정 훈련비용은 장기간에 걸쳐서 투자 회수가 가능하기 때문에 장기적인 관계가 필요하다.

오늘날 기업에게 가장 크게 요구되는 혁신 압력에 대응하기 위해서는 신뢰에 기초하여 지식을 공유하는 공동체가 강조되고 있다. 과거 위계조직에 의한 기업이 효율성 증대에 초점을 두었다면, 이후 시장에 기초한 기업조직은 유연성에 강점이 있었던 것으로 평가된다. 이제 지식경제에서는 장기적 관계와 신뢰, 지식 공유, 인적자원 개발이 기업 경쟁력 제고의 핵심이 되고 있다.

협력을 중심으로 하여 공동체를 강조하는 기업들은 구성원 동료들 사이의 조정을 위해 신뢰를 활용하는 것으로 특징지어진다. 구체적으로 기업 내에 '실행 공동체(communities of practice)'를 구축하게 되며, 기업 사이에도 '관계적 계약(relational contracting)'을 중시하게 된다. 이러한 신뢰는 거래비용을 감소시킴으로써 계약을 대체하여 상호 협력을 강조하게 된다. 또한 신뢰는 에이전시 위험을 줄여주는 역할도 하게 되어 책임 회피와 게으름, 허위 등을 상호 신뢰로 대체할 수 있게 해 준다.

4) 신뢰와 공동체에 기초한 기업의 인적자원관리 및 노사관계

비록 동일한 기업구성 원리를 가지고 있더라도 신뢰의 유무에 따라 전혀 다른 모습이 나타날 수 있다. 예를 들어 신뢰가 낮은 수준의 위계 모형에서는 '강압적인 관료주의(coercive bureaucracy)'가 나타나게 된다. 여기에서는 구성원들의 순응(compliance)을 강조하는 절차가 생기며, 지위에 따른 권위가 강조된다. 또한 원가 절감을 위한 분업 및 라인을 통제하는 스탭 조직이 발생하게 된다. 하지만 신뢰 수준이 높은 위계 모형에서는 구성원들에게 '권능을 부여하는 관료주의(enabling bureaucracy)'가 나타난다. 그러므로 베스트 프랙티스 및 전문적인 지식과 기술이 강조되며 지식의 심화가 일어나게 된다. 그리고 생산의 본원적인 활동이 일어나는 라인 조직을 지원하는 기업의 조직 원리가 작동되게 된다.

한편 신뢰 수준이 낮은 시장 모형에서는 '억지로 시키는 계약(enforcement contracts)'이 나타나게 된다. 페널티 조항 등이 구체적으로 적시되고, 변호사 등이 주도하여 계약이 작성되게 된다. 하지만 신뢰 수준이 높은 시장 모형에

그림 10-1 기업의 구성원리에 따른 유형(신뢰를 중심으로)

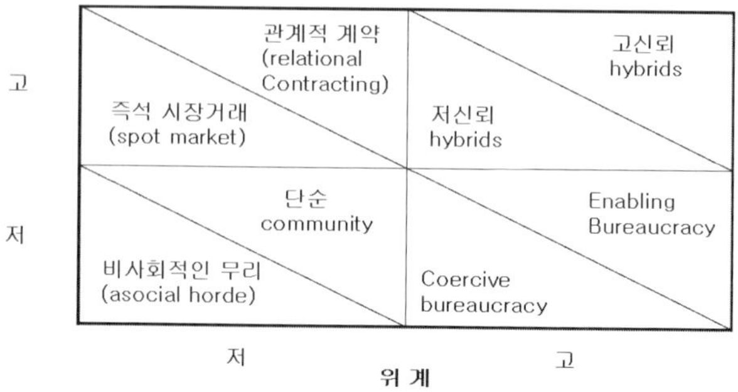

서는 '한정적이고 명확한 계약(definitional contracts)'이 이루어진다. 프로세스나 역할 및 책임, 그리고 상황별 계획 등이 강조된다. 그리고 변호사들은 조언자의 역할을 담당하고 노사가 계약에 주체적으로 참여하게 된다.

이러한 내용을 그림으로 나타내면 **그림 10-1**과 같다. 그림에서 사선의 윗부분은 신뢰가 높은 상태, 그리고 아랫부분은 신뢰가 낮은 상태를 나타내는 것이다.

이제 앞서 살펴 본 선진 기업의 노사관계 사례들을 기업의 구성원리 유형에 따라 분류해보자. 도요타는 '권능을 부여하는 관료주의(enabling bureaucracy)'의 대표적인 기업이라고 할 수 있다. 도요타를 정의하였던 자율적 병영기업이라는 용어 자체가 바로 이러한 특징을 잘 나타낸다고 하겠다. 일부 사람들은 도요타의 생산 시스템이 사람들을 쥐어짜는 강압적인 또는 수치에 의하여 강요하는 시스템이라고 비판한 바 있다. 그러나 강제적으로 생산성을 올리는 방법은 없다. 특히 이러한 방식을 지속적으로 경쟁력 있게 지속할 수 있는 기업이란 없는 것이다. 도요타가 활용하고 있는 기업의 구성원리는 위계 모형에 입각하여 있지만 높은 수준의 신뢰에 기초하고 있는,

종업원들에게 '권능을 부여하는 관료주의'인 것이다.

한때 한국 사회에서 벤치마킹의 대상으로 '초 단위의 시간 관리'로 유명한 삼원정공이 있었다. 미래산업의 경영자는 이 관리 방식이 구성원들의 자율과 창의를 죽이는 방식이라고 비판한 바 있다. 그러나 이것 역시 잘못된 이해가 있다. 먼저 두 기업은 업종과 환경이 다르기 때문에 경영 전략 및 시스템의 차이가 있다는 것을 이해하여야 한다. 스프링을 다품종 소량 생산하는 삼원정공은 반도체 검사 장비를 만드는 미래산업과는 다른 방식으로 경쟁력 있는 경영 시스템을 구축하여 성과를 나타내었던 것이다.

한편 이 글에서 다루었던 사례 중 신뢰 수준이 높은 시장모형에 가까운 것은 역시 클럽 메드라고 본다. 비교적 자유로운 청춘 남녀들을 구성원으로 모집하여 효과적인 인적자원관리를 통하여 이직을 억제할 뿐만 아니라, 고객에게 감동을 주고 재방문하게 만드는 핵심 성공 요인으로 만든 사례라고 하겠다. 또한 마이크로소프트 같은 회사가 이 모형에 속한다고 평가할 수 있다. 마이크로소프트는 최정상의 정보기술업체로서 최고이거나 이러한 잠재력을 가진 인재를 중시하고 유치한다. 사인 보너스, 스톡 옵션 그리고 자유로운 에이전트(free agent)임이 강조되지만, 전문가적인 기준에 의해 스스로 조정 및 통제를 행하고 있다. 또한 성과와 명확하게 연결되는 보너스 등을 통해 시장원리를 적극 활용하면서도 신뢰를 높여 업계의 리더로서 성과를 내고 있는 것이다.

SWA, SAS, 캐논 등은 고신뢰 하이브리드에 가깝다고 평가할 수 있다. 항공 서비스업, 비즈니스 인텔리전스 IT산업, 제조업 등 다양한 업종에 걸쳐 있으나, 이 기업들은 장기적 고용관계 속에서 지식을 창출, 공유하고 이를 성과로 연결하는 전략과 관행을 구축하여 왔다. 이 기업들이야말로 고신뢰와 공동체에 기초한 모델로 협력적 노사관계를 구축하여 온 것이다.

5) 인적 자원 특성에 따른 인적자원관리 유형

최근 들어서 기업의 고용형태가 다양해져가고 있다. 이는 기업의 인적 자원을 포트폴리오로 이해하고 이에 따라 상이한 투자전략을 가지는 것이라 이해할 수 있을 것이다. 기업이 가지고 있는 지식 스톡의 포트폴리오를 관리하는 방법을 이해하기 위한 분석 틀로서 Lepak과 Snell(1999)은 인적자본의 특성을 가치(value)와 특유성(uniqueness)으로 나누어 살펴보았다. 여기서 가치란 구성원의 축적된 지식과 스킬이며, 특유성은 기업 특수성(firm-specificity)을 가지고 있느냐를 나타내는 것이다(Williamson, 1985).

Lepak과 Snell(2004)에 따르면, 기업 인적 자원의 지식 특성에 따른 포트폴리오는 핵심지식근로자, 전통적 근로자, 제휴 파트너, 계약 근로자 등 4가지의 유형으로 나타날 수 있다(**그림 10-2** 참조).

그림 10-2 기업의 인적 자원의 지식특성에 따른 유형 구분

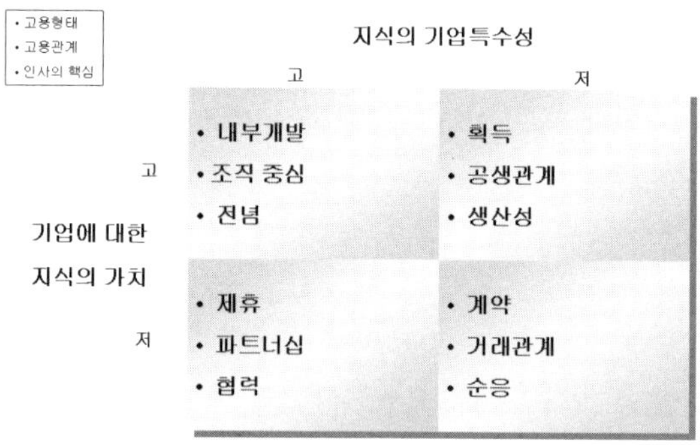

Source: Lepak & Snell, *AMJ*, 1999

이 유형들은 다시 다양한 분석틀로 구분할 수 있는데, 우선 고용 형태 측면에서 볼 때 핵심 지식근로자와 전통적 근로자는 기업 내부화가 되고, 제휴 파트너와 계약 근로자는 기업 외부화가 되는 인적 자원이다(Coarse, 1937). 또한 고용관계 측면에서 보면, 핵심 지식근로자와 제휴 파트너는 기업 조직과 관계적인(relational) 고용관계를 가지게 되는 반면 전통적 근로자와 계약 근로자는 거래적인(transactional) 고용관계를 맺게 된다(Lepak & Snell, 2004).

이러한 기업 인적 자원의 지식 특성에 따라 인적자원관리 방식도 상이하게 나타나게 된다. 첫째, 핵심 지식근로자의 경우 인적자원관리의 핵심이 근로자들에게서 조직과 일에 대한 전념(committment)을 이끌어내는 것에 놓이게 되며, 이들에게 적합한 조직 구조로 유연한 직무 설계와 임파워먼트 등이 마련되게 된다. 핵심 지식근로자들에게는 다양한 인센티브가 주어지게 되며, 복지후생이 충실히 제공된다. 보상 방식으로 볼 때, 지식에 기초한 보상(knowledge-based pay) 프로그램이 이들에게 적합하다. 핵심 지식근로자의 스킬 향상은 학습 잠재력에 의한 선발, 내부 승진, 지속적 훈련 등을 통해 이루어지게 된다.

둘째, 전통적 근로자에 있어서 인적자원관리의 핵심은 근로자들의 생산성(productivity) 향상이다. 이들의 경우 조직 구조는 표준화된 직무가 적합하다. 보상 관리에서는 결과에 따른 인센티브와 개인적 차원의 보상이 이루어진다. 전통적 근로자의 스킬 향상은 단기적 관점에서 이루어지며, 다양한 충원 경로, 선택적 채용(selective hiring) 등을 통해 이루어진다.

셋째, 제휴 파트너의 경우 인적자원관리의 핵심에는 협력(collaboration)이 있다. 이들을 위한 조직 구조는 다기능 팀이나, 스킬에 기초한 직무 설계가 적합하다. 보상 관리에서는 관계에 기초한 보상이나 그룹 인센티브가 활용된다. 제휴 파트너의 스킬 향상은 팀 빌딩 활동이나 상호 개발적 관계에 집중된다.

넷째, 계약 근로자들에 대한 인사의 핵심은 순응(compliance)이며, 도급 계약이나 표준화된 직무에 따라 일한다. 과업에 기초하여 보상이 이루어지고, 결과에 대한 피드백에 의해 스킬 향상이 이루어진다. 계약 근로자들에 대한 보상이나 스킬 향상 등이 아웃소싱되고 있다.

지식경제 시대에 가치창출을 효과적으로 하기 위한 인적자원관리를 위해서는 기업 인적 자원의 특성을 이해하고 관리 방식의 개선을 모색하여야 한다. 아울러 협력적 노사관계를 형성해 나가기 위해서는 이러한 인적자원관리가 원칙을 분명히 하고 신뢰를 구축할 수 있는 방향으로 이루어져야 한다. 따라서 지식 특성에 따른 인적 자원의 분류에 의거해 볼 때, 다음과 같은 인적자원관리를 생각할 수 있다.

우선 핵심 지식근로자의 인적자원관리는 고성과 작업 조직의 관행과 밀접한 관련을 가지고 있다. 이들에 대해서는 장기적 관계를 통하여 기업의 전략적 경쟁 우위를 확보하고자 하게 된다. 전통적 근로자 역시 기업의 가치 창출과 전략적 우위를 위해 중요하기에 기업에 내부화하게 된다. 그러나 기업 특수성이 없기에 인적 자원 개발을 소홀히 하게 되고, 단기적 성과에 치중하는 전통적인 직무중심 관리가 나타나게 되는 현실이다. 그러므로 관계적인 계약관계로 발전할 수 있도록 노력해야 한다. 제휴 파트너의 지식은 기업의 가치 창출과 전략에서 중심적인 역할을 하는 것이 아니기 때문에 외부화하게 된다. 그러나 기업 특수성을 갖춘 외부 파트너를 찾는다는 것은 쉽지 않으므로 장기적 파트너십을 통하여 신뢰와 상호 호혜성을 갖추고자 하게 된다. 여기에서는 인적 자본 그 자체에 대한 투자보다는 관계에 대한 투자가 일어나게 된다. 마지막으로 계약 근로자는 기업의 가치 창출과 전략에서 덜 중요하기에 외부화되어 아웃소싱되는 경향이 증가되고 있다. 이들은 기업과 거래적 고용관계를 가지는 면이 많다는 점에서 전통적 근로자들하고도 유사하나, 공정한 처우를 해야 한다.

이상에서 살펴 본 인적 자원의 특성에 따른 인적자원관리 유형은 그동안 위계와 시장 모형에 기초하여 발전되어온 인적자원관리의 진화 과정을 반영하는 것이기도 하다. 이제 가치창조 기업에 걸맞는 인적자원관리를 위하여 한국 기업은 전략적 선택을 해야 할 시기가 되었다. 선택과 집중이라는 기준에 의하여 핵심 인재에 대한 투자도 계속되어야겠으며, 핵심 지식근로자와 제휴 파트너와의 관계적인 고용관계를 통한 초과 이윤의 창출이 이어져야 할 것이다. 그리고 거래적인 고용관계를 맺고 있는 전통적 근로자들은 기업 특수성의 개발을 통하여 관계적인 고용관계로 변화될 수 있도록 기업 조직과 구성원이 상호 노력하여야 할 것이다. 계약 근로자들은 자신들의 지식의 가치를 높이고 기업 특수성을 개발할 수 있는 가능성을 찾아야 하며, 기업도 계약 근로자들이 동일한 직무를 수행함에도 차별 대우를 받는 경우가 없도록 근로 조건의 보호에도 책임지는 자세를 보여야 할 것이다.

현재 한국 기업의 노사관계 등을 고려할 때 기업 경쟁력 강화 방안과 합리적인 인적자원관리에 대한 비전 및 실천 방안을 구성원들이 공유하지 않고는 가치창조 기업을 만들어갈 수 없을 것이라고 판단된다. 기업의 혁신과 학습을 위해서는 기업의 인적 자원들이 가지고 있는 지식 스톡(knowledge stock)뿐만 아니라 기업의 인적 자원들 사이에 지식의 흐름(knowledge flow)이 일어나야 한다. 지식기업에서는 신뢰에 기초한 사회자본(social capital)을 구축함으로써 지식의 흐름을 활성화하고, 지식의 교환과 융합 등을 통한 고부가가치를 만들 수 있는 것이다(Lepak & Snell, 2004). 이와 같은 기업가적 활동이나 협력적 활동이 일어나기 위해서는 장기적 고용관계와 함께 인적 자원이 가지고 있는 잠재력을 충분히 발휘할 수 있게 하는 조직 구조 및 인적자원 관리를 선택하여 실천할 필요가 있다.

4. 기업의 협력적 노사관계 구축을 위한 과제

1) 노사간의 신뢰 구축 노력 및 지원

가치창출을 효과적으로 행하는 선진 기업들의 사례들을 통해 볼 때, 구성원들이 보유한 지식을 타 구성원들과 효과적으로 공유하고 생산 활동에 있어 자발적인 협조와 조정이 이루어지기 위해서는 일상적인 업무 수준에서의 협력을 넘어선 좀더 높은 차원의 협력 관계가 필요하다. 즉 선진적 기업에서 요구되는 신뢰는 '계산에 기초한 신뢰'가 아니라, 노사간의 협력 관계가 더욱 심화되어 나타나게 되는 '지식에 기초한 신뢰,' 나아가 '동일감에 기초한 신뢰'이다.

이러한 신뢰 구축을 위해서는 우선 구성원들에게 신뢰 관계의 개발이 모두에게 큰 이익이 된다는 점을 인식시키는 한편, 노사간에 상호 신뢰를 배반하지 않을 것임을 알리기 위하여 제도적 방법들을 도입하여야 한다. 구체적으로 구성원의 권익을 보호하는 장치들의 제도화, 노동조합과의 공동 협력에 관한 계약, 협력에 대한 직·간접적 보상제도 개발, 기업 및 노조의 부당노동행위를 내부적으로 금지하는 조항 신설 등의 구체적 방법들이 고려될 수 있다.

더 나아가 지식에 기초한 신뢰의 형성을 촉진시키기 위하여 구성원이 일상적 업무 수행 과정에서, 그리고 중요한 위기나 사건들 속에서 자신들에 대한 기업의 상호 호혜적 의도, 동기, 목적 등을 확인할 수 있도록 관련된 일관된 정보를 제공할 필요가 있다. 또한 기업이 구성원들의 처지나 복지에 단순한 고용계약 관계를 넘어선 절대적인 호의적 관심을 가지고 있다는 것을 보여줌으로써 공동의 목표와 비전 설정 등을 통해 공동의 정체성을 구축해 나가도록 한다.

그러나 불신과 배신에 대한 경험이 있다면 신뢰 구축에 큰 장애물이 된다. 따라서 만일 직원들이 기업에 대하여 상당한 불신을 가지고 있다면, 이것을 해소하는 것이 매우 중요한 문제가 된다. 기업은 우선 그러한 불신의 원인을 규명하여야 한다. 직원간에 공유된 기업에 대한 불신은 자신을 대하는 경영자의 태도 또는 통상적인 업무수행 방법, 과거의 경험 등을 통해 형성되었을 가능성이 크다. 따라서 직원에 대한 어떠한 정책이나 의사결정 방법, 기타 관행 등이 불신의 원인이 되고 있는가를 정확히 이해할 필요가 있다.

불신의 원인이 규명되고 그에 따른 영향이 이해되면, 기업은 불신을 극복하고 신뢰적 관계를 재구축하기 위한 과정을 출발시킬 수 있다. 이러한 과정에서 중요한 사항들을 정리하면 우선 신뢰관계의 구축이 구성원들 자신과 기업에게 큰 이익을 가져다 줄 수 있으며, 따라서 공동의 노력을 통하여 신뢰를 회복하는 것이 절대적으로 필요하다는 인식을 경영자와 직원들이 공유할 수 있도록 적극적이고 효과적인 교육이 이루어져야 한다. 둘째, 기업은 직원들의 불신이 심각한 문제를 발생시키고 있으며, 그러한 상황이 기업의 잘못된 관행이나 제도, 경영자의 직원을 대하는 부정적 태도 등에서 비롯된 것이 있다면, 이것을 솔직히 인정할 필요가 있다. 한편 노조도 경우에 따라서 자신이 과거에 한 부당한 요구나 행위(예, 불법 파업)가 신뢰 저하의 원인이 되었음을 인정할 필요가 있다.

과거의 불신이 사라지고, 좀더 높은 수준의 신뢰인 지식에 기초한 신뢰 내지 동일감에 기초한 신뢰가 형성되기 위해서는, 상대방의 신뢰성을 입증하는 긍정적 정보가 계속해서 당사자들에게 인지되어야 한다. 따라서 경영자와 직원들은 조급하게 높은 수준의 신뢰가 형성되지를 기대하지 말고, 공동적 합의 사항을 성실히 이행하면서 참을성을 가지고 지속적으로 일관된 상호 호혜적 반응을 서로에게 보여주어야 한다.

2) 기업의 인적자원개발 투자 활성화

경제학적 접근에 따르면, 기업은 일반적 훈련(general training)에 대해서는 비용을 지불하지 않고자 한다. 일반적 훈련에 대해서는 근로자가 지불하여야 하며, 기업 특수적 훈련은 기업과 근로자가 이에 대한 비용과 효익을 나누어짊으로써 상호 호혜적 관계를 지속시키고 인질 효과(hostage effect)를 막을 수 있다고 한다(Kreps & Baron, 1999).

교육훈련에 대한 투자는 경쟁적 게임이다. 일반적 훈련에 투자를 하지 않는 경쟁기업이 자사의 근로자들을 스카우트해 갈 수 있기 때문에, 훈련에 대한 투자를 주저하게 된다. 이와 같은 소위 크림 스키밍(cream skimming) 현상은 특히 자사의 근로자들이 회사에 대한 소속감을 가지지 못할 때 나타날 가능성이 더욱 높다. 이에 따라 기업 훈련에 대한 과소 투자가 만연해질 수 있다.

그러나 실제로는 대부분의 기업들이 일반적 훈련에 대해서도 비용을 지불하고 있다. 이는 인적 자원이 대개 일반적 스킬을 포함하고 있기 때문이며, 근로자들이 더 생산적으로 일할 수 있는 인센티브가 되기 때문이다. 결국 인적자원개발에 대한 투자는 노사간의 협력에 대한 상징이 되어 근로자가 충성심과 노력으로 여기에 보답하게 하고, 기업은 전략적 목적에 따라 근로자들을 개발할 수 있게 된다. 이와 같이 기업 인적자원개발이 활성화되면, 협력적 노사관계를 구축하고 이를 통해 일과 학습의 연계를 통한 학습 조직을 구현할 수 있다.

한편, 협력적 노사관계를 구축하기 위해서는 핵심 지식근로자를 위한 인적자원개발뿐만 아니라 전통적 근로자를 핵심 지식근로자를 전환시킬 수 있는 방안을 추구할 필요가 있다. 이를 위해서는 근로자들에게 기업 특수적 지식과 스킬을 갖추도록 투자하여야 하며, 이에 따른 응답으로 근로자들이 조직과 일에 대한 전념을 가져야 할 것이다.

현재 선진적인 기업들은 각 기업이 당면한 경영 환경의 도전과 기회를 바탕으로 필요한 인재상의 프로파일을 구축하여 인재 개발에 적극 활용하고 있다. 이를 위한 교육 과정들은 직무 경험의 제공, 교육, 멘토링/코칭, 경영 목표에 대한 공감대 형성으로 구성되어 있다. 이와 같이 인적자원개발을 경영 전략과 연계하여 비즈니스 파트너로서의 인적자원개발 활동을 인정받아야 한다.

3) 기업의 전략적 인적자원관리 강화

앞서 선진 기업 사례를 통하여 사람을 중시하고 이를 통해 탁월한 성과를 올리는 비전과 가치, 그리고 전략과 인적자원관리에 대하여 살펴보았다. 탁월한 인적자원관리가 협력적 노사관계의 토대가 되고 있음을 이 사례를 통해 살펴볼 수 있다.

또한 사례를 통해 알 수 있었던 것은 우선 좋은 소식(the good news)으로는 "탁월한 HRM은 미래의 사업 기회에 대응할 수 있는 핵심요소이며, 지속적 우위를 창출할 수 있는 몇 안 되는 희소 자원 중 하나"라는 것이다.

그러나 나쁜 소식(the bad news)는 "이러한 HRM을 달성하는 것이 결코 쉽지 않다"라는 것이다. 아무리 탁월한 전략이라도 실천에 옮겨져야만 하는 것이며, 이를 위해서는 인적자원관리가 사업 전략과 적합하고 내적 일관성을 갖추어야만 하는 것이다. 그리고 전략적 인적자원관리는 경영자가 구상하고 의도한 대로 실행되어야 하는 것이다.

그러므로 다음과 같은 점에 대하여 초점을 두게 된다. 우선 인적자원관리는 전략 및 사업 환경과 적합성을 가져야 한다는 것이다. 둘째, 어떤 인사관리 관행들이 전략을 실천함에 있어서 유용한가를 따져야 한다. 이를 위하여 기존의 연구와 기업 관행은 이러한 인사제도들을 언제 어떻게 사용해야 한다고 말해주는가를 검토하여야 할 것이다. 정보 공유, 임파워먼트, 팀, 직무설계, 교육훈련, 고용 안정, 승진, 금전적 및 비금전적 보상, 충원과 선발, 성과 관리 등의 관행들이 가지고 있는 상호 보완성에 대하여 연구하여야 한다.

선진 지식기반 기업들의 인적자원관리에 대하여 살펴보았지만, 이러한 인적자원관리 관행의 적용과 실천에 있어서는 여러 가지가 고려되어야 한다. 우선 한국의 노동시장, 문화, 기존의 제도 및 관행에 대한 고려가 있어야 한다. 그리고 개별적 기법의 적용보다는 총체적 관점에서 접근할 필요가 있다.

아직도 한국의 기업들은 대부분 인사관리를 경영자의 업무로 보기보다는 스태프의 역할로만 생각하는 경향이 짙다. 앞으로는 경영자가 자신의 부서, 나아가 회사의 재무적 자원뿐만 아니라 인적 자원에 대해서도 책임 경영을 하는 시대가 열릴 것이다. 그리고 인사부는 이러한 경영자들의 전략적 파트너가 되어야 한다. 개별 근로자들은 지식근로자로 전환하여 스스로의 시장가치를 높이고 고용 가능성(employability)을 증대시켜야 할 것이다.

참고문헌

김재구(1999), 『구조조정기의 기업 인사 · 조직 혁신 연구』, 한국노동연구원.

김재구 · 이경묵 · 장영철 · 최순규 외(2000), 『신노사문화 창출을 위한 지식공동체 모형개발』, 노동부.

노용진 · 김동배(2001), 『유한킴벌리의 노사관계』, 한국노동연구원.

상생협력연구회(2006), 『상생경영』, 김영사.

Adler, P. & Borys, B.(1996), "Two Types of Bureaucracy: Enabling and Coercive", *Administrative Science Quarterly*, Vol. 41, pp. 61-89.

Aoki, M.(1988), *Information, Incentives and Bargaining in the Japanese Economy*, Cambridge: Cambridge University Press.

Axelrod, R.(1984), *The Evolution of Cooperation*, New York: Basic Books.

Coase, R.(1937), "The nature of the firm," *Economica*, 4: 386-405.

Ghoshal, S., Bartlett, C. A., & Moran, P.(1999), "A New Manifesto for Management," *Sloan Management Review*, spring, 9-20.

Hirschman, A.(1970), *Exit, Voice, and Loyalty*. Cambridge, Mass.: Harvard University Press.

Kochan, T. and P. Osterman(1994), *The Mutual Gains Enterprise*. Boston: Harvard Business School Press.

Kreps, D. and Baron, J.(1999), *Strategic Human Resources: Frameworks for General Managers*, John Wiley & Sons.

Lepak, D., Snell, S.(1999), "The Human Resource Architecture: Toward the theory of human capital allocation and development", *Academy of Management Review*, 24, 31-48.

Lepak, D., Snell, S.(2004), "Managing the HR architecture for Knowledge-based competition," in Jackson, S., Hitt, M., DeNisi, A.(Eds), *Managing Knowledge for Sustained Competitive Advantage: Designing Strategies for Effective HRM*, Jossey Bass, San Franscisco, CA.

Pfeffer, J.(1994), *Competitive Advantage Through People*, Boston: Harvard Business School Press.

Porter, M. E.(1985), *Competitve Advantage*, Free Press.

Simon, H.(1951), "A formal theory of the employment relation," *Econometrica*, 19:

293-305.

Williamson, O.(1985), *The Economic Institutions of Capitalism: Firms, Markets, Relational Contracting*. New York: The Free Press.

You, J-I. and F. Wilkinson(1994), "Competition and co-operation," *Review of Political Economy*, 6: 259-278.

제11장_ 결론: 노동 관련 법 · 제도의 개혁

남성일

1. 개혁의 기본 원칙과 방향

현재 한국의 노동 관련 법제도는 크게 두 가지 면에서 문제가 된다. 첫째, 노동시장 및 노사관계의 기본 원칙에서 일탈되어 있다는 점이다. 본래 노동시장은 독립적으로 존재하는 것이 아니라 생산물 시장이 존재함으로써 파생되는 시장이다. 이를 관계적 차원으로 다시 말하자면 생산의 주체인 기업이 먼저 존재함에 따라 근로자가 고용관계를 맺게 되고 노사관계가 형성된다. 따라서 올바른 노동 관련 법제도라면 이러한 기본 구도가 당연히 유지 · 발전되도록 만들어져야 한다. 그럼에도 불구하고 현행 제도는 지나치게 근로자 보호에 치우친 나머지 생산물 시장 및 생산의 주체인 기업의 존재 자체를 위협하는 정도에 이르렀다. 즉 과도한 보호로 인하여 기업이 해외로 떠나고 국가 경쟁력과 성장 동력이 약화되는 결과를 낳고 있다.

둘째, 현행 법 제도는 낡은 가정에 갇혀 시대적 환경의 변화를 반영하지 못하고 오히려 후퇴하는 경향마저 보이고 있다. 현행 법제도는 종속 노동자를 가정하고 이에 따라 근로자 보호를 주요 목적으로 하고 있다. 즉 20세기형 종속노동 모델이 노동 관련 법제도의 골간이다. 이러한 종속 모델은 19~20세기의 경제적, 기술적 환경의 산물이다. 산업구조가 공장제 제조업을 중심축으로 짜인 가운데 표준화된 근로 환경에서 근로자들은 동질적인 업무에 종사하였다. 또 기업은 제품시장 및 요소시장에서 독과점적 위치에 있었다.

20세기 종속 모델은 두 가지 가정을 가지고 있는데 첫째는 정보의 열위성이다. 즉 사용자는 근로자에 비해서 더 많은 정보와 선택권을 가지고 있고 그것을 통제할 수 있는 반면 근로자는 이러한 면에서 현저하게 열위에 있다는 것이다. 둘째는 이동성의 제약이다. 즉 근로자는 제한된 취업 기회 및 이동 비용의 과다로 인해 직업간 이동 및 직장간 이동이 현저히 제약을 받는다. 근로자가 갖는 정보의 열위성 및 이동성의 제약은 노사간 교섭력의 차이를 가져오게 한다. 즉 근로자는 고용주에 비해 현저한 교섭력의 열위 상태에 놓이게 된다. 그리하여 근로자는 사용자에게 수직적으로 종속되는 관계에 놓이게 된다는 것이다.

20세기 노동법은 이러한 근로자의 교섭력의 열위를 보정하여 대등한 상태로 만들어 주거나 열위에 있는 근로자를 보호하는 것을 내용으로 하고 있다. 예컨대 20세기의 노동조합은 고용주의 착취 위협으로부터 근로자의 이익을 보장하기 위해 단결한다는 기본 가정 위에 서 있다. 그리고 파업이라는 단체행동을 무기로 집단적 협상을 통해 근로자의 이익과 집단적 평등을 제고한다는 사명을 가지고 있다. 이는 기본적으로 노동시장이 수요자 독점(monopsony)이라는 것을 전제하고 이것에 대항하여 노동조합이 공급 독점을 이룸으로써 쌍방 독점(bilateral monopoly)의 시장 형태를 만든다는 점에서 일면 정당성을 인정받을 수 있었다.

그러나 환경의 변화로 인하여 이런 가정은 이제 더 이상 유효하지 않게 되었다. 기술, 교통, 법제의 발달로 노동시장에서 수요자 독점현상은 이제 매우 희귀한 현상이 되었다. 기업의 주요 경영지표는 투명하게 공개되고 경영진과 근로자가 공유하는 정보가 되었다. 근로자는 노동시장의 임금 및 근로 조건에 대해 과거와는 비교할 수 없는 정도로 방대하고 빠르게 정보를 얻을 수 있게 되었다. 이에 따라 정보의 열위 문제는 약화되었다. 그리고 IT의 발달에 기인한 정보의 빠른 확산 및 교통의 발달로 근로자의 이동성은 그 어느 때보다 높아지고 있다. 또한 시민권의 확장은 부당한 처우로부터 개인의 권리를 구제하도록 하였다. 결과적으로 근로자는 사용자에 비해 교섭력의 열위에 놓인다는 전통적 명제는 진실성을 잃고 있다. 그에 따라 일방적인 근로자 보호를 내용으로 하는 법제는 오히려 노동조합의 독점적 위치를 강화하고 독점에 따른 폐해를 만들고 있다.

한편 20세기 말부터 기술, 교통, 통신의 발달로 인하여 개방과 정보화가 촉진되고 시장의 세계화가 빠르게 이루어지고 있다. 이는 결국 생산물 시장의 경쟁이 심해짐을 의미한다. 그리고 산업 구조 또한 선진국을 중심으로 급격하게 서비스업 구조로 전환하고 있다. 이 같은 변화는 시장 변화에 따라 생산이 유연하게 이루어지도록 요구하고 있으며, 따라서 노동시장에 있어서의 유연성을 요구하게 되었다. 그리고 기업 내에서 단순노동이 아닌 고기능 지식근로가 더욱 중요하게 되었다. 이는 취업 형태에도 변화를 일으켜 전통적으로 안정적인 직접 고용, 영구직 취업 형태로부터 변화에 쉽게 적응할 수 있는 임시직, 파견직, 독립 자영업(프리랜서) 등 다양한 취업 형태가 증가하도록 하였다.

결과적으로 근로자들은 과거에 비해 더 많은 선택의 기회를 갖게 되었고 기업과 거의 대등한 정보를 가질 수도 있게 되었다. 따라서 노동 관련 법제도도 이제 시대의 변화를 반영하여 일방적인 근로자 보호 일변도의 체제를 탈피하여 노사 당사자의 독립적 의사를 존중하는 계약 자유의 원칙을 바탕으로 재구성될 필요가 있다. **즉 노동 관련 법제도는 근로자 보호체계로부터 노동시장의 질서체계로 개편되어야 한다.**

본 개혁안은 이 같은 원칙 하에서 우리나라의 노동 관련 법제도의 개선방안을 제시하고자 한다. 특히 개혁안은 변화하는 환경을 반영하지 못함으로써 폐해를 야기하고 있는 기존 법제의 개선에 중점을 둔다.

우선 개혁안은 현행 제도가 과도하게 보장하고 있는 노동조합의 독점적 지위를 경쟁적 위치로 바꾸고자 한다. 둘째, 노동조합을 중심으로 하는 집단주의를 지양하고 개별 근로자의 자유가 존중되는 체제를 지향한다. 셋째, 대안적 근로자 대표자 제도를 만들어 근로자가 선택할 수 있도록 한다.

2. 개별적 근로관계

1) 근로관계의 계약적 요소 강화

현행 근로기준법은 종속 노동자를 가정하고 있으며 정규직 근로관계를 상정하고 있다. 이는 전술한 바와 같이 19~20세기적 환경을 반영한 것으로서 21세기의 기술적, 경제적 환경 및 다양한 취업 구조와는 맞지 않는다.

따라서 근로기준법은 장기적으로 근로계약법 (혹은 고용계약법)으로 진화될 필요가 있다. 즉 당사자간의 의사를 존중하는 계약 자유의 원칙에 따라 근로계약의 내용이 정해지는 것이 바람직하다.

그러나 아직까지는 노사가 완벽한 교섭력의 대등을 이루고 있지 못하다는 인식이 보편적이다. 따라서 어느 정도의 근로자 보호는 불가피하다는 현실을 인정하여 단기적으로는 당사자의 권리와 의무를 좀더 명확히 하는 정도의 개선이 필요하다.

즉 사용자의 의무와 근로자의 권리만을 강조하는 구도에서 탈피하여 **근로자의 의무 및 사용자의 권리를 포함할 필요가 있다**(예컨대 근로자의 사직시 예고 기간의 설정 등). 그리고 고용 형태의 다양화에 따라 탄력 근로 기간을 1년으로 확대하고, 재량 근로를 확대하는 등 개별적 근로관계법을 재편할 필요가 있다.

2) 임금 · 근로시간 제도의 유연 적용 범위 확대

현행 근로기준법은 모든 근로자를 적용 대상으로 보호하고자 한다. 그러나 상당수의 근로자는 기업에 비해 오히려 우위의 교섭력을 가지고 있으며 높은 보상을 받고 있다. 또 근무 시간 등 근로 조건에 대해서도 자율적 통제가 가능한 위치에 있다. 따라서 이들에 대한 근로기준법의 무조건적 적용은 과보호에 해당한다. 근로자 과보호는 경직성을 낳게 되고, 이는 새로운 일자리 창출을 방해한다. 따라서 과보호는 완화될 필요가 있다.

단순노동이 아닌 '전문성과 정보'라는 교섭력을 가진 근로자에 대해서는 계약 자유의 범위를 확대하되 전문성과 정보를 갖지 못한 단순노동 근로자에 대해서는 보호가 필요하다. 따라서 전문성과 정보를 갖춘 근로자는 근로기준법 적용 대상에서 제외하는 것이 바람직하다. 다만 전문성과 정보를 갖춘 근로자를 구분하는 기준은 법적으로 규정하기에는 매우 다양할 것이므로 단순화하는 기준이 필요하다. 이런 면에서 **직종, 규모, 소득 등을 고려하여 근로기준법에 임금·근로시간 제도를 유연하게 적용할 수 있는 범위를 정할 필요가 있다.**

3) 고용 유연성의 강화

현행 근로기준법은 '긴박한 경영상의 이유'가 있는 경우에만 정리해고를 허용하고 있다. 그러나 긴박한 경영상의 이유가 매우 제한적으로 해석되어 정규직의 경우 실제로는 해고가 거의 불가능하게 되어 있어 매우 경직적이다. OECD의 연구 결과가 보여주는 바와 같이 과도한 고용 규제는 경제 전체의 고용률을 낮추고 청년실업을 높인다. 따라서 장기적으로는 임의고용(employment at will) 원칙에 따라 당사자 일방의 의사에 의해 고용관계가 종료될 수 있어야 한다.

다만 이것이 현실적으로 어려운 환경에서 단기적으로는 '**인원 삭감이 객관적으로 합리적인 경우**'**에 경영상의 해고가 가능**하도록 법이 수정될 필요가 있다. 여기서 객관적으로 합리적인 경우란 그간의 경영상 해고 관련 판례에서 허용되는 수준을 말한다. 즉 **사업의 양도, 인수·합병 및 가시적인 기업 경영위기** 등이 이에 해당한다.

또한 고용 보호를 받을 수 있는 요건은 '2년 이상 근속자'로 제한하는 것이 바람직하다. 2년 미만 근속 근로자는 비록 영구직이라 하더라도 기업이 요구하는 기업 특수 인적 자본이 아직 본격적으로 형성되지 않았다고 할 수 있다. 따라서 고용 보호를 통한 안정성 확보의 인센티브가 작다고 할 수 있다. 2년 미만 고용의 경우 기간제 근로와 마찬가지로 유연성을 가지는 것이 합리적이다.

4) 기간제 근로 규제완화

현행 기간제 근로에 관한 법규는 기간제 근로가 바람직하지 않으므로 가능한 억제하여 정규직으로 전환하는 것이 바람직하다는 전제에서 기간제 근로의 기간을 최장 2년으로 제한하고 있다. 이는 일의 특성을 이해하지 못하는 잘못된 인식에 기초한 것이다. 업무 지식의 경우 기업 내에서 그 업무 지식에 대한 기업 특수성과 지식의 가치에 따라 고용관계의 유형이 달라질 수 있다. 즉 업무 지식의 가치가 크고 기업 특수성이 클 경우에는 정규직 직접 고용이 바람직하지만 그렇지 않을 경우 아웃소싱, 계약직 등 다른 취업 형태가 더 합리적인 선택 대안이 된다.

기간제 근로를 무조건 2년으로 제한하는 것은 결과적으로 기업으로 하여금 기간제 고용조차 회피하게 하여 일자리 창출을 오히려 저해하는 결과를 낳고 있다. 거꾸로 기간제 근로에 대한 규제완화는 일자리를 창출하고 경제 주체의 자율성을 높일 것이다.

따라서 기간제 근로에 대한 **기간 제한을 철폐하고 당사자간 합의에 따라 갱신 가능하도록** 하는 것이 바람직하다. 그리고 고령자(예컨대 55세 이상)에 대해서는 기간제 법 적용을 제외하는 것이 바람직하다. 고령자에 대한 규제완화는 고령자 고용을 촉진하는 효과를 거둘 수 있기 때문이다.

5) 인재산업(노융[勞融]산업)의 활성화

현행 근로자 파견법은 법이 정하는 특정 직무에 대해서만 파견을 허용하는 이른바 포지티브 리스팅 시스템으로 되어 있다. 즉 파견법에서 허용하는 일부 직무 외에는 모두 불법으로 간주한다. 이는 세계에서 오직 한국만이 택하고 있는 규제로서 노동시장의 유연성을 극도로 제한하고 있다.

지난 1990년대 이래 세계의 모든 국가에서 파견근로제에 대한 규제를 완화하여 기업은 유연하게 인력을 사용할 수 있고 근로자에게는 다양한 취업 기회를 제공하고 있다. 그리하여 근로자 파견은 일자리 창출 및 실업 감소에 기여하는 것으로 평가받고 있다. 반면에 한국은 업무 제한에 더하여 기간 제한까지 두는 과도한 규제로 인해 1998년 근로자 파견을 합법화한 이후 10년 동안 별로 성장하지 못하고 있다. 따라서 노동시장 유연화의 글로벌 스탠더드에 맞게 파견근로에 대한 규제가 완화되어야 한다.

현재의 포지티브 리스팅 시스템을 폐기하고 파견이 바람직하지 않다고 생각되는 **소수의 업무만을 금지 업무로 규정하고 나머지는 자유화시키는 '네거티브 리스팅' 시스템으로 전환해**야 한다. 그리고 파견 기간 또한 3년을 기한으로 하되 당사자의 합의에 따라 갱신 가능하도록 하여 불필요하게 일자리를 제약하는 일이 없도록 해야 할 것이다.

이와 함께 노동시장에서 수요자인 기업과 공급자인 근로자를 다양한 형태로 연결해주는 인재 서비스가 활성화되어야 하며 인재산업을 육성할 필요가 있다. 인재산업에 포함되는 인재 서비스는 전통적인 직업소개, 헤드헌팅, 인력파견, 업무도급, 고용리스, 전직서비스(outplacement), 직업정보사업, 각종 취업준비 서비스, 직업교육 · 훈련 등이 있다. 금융산업이 20세기의 금융시장 발달을 주도했다면 인재산업은 21세기 노동시장 발달을 주도할

산업이다. 각종 인재 서비스에 대해 일일이 허가를 받거나 중복 규제를 받지 않도록 하여 전문 인재 서비스업과 종합 인재 서비스업이 동시에 발전할 수 있도록 해야 할 것이다.

6) 차별 판정 기준의 합리화

근로자가 취업 형태를 불문하고 동일한 노동에 대하여 차별받지 않도록 하는 것은 바람직하다. 동일한 노동에 대하여 동일한 보상을 주는 것은 일반 원칙이지만 특정한 일이 직장 내에서 동일한 노동인지, 또는 동일한 보상을 주어야 하는지를 판단하는 것은 좀더 정교한 기준을 요구한다. 현재 동일한 노동을 하더라도 근로자가 누구냐에 따라 보상은 달라질 수 있다. 즉 현재의 보상은 현재의 노동뿐 아니라 과거의 노동에 대한 일정한 대가를 수반하며, 나아가서 미래의 노동을 확보하기 위한 인센티브를 포함하기도 한다. 따라서 **차별 여부를 판정할 때는 현재의 일의 성격뿐 아니라 그 일을 하는 근로자의 과거 기여 및 잠재적 미래 가치까지 고려**하는 기준을 사용하여야 한다.

7) 최저임금제의 개선

현행 최저임금제는 지나치게 높은 인상률, 산입 범위의 제한, 결정 절차의 정치화 등으로 많은 문제점을 일으키고 대상 근로자뿐 아니라 전체 근로자에게 영향을 주고 있다. 일반 임금상승률에 비해 지나치게 높은 최저

임금 인상률은 현재 우리나라 최저임금제 적용 대상 근로자를, 선진국의 2~3퍼센트에 비해 월등하게 높은 14퍼센트 수준까지 끌어올리고 있어 특히 중소기업에 많은 부담을 주고 있다. 또한 최저임금 산입 범위가 통상임금 범위로 제한되어 있어 실제 총지급액은 최저임금보다 약 25퍼센트 이상 많음에도 과소 계산되는 문제를 안고 있다.

따라서 우선 **최저임금제의 산입 범위를 현실화하여 기본급과 통상적 수당 외에 기타 수당 및 상여금 월할분 등을 포함하는 것이 필요하다.** 그리고 현물급여 중 숙박 및 식사 등의 현물급여 평가액을 최저임금에 산입하는 것이 바람직하다. 또 고령 근로자에 대해서는 일본의 경우처럼 최저임금 적용을 제외할 수 있도록 하되 적용 제외 승인 때 적정 임금을 기재하도록 하는 방식이 바람직하다. 최저임금의 적용제외 혹은 감액 적용은 고령 근로자의 일자리를 창출함으로써 이들에게 실질적인 도움이 될 것이다.

3. 집단적 노사관계

1) 노조 설립 자유화 및 교섭권 인정 절차 도입

현행법상 한국에서 노동조합은 최소 인원의 제한 없이 2인 이상이면 신고만으로 설립이 가능하지만 동일한 사업장에서 조직 대상을 중복하여 설립할 수 없도록 함으로써 실은 경쟁을 배제하고 노동조합의 독점적 위치를 법으로 보장해주고 있다. 이는 경쟁의 원칙에 위배되므로 노조 설립은 경쟁적으로 할 수 있도록 자유화하는 것이 바람직하다. 그러나 노동조합의 본질에서 벗어나는 설립 시도가 빈발할 경우 복수노조의 난립은 노노 갈등을 일으키고 교섭 비용을 증가시키는 폐해가 있다. 나아가서 원만한 경영 활동이 저해받고 기업 경쟁력이 약화되면 노사 모두 피해를 입게 된다.

따라서 노동조합의 설립은 자유롭게 하되 이로 인한 난립을 막는 제도적 보완이 필요하다. 개선안은 **복수의 노동조합이 가능하도록 하되 단체교섭권에 있어서는 '노사관계위원회'와 같은 외부의 독립적 기구를 통해 인정받도록 하는 것**이 바람직하다. 즉 미국의 NLRB와 같은 독립적 기구를 통해 교섭 단체의 단위, 적용 범위, 배타적 교섭권 부여의 권한을 맡기도록 한다.

최소한 조직 대상 20퍼센트 이상의 서명을 확보한 노동조합은 사용자에게 교섭을 요청할 수 있으며 만일 사용자가 받아들이기를 거부하면 노사관계위원회에 대표권 부여를 요청할 수 있다. 이때 노사관계위원회는 조직 대상 전체를 대상으로 비밀투표를 실시하여 과반수 지지를 얻은 노조에 대하여 교섭 대표권을 주되 과반수를 얻지 못한 경우 사용자는 교섭할 의무를 지지 않는다(배타적 교섭대표제).

한편 기업은 노조 선거 기간 중 선거를 벌이는 노동조합에 관한 사실을 알리거나 노동조합이 기업에게 어떤 영향을 줄 것인지에 대한 의견을 종업원들에게 홍보할 수 있도록 한다.

2) 유니온숍 폐지

현행 노동법은 조합원 3분의 2 이상의 찬성으로 근로자가 노동조합에 의무적으로 가입하도록 하는 유니온숍을 인정하고 있다. 그러나 근로자는 노동조합에 가입할 권리가 있는 만큼 동시에 가입하지 않을 자유도 있다.

유니온숍은 근로자의 자유를 심각하게 침해하고 노조의 독점적 위치를 강화하는 반경쟁적 조항으로서 폐지되는 것이 바람직하다. 유니온숍은 복수노조 체제에서는 병존할 수 없다. 따라서 앞으로 복수노조를 허용하는 마당에 당연히 폐지되어야 할 것이다.

3) 교섭 대상의 명시화

단체교섭은 임금 및 기타 근로 조건을 교섭 대상으로 한다. 그러나 현재 노동조합은 근로 조건뿐 아니라 근로 조건에 영향을 미치는 모든 사항을 교섭 대상으로 삼아 경영 의사결정 사항까지 포함시키려 함으로써 논란이 되고 있다. 근로자의 노동3권이 헌법에서 보장된다면 기업의 경영권도 또한 헌법적으로 보장되어야 할 것이다. 기업의 인수, 양도, 합병, 해외이전 등은 당연히 경영 우선권에 속한다.

따라서 단체교섭의 대상을 적시하여 **본질적인 경영권적 사항은 교섭 대상이 될 수 없도록 하는 것이 바람직하다.**

4) 노조의 부당노동행위 신설

한국의 현행 노동법은 근로자 보호를 목적으로 하고 있으므로 사용자의 부당노동행위만 규정할 뿐 노동조합의 부당노동행위는 규정하고 있지 않다. 그러나 노동조합의 부패, 노사 유착 및 노조원에 대한 비도덕적 행위 등 일탈 행위가 발생하고 있으나 구체적으로 이를 제어할 수 있는 법률이 없는 실정이다. 노동법이 근로자 보호에서 노동시장의 질서체계로 진화하는 추세에 비추어 또 독점 노조의 폐해는 막아야 한다는 당위성으로 보더라도 **노동조합의 부당노동행위를 법으로 정하여 규제**하는 것이 필요하다.

구체적으로 근로자의 노동권 행사를 제한하거나 강제하는 행위, 노조가입을 위협하거나 이익을 약속하는 행위, 비조합원에 대한 차별을 사용자에게 요구하거나 강제한 행위, 사용자에게 전임자 임금 지급 등 금품을 강요하는 행위, 쟁의를 염두에 둔 노조의 불성실한 교섭 및 교섭 거부, 2차적 쟁의행위 등을 노조의 부당노동행위로 들 수 있다.

5) 노조의 자율성과 투명성 제고

노동조합은 사용자에 대하여 독립적이어야 함에도 불구하고 한국 노동조합은 전임자 임금 등 조합이 스스로 해결해야 할 것들을 사용자에게 의존하고 있다. 그리고 이 같은 행태로 인하여 노조의 도덕적 해이가 심각한 수준에 이르고 있다. 또 한국의 노조 전임자 수는 다른 나라에 비하여 기형적으로 많은 실정이다. 따라서 노조의 자율성과 투명성을 확보하는 것이 시급하다.

노조의 자율성을 위해서는 **전임자 급여는 조합비에서 지출하는 것**으로 하고 기타 지원 또한 회사의 지원을 엄격히 제한하는 것이 바람직하다. 이는 복수노조 시대에는 당연한 것이다.

또한 노조 운영의 투명성을 위해 감사기구를 의무적으로 설치하도록 할 필요가 있다. 현행 제도는 감사기구를 노조 내에 자율적으로 설치, 운영하도록 하고 있으나 이러한 내부 장치만으로는 운영의 투명성을 담보하지 못한다. 또한 현재는 원하는 사람이 요청하면 공개한다는 정도여서 공개도 매우 소극적이다. 다만 소규모 노조의 경우 규모가 작으므로 내부적으로 투명성이 쉽게 이루어질 수 있고 외부 감사제의 운영이 지나친 부담이 될 수도 있다. 따라서 일정 규모 이상의 노동조합에 대해 의무화하는 것이 바람직하다. 즉 **조합원 100인 이상 노동조합 및 상급 단체에 대해서는 외부 감사를 의무화하고 감사 결과를 공개하도록 해야 할 것이다.**

6) 노동조합 대안으로서의 노사협의회 재구축

현행 노사협의회법은 노사협의회를 노동조합의 종속 관계에 놓고 있어 노동조합의 독점적 지위를 오히려 강화시키고 있다. 즉 노사협의회의 구성에서 근로자 대표는 '당해 사업장 근로자 과반수로 조직된 노조가 있을 경우' 노조에서 선출하도록 법에서 규정함으로써 노조의 하위 기구가 되었고 자연히 노사협의회는 본래 취지와 달리 단지 또 다른 단체교섭의 장으로 변질되었다. 또 노사협의회는 법에 의해 강제적으로 설치하도록 하고 있고 연 4회 의무적으로 열리도록 하다 보니 그 강제성으로 인해 오히려 실질적인 협의가 안 되고 있다.

따라서 **노사협의회법에서 노사협의회를 '구성할 수 있다'고 임의기구화하고 근로자 대표는 노조와 관계없이 종업원의 비밀투표에 의해 선출하도록** 하는 것이 바람직하다. 그리고 협의 대상은 임금 및 근로 조건의 결정을 포함하도록 한다. 이와 같이 노사협의회의 구성과 성격을 바꾸는 것은 대안적 근로자 대표 제도를 만드는 효과를 갖는다. 즉 기업에 따라 노동조합을 가질 수도 있으나 노동조합 대신 노사협의회가 근로자를 대변할 수도 있게 되는 것이다. 노사협의회의 근로자 대표는 회사와 협의의 형태이지만 실질적인 단체교섭을 할 수 있다. 다만 파업 등 단체행동을 하지 않는다. 그 대신 종업원에 대한 차별, 그리고 인사권과 경영권 남용에 대한 대응으로 노동위원회에 구제 신청을 할 수 있다. 따라서 노사협의회는 근로자 대표 제도로서 노동조합과 경쟁할 수 있게 된다. 그리고 근로자는 노동조합, 노사협의회, 그리고 비 노조 등 대안적 제도 중 한 가지를 선택할 자유를 갖는다.

7) 불법 파업에 대한 엄정 대처 및 신속피해 구제제도 도입

근로자의 노동3권은 법으로 보장되지만 남용에 따른 피해는 최소화할 필요가 있다. 특히 파업은 사회적 손실이므로 파업의 남발로 인한 폐해는 적절히 규제될 필요가 있다. 현재 한국은 파업으로 인한 피해가 특히 심각하다. 노사 분규 건수는 감소하고 있으나 파업의 장기화로 노동손실일수는 증가하고 있다. 더욱이 법과 원칙을 무시한 불법 파업이 관행적으로 반복됨에 따라 사회적 책임과 윤리의식이 점차 사라지고 있다.

이러한 위기적 상황을 극복하기 위해서는 우선 위법한 쟁의행위에 대해 명문적 규정을 둠으로써 불법 집단행동에 대한 인식을 확실하게 해두는 것이 필요하다. 즉 다음과 같은 명문적 규정이 필요하다.

> 쟁의행위는 단체협약상의 근로 조건에 대한 대등한 규율을 보장하는 것이어야 하며, 이러한 목적에 부합하지 않거나 불필요한 쟁의행위는 위법하다. 그리고 상대방이나 공중에게 과도한 부담을 주는 쟁의행위는 위법하다.

그리고 불법파업에 대해서는 파업 초기에 신속하게 의법 조치하고 그로 인한 피해에 대하여 법원은 신속한 절차를 통해 민사상 책임을 묻게 해야 한다. 불법 파업으로 인한 손해배상청구권은 기업은 물론 관련 소비자도 가질 수 있다. 도덕적 해이의 비용 부담을 그 유발 주체에게 귀속시키는 제도를 구축하고 일관성 있게 실행하면 노사 분쟁을 줄일 수 있을 것이다.

특히 **공공부문 불법 파업에는 '신속피해구제제도'를 도입하는 것이 필요하다.** 공공부문 불법 파업으로 공공의 피해가 발생할 경우 시민 등이 법원에 피해구제 신청을 하게 하고 법원은 신속하게 처리하게 하여 공공의 이익이 지켜지게 한다. 아울러 법원은 불법 파업을 주도한 노조와 조합원들에게 중지 명령을 내릴 수 있으며 이를 어길 경우 벌금을 매길 수 있게 한다.

8) 사용자의 생산권 확립

현재 한국을 제외한 거의 모든 국가에서 파업에 대하여 사용자의 생산권 보장 측면에서 대체 근로를 폭넓게 허용하고 있다. 미국의 경우 일반 파업에 대체 근로가 전면 허용되며 영구 대체도 가능하다. 일본의 경우 쟁의 사업장에 직업 소개는 금지되지만 대체 근로는 가능하다. 반면 한국은 필수 공익사업장에만 대체 근로를 제한적으로 허용해 사실상 노조의 파업에 대한 사용자의 대응권을 박탈하고 있다. 따라서 **파업 때 대체 근로자 이용 및 하도급을 허용**하여 생산 중단이 없도록 해야 한다. 대체 근로는 회사 내 인력뿐 아니라 외부 인력의 일시적, 영구적 채용을 포함한다. 다만 파업 참가자는 파업 종료 후 직장복귀권을 갖는다. 그리고 기업은 파업에 대응하여 경우에 따라 선제적 직장폐쇄 및 소멸적 직장폐쇄의 권리를 갖도록 한다.

파업은 근로자가 근본적으로 사용자에게 노무 제공을 거부하는 것이다. 그리하여 작업장에서 걸어 나가는(walk out) 것 이상이 될 수 없다. 그럼에도 불구하고 현재 우리나라에서는 파업이 일어남과 동시에 사업장 점거가 이루어지고 기업 활동이 마비되는 폐해를 낳고 있다. 따라서 사용자의 동의가 있거나 단협에 규정되어 있는 경우를 제외하고는 **파업으로 인한 직장 점거 혹은 조업방해 행위는 불법**으로 함으로써 사용자의 영업권 혹은 생산권이 확립되도록 해야 한다. 그리하여 분규 행위는 사업장 밖에서 이루어지도록 해야 한다. 아울러 **무노동 무임금 원칙을 철저하게 적용**하여야 한다.

9) 교섭비용 최소화를 위한 제도 정비

한국에서는 현재 단체협약의 유효 기간이 최장 2년을 넘지 못하고 있다. 그리하여 단체협약 개정을 위한 잦은 단체교섭이 노사관계 불안정 요인으로 작용하고 있다. 반면 선진국은 안정적 노사관계를 위해 단체협약 기간을 장기화하고 있는 추세이다. 따라서 국제 추세에 맞추어 **단체협약의 유효 기간을 3~4년으로 연장**하여 교섭 비용을 절감하는 것이 바람직하다. 아울러 교섭 횟수도 사전 협의를 활성화함으로써 최소화하고, 교섭위원도 10명 내외로 제한하여 경영 활동이 중단되지 않도록 하는 것이 바람직하다.

마지막으로 신속한 분쟁 해결을 위한 제도 개선이 필요하다. 노동위원회의 조정 및 심판 기능을 강화해야 한다. 그리고 현장 경험이 풍부한 전문가를 가진 민간 법인을 통한 **사적 조정제도를 활성화**하는 것이 필요하다. 사적 조정제도는 노사에게 다양한 선택 기회를 주는 장점이 있다. 또한 개별 분쟁이 증가하고 있으므로 별도의 전담 '조정위원회'를 설치하거나 고충처리제도를 이용하여 분쟁 해결의 기능을 수행하도록 한다.

10) 노사정위원회 폐지

김대중 정부의 등장과 함께 만들어진 노사정위원회는 지난 10년 동안 사회적 합의기구로 존재하여 왔으나 한국에서 사회적 합의 실험은 이제 실패하였음을 인정하여야 할 것이다. 관련 법제도 없던 초기에 외환위기 극복을 위해 노사가 협의할 때를 제외하고는 법제가 만들어지면서 실제로 사회적 합의다운 합의가 이루어진 경우는 거의 없었다. 오히려 사회적 합의를 강조함으로써 시대 변화에 맞는 노동 관련 법제도의 개선에 걸림돌로 작용하여 왔다. 따라서 실패한 실험은 이제 그만둘 때가 됐다. **노사정위원회는 폐지되든가 그것이 어렵다면 당초의 법 취지에 맞게 협의 기능만 가져야** 한다. 그리고 상설 기구가 아니라 1년에 한두 차례씩 노사가 만나 임금인상률 등 거시적 문제에 대해 각자 의견을 개진하여 접근 가능성을 논하고 그 결과를 정부에 보내는 정도에 그치는 것이 바람직하다.

4. 정책 개선

1) 사회안전망의 확대

경직적인 노동법제의 규제를 완화하여 노동시장을 유연화하는 것은 일자리를 창출함으로써 장기적으로 근로자 복지에 기여한다. 그러나 단기적으로 노동시장의 유연화는 근로자의 생활을 불안하게 할 수 있다. 따라서 노동시장을 유연하게 하되 근로자의 생활을 안전하게 해주는 유연 안전성(flexicurity)의 정책이 필요하다.

유연 안전성의 제고를 위해서는 사회안전망이 확대될 필요가 있다. 이를 위하여 고용보험은 근로자의 생활 보전을 위해 실질적 적용 범위가 넓어지는 것이 바람직하다. 실업급여는 현재보다 더 증가하는 대신 급여 기간은 단축될 필요가 있다. 즉 실업급여는 일정한 대기 기간(waiting period)을 거친 뒤 지급되기 시작하며 실직 전 임금의 대부분을 보전해주는 대신 적극적 구직 알선을 통해 조기에 재취업하도록 함으로써 급여 기간을 단축하는 것이 바람직하다.

2) 인력 수급의 합리화

고령화 시대에는 능력 있는 인재의 원활한 공급이 중요하다. 이를 위해서 우선 청소년들에게 인턴십을 통해 일자리 경험을 쌓도록 하는 것이 필요하다. 아울러 근로 의욕을 고취할 수 있는 교육이 실시되어야 한다. 그리고 기능 인력 부족을 해소하기 위해서 외국인 근로자의 도입을 확대하는 것이 바람직하다. 또한 외국의 전문 인력이 한국 노동시장에 참여할 수 있도록 교육, 의료 등 생활 여건을 국제화하는 것도 필요하다.

공급의 확대와 함께 인력의 질적 제고를 위해서는 3불정책의 폐기를 포함한 대학의 자율성 제고를 통한 대학 교육의 개선, 첨단산업과 대학 및 연구소 간의 협력 강화를 통한 산업혁신 클러스터의 발전 유도, 모병제 확대화 남녀 구분 없는 징병제도의 실시를 통한 복무기간의 단축과 단기복무 석사장교 제도를 이용한 원활한 연구 인력 공급 등이 필요하다. 무엇보다 전문직과 기술인을 인정하고 수용하는 문화가 형성되어야 한다.

3) 노사협력 프로그램의 개발

협력적 노사관계 구축을 위해서는 우선 핵심 근로자를 육성하고 상시적인 현장학습 시스템을 갖추는 등 기업의 인적자원개발 투자가 필요하다. 그리고 기업의 가치와 근로자의 가치를 일치시키는 전략적 인적자원관리가 따라 주어야 한다. 전략적 인적자원관리는 인적 자원을 기업의 전략 결정에 주요한 변수로 인식하여 신제품 혹은 신기술 개발에 인적 자원에 대한 투자도 병행한다. 보상제도는 공정하게 설계하고 기업의 장기 목표와 연계시킨다. 그리고 다양한 근로자 참여를 통하여 작업장 혁신 모델을 개발하고 확산시키도록 하는 것이 바람직하다.

김영문(金永文)
- University of Freiburg, 법학 박사
- 전북대학교 법과대학 교수(현)
- 국민경제자문회의 위원(전)
- 노사정위원회 특수형태근로특별위원회 공익위원(전)
- 논문: 「제3자 관련 근로관계의 노동법적 문제와 해결방안」(2007) 등 다수
- 저서: 『사회법연구 I』(2007) 등 수 권

김재구(金載久)
- 서울대학교, 경영학 박사
- 명지대학교 경영대학 경영학과 교수(현)
- Stanford University 연구위원(전)
- 한국노동연구원 연구위원(전)
- 논문: 「노조기업과 비노조간 인적자원관리관행의 차이에 관한 연구」(2007) 등 다수
- 저서: 『조직행동론』(2007) 등 수 권

김재훈(金哉勳)
- 서울대학교 대학원 법학과, 법학 박사
- 서강대학교 법학부 교수(현)
- 중앙노동위원회 심판담당 공익위원(현)
- 노사정위원회 특수형태근로종사자 대책특위 공익위원(전)
- 논문: 「임금관련 제도의 유연안정화법리」(2006) 등 다수
- 저서: 『공무원 노사관계 — 단체교섭 구조를 중심으로』(2006) 등 수 권

남성일(南盛日)
- University of Rochester, 경제학 박사
- 서강대학교 경제대학원장 (현)
- 국민경제자문회의 위원 (전)
- 노사정위원회 금융특별위원회 공익위원 (전)
- 논문: 「21세기 노동조합의 기능변화와 한국노조의 전환과제 연구」(2006) 등 다수
- 저서: 『노동의 미래와 신질서』(2003) 등 수 권

박기성(朴基性)

- University of Chicago, Ph.D. in Economics(경제학 박사)
- 성신여자대학교 연구처장, 경제학과 교수(현)
- 한국노동연구원 연구위원(전)
- 논문: 「Industrial Relations and Economic Growth in Korea」(2007) 등 다수
- 저서: 『한국의 숙련형성』(1992) 등 수 권

박덕제(朴德濟)

- 서울대학교 대학원, 경제학 박사
- 한국방송통신대학 교수(현)
- 한국노동경제학회 회장(현)
- 중앙노동위원회 공익위원(전)
- 최저임금위원회 공익위원(전)
- 논문: 「신경제의 노사관계에 대한 영향: 독일의 경우를 중심으로」(2003) 등 다수
- 저서: 『노사관계의 이해』(2005) 등 수 권

박호환(朴浩煥)

- University of Illinois at Urbana-Champaign
- 아주대학교 경영학부 교수(현)
- (사)한국조정중재협회 회장(현)
- 서울지방노동위원회 공익위원(현)
- 논문: 「사적조정중재의 활성화 방안」(2007) 등 다수
- 저서: 『학문으로서 노사관계학의 기원과 발달』(1999) 등 수 권

배진한(裵震漢)

- 서울대학교, 경제학 박사
- 충남대학교 경상대학 경제무역학부 교수(현)
- 충남대학교 중소기업정책연구소장(현)
- 교육인적자원부 인력수급전망공동연구위원회 위원장(전)
- 논문: 「노동조합체제와 노동자참여적 작업관행의 상호관계」(2006) 등 다수
- 저서: 『노동의 미래와 신질서』(2003) 등 수 권

이정일(李禎一)

- 서강대학교, 경영학 박사(인사조직/노사관계 전공)
- 삼성경제연구소 인사조직실 수석연구원(현)
- 논문: 「새로운 10년을 위한 인사-노사 7대 과제」(2007) 등 다수
- 저서: 『한국경제 생존 프로젝트, 경제특구』(2003, 공저) 등 수 권

장상수(張相秀)

- 慶應義塾大學, 경영학 박사
- 삼성경제연구소 인사조직실장(현)
- 교육인적자원부 국가인적자원위원회 운영위원회 위원(현)
- 성균관대학교 경영대학원 겸임교수(전)
- 논문: 「국제경쟁력 결정요인」, 「neo-technology theory의 검증」 등 다수
- 저서: 『IMF와 실업』(1998) 등 수 권

정재훈(鄭在勳)

- 서울대학교, 경영학 박사
- 인하대학교 경영대학 교수(현)
- 한국노사관계학회 회장(전)
- 인하대학교 경영대학원장(전)
- 논문: 「중국 노사관계의 변화가 현지 한국 기업에 주는 시사점」(2006) 외 다수
- 저서: 『노사관계론』(2006) 등 수 권